동방정교회 선교역사 연구

러시아정교회의 한인선교 사례(1860~1925)를 중심으로

동방정교회 선교역사 연구

러시아정교회의 한인선교 사례(1860~1925)를 중심으로

남 정 우 지음

한국학술정보㈜

* 러시아어 자료는 원어로 표기하고, 자료명을 번역하여 ( )에 표기한다.

예1) А. И. Петров, Корейская Диаспора на Дальнем Востоке России 60-90-е ХIХ

годы века(владивосток: 2000) ☞ А. И. Петров, Корейская Диаспора на Дальнем Востоке России 60-90-е ХIХ годы века(1860-90년대 러시아 극동 지역 한인 디아스포라)(владивосток: 2000)

예2) 『블라디보스톡 주교구 통보지』라는 잡지 ☞ 『블라디보스톡 주교구 통보지(Владивостокские епархиальные ведомости)』라는 잡지

* 인명, 지명은 러시아인 발음 방식을 따르고, 한글로 표기하고 원어를 ( ) 안에 쓴다.

예1) 자바이칼 주 치타시 ☞ 자바이칼 주(州)(забайкальская Область) 치타(г. Чита)시(市)

예2) 러시아 공사 소모프 ☞ 러시아 공사 소모프(А. С. Сомов)

예3) 뻬쩨르부르그(영. 피터스버그) ☞ 뻬쩨르부르그(г. Петербург)

I. РГИАДВ: россий ский государственный исторический архив Дальнего Востока(г. Владивосток)(러시아 극동국립역사문서보관소, 블라디보스톡)

II. РГИА: Россий ский государственный исторический архив(г. Санкт-петербург)(러시아 정부 역사 고문서실. 쌍트 뻬쩨르부르그)

III. АВПРИ: Архив внешней политики Россий ской империи(г. Москва)(러시아제국 대외정치 문서보관소, 모스크바)

IV. ВЕВ: Владивостокские епархиальные ведомости(블라디보스톡 주교구 통보지)

V. ВКПМО: Владивосктоская Комитета Православного Миссион ерского Общества(블라디보스톡 주교구 정교회 선교회 위원회)

VI. ОСДКДМ: Отчет о Состоянии и Деятельности Камчатской Духовной Миссии(캄차트카 선교부 상황 및 활동보고서)

이 책은 필자가 장로회신학대학교 대학원에 박사논문으로 제출한
것이다. 필자는 93년부터 러시아 모스크바에 들어가서 러시아군대 안
에 한국군목제도를 소개하는 일, 모스크바장로회신학대학교에서 교회
역사를 가르치는 일을 하였고, 그리고 미국 한인장로교회 남선교회와
한국 대한예수교장로회 남선교회 전국연합회가 공동으로 만든 로스
코르 의료원(Ros-Kor Clinic) 원장직분을 맡아서 러시아인들을 치료
해주는 일을 97년도까지 하였다. 여러 가지 선교사역을 감당하면서
러시아의 문화와 역사를 지배하고 있는 정교회에 대하여 지속적으로
12년 동안 연구하였는데, 그 결과 계속 공부할 기회가 주어져서 석사
논문, 박사논문을 모두 정교회에 대하여 쓸 수 있었다.

불과 얼마 전까지만 해도 세계는 이데올로기에 의하여 동, 서 양대
진영으로 나뉘어져 있었다. 동에도 서에도 속하지 않은 진영은 제3세
계라 불렀다. 그런데 1989년 베를린 장벽이 무너짐으로써 1917년 볼
셰비키 혁명 이후 70여 년간 이데올로기에 의하여 동, 서로 나뉘어져
있던 냉전체제가 급속도로 와해되기 시작하였다. 급기야 2년이 채 지
나지 않아 공산세계의 종주국이었던 거대한 공룡, 구소련이 붕괴되었
다. 구소련의 붕괴는 세계 역사의 흐름에 커다란 변화를 일으켰다.
이것은 마치 1492년 콜럼버스가 신대륙을 발견한 것 이상으로 선교
에 중요한 변화를 예고하고 있다.

이제 정교회를 배우고 이해해야 한다. 그래야 우리 앞에서 나타난 구소련과 동유럽의 문화와 역사, 그리고 정신세계를 깊이 있게 이해할 수 있고, 그곳 사람들과 적절한 협력관계를 형성해 나갈 수가 있을 것이다. 그리고 세계 기독교의 흐름을 전체적으로 파악할 수가 있을 것이다. 현재 65억 인구 가운데 기독교 인구는 모두 22억 정도 되는데, 로마가톨릭 인구가 약 11억, 개신교가 5억, 정교회가 2억, 기타 교파 기독교인들이 4억 정도 된다. 기독교세계는 내부적으로 로마가톨릭교회 그룹과 정교회 그룹, 그리고 개신교 그룹이 주류를 이루고 있다. 그러므로 세 교파의 특징을 이해하고, 적절한 협력관계를 형성해 나가야 21세기, 22세기의 세계문제와 인류문제에 대하여 비전과 소망을 줄 수 있을 것이다. 바야흐로 한국사회와 한국교회가 지구화 시대에 걸맞은 지식과 비전을 갖추어 나가는 데 이 책이 작은 기여를 할 수 있기를 바란다. 부족한 글을 정성을 기울여 이렇게 좋은 책으로 만들어 주신 한국학술정보(주) 관계자 분들에게 고마움을 표한다.

2007년 8월

남정우

목 차

I. 서 론

A. 문제 제기와 연구 방법

구소련 붕괴 이후 러시아를 비롯한 동유럽의 동방정교회[1] 세계와의 교류가 급속도로 이루어지고 있으며, 선교적인 관심도 고조되고 있다. 그러나 동방정교회에 대한 이해 부족으로 적절한 관계성을 형성하는 데 많은 어려움을 경험하고 있다. 그중에 핵심적인 부분이 동방정교회의 주류를 형성해 온 러시아정교회의 특징과 선교의 성격에 대한 지식의 부족이다. 여러 문헌에서 러시아정교회의 선교는 국가-

---

[1] 동방정교회란 그리스도교 세계의 3대 교파(로마가톨릭교회, 개신교회, 정교회) 중의 하나를 총칭하는 것이다. 정통교회라는 뜻에서 줄여서 '정교회'라고 부른다. 문화와 언어적 관점에서는 '희랍정교회'라고도 부른다. 비잔틴정교회는 콘스탄티노플을 중심으로 한 비잔틴제국(330-1453)의 정교회를 가리킨다. 모스크바를 중심으로 한 러시아정교회, 아테네를 중심으로 한 그리스정교회는 동방정교회의 하부 개념이다. 정교(Orthodoxy)는 '정교회의 교리와 가르침'을 의미한다. 정교회로부터 431년 에베소 공의회에서 정죄 받은 네스토리안들, 451년 켈케돈 공의회에서 정죄 받은 단성론을 따르는 고대 이집트 교회인 콥틱 교회 등은 '동방 교회' 혹은 '동방의 교회(The Church of East)'라고 불린다.

정치적 성격을 강하게 지닌 선교였음을 언급하고 있다. 그러나 국가
-정치적 선교가 정확하게 무엇인지, 국가-선교가 어떤 배경 속에서
역사적으로 어떻게 형성되었는지, 그리고 선교 현장에서 원주민들에
게 구체적으로 어떻게 시행되었는지에 관한 전문적이고도 학문적인
연구를 찾아보기 어렵다. 따라서 필자는 러시아정교회 선교의 주된
특성이라 할 수 있는 국가-정치적 성격을 역사적으로 규명하고 선
교학적인 비판을 하는 데 초점을 맞추려고 한다.

교회와 국가의 관계성에 대한 논의는 역사적으로 고전적인 주제이
다. 그러나 이 주제를 선교의 영역에 적용하여 심도 있게 논의한 논
문은 없었다. 역사적으로 국가-정치적 선교가 러시아정교회 안에서
만 이루어진 것이 아니다. 영국 성공회, 개혁교회, 루터교회, 로마카
톨릭교회 등 여러 교회들 안에서 국가-정치적 선교가 이루어졌으
며, 지금도 남미 지역을 비롯한 일부 지역에서 국가-정치적 선교가
이루어지고 있으며, 어떤 교회는 국가-정치적 선교를 모색하고 있
다. 이 연구는 국가-정치적 선교의 기본 성격과 양태를 규명하고,
선교 영역에서 교회와 국가 간의 관계성을 연구하여 국가-정치적
선교의 전개방식을 예측하고, 그들과의 적절한 관계성을 구축하고
협력하는 데 필요한 지식과 지혜를 제공해 줄 것이다.

모든 선교가 그러하듯이, 선교는 사회, 문화, 역사적인 요소가 종합
되어 이루어지는 복합적인 현상이다. 러시아정교회의 선교가 국가-
정치적 성격을 지니게 된 데에도 그만한 역사적 사회적 민족적 배경
이 있었을 것이다. 따라서 이러한 연구를 위해서는 먼저 국가-정치
적 선교란 무엇인지를 규명해야 한 다음, 러시아정교회의 선교가 국
가-정치적 성격으로 발전하게 된 역사적인 배경을 정치 사회적인 맥

락 속에서 분석해야 할 것이다. 따라서 선교학적인 논쟁과 논의는 제
한적으로만 취급하고, 연구 주제와 관련된 선교역사 자료들을 분석하
는 데 많은 지면을 할애할 것이다. 이러한 목적을 달성하기 위하여
필자는 주로 연역적 방법론과[2] 역사 연구 방법론을[3] 활용할 것이다.
문제는 구체적인 분석과 검증인데, 이를 위하여 러시아 극동 지역에
거주하던 한인들을[4] 대상으로 이루어진 러시아정교회의 선교에 관
한 사료들을 선택하여 집중적으로 분석함으로 러시아정교회의 선교
성격을 추론해낼 것이다. 사료들을 분석할 때에는 앞에서 언급한 역
사 연구 방법론과 동시에 내용분석(content analysis)방법론[5]을 활

---

2) 연역적 방법은 '선험적' 방식으로 결정된 공식화로부터 엄격한 연역을
   활용하는 방법이다. 일반적으로 연역적 추론은 '전제가 참이면 적절히
   도출된 결론도 반드시 참이다'라는 필연의 관계를 제공한다. 연역적 네
   트워크의 목적 중의 하나는 모든 지식을 기본 공리에 연결시키는 것이
   다. 그리하여 보편적 법칙을 구축하려는 것이다. 특정 현상은 하나의 사
   례로서 그 법칙들로부터 연역될 수 있으며, 미래의 변화경로에 대한 예
   측이 이루어질 수 있다. D. Polkinghorne, *Methodology for the Human
   Sciences: Systems of Inquiry*, 『사회과학방법론』 김승현 외 3인(서울:
   일신사, 1998), 129-31쪽, 144쪽.
3) 역사 연구 방법론은 각 시대의 구분법, 역사 서술 자료, 역사 서술의 대
   상, 그리고 역사 서술의 전제와 표준 등에 대한 과학적인 분석 기술을
   의미한다. 참고. 이형기, 『세계교회사』1 (서울: 한국장로교출판사, 1994),
   19-60쪽. R. G. Collingwood, *The Idea of History*, 『역사학의 이상』, 이상
   현 옮김(서울: 박문각, 1993), 49-70쪽. R. V. Daniels, *Studying History:
   How&Why*, 『역사학 입문』, 정경현 역(서울: 지식산업사, 1996).
4) 한인이란 러시아 극동 지역에 거주한 한국인 유이민자(遊移民者)들을 의
   미한다. 한국인이란 한반도에 거주한 조선 말기 조선의 백성을 의미한다.
5) "Content analysis is a research technique for making replicable and
   valid inference from data to their context", Klaus Krippendorff, *Content
   Analysis: An Introduction to Its Methodology*(London: Sage Pub.

용할 것이다. 즉 다양한 사료의 성격을 역사적 맥락 속에서 규명하고 시기별로 구분한 다음, 그 내용을 분석해서 국가-정치적인 요소들을 찾아내고 선교와의 관계성을 추론해내는 것이다.

러시아정교회 선교의 국가-정치적 성격은 시대, 지역, 그리고 선교를 주도한 인물에 따라서 변수가 있다. 예컨대 14세기 러시아가 몽골 지배를 받고 있을 때 우랄산맥에서 선교한 페름의 스테판의 선교는 전혀 국가-정치적이지 않았으며, 19세기 말 일본에서 선교한 니콜라이 카사트킨의 선교는 탈국가-정치적 선교였다. 그리고 한인들에게 선교한 러시아정교회 선교사들 중에는 국가-정치적 이해(利害)보다는 한인들의 영적인 이해를 우선적으로 추구한 인물들도 있었다.

하지만 거시적인 시각에서 보자면, 신성종무원의 엄격한 지시와 감독과 후원하에 이루어진 대다수의 러시아정교회의 선교는 국가-정치적 차원 속에서 이루어졌다고 할 수 있다. 국가-정치적인 이해 관계가 밀접하게 관련된 지역일수록 선교의 국가-정치적 성격이 강하게 나타났으며, 군주의 권력이 막강하고 민족주의가 강하게 일어난 시대일수록 선교도 국가-정치적 성향을 강하게 드러내었다는 사실을 고려할 때 러시아정교회의 선교의 지배적인 성격은 국가-정치적이었다고 말할 수 있을 것이다.

B. 연구 범위와 자료

이 연구는 선교역사에 관한 연구이다. 따라서 선교학적인 논쟁과

1980), p.21.

논의는 제한적으로만 취급하고, 선교역사와 관련된 자료 분석을 통
한 사실 발굴과 국가-정치적 선교의 성격을 규명하는 데 많은 지면
을 할애할 것이다.

주후 330년 콘스탄틴이 로마제국의 수도를 콘스탄티노플로 옮긴
이후 역사적으로 시작된 동방정교회 세계의 선교역사를 모두 연구한
다는 것은 어려운 일이다.[6) 동방정교회 세계를 크게 다섯 개의 범주
로 구분해 본다면,[7) ① 시리아, 예루살렘, 이집트 지역을 중심으로
한 고대 에큐메니컬 정교회 세계, ② 콘스탄티노플을 중심으로 한
비잔틴정교회 세계, ③ 뻬쩨르부르그와 모스크바를 중심으로 한 러
시아정교회 세계, ④ 공산혁명 이후 파리, 뉴욕 등지로 흩어진 디아
스포라 정교회 세계, ⑤ 아프리카, 인도를 중심으로 신흥 정교회 세

6) 참고, A. Yannoulatos, "The Missionary Activity of the Orthodox Church"
   6th General Assembly, (Punkaharju, Finland, 30/07-03/08 1964) 출처:
   http://search.yahoo.com/search?p=colonist-monks&ei=UTF-8&vm=i
   &n=20&fl=0&x=wrt(2002년 5월5일 검색), Serge Bolshakoff, *The
   Foreign Missions of the Russian Orthodox Church*(London: Society for
   Promoting Christian Knowledge, 1943), Stephen Neil, *A History of
   Christian Missions*, 『기독교선교사』, 홍치모, 오만규 역(서울: 성광문화사,
   1979), 549-63쪽, "Russian Missions: An Historical Sketch", in Aspects of
   Church History, vol.4 of *The Collected Works of George Florovsky*
   (Belmont, Mass.: Nordland Pub. Co., 1975).

7) 항목, "동방정교회", Nicholas Lossky(ed.), *Dictionary of the Ecu- menical
   Movement*, 『에큐메니컬운동과 신학사전 I』, 한국기독교교회협의회(서울:
   한들출판사, 2002): 419-22쪽. 이와는 달리 오리엔탈 정교회(The Oriental
   Orthodox Churches), 정교회(The Orthodox Church), 그리고 가톨릭 동방
   교회(The Catholic Eastern Churches)로 3개의 그룹으로 구분하기도 한다.
   Ronald Roberson, *The Eastern Christian Churches: A Brief Survey*
   (Edizioni: Orientalia Christina, 1999).

계 등이다.

이 중에서 이 연구가 주로 취급하는 정교회는 러시아정교회이다. 러시아정교회 중에서도 주로 19세기 후반 러시아 극동 지역에서 한인들을 대상으로 전개된 러시아정교회의 선교사역과 20세기 초 한반도에서 전개한 선교사역을 분석하는 것이다. 그 이유는 나폴레옹과의 전쟁의 영향으로 19세기 후반에 러시아에서 민족주의가 최고조에 달했으며, 러시아제국의 영토가 최대에 이르렀으며, 러시아정교회의 국가-정치적 선교가 가장 왕성하게 이루어졌기 때문이다. 그리고 한인을 대상으로 한 러시아정교회의 선교사역을 연구하는 것이 필자와의 관련성으로 인하여 다각도(외부자, 내부자 시각)에서 심도 있는 연구가 되리라는 판단 때문이다.

이 연구는 목적을 이루기 위하여 역사적으로 '19세기 말, 20세기 초 러시아정교회가 한인들을 대상으로 선교한 일'을 기록한 자료들을 선택하였다. 러시아정교회 선교가 여러 곳에서 여러 민족들을 대상으로 600여 년 동안 이루어져 왔다. 그중에서 필자가 가장 효과적으로 이 연구의 목적을 달성하는 데 한인선교가 적절하다고 판단했다. 선교를 한 러시아정교회 측면에서뿐만 아니라, 선교를 받는 수용자 한인의 입장에서도 관련 자료들을 심노 있게 분석알 수 있기 내문이다.

한인선교는 시기적으로 주로 1860년대로부터 1925년 사이에 이루어졌으며, 지역적으로는 러시아 극동 지역과 한반도 서울에서 집중적으로 일어났다. 우선 시기를 보면, 비교적 짧은 기간이기 때문에 전 기간을 연구 대상으로 분석할 필요가 있다. 지역적으로는 한인선교가 집중적으로 일어난 두 지역에 초점을 맞추어서 연구를 진행할 것이다.

필자는 이 연구의 목적을 달성하기 위하여 '쌍트 뻬쩨르부르그 제정 러시아 정부 역사 고문서실(РГИА)'에서 찾아낸 자료들, '모스크바 러시아 연방 외무성 제정 러시아 대외 정책문서보관소(АВПРИ)'에서 찾아낸 자료들, 블라디보스톡 극동문서보관소(РГИАДВ)를 찾아가 자료들을 수집하였다.[8] 그러나 관련 자료들을 다 구할 수 없었다. 부족한 자료로 인하여 연구 진행에 따른 모든 의문점들에 대하여 충분히 증명하지 못하는 부분들이 있을 것이다. 필자가 구한 자료들을 대략 구분해 본다면, ① 국가 자료 ② 교회 자료 ③ 수용자의 입장이 담긴 자료, 그리고 ④ 여행가나 일반 학자들의 자료이다. 이 네 가지 측면에서 자료를 분석하여 교차방식으로 기술할 것이다. 이 네 가지 입장을 대변하는 자료들을 간략히 소개하면 다음과 같다.

첫째는 국가 자료로서, 1914년 신성종무원(Святейший Синод)이 두마(러시아 국회)에 보고한 「(극동 지역에서의 한인을 대상으로 한) 선교활동 사업보고」이다.[9] 이 문서는 블라디보스톡 주교의 보고서들을 근거로 1860년대 이후 약 50여 년간 러시아 극동 지역에서 한인들을 대상으로 진행되어 온 정교회의 선교활동 역사에 대하여, 1910년대 극동 지역에서 정교회 선교를 위협하는 요소들에 대하여, 그리고 보다 적극적인 선교를 위하여 국가정부에게 요청하는 내용을 기록하고 있다. 그리고 한반도에 서울선교부 설립 배경을 알려주는

---

8) 〈일러두기〉 참고. 러시아 문서(기록)보관소의 문서 자료들을 인용하고, 각주 처리하는 데 있어서, Ф는 폰드(Фонд, 서고/기록군)를 의미하고, Оп는 오피스(Опись, 목록)를, Д는 젤로(Дело, 사건), Л은 리스트(Лист, 페이지)를 의미한다. 이후로는 Ф., Оп., Д. Л.로 표기한다.

9) "Изложение Дела", РГИАДВ, Ф. 702, Оп. 3, Д. 443, Л. 21-26. 이 자료는 번역하여 별지 부록으로 실었다.

슈이스키(Н. А. Шуйский), 소모프(А. С. Сомов) 등과 같은 외교관들이 러시아 외무성에 보낸 문서들이다.

둘째는 교회 자료로서, 1910년대 블라디보스톡 주교구청에서 매달 두 번 발행된『블라디보스톡 주교구 통보지(Владивостокские епархиальные ведомости)』[10]라는 교회 잡지와「캄차트카 주교구 선교와 상황보고서(Отчёт о Состоянии и Деятельности Камчатской Духовной Миссии)」[11]라는 선교보고서이다. 이 자료는 당시 연해주 거주 한인들을 책임지고 선교한 주교청의 보도 자료로써, 당시 블라디보스톡 주교구 지역에서 이루어진 선교활동을 포함하여 모든 교회 활동을 교회의 입장에서 기록하고 있다. 그리고 신성종무원(Святейший Синод)이 허락한 '블라디보스톡 3년제 선교사 양성 고급학교(선교대학) 과정'이다.[12] 이 자료는 당시 극동 지역 거주 한인들을 비롯한 비러시아 소수민족들을 선교하는 러시아정교회의 선교적 동기와 목적과 방법을 알 수 있다.

셋째는 수용자 한인이 작성한 문서로서,『대한인정교보』라는 자료이다.[13]『대한인정교보』는 1911년 10월 20일 자바이깔 지역(забайкальская Областьзавай кал)에 조직된 '대한인국민회 시베리아지방총회'가 치타(г. Чита)에서 1912년 1월부터 1914년 6월까지 말행한 순 한

---

10) 이하 *BEB* 라고 표기한다.
11) 이하 *ОСДКДМ*이라고 표기한다.
12) *Положение о трёх годичных высших миссионерских курсах миссионерском институт в городе владивостоке*(블라디보스톡 3년제 고급 선교사양성학교 규정), РГИАДВ, Ф. 702, оп. 3, Д. 443, Л. 13-17. 이 자료를 번역하여 〈부록 3. 선교대학규칙〉에 실었다.
13) 한림대학교 아시아문화연구소,『권업신문 대한인정교보 청구신문 한인신문』(복사 자료 영인본) 제1권, 2권, 1995.

글 신문이다. 총11호가 발행된 이 신문의 기본성격은 세 가지이다. 하나는 재러 한국인들의 러시아정교회 소식지이고, 다른 하나는 한 민족 의식을 고취시키는 민족 독립운동 매체이고, 세 번째는 계몽운 동의 매체로써의 성격이다. 이 자료는 러시아 극동 지역 거주 한인 들이 러시아정교회를 어떻게 이해하고, 정교회 선교에 대하여 어떠 한 태도를 취하였는지를 분석하는 데 요긴한 자료이다.

마지막으로 일반 학자들이 러시아 극동 지역 한인들의 생활과 러 시아정교회 선교활동을 연구하여 출판된 러시아어 책들이다. 그중 직 접 참고한 자료들을 언급하면, 블라디보스톡 역사 연구소 수석 연구 원 페트로프가 쓴 『극동 지역에서 한인 디아스포라』라는 제목의 두 권의 책이다.[14] 그는 블라디보스톡 극동국립문서보관소(РГИАДВ)에 있는 자료들과 러시아제국 대외정치 문서보관소(АВПРИ) 문서들을 이용하여 이 책을 저술하였다. 이 책에 언급된 참고자료들은 러시아 극동 지역 한인들을 연구하는 이정표 역할을 한다. 그리고 러시아정 교회 출판사에서 발행한 『한국에서 러시아정교회 선교역사』라는 자 료이다.[15] 이 책은 극동 지역 한인선교와 서울에서 한인선교에 직접 참여한 러시아정교회 사제 선교사들이 쓴 6편의 글을 빠즈드냐예프 사제(Священник Д. Поздняев)가 편집한 것이다. 이 책에는 서울선 교부 최초의 책임선교사였던 흐리산프(Хрисанф) 사제의 '블라디보

---

14) А. И. Петров, *Корейская Диаспора на Дальнем Востоке России* 60-90- е XIX годы века(1860-90년대 러시아 극동 지역 한인 디아스포라)(вла дивосток: 2000), *Корейская Диаспора в России 1897-1917 годы века*(в ладивосток: 2001).

15) Священник Д. Поздняев, *История Российской Духовной Миссий в К орее*(Москва: Издательство Свято-Владимирского Братства, 1999).

스톡에서 서울까지 선교 여행기'와 연해주에서 한인들에게 가장 많은 영세(침례)를 주었던 빠벨 사제의 「남부 우수리스크 지역 한인 거주 지역에서의 선교활동의 발전에 관한 소고」 등이 실려 있다.

C. 선행 연구

필자는 미국 UMI와 러시아국립 역사 연구소, 그리고 한국 국회도 서관을 통하여 러시아정교회의 선교를 국가－정치적인 관점에서 분석한 여러 박사논문들을 찾아보았다.[16] 그중에서 이 연구와 관련성이 높은 논문 열세 편의 내용을 3개의 범주로 분류하면 다음과 같다: 첫째, 러시아인의 정체감 형성에 기여한 러시아정교회의 역할에 관한 논문들, 둘째, 러시아제국의 팽창과 러시아제국 내 소수민족들을 동화시키는 작업에 봉사한 러시아정교회 선교에 관한 논문들, 마지막으로 반(反)정치적 성향의 러시아정교회 선교에 관한 논문들이다.

첫째, 러시아인의 정체감 형성에 기여한 러시아정교회의 역할에 관한 논문 6편의 내용을 간략히 기술하면 다음과 같다.
① 기연수가 쓴 "러시아專制政治의 起源"이라는 박사논문이 있다.[17] 이 논문은 비잔틴정교회의 도입이 10세기, 11세기 러시아전제

---

16) 이외에도 ProQuest(web www.il.proquest.com)를 통하여 정교회 선교 일반에 관한 박사학위논문 2편, 비잔틴정교회 선교에 관한 논문 4편, 러시아정교회 선교에 관한 박사논문 9편을 조사하였다.
17) 奇連洙, "러시아專制政治의 起源", 미간행 박사학위논문, 韓國外國語大

정치의 확립에 어떻게 기여하였는가를 분석한 연구이다.

② 스트릭랜드가 쓴 "러시아정교회와 애국주의"라는 논문이 있다.[18] 이 논문은 19세기 후반(1888년부터 1917년 이전까지) 러시아에서 일어난 애국주의 운동에 정교회가 어떻게 관여되어 있는가를 밝히고 있다. 오래전부터 정교회는 러시아의 정체감을 형성하는 데 결정적인 역할을 해왔는데, 18세기에는 표트르 대제의 서구화 정책, 에까쩨리나 2세의 종교관용주의 정책 등으로 정교회의 위상이 많이 추락하고, 사회적인 지도력을 많이 상실하고 있었다. 그러다가 1812년 '대조국 전쟁'이라 불리는 나폴레옹과의 전쟁으로 러시아 보수주의 운동이 강하게 대두되면서, 러시아정교회의 위치가 다시 사회적으로 정치적으로 강화되었다. 정교회 애국주의의 발흥은 19세기 러시아제국의 상황과 밀접한 관련성을 가지고 있다. 첫 번째 요인은, 신학적으로 러시아의 민족적인 자의식이 왕성하게 피어날 수 있는 토양을 마련해 주었다는 사실이다. 거룩한 러시아, 전 세계 교회 가운데서 러시아정교회의 독특한 위치와 사명에 대한 강조, 하나님의 택함을 받은 백성들이 걸어가야 할 길과 사명에 대한 강조 등 러시아의 선민의식과 선교적 사명의식을 고취하는 신학적인 주장과 가르침들로 인하여 러시아 민족주의는 종교적 색채를 띠게 되었다. 두 번째 요인은 정교회의 선교활동이었다. 19세기 말 최대의 영토를 확보한 러시아제국은 수많은 이민족들을 효과적으로 융화시키고 통치하는 문제로 고민하고 있었는데, 러시아정교회의 선교운동은 애국운동과 연합하여, 정교회 애

學校 大學院 國際關係硏究學科, 1983.
18) Strickland, J. Douglas, "Orthodox patriotism and the Church in Russia, 1888-1914", Ph.D. diss., University of California, 2001.

국주의 운동을 더욱 발전시키는 결과를 낳았다. 마지막으로 러시아적인 종교문화가 큰 역할을 하였다. 특별히 구약성경의 이스라엘 모델이 러시아정교회의 애국주의 운동을 구체화하는 모델이 되었다. 정교회의 예배의식, 교회당 건축양식, 성자들의 이콘 그리고 고대 이스라엘의 이미지 등이 결합하여 러시아정교회가 민족적인 신앙이 되고, 러시아는 새 이스라엘이 되고, 황제는 다윗과 같은 왕이 되고, 성자들의 기념행사는 국가 민족적인 행사가 되었으며, 그때마다 정교회 사제들은 구약 에스더나 느헤미야와 같은 선지자들의 본문을 인용하여, 정교회 애국주의운동을 고무시켜 나갔다. 그러나 이러한 애국주의운동은 구파 정교회나 다른 교파 기독교인들에게는 재앙이었다.

③ 바이너만이 쓴 "러시아제국 말기 러시아화 작업: 다민족국가 안에서 동질성 추구"라는 논문이 있다.[19] 19세기 러시아제국의 국가적 이념이었던 '러시아화'란 무엇인가? 언제 어떻게 시작되었는가? 어떻게 발전하였는가에 대하여 기술하고 있다.

④ 듀크가 쓴 "러시아제국 말기 비러시아 민족들을 교육하기: 다민족 교육 시스템의 발전에 관한 연구, 1885-1914년"라는 논문이 있다.[20] 이 논문은 초등학교 교육의 확대와 러시아제국 정체감의 발전과의 상관관계성을 분석하였다. 특별히 1885년부터 1914년 사이에 뻬쩨르부르그, 사라토프, 니즈니-노브고르드 등지에 거주하던 비러

---

19) Weinerman, Eli. "Russification in imperial Russia: The search for homogeneity in the multinational state", Ph.D. diss., University of Indiana, 1996.

20) Duke, S. Taylor. "Educating non-Russians in late Imperial Russia: An historical study of educational development in a multiethnic setting, 1885-1914", Ph.D. diss., University of Indiana, 1998.

시아 민족들에게 초등학교 교육의 기회가 확대됨에 따라서 일어난 러시아국가 정체감의 발전에 주목하였다. 정부의 교육 정책, 지방관청의 교육행정관리들과 지역의 소수민족 지도자들과의 관계성, 그리고 교육 행정 제도의 확대와 더불어 소수민족의 경제생활, 사회생활의 변화를 분석하였다. 러시아제국 말엽 국가적으로 시행된 초등학교 교육의 확대는 러시아제국 내 소수민족들이 러시아어를 사용하도록 만들었고, 러시아 국가의 정체감을 강화하였으며, 결과적으로 러시아화에 크게 기여하였다.

⑤ 방일권이 뻬쩨르부르그 대학교에서 쓴 박사논문 "포베도노스체프와 러시아 교회 교구학교의 확대, 1884-1904"가 있다.[21] 이 논문은 앞에서 언급한 듀크의 논문과 내용상 비슷한 젊이 많다. 다른 점은 신성종무원장 포베도노스체프를 중심으로 러시아 초등교육 제도와 러시아제국 내 소수민족들을 동화시킨 일을 분석하였다는 점이다. 포베도노스체프는 러시아제국의 극우주의 인물로서 러시아제국의 정체감과 러시아정교회를 동일하다는 확신을 가지고 있었다. 그가 신성종무원장으로 재직하던 시기(1880-1905)에 러시아에서는 교회 교구학교가 급성장하였다. 하지만 기존의 역사서술에서 이 학교는 '체제유지를 목적으로 정교회 교리와 수준 낮은 기초교육에만 치중했던 반동적 교육기관'으로 인식되어 왔다. 이 같은 기존의 인식을 비판하고, 방일권은 러시아정교회의 교회 교구학교가 러시아 국민교육에 깊은 영향력을 끼쳤으며, 긍정적인 기여를 많이 하였다는 사실을 밝혀내었다.

---

21) Ван, Ил Квон. "К. П. Победоносцев и распространение церковно-приходских школ в 1884-1904 гг", 미간행 박사학위논문, СПб, 2000.

⑥ 남석주가 쓴 "제정 러시아 시대의 프로테스탄티즘, 1861-1905"
라는 논문이 있다.[22] 이 논문은 러시아에서 발생한 프로테스탄티즘
을 역사적 관점에서 살펴보면서 국가교회(State Church)화된 러시아
정교회의 토양 속에서 당시 이단으로 간주되었던 프로테스탄티즘이
어떻게 생성, 발전하게 되었는가에 대해서 살핀 것이다. 논문의 목적
을 위하여 19세기 후반 편협한 민족주의에 빠진 러시아제국의 모습
과 그러한 민족주의와 결합된 러시아정교회, 그리고 국가와 러시아
정교회로부터 제재와 억압을 받은 비정교회종파(침례교, 오순절, 루
터교, 로마가톨릭 등)의 모습을 묘사하고 있다.

둘째 러시아제국의 팽창과 러시아제국 내 소수민족들을 동화시키
는 작업에 봉사한 러시아정교회 선교에 관한 논문 5편의 내용을 간
략히 소개하면 다음과 같다.

① 암스트롱이 쓴 "외국인들, 모피 그리고 정교: 모스크바 상인들
의 서시베리아 진출, 1581-1649"라는 제목의 논문이 있다.[23] 이 논문
은 16세기, 17세기 서시베리아 정복과 원주민들을 식민지배하는 일에
있어서 정교회의 참여와 역할을 조사 분석한 것이다. 시베리아를 정
복한 모스크바 정부의 주요 동기와 목표는 무엇이었으며, 그 복적을
달성하기 위하여 어떤 방법들을 동원하였으며, 시베리아 식민지화 작
업에 러시아정교회의 역할이 무엇이었는지를 찾아내는 것이 이 논문

---

22) Нам, Сук Джу. "История Евангелического Движения в России, 1861-
    1905" 미간행 박사학위논문, МГУ имени М. В. Лом., 1998.

23) Armstrong, P. Christopher Bruce. "Foreigners, furs and faith: Muscovy's
    expansion into western Siberia, 1581-1649", Ph.D. diss., University of
    Dalhousie(CANADA), 1997.

의 목적이다. 분석 결과 그 동기는 '상업적 이익을 얻기 위함'이었으며, 방법들 중의 하나가 '러시아정교회의 선교였다'는 것이다. 서구에서도 많은 경우 유럽 국가들의 식민지 팽창에 교회가 참여하였다. 식민지 확장에 종종 교회를 참여시킨 이유는 원주민들에게 비춰진 지배 국가의 정복자적인 이미지를 없애고 교회를 통하여 화해의 이미지를 심어주는 데 매우 유용하였기 때문이다. 모스크바 정부의 식민지 확장 사업에 교회를 참여시킨 이유도 같은 맥락 때문이었다.

② 로버트 게라시(Robert Geraci)가 쓴 박사논문이 있다.[24] 연구의 대상이 된 곳은 카잔 지역으로, 이곳은 유럽과 아시아의 접경 지역이다. 역사적으로 이 지역은 1552년 칸(Кан)이 러시아의 포로가 되면서 러시아제국의 영토로 병합된 곳이다. 러시아제국은 카잔 지역 주민들을 동화시키기 위하여 세 가지 방법을 동원하였다. 첫째는 러시아정교회의 선교사역이고, 둘째는 러시아 교육부가 주관한 러시아어 교육 정책이며, 셋째는 종합대학의 감독하에서 실시된 고고학 연구와 민족학적 연구이다. 이 중에서 게라시는 러시아정교회가 카잔(Казань)에 주교구를 설립한 것이 볼가 지역 타타르(Татар)족과 마리(Мари)족에게 어떤 영향을 주었는지를 집중적으로 분석하였다. 게라시는 19세기 초 모슬렘이 다수를 차지하고 있던 중앙아시아 소수민족들을 선교하는 데 사령부 역할을 한 카잔신학교와 카잔신학교 언어학 교수요 선교 전략가였던 일민스키(Н. И. ИЛЬМИНСКИЙ, 1822-1891)가 개발한 일민스키 시스템의 선교적 영향력을 역사적으

---

24) Geraci, Robert. "Window on the East: Ethnography, Orthodoxy, and Russian Nationality in KAZAN 1870-1914" Ph.D. diss., University of Berkeley in California, 1995.

로 분석하였다. 특별히 그는 모슬렘 지역의 비러시아인들을 러시아
제국 안으로 통합하는 데 카잔신학교와 일민스키 시스템이 어떤 역
할을 수행하였는지에 연구의 초점을 맞추고 있다.

③ 웨르치가 쓴 "정교회 선교와 제국의 통치"라는 논문이 있다.[25]
이 논문은 볼가(Волга)강 유역 카마(Кама) 지역에 거주하는 타타르
족을 러시아정교회가 선교한 일과 러시아 정부의 러시아화 정책 사
이에 어떠한 협력관계가 있었는지를 분석한 연구이다.

④ 즈나멘스키가 쓴 "생존의 전략: 1820년대부터 1917년까지 알래
스카와 시베리아에 거주하던 원주민들과 선교사들과의 만남"이라는
논문이 있다.[26] 이 논문은 시베리아 소수민족 연구의 대가이며 현재
미국 알라바마 주립대학 역사교수인 즈나멘스키가 톨레도 대학에서
쓴 박사논문이다. 19세기 러시아정교회 선교에 대하여 알래스카 원
주민들과 시베리아 원주민들이 보인 다양한 반응들을 분석한 연구이
다. 주로 알래스카 러시아 교회 문서보관소의 일차 자료들과 러시아
정교회 신성종무원(Святейший Синод) 고문서실에서 찾아낸 사료들
을 근거로 연구하였다.

이 연구에 의하면, 정교회 선교에 대한 반응이 원주민마다 각각 달
랐는데, 3개 그룹으로 정리하면, 남부 시베리아에 거주하며 목축업과
사업에 종사하던 알타이 민족의 반응, 북동 시베리아 지역에 거주하

---

25) Werth, P. William, "Orthodox mission and imperial governance in the
Volga-Kama region, 1825-1881", Ph.D. diss., University of Michigan,
1996.

26) Znamenski, A. A., "Strategies of survival: Native encounters with Rus-
sian missionaries in Alaska and Siberia, 1820s-1917", Ph.D. diss., Univer-
sity of Toledo, 1997.

며 유목업에 종사하던 축치(Chukchi) 부족의 반응, 알래스카 해안에 거주하며 어업과 사냥에 종사하던 데나이나 인디언들(the Dena'ina Indians)의 반응들이며, 이들의 반응들을 비교 분석하였다.

알타인들은 정교회 선교사들과 만난 다음, 그들의 경제활동과 삶의 터전을 잃어버리고, 러시아 주류 속으로 흡수되고 말았다. 반면에 축치족은 자신들의 순록사냥을 비롯한 삶의 방식을 그대로 보존하였다. 축치족은 선교사들을 무시하였다. 따라서 별다른 영향을 받지 않았다. 알래스카 인디언들은 앵글로-색슨족의 식민화의 위협 속에서 고민한 결과 자신의 정체감을 보존하기 위하여 자발적으로 러시아정교회를 선택하여 정교회의 교리와 문화를 자신의 것으로 삼았다. 이러한 연구에 기초하여 시베리아 소수민족들이 러시아정교회 선교사들을 만났을 때 보인 반응은 상황에 따라 달랐다는 사실을 지적하면서, 그 다른 반응의 이유들을 분석하였다.

⑤ 빈코베츠키가 쓴 "원주민 아메리카인과 러시아제국, 1804-1867(알래스카)"라는 논문이 있다.[27] 이 논문은 광의적 의미에서 러시아 식민주의에 대한 연구이다. 특별히 19세기 초 러시아제국의 식민 지역이었던 알래스카 원주민들을 식민지배하기 위하여 세 가지 범주에서 러시아 영향력을 극대화해 나갔다. 즉 평화의 노력(pacification), 정교회 선교(christianization), 교육을 통한 러시아화 작업(russianization)이 그것이다.

마지막으로 국가-정치적 선교의 모습과는 거리가 멀거나 국가-정치적 선교를 반대한 러시아정교회의 모습에 관한 논문 2편이다.

---

27) Vinkovetsky, Ilya. "Native Americans and the Russian empire, 1804-1867 (Alaska)", Ph.D. diss., University of California, Berkerly, 2002.

① 미카엘슨이 쓴 "러시아정교회 선교회, 1870-1917"라는 논문이 있다.[28] 이 논문은 '러시아정교회 선교회'라고 하는 조직의 출현과 성장과 발전과정을 추적한 연구이다. 러시아정교회 선교회의 전신인 '뻬쩨르부르그 선교회(Petersburg Missionary Society)'는 왜 성공을 거두지 못하였는가? 1870년 '러시아정교회 선교회'를 시작한 대주교 이노켄티(Innokentii)는 누구인가? '러시아정교회 선교회'가 성장발전 하게 된 이유가 무엇인가? 러시아정교회 선교회를 통하여 이루어진 선교 열매들이 무엇인가? 러시아정교회 선교회가 성장 발전하는 데 러시아 정부의 역할이 무엇이었는가 등 여러 가지 질문들에 대하여 관련된 고문서들을 분석하여 기술하고 있다. 결론에서 선교에 평생 을 헌신하고 선교 현장에서 경험을 축적한 성직자를 러시아정교회 지도부로 영입하고, 국가관청인 신성종무원이 러시아정교회와 '러시 아정교 선교회'에 대한 통제권을 스스로 제한하고 자율권을 더 많이 부여함으로 선교가 크게 발전할 수 있었다는 사실을 지적한다.

② 피시오티스가 쓴 "정교회와 러시아제국 말엽의 전제정치"라는 논문이 있다.[29] 이 논문은 정교회 사제들 가운데 반체제운동에 참여 한 사례들을 분석한 연구이다. 러시아정교회가 짜르(Царь, 황제) 정 부를 변증하고 지지했다고 알려져 있지만, 사실은 정교회 사제들 가 운데 상당수가 1905년 멘세비키 혁명에 가담하였다. 역사적으로 정

28) Michaelson, A. Neil. "The Russian Orthodox Missionary Society, 1870-1917: A study of religious and educa-tional enterprise, 1879-1917", Ph.D. diss., University of Minnesota, 1999.

29) Pisiotis, A. Klearchos. "Orthodoxy versus autocracy: The Orthodox Chu-rch and clerical political dissent in late imperial Russia, 1905-1914", Ph.D. diss., University of Geogetown, 2000.

교회 사제들이 반체제운동에 참여해 온 것이다. 이 연구는 러시아정
교회가 항상 국가 체제를 지지하고 변증해 왔다는 생각이 편견임을
보여준다. 정교회 사제들은 초월적인 관점에서 지상의 제도와 사회
를 도전하고 비판하였다. 지주들과 기득권자들과 대항하여 기독교
윤리 실천을 강조하였다. 그러나 교회 고위성직자들과 신학교에서는
여전히 국가권력과 밀월관계를 즐겼다. 러시아 고문서들, 영어, 독일
어, 불어, 그리스어 자료들을 분석하며, 정교회 사제들이 사회비판
세력으로써 남긴 역사적인 사례들을 연구하였다.

지금까지 언급한 논문들의 내용을 정리하자면, 국가-정치적 선교
의 본질적인 모습을 보여주는 논문(6편), 친(親)국가-정치적 선교
의 모습을 보여주는 논문들(5편), 그리고 반(反)국가-정치적 선교
의 모습을 보여주는 논문들(2편)이다. 대부분 역사학적 논문들이다.
그러나 한인이나 한국인을 대상으로 한 러시아정교회의 선교역사를
분석하여 국가-정치적 선교의 성격을 규명하고, 국가-정치적 선교
에 대한 선교학적 논의를 한 박사논문은 아직까지 없다.

II. 국가-정치적 선교의 형성 배경

이 장에서는 정교회란 어떤 교회인가? 국가-정치적 선교란 무엇인가? 그러한 개념이 생성된 역사적 배경이 무엇인가? 그리고 교회와 국가와의 관계가 어떠하였기에 러시아정교회의 선교가 국가-정치적 성격을 지니게 되었는가를 살펴보려고 한다.

A. 연구를 위한 개념적 기초들

효과적인 연구와 논의를 위하여 이 연구에서 말하는 몇 가지 주요 개념에 대하여 정확한 정의를 내리는 것이 필요하다. 정교회란 어떤 교회인가? 그 특징을 필자가 속한 개혁교회의 관점에서 기술한다. 러시아정교회란 어떤 교회인가? 비잔틴정교회와 비교해서 기술하며, 러시아 안에 존재하는 여러 개의 분파 가운데 이 연구가 말하는 러시아정교회는 어떤 교회인지를 기술한다. 정교회가 말하는 선교는 무엇인가? 그 특징을 복음주의적 선교 이해와 비교하여 기술한다. 그리고 국가-정치적 선교에 대한 정의를 기술할 것이다.

1. '정교회' 개념 정의

동방정교회라는 용어는 고대 에큐메니컬 7개의 공의회들[30]에서 정의된 신조와 예배의식을 지켜오는 기독교회를 지칭하는 말이다.[31] '올바른 믿음/가르침' 혹은 '올바른 예배'라는 의미의 '오르쏘독씨아 (Ὀρθοδοξὺα)'는 희랍어를 사용하는 기독교 세계에서 이미 언급한바 7개 고대 에큐메니컬 공의회들에 의하여 정의된 참신앙을 보존한 공동체나 개인을 가리키는 데 전통적으로 사용되어 왔다.[32] 동방정교회의 전례서나 미사경본에 나와 있는 그들의 공식 명칭은 '정통 가톨릭교회'이다.[33] 하지만 이 동방정교회가 콘스탄티누스 로마제국 황제가 330년 수도를 콘스탄티노플로 옮긴 이후 동로마제국 및 비잔

---

30) 7개 고대 에큐메니컬 공의회란, 1차 니케야 공의회(325), 1차 콘스탄티노플 공의회(381), 에베소 공의회(431), 칼세돈 공의회(451), 2차 콘스탄티노플 공의회(553), 3차 콘스탄티노플 공의회(681), 2차 니케야 공의회(787)를 말한다. Wilhelm Niesel, *The Gospel and the Churches: A Comparison of Catholicism, Orthodoxy, and Protestantism*, 『비교교회론』, 이종성 김항안 역(서울: 대한기독교출판사, 1988), 167쪽.

31) 항목, "동방정교회", Nicholas Lossky(ed.), *Dictionary of the Ecumenical Movement*, 『에큐메니컬운동과 신학사전』Ⅰ, 한국기독교교회협의회(서울: 한들출판사, 2002), 419-22쪽.

32) 강태용 편역, 『동방정교회: 역사와 신학』(서울: 익산, 1991), 9쪽.

33) '정통'이란 말은 앞에서 언급한 7개 에큐메니컬 공의회 결정 내용을 성경 다음으로 중요시하고, 성경의 바른 해석의 결과로 여기며, 성경 해석의 길잡이로 여기는 것을 의미한다. 대체로 로마가톨릭교회는 위의 7개 에큐메니컬 공의회의 모든 결정을 받아들인다. 기독교는 성상숭배에 관한 것만을 제외하고 모두 받아들인다. 이형기, "로마제국의 보호하에 국가(國家) 교회화(敎會化)하는 기독교(313-600)", 『기독교사상』(2000년 4월), 188쪽.

티움(콘스탄티노플)과 맺고 있는 역사적 관계로 인하여 관례상
이 교회를 가리켜 '동방교회(Eastern Church)'라 부르기도 하고,
혹은 희랍 문화유산과 맺고 있는 관계로 인하여 '희랍정교회(Greek
Orthodox Church)'라고도 부른다.[34]

  동방정교회에 관한 이러한 특징은 로마가톨릭교회, 기독교(종교개
혁 교회)와 비교해 보면, 더욱 뚜렷하게 드러난다.[35] 우선 교리적 기

---

34) 『기독교 백과사전』 제4권(서울: 기독교문사, 1981), 609쪽.

35) 정교회와 기독교를 비교함으로 정교회의 특징을 설명하는 데 탁월성을
   보여준 신학자는 사무엘 캘리안이다. 캘리안은 동방정교회에서 세례를
   받고, 성장은 기독교회 안에서 성장하였다. 그러므로 그는 정교회 전승
   과 기독교 특징을 잘 알고 있다. 그래서 그는 가능한 기독교 교파들 간
   의 대화를 증진시키며 서방기독교와 동방기독교 간의 대화와 만남, 의
   견 교환을 증진하는 데 깊은 관심을 가졌다. 그의 지배적인 관심은 '기
   독교 신앙 전승은 다양성을 지닌다는 사실'을 보여주려는 것이다. 대표
   적인 책 두 권을 언급하면, 다음과 같다. Carnegie Samuel Calian, *Icon
   and Pulpit: The Protestant-Orthodox Encounter*(Phil.: The Wester-
   minster Press, 1968), *Theology Without Boundaries: Encoun- ters of
   Eastern Orthodoxy and Western Tradition*(West- minster John Knox
   Press, 1992). 또 다른 자료로서, James S. Cutsinger(Editor), *Reclai-
   ming the Great Tradition: Evangelicals, Catholics & Orthodox in Dia-
   logue*(Inter- varsity Press, 1997)를 언급할 수 있다. 이 책은 가톨릭, 동
   방정교회, 기독교의 저명한 학자들이 세 교회의 공통 신앙의 진수를 재
   발견하고, 서로 공유하고 있는 대전승(the Great Tradition)을 상호 확
   인하기 위한 의도로 쓴 글들의 모음이다. 모든 연구자들은 대전승의 내
   용으로서 이미 고대 에큐메니컬 신조들 가운데 기술된 그리스도의 신성
   (神性)(인성(人性)뿐만 아니라), 삼위일체 같은 기본적 요소들이 포함
   된다고 말한다. 그리고 대전승을 서로 확인하는 것이 서로 다른 전승들
   가운데서 살아온 다른 기독교인들에게 의미하는 바가 무엇인지를 말한
   다. 미국인 정교회사제 P. O. O'Callaghan이 쓴 소책자(34쪽) *An Eastern
   Orthodox Response to Evangelical Claims*(New York: Light and Life

초를 비교해 보자. 로마가톨릭은 성경과 제1차 니케야 공의회(325)로
부터 최근 제2차 바티칸 공의회(Vatican II Council, 1962-1965)까지
24개의 공의회에서 결정된 사항들을 로마가톨릭교회 모든 가르침의
절대적 기초로 삼는다.[36] 기독교는 오직 성경만을 교회와 기독교신자
의 행동 규범으로 삼는다.[37] 그래서 기독교는 아무리 훌륭한 신학박사
의 가르침이라고 해도 성경의 가르침과 다르면 단호히 거부한다. 그럼
정교회의 절대적인 기초는 무엇인가? 그것은 언급한 바와 같이 성경
과 교회전승이라는 것이다. 정교회가 말하는 전승이란 구체적으로 무
엇인가? 그것은 325년부터 787년까지 이루어진 1차~7차까지의 고
대 교회 에큐메니컬 공의회 결정 사항들을 말한다.[38] 로마가톨릭교회
도 전승을 말하지만, 그 내용은 다르다. 로마가톨릭교회는 동방정교회

Publishing Company, 1997)가 있다. 이 책은 정교회의 특성과 기본교리
에 대하여 침례교 신자가 던진 질문들에 대하여 간단한 대답들을 싣고
있다.

36) 24개의 공의회는 다음과 같다: Nicaea I, Constantinople I, Ephesus,
Chacedon, Constantinople II, Constantinople III, Nicaea II, Constantinople
IV, Lateran I, Lateran II, Lateran III, Lateran IV, Lyons I, Lyons II,
Vienne, Constance, Basel, Ferrara, Florence, Rome, Lateran IV, Trent,
Vatican I, Vatican II. Norman P. Tranner(ed.), *Decrees of the Ecume-
nical Councils*, vol. II (Washington D.C: Georgetown University Press,
1990).

37) 필자는 천주교라는 말 대신에 로마가톨릭, 개신교(改新敎)라는 표현 대
신에 기독교라는 말을 사용하며, 정교회(Orthodox Church)와 동일한 의
미로 사용되는 동방정교회(Eastern Orthodx Church)는 로마가톨릭교회,
기독교를 제외한 모든 정교회(비잔틴정교회, 러시아정교회, 그리스정교
회, 핀란드 정교회, 일본정교회 등)를 통합적으로 지칭하는 표현이다.

38) Sergius Bulgakov, *The Orthodox Church*(New York: St. Vladimir's Sem-
inary Press, 1988), pp.26-36.

가 말하는 7개의 에큐메니컬 공의회 대부분을 받아들이지만, 제7차 공
의회의 이콘 숭배 결정은 수용하지 않는다.[39] 그리고 1965년 바티칸
공의회까지 24번에 걸쳐서 논의되고 교황의 이름으로(Ex Cathedra)
선포된 모든 결정문들을 첨가한다.

　동방정교회의 가장 중요한 신앙고백문은 381년 니케야-콘스탄티
노플 공의회에서 결정된 '니케야-콘스탄티노플 신조'이다. 신학서적
으로서는 장로교회를 비롯한 개혁교회에서 칼빈의 『기독교 강요』와
기타 칼빈의 작품들이 중요하게 여기는 것처럼 동방정교회에서는 다
마스커스의 요한(John Damascus, 753년 사망)이 쓴 『지식의 샘』이
라는 책이 특별한 위치를 차지한다.[40] 그리고 교회예배 예식서로서
황금의 입으로 널리 알려진 크리소스톰(St. John Crysostom)이 쓴
예식서를 가장 정통적인 것으로 간주하며, 7 성례전을 지킨다.[41] 그
러므로 동방정교회 신학과 예배의식의 특징을 이해하려면 우선 이
두 신학자의 책을 읽는 것이 필수적이다.

---

39) Faith and Order Paper No.150, *The Notion of Hierarchy of Truths: an Ecumenical Interpretation*(Geneva: WCC Pub. 1990), pp.19-20. 로마가
톨릭교회와 기독교와 동방정교회 모두 '진리들의 계층질서' 맨 위에 '예
수 그리스도의 복음을 믿음으로 구원받는다는 진리와 삼위일체 하나님
에 대한 신앙고백의 진리'를 두며, 이러한 진리를 가장 잘 표현하는 고백
문이 니케야-콘스탄티노플 신조(381)라는 사실에 동의하였다.

40) Wilhelm Niesel, 『비교교회론』, 168쪽.

41) 7성례란 세례식(침례식), 견진식, 성찬식, 고해성사, 신품 성사, 혼인성
사, 종부성사를 가리킨다. 위의 책, 188-205쪽.

2. '러시아정교회'의 개념 정의

비잔틴정교회의 선교를 받아 러시아는 988년 끼예프공국의 왕 블라지미르에 의하여 정교를 국가 종교로 채택하였다. 이후 비잔틴정교회는 모슬렘의 침략으로 약화되고, 대신 러시아정교회가 정치 군사 경제적으로 발전하는 러시아제국의 도움을 받아 크게 성장하였다. 급기야 1589년 콘스탄티노플 총대주교의 간섭으로부터 독립하여 모스크바 총대주교구를 세우고[42] 수많은 고난 가운데서도 독자적인 발전을 거듭하여 오늘날에 이르고 있다.[43]

그러면, 비잔틴정교회와 러시아정교회는 어떻게 다른가? 장명수는 "러시아 선교를 위한 동방정교회 영성 고찰"에서 비잔틴정교회와 러시아정교회의 영성을 비교 고찰한 결과 다음과 같은 결론을 내렸다.[44] 첫째로, 비잔틴정교회는 수도원적이지만 러시아정교회는 대중적이다. 둘째로, 비잔틴정교회는 신비주의적이지만 러시아정교회는 신비주의와 사회적 이상(理想)을 모두 포함하고 있다. 셋째로, 비잔틴정교회는 개인적이지만 러시아정교회는 민족적이다. 넷째로, 비잔틴정교회는 교부들의 정통을 중요시하지만, 러시아정교회는 러시아적 전통을 중요시한다.

러시아정교회 내부를 들여다보면, 분파가 여러 개 있음을 발견하게 되는데, 이 연구에서 말하는 '러시아정교회'란 일반적으로 말하는 모스크바 총대주교구 관할하에 있는 러시아 국내 최대 종교조직을 말한다.[45] 2000년도 러시아정교회 주교는 150여 명이며, 128개의 주교구, 교회공동체는 19,000개를 가지고 있다. 러시아정교회 전통을 공유하

42) 정교회 성직계급을 정리하여 도표화하면 다음과 같다.

<표 1> 정교회 성직계급

타이틀	문자적 의미(필자)	그리스정교회에서 의미	러시아정교회에서 의미
총대주교 (Patriarch)	주교들의 수장	자치권을 지닌 특정정교회 총회의 수장	같은 의미
대(大)주교 (Metropolitan)	주교들 중에 특별한 명예를 지닌 주교	특별한 명예를 지닌 주교	대도시교구를 맡은 주교나 특정 자율권을 지닌 교회의 주교
장(長)주교 (Archbishop)	주교들 가운데 지도력을 지닌 주교	대도시교구를 맡은 주교나 특정 자율권을 지닌 교회의 주교	주교들 중에 특별한 명예를 지닌 주교
장(長)수도사제 (Archimandrite)	독신서원을 한 사제들 가운데 지도력을 지닌 수도사 사제	독신서원 사제들 가운데 특별한 명예를 지닌 사제	같은 의미
은자(隱者)수도사 (Higumenos)	마을에서 멀리 떨어진 수도공동체를 관리하는 지도력을 지닌 수도사 사제	수도원 원장	수도생활을 하는 사제들 누구에게나 적용
장(長)사제 (Archpriest)	어른 사제	장수도사제와 동등한 명예의 직분이지만, 수도생활을 하지 않는 사제	같은 의미
수석(首席)사제 (Protopope)	어른 사제	장수도사제와 동등	같은 의미
수도(修道)사제 (Hieromonk)	독신생활을 하는 사제 수도사	사제-수도사	같은 의미
성(聖)부제 (Hierodeakon)	수도생활을 하는 부제(전임전도사/강도사)	부제=수도사	같은 의미
장(長)부제 (Archdeacon)	전임전도사들 중에서 선임자	부제들 중에서 특별한 명예를 지닌 부제	같은 의미
수석(首席)부제 (Protodeacon)	수도생활을 하지 않는 부제들 중에서 선임자	부인을 지닌 부제들 중에서 특별한 명예를 지닌 부제	같은 의미

출처: Donald Fairbairn, Eastern orthodoxy through Western Eyes(Wester-minster John Knox Press, 2002), p.181. 결혼한 사제는 흰색 옷을 입는다(百僧). 독신 사제는 검정색 옷을 입는다(黑僧). 로마가톨릭교회처럼 독신서원을 강요하지 않는다. 그러나 백승(百僧)일 경우, 주교급 이상의 성직을 맡을 수 없다. 결혼한 이후, 부인과 사별하거나, 부인과 별거생활을 서약하면 흑승(黑僧)이 되어 고위 성직을 맡을 수 있다. 현재 러시아총대주교 알렉세이 2세의 부인은 모스크바 시내 한 수도원에 칩거생활을 하고 있다. 사목생활을 하지 않고, 수도원에 들어가서 생활할 경우, 직급은 위의 질서를 따르지만, 보직 이름이 달라진다.

43) 항목, "Russian Church", *Encyclopaedia of religion and ethics*, vol. X. James Hastings(eds.)(New York: T. & T. Clark : Scribner, 1981).

44) 장명수, "러시아 선교를 위한 동방정교회 영성 고찰", 미간행 박사학위 논문(아세아연합신학연구원, 2002), 190-93쪽.

지만, 이 조직에 포함되지 않은 단체로서는 러시아 자유정교회, 지하정교회, 구파정교회, 우크라이나정교회-끼예프 총대교구 등이 있다.

러시아자유정교회는 1917-1920년 사이에 혁명을 부정하고 공산정부를 부정했던 일부 성직자들이 해외로 망명하여 조직한 교회이다. 1921년에는 망명정교회라고 부르다가 미국 뉴욕에 본거지를 마련하고, 1990년 이래로 러시아 국내에 파고들고 있다. 지하정교회는 공산주의 시대에 국가에 협조하지 않고 러시아 국내에서 비밀리 활동하던 교회이다. 또 다른 단체는 구파정교회이다. 흔히 분리파라고도 부른다. 17세기 후반 니콘 대주교의 교회개혁에 반대하며 옛 전통을 따르는 러시아정교회이다. 우크라이나정교회 끼예프 총대교구 교회는 1992년 러시아정교회 모스크바총대교구로부터 정식으로 분리해 나간 '우크라이나정교회'의 하나인데 교회수장은 필라렛이다. 일반적으로 우크라이나 국가 전체를 대표하는 우크라이나정교회와는 다른 단체이다.

3. '동방정교회 선교' 개념과 '국가 – 정치적 선교' 개념

다양한 선교사역과 선교의 목표 그리고 선교방법과 양태는 선교를 무엇이라고 성의하느냐? 즉 선교의 개념정의와 긴밀한 관계가 있다. 정교회는 선교를 다음과 같이 정의한다.

정교회가 말하는 선교란 정교회가 정통으로 여기는 전승을 전하는 것이다. 즉 역사적이며 나누어지지 않은 거룩한 가톨릭/보편적

---

45) 황영삼, "러시아정교회의 위상과 사회적 역할", 『中蘇研究』, 통권 84호, 1999/2000, 207-09쪽.

정교회의 순전하고도 거룩한 가르침을 전하는 것이며, 성경과 거룩
한 전승에 기초한 기독교 신앙을 선포하는 것이다. 그리고 7개 고대
에큐메니컬 공의회의 결정이 무오 함을 확증하는 것이며, 그리스도
공동체의 7개 성례전의 신비들을 실천하는 것이며, 정교회의 풍요로
운 영성과 헤즈키즘의 경험과 정교회 신학과 신비와 치유와 신성화
(神聖化)를 전하는 것이다.[46]

신성화(theosis)란 '하나님을 닮아감(Deification)'을 의미하는데, 정
교회의 구원론을 대변하는 표현이다.[47] 정교회의 구원론은 정교회

---

46) The mission of the Evangelical Orthodox Community is to promote the
authentic and sacred teaching of the historical and undivided Holy
Catholic and Orthodox Church. To proclaim the Christian faith based
upon the Holy Bible and Holy Tradition. To affirm the belief in the
infallibility of the seven Ecumenical Councils and practise of the seven
Sacramental Mysteries of the Community of Christ. To spread the rich
spirituality and experience of hesychasm and Eastern Orthodox Theo-
logy, Mysticism, healing, and theosis. http://www. geocities. com/
evangelical_orthodox/mission.html(2003년 11월 5일 검색).

47) 남정우, 『동방정교회 이야기』(서울: 쿰란출판사, 2003), 66-77쪽. 그러나
개혁주의 전통에서는 인간의 신성화의 현실적 가능성을 부인한다. 칼뱅
은 그의 『기독교강요』 1권 12장 3절과 2권 8장 26절에서 피조물과 인간
의 deification에 비판한다. 그리고 세르베투스가 인간이 반(semi)신적인
존재이며 공기를 마실수록 더 하나님을 닮아간다는 주장을 했을 때, 칼
뱅은 세르베투스 반박문에서 "허황된 소식을 그토록 탐하여 무질서한
욕망으로 그것에 빠지는 자들은 바람으로 포식하기에 합당할 뿐만 아니
라, 사탄이 내뿜는 많은 치명적 전염들을 들어 마시기에 합당하다"고 논
박하였다. 박건택 편역, 『종교개혁사상선집』(서울: 개혁주의 신행협회,
2000), 253쪽. 또 오시안더가 신성화에 대해 언급할 때 칼뱅이 그것에 대
해 반박하였다. 타락 이전에도 타락 이후에도 인간과 하나님의 질적인
차이를 강조하며, 인간은 하나님이 아니며, 절대로 그렇게 될 수 없다고
본다. 인간이 하나님이 되려고(혹은 하나님을 닮아가려고) 노력하면 인

42

특유의 선교적 함의를 내포하고 있다. 정교회는 믿음으로 의롭다함
을 얻고 하나님의 자녀가 되는 것은 구원의 긴 과정에서 시작 단계
에 불과한 것으로 생각한다. 정교회가 생각하기에 구원의 완성은 예
수 그리스도와 사도들과 성자들의 모범을 따라서 삶으로 하나님의
성품을 닮아가는 것이다. 정교회의 독특한 미사(예배) 모습과 수도
원생활 그리고 개인적인 신앙생활은 모두 이 '신성화' 개념과 깊이
연관되어 있으며 선교사들이 선교사역에 헌신하고 오지에 가서 이민
족들에게 선교하는 동기와 선교방식에도 정교회의 독특한 구원론이
관련되어 있다.[48]

정교회의 '선교' 정의를 자세히 살펴보면, '역사적이며 나누어지지
않은 거룩한 전승', '7개 고대 에큐메니컬 공의회', 그리고 '교회의 풍
요로운 영성과 헤즈키즘의 경험' 등과 같은 용어들이 말해주듯이, 복
음의 능력과 복음의 탁월성보다는 정교회 전승의 우수성과 탁월성에
대한 확신이 정교회 선교활동에 근간을 이루고 있음을 알 수 있다.
아직 복음을 듣지 못한 이방인들에게 찾아가서 예수의 복음을 전하여
교회를 세우며, 하나님 나라의 확장을 위한 활동을 의미하는 기독교

간은 결국 사탄과 같이 된다. 왜냐하면 사탄 역시 하나님이 되기 위해
노력했기 때문이다. 인간이 할 수 있고 또 해야 하는 가장 선하고 가치
있는 노력은 예수 그리스도 안에서 풍성하게 나타난 하나님의 사랑과
자비를 알고, 감사하고 찬양하는 것이다. Carl Mosser, "The greatest
possible blessing: Calvin and deification", *Scottish Journal of Theology*,
Vol.55, 2002, pp.36-57.

48) Panayiotis Nellas, *Deification in Christ*(New York: St. Vladimir's Semi-
nary Press, 1987). 이 부분에 대한 상세한 언급은 이 연구(71쪽) "제3장
B 헤즈키즘"에서 니키타 스트루브(Nikita Struve) 교수의 '헤즈키즘에 관
한 정의와 그 선교적 함의(含意)'에 관한 기술 부분에서 다시 다룬다.

의 일반적인 선교 개념과 비교해 볼 때,[49] 정교회의 선교 개념은 기
본적으로 예수의 복음뿐만 아니라 정교회의 전승을 전하는 일을 중요
시한다. 그리고 그 전승 속에는 이콘숭배(iconophile)[50] 결정을 담고
있는 제7차 고대 에큐메니컬 공의회를 비롯한 7개의 고대 에큐메니컬
공의회 결정문의 무오함에 대한 확신과 동방정교회의 독특한 경건을
담지하고 있는 헤즈키즘(Hesychasm)이 포함되어 있다.[51]

　선교에 대한 정교회의 이러한 이해는 역사 속에서 비잔틴제국과
러시아제국의 역사 속에서 교회와 국가의 특별한 관계성으로 인하여
국가 - 정치적 선교로 발전하였다.[52] 국가 - 정치적인 선교는 국가교
회의 선교이다. 국가교회란 교회의 지배적인 위치가 국가법에 의해
보장되고, 재정적인 국고지원을 받으며 정치 종교적인 경쟁자들로부

---

49) 참고, D. McGavran and A. Glassur, *Contemporary of theologies of mission*
　　(Baker book house company, 1983), p.26.

50) '이콘 숭배 교리' 결정에 관한 역사적 논쟁과정에 대한 논의는 야로 - 슬
　　로프 펠리칸 교수 책에 탁월하게 기술되어 있다. Jaroslav Pelikan, *The
　　Spirit of eastern Christendom*(600-1700)(Uni. of Chicago Press, 1974),
　　pp.117-126.

51) 헤즈키즘이란 말은 '고요함'을 뜻하는 그리스어 ἡσυχία에서 나왔다. 이것
　　은 동방정교회 세계에서 무엇보다도 아토스 산 수도사들을 통하여 전해
　　져 온 내면적이고 신비적인 '예수기도' 전통과 깊이 관련되어 있다. 항목,
　　"Hesychasm", *The Oxford Dictionary of the Christian Church*, 2nd ed.,
　　by F. L. Cross and E. A. Livingstone(New York: Oxford Univ. Press,
　　1977). 헤즈키즘에 대한 상세한 설명은 'Ⅲ장 19세기 러시아제국주의와
　　러시아정교회 선교, C. 헤즈키즘 부흥운동'(이 연구 67쪽 이하)에서 할
　　것이다.

52) Aristeides papadakis, "The Historical Tradition of Church-State relations
　　under Orthodoxy", in *Eastern Christianity and Politics in the twentieth
　　century*, Pedro Ramet(ed.) (Duke University Press, 1988), pp.37-58.

터 보호받으며, 정부 관료들은 교회의 이익을 지켜주어야 하는 등 국가가 교회에게 도움과 특권을 부여하는 반면 교회에 대한 강력한 통제력을 보유하는 것을 말한다.[53] 따라서 국가-정치적인 선교는 국가교회가 주체가 되어 국가-정치적인 목표들을 봉사하는 선교이다. 실제로 역사적으로 드러난 예들을 볼 때, 동방정교회 세계에서의 교회-국가의 관계는 국가 주도적인 협력 관계였음을 부인하기 어렵다. 4세기 콘스탄틴, 6세기 유스티니아누스, 10세기 블라지미르, 17세기 표트르 대제의 영향 아래서 비잔틴과 러시아제국은 교회정치에 깊이 관여하였으며,[54] 선교사역에도 관여하였다.

그러나 여기서 선교 동기와 선교 목표를 혼동해서는 안 될 것이다. 모든 교회 성직자들이 스스로를 세속적인 군주의 욕망에 봉사하는 자들로 여겼다고 생각해서는 안 된다. 많은 경우에 있어서 선교사들에게 정치적인 목표들은 부차적인 의미를 지닌 것들이었다. 국가와 교회 사이에 긴밀한 관계성이 있다고 해서 선교 현장에서 이교도들을 개종시키고 영세(침례)를 베풀고, 지교회(local church)를 설립하는 등의 선교의 고유한 목표들이 배제된 것은 아니었다. 그러므로 선교의 정치적인 동기들(motivations)이라는 표현보다는 목표들(aims)이라는 표현을 사용하는 편이 더 적절할 것이라고 생각한다.[55] 동기라는 표현은 선교활동 배후에서 선교의 열정을 일으키고 자극하는 추진

---

53) 김은실, "러시아정교이념의 정치적 수용 - 성. 루시, 제3로마 사상, 메시아니즘을 중심으로", 『정치사상연구』 제5집(2001년 가을), 218쪽.

54) 기연수, "러시아 전제정치의 기원", 한국외국어대 정치학 박사학위논문, 1983, 217-218쪽.

55) Stamoolis, *Eastern Orthodox Mission Theology*, s. v. "Political Aims in Mission", pp.48-60.

력의 의미를 담고 있기 때문이다.

국가 정부는 선교의 고유한 목표들보다는 국가의 목표를 더 우선 순위에 두려고 했지만 그렇게 되지 않은 경우도 종종 있었다. 교회 지도자들은 선교의 고유한 목표들을 배제하려는 정부 관리들과 단호하게 싸웠다. 그러나 동시에 군주의 욕망을 단호하게 잘라버리지 못한 성직자들의 예들도 수없이 찾아볼 수 있다. 교회와 국가가 긴밀하게 연관된 상태에서는 국가의 목표들은 교회의 목표들이 되었다.56) 이러한 패턴이 특별히 러시아 교회 안에서 오랫동안 계속되었다. 국가 - 정치적 선교 모습은 역사적으로 로마가톨릭교회의 선교, 영국성공회의 선교, 루터교회의 선교 등에서도 발견되지만, 러시아정교회의 선교 속에서 가장 뚜렷하게 가장 오랫동안 발견된다. 그것은 황제교황주의(黃帝敎皇主義)적 신학과 전통이 오랫동안 러시아 사회를 지배해 왔기 때문이다.57)

동방정교회 세계에서 교회와 국가 간의 관계성을 묘사할 때 언급

---

56) 참고. A. A. Vasiliev, *History of the Byzantine Empire*(Madison: University of Wisconsin Press, 1952), pp.148-50, 257-58, 283, 334, 469-70.

57) 한국외대 기연수 교수는 "황제교황주의(黃帝敎皇主義)란 교황황제주의에 대비되는 것으로서 교권을 속권의 하위에 두어 세속권(世俗權)의 수장인 군주, 즉 황제가 실질적으로 종교권을 행사하는 것"이라고 규정한 후, 황제교황주의의 가장 두드러진 예를 비잔틴제국이나 모스크바대공국 말기 및 제정 러시아에서 찾았다. 따라서 비잔틴으로부터 정교와 함께 제정 일치적인 황제교황주의적 통치이념을 수용한 러시아 역사는 "끼예프 시대로부터 시작하여 모스크바 대공국 시대와 제정 러시아 시대를 거쳐 오늘날의 러시아 연방 시대에 이르기까지 상호 보완적 입장이기는 하나 줄곧 교황권이 황제권에, 교회가 국가에 종속되는 속권 우위의 모습을 보여주었다"라고 주장하였다. 기연수, "러시아 전제정치의 기원", 217-18쪽.

되는 '황제교황주의'란 무엇인가? '황제교황주의'로 번역되는 '카이사로페이피즘(Caesaropapism)'라는 용어를 처음 사용한 학자는 19세기 독일 교회사가 헤르겐료테르(I. Khergenräter)로 알려져 있다.[58] 그는 비잔틴제국의 황제권과 교회 사이의 독특한 관계를 설명하기 위해 '황제교황주의'라는 개념을 도입했는데, 이는 신성로마제국의 황제에 대한 로마 교황의 우월적 권위를 주장한 '교황황제주의'에 대비하는 개념이었다.

다시 로마가톨릭교회의 입장에서 황제교황주의에 대한 본격적인 연구가 나온 것은 1946년이었다. 미국 예수회 신학부가 간행한 『신학연구』에 기고한 '비잔틴과 러시아에서의 황제교황주의(Caesaropapism in Byzantine and Russia)'에서 키릴 투마노프(Cyril Toumanoff)는 황제교황주의란 한마디로, "교회가 국가에 의해 조건 지어지는 교회와 국가의 관계"이며, 이는 "하나의 교의가 아니라, 역사적인 경향이며, 하나의 이단이 아니라, 이단들의 어머니"라고 규정했다.[59] 원래 교회와 국가의 관계에 대하여, 예수 그리스도는 "가이사의 것은 가이사에게, 하나님의 것은 하나님에게"라고 명확하게 가르쳐 주었는데도 불구하고, 가이사 곧 세속권이 그리스도의 가르침에서 벗어나서 국가와 교회의 수장(首長)을 겸하거나, 적어도 가이사가 지명한 교황이 그리스도 교회의 중심적인 위치를 차지하였기 때문이다. 투마노프는 후자의 경우 비잔틴제국에서, 또 전자의 경우 러시아제국에서 나타남으로써 황

---

58) 林永尙, "황제교황주의와 러시아정교회", 『歷史上의 國家權力과 宗教』, 歷史學會편(일조각, 2002), 210쪽.

59) Cyril Toumanoff, "Caesaropapism in Byzantine and Russia", *Theological Studies*, Theological Faculties of the Society of Jesus in the United States, vol.vii, n.2(1946), p.214.

제교황주의적인 이념의 가장 완전한 형태가 바로 러시아에서 구현되
었다고 설명했다.

서방의 러시아사 학자인 커터스(J. S. Curtiss)와 파이프스(Richard
Pipes) 등도 투마노프와 같은 입장에서 비잔틴에서뿐만이 아니라, 모
스크바대공국 시대와 제정 러시아에서의 교회와 국가의 관계를 비잔
틴적이고 황제교황주의적인 것으로 인식했다.[60] 파이프스도 비잔틴
에서 황제는 교회의 수장이었으며, 교회는 '국가 안에 있었고, 국가
기구의 일부였다'고 설명하면서 러시아정교회를 국가의 종복으로 파
악했다.[61] 이후 세속의 지배자인 비잔틴 황제가 교회의 수장을 겸하
는 체제를 황제교황주의라고 규정한 투마노프의 주장은 서방 학계의
보편적인 입장이 되었다.[62]

---

60) J. S. Curtiss, "Church and State" in C. E. Black, ed., *The Transformation
of Russian Society : Aspects of Social Change Since 1861*(Harvard Univ.
Press, 1960), pp.4-5.

61) 한국학계의 경우, 황제교황주의를 최초로 언급한 사람은 한국외대 러
시아어과 기연수 교수이다. "러시아 전제정치의 기원", 46-74쪽 참조.

62) 동방정교회 세계에서의 교회 - 국가 관계를 흔히 '황제교황주의'라는 개
념으로 설명한다. 이 개념을 두고서 논란의 여지가 많이 토론되고 있다.
교회가 국가권력의 완전히 시녀 노릇을 한 듯한 인상을 풍기기 때문이
다. 그래서 황제교황주의 개념의 부적절성을 주장하는 학자들은 교리
문제나 성례전 집행에 대해서 황제가 간섭한 경우는 전혀 없었고, 황제
의 무분별한 칙령에 대하여 교회지도자들이 저항한 예들이 많이 있었다
는 사실을 근거로 그러한 명칭은 정확한 것이 되지 못한다고 말한다. 게
다가 국가의 군주가 교회 인사 문제, 재정 재산 문제에 주도적으로 관여
하는 황제교황주의적 형태가 동방정교회 세계 안에만 나타나는 것이 아
니라, 로마가톨릭교회, 영국교회 안에서도 나타난 것임을 언급하며, 황
제교황주의 현상을 정교회세계의 특징인 양 묘사하는 것은 적절하지 못
하다고 반박한다. 러시아정교회 사제들도 오래전부터 교회 - 국가에 관

황제교황주의에 대한 보다 구체적인 개념정의는 크로스(F. L. Cross)
가 편집한 『옥스퍼드 교회사 사전』에서 찾을 수 있다.[63] 여기에서 황제
교황주의는 "절대 군주가 자신의 영토 내의 교회에 대한 완전한 통제권
을 가지며 통상적인 경우 교회의 권한에 속했던 제반 문제(예를 들면 교
리)까지 그 지배권을 행사하는 체제"로 규정되었고, "일반적으로 비잔틴
황제들이 특히 1054년 교회의 대분열 이전 동방의 총대주교들에게 행사
한 권한에 대해 사용된다."고 덧붙여졌다. 실제로 비잔틴 사람들에게 근
대적인 의미의 교회-국가의 구분은 무의미했다. 그들은 교회와 국가를

한 문제에 깊은 관심을 가졌다. 사제 알렉세이 니콜린은 1997년에 출간
한 『교회와 국가』에서 국가와 교회와의 상호 관계성을 세 가지 유형으
로 구분하였다. ① 최고의 국가권력이 종교의 중심으로 변한 형태. 파라
오가 국가의 수반인 동시에 최고의 신관 심지어 신(神)까지 되었던 이
집트와 황제들이 최고 신관이 된 로마 등 이교도 국가에서 있었던 경우
이다. 기독교 국가에서는 황제교황주의(Цезаропапизм)라고 부르며, 종
교개혁 국가, 특히 영국에서 왕이 교회의 수장이 된 현상을 말한다. 러
시아정교회사의 대부인 카르타세프는 이를 협화음인 심포니아가 아니
라, 불협화음을 의미하는 카카포니아라고 하였다. ② 국가가 종교기관에
복종하는 형태이다. 예를 들어 티벳과 남아메리카에서 다양한 신권정치
의 유형이 존재하였는데, 기독교 국가에서는 이를 교황황제주의(Папоце
заризм)라고 불렀다. 교황황제주의의 기본적인 원리 가운데 하나는 교
황을 교회권력의 수장으로서만이 아니라, 국가의 최고 권력자로서 인정
하는 것으로서 바티칸이 그 대표적인 예라고 할 수 있다. ③ 교회와 국
가의 대립이 아니라, 조화와 동의에 기초하는 동맹(Союз)의 형태. 역사
상 이러한 동맹은 '권력 간의 심포니아'라는 이름으로 나왔는데, 이는 모
든 정교회 국가들이 노력해 왔던 교회와 국가의 관계를 의미한다. Свящ
енник Алексей Николин, *Церковь и Государство: История правовых
отношений (교회와 국가: 그 관계의 역사)*(Издание Сретенского монас
тыря, 1997), с.13-15. 林永尙, "황제교황주의와 러시아정교회", 『歷史上
의 國家權力과 宗敎』, 219-20에서 재인용.

63) *Oxford Dictionary of the Christian Church*, 1958, p.215

협력과 갈등 관계의 대조되는 실체로 간주하지 않았으며, 사회를 단 하나의 통합된 전체라고 생각했다.[64] 따라서 비잔틴 황제가 시민행정뿐만 아니라, 종교행정에 책임을 지는 것은 당연한 일이었다.[65].

　모든 선교가 그러하듯이 선교는 사회, 문화, 역사적인 모든 요소가 종합되어 이루어지는 복합적인 현상이다. 동방정교회와 러시아정교회의 선교는 위에서 언급한 황제교황주의적 맥락 속에서 자연스럽게 국가-정치적 선교로 발전하였다. 교회적 선교나 선교회 선교에 비하여 국가-정치적 선교는 국가적 차원에서 이루어지는 정책적 사업의 성격을 강하게 지니기 마련이다. 때문에 반드시 역사적이고 사회적이고 정치적인 배경을 가지기 마련이며, 선교가 현장에서 진행되면 그 다음 다양한 현상들이 나타난다. 국가 내에 다른 소수파 종교를 억압한다거나, 선교를 수용하지 아니하면 국민 생활에 제약과 불이익을 가하는 등의 국가 행정적인 조치를 취한다.

　이러한 예가 초기 기독교와 기독교의 역사 가운데서도 나타났다. 역사적으로 로마제국 시대 200여 년 동안 기독교는 소수 종파로서 제국의 핍박을 받았다(디오클레시안 황제의 칙령, 303년, 304년 칙령 2-4).[66] 그러다가 콘스탄틴 황제로 인하여 기독교의 상황은 완전히

---

64) 그것은 서로마제국이 476년 고트족에게 멸망당한 이후에 국가의 절대성에 대한 인식이 흔들렸던 반면에 동로마제국에서는 1453년 콘스탄티노플이 멸망당할 때까지 국가의 절대성이 의심받지 않았기 때문으로 보인다.

65) 그러나 비잔틴과 러시아의 황제는 교리를 고치거나, 성례전을 집례 하는 일은 행하지 않았다. 이 때문에 이형기 교수는 '제한적 Caesaro-Papism'이라는 표현을 사용하였다. 이형기, 『세계교회사』, 1권(서울: 한국장로교출판사, 1994), 615-16쪽.

66) 참고, Philip Schaff, *History of the Christian Church*, Vol. II(Rrand Ra-

뒤바뀌었다. 이때 제국의 신학이 시작되었다.[67] 200여 년간 로마제국의 핍박을 받다가 이제는 종교의 자유뿐만 아니라, 황제의 후원으로 크게 확장되는 기독교의 성장을 보면서 콘스탄틴 황제의 다스림 하에서 실현될 기독교 세계에 대한 이상(理想)에 대한 이론이 나오기 시작하였다. 이러한 이상은 325년 황제가 니케야 공의회를 소집한 사건에 의하여 더욱 구체화되었다.[68] 황제와 교황은 이 세상 기독교를 섬기기 파수꾼으로 간주되었다. 이후 기독교 국가가 된 로마제국은 종교재판을 통하여 제국 내 이단들을 재판하고 추방하였다. 나중에는 교회의 보호자 역할을 자처하며 주교 인선 문제, 교회재산 관리에도 황제가 관여하였다. 제국의 목표와 교회의 목표는 동일시 되었으며, 이교도와 이방 민족들을 개종시키는 선교사역은 교회의 일인 동시에 국가의 일로 간주되었다.[69] 이것이 지리상의 발견 이후에는 스페인-포르투칼의 파드로아도(padroado), 즉 교황이 국가로 하여금 이미 발견되었거나 장차 발견될 나라들에서 신앙전파의 책임을 지우는 이론(교황 알렉산더 6세의 칙서, inter Caetera, 5월 3일, 1493년)의 발전을 가져왔다. 선교사들은 두 주인의 종, 즉 하나님과 군주의 종이 되었다.

---

pids: Westerminster B. Eerdmans Pub. 1910), pp.40-70.

67) 최덕성, "콘스탄틴 황제와 제국교회", 『신앙세계』(1992년 4월), 106-15쪽.

68) 참고. John L. Boojamra, "Constantine and the Council of Arles: The Foundation of Church and State in the Christian East", The Greek Orthodox Theological Review, Vol.43. Nos. 1-4(1998), pp.129-41.

69) Karl Müller, Theo Sundemeier and Stephen B. Bevans, *Dictionary of Mission: Theology, History, Perspectives*, s. v. "State, Church and Mission", Richard H. Bliese, ed.,(Orbis Books, Maryknoll, New York: 1997), p.418.

16세기 기독교(개신교) 국가에서는 식민지 국가들을 선교해야 한다는 도덕적인 책임감에 대한 선언이 특별히 칼빈주의 세계에서 일어났다(벨기에 신앙고백문, 1561. Confessio Belgica).[70] 그러나 어떤 특정 지역에서 식민세력의 변화는 선교사들의 변화로 이어졌고, 아니면 신앙고백문을 바꾸어 버리는 일들로 이어졌다(예컨대, 스리랑카에서의 변화). 교회의 목표와 국가의 목표가 병립 불가능할 경우가 많았는데(예컨대 미국에서 인디언 교회의 설립이 국가의 반대로 좌절되었다), 이러한 마찰과 갈등으로 인하여 가톨릭의 경우에는 '신앙 포교성'(the Congregation for the propagation of the faith, Propaganda Fide, 1622)이 만들어졌고, 기독교 세계에서는 '선교회들'(missionary societies)이 만들어졌다. 선교 현장에서는 식민지배세력의 대표자들과 선교사 개인들 간에 갈등과 마찰이 끊임없이 있었다.[71] 로마가톨릭 세계에서는 1789년 프랑스 대혁명 이래로 대부분의 국가에서 국가와 교회의 분리

---

70) 위의 책, s. v. "Colonialism", p.67 이하. 교회와 국가와의 관계성에 대한 개혁교회의 고전적인 이해는 "벨기에 고백"(Belgic Confession) 제36조항에 잘 나타나 있다. "그들의(정부 관리들의) 직무는 국가의 복지를 관심 있게 지켜볼 뿐만 아니라, 교회 목회도 보호해야만 하며, 이렇게 함으로써 모든 우상을 타파하고 거짓된 예배를 막아내어 그리스도의 왕국을 확장해야 한다. 그러므로 그들은 곳곳마다 복음의 말씀을 전파하는 일을 후원해야만 하고, 그것은 하나님의 말씀이 명령한 것처럼 누구든지 하나님께 예배를 드리고 영광을 돌릴 수 있게 하는 것이다." David J. Bosch, *Witness to the World: the Christian mission in the theological perspective*, 전재옥 옮김. 『세계를 향한 증거』(도서출판 두란노, 1993), 147-48쪽에서 재인용.

71) 예컨대, Las Casas, Francis Xabier, W. Penn 그리고 C. Lavirerie 등과 같은 선교사들을 언급할 수 있겠다. Karl Müller, Theo Sundemeier and Stephen B. Bevans, *Dictionary of Mission: Theology, History, Perspectives*, p.418.

사상이 지배적인 여론이 되었고.[72] 국가-정치적 기반이 없는 상태에서 시작된 기독교회는 대체로 16세기 종교개혁 때부터 국가와 교회의 분리 사상을 구체화해 나왔다.[73]

그러나 러시아정교회는 달랐다. 처음부터 황제 주도하에 수용되고 확대되고 발전해 온 러시아정교회는 오랜 역사 속에서 국가-정치뿐 아니라, 국민의 교육과 생활에 긴밀한 관련성을 갖게 되었다. 특별히 표트르 대제 시대에 교회의 권위를 대표하는 총대주교제를 폐지하고 교회와 선교를 관장하는 국가관청인 신성종무원(Святейший Синод)을 신설하여 교회의 모든 문제를 관할하게 함으로 러시아정교회는 국가교회적 성격을 더욱 강하게 지니게 되었고, 따라서 선교도 국가-정치적 선교의 성격을 뚜렷하게 드러내었다. 국가법으로 제정된 신성종무원 제도는 1721년부터 1901년까지 존속하였다.[74] 20세기 초 러시아정교회는 전체 제국 신민의 거의 70%에 달하는 8천 4백만 명에 육박하는 신도 수를 거느린 거대한 국가교회였다.[75]

따라서 국가교회인 러시아정교회는 러시아제국 안에서 그 지배적 위치를 법에 의해 보호받았으며, 필요한 재정의 상당 부분을 국고에

---

72) 참고. 白仁鎬, "가톨릭교회와 국가-프랑스 절대왕정에서 혁명까지", 『歷史上의 國家勸力과 宗敎』, 166-92쪽.

73) 참고. 朴羲徹 "프로테스탄티즘과 근대유럽의 정치체계-루터파와 절대주의의 관계를 중심으로", 위의 책, 193-209쪽.

74) J. S. Cutiss, *Church and State in Russia: The Last Years of the Empire 1900-1917*, (New York.: 1972) pp.23-24.

75) 1897년 인구 조사에 따르면, 당시 제국의 인구는 1억 2천 5백만 명이 훨씬 넘었다. 유럽-러시아 50개 현(縣)의 정교신자는 82%에 가깝다. 이 신자들은 당시(1897년) 66개 주교구와 1개의 외교구에 소속되었다. 위의 책, p.72.

의해 지원받았으며, 정치 및 종교의 적들과 경쟁자들로부터 법에 의해 보호받았다. 그리고 공립 교육기관에서 정교의 교의를 교수했으며, 종교적 선전을 독점적으로 수행하였고, 유일하게 선교할 수 있는 기관이었다. 또한 종교서적 발행에 있어 출판권을 소유할 뿐만 아니라, 검열권까지 행사하였다. 뿐만 아니라 신성종무원장(Обер-Прокуратор)이 대신회의의 일원이며, 주교들은 교회의 이익을 지키기 위해 젬스트보(Земство, 지방의회)에 참가하였고, 정부 관료들은 교회의 이익을 지키도록 요청받고 있었다. 이런 여러 길을 통해 국가와 교회는 밀접하게 연결되어 있었다.[76] 그러나 이것이 선교에 대한 절대적인 이익을 뜻하지는 않았다. 국가는 교회에 도움과 특권을 부여한 반면 교회와 선교의 자율성을 제한하였다. 결과 선교방법, 선교사의 소명의식, 선교의 목표, 선교 내용 등에 있어서 갈등과 변질이 불가피하였다.

B. 비잔틴제국과 비잔틴정교회

많은 경우 동방정교회는 선교를 하지 않은 교회로 알려져 있으나 사실은 로마가톨릭교회나 기독교 못지않게 유구한 선교역사를 지니고 있다. 러시아정교회의 원형인 비잔틴제국의 정교회도 많은 선교를 하였다. 대표적인 사례를 언급하자면 6세기 이후로 하자르 민족을 선교한 일, 모라비아, 불가리아 그리고 지금의 우크라이나 지역에

---

76) 위의 책, p.35-38.

거주하던 슬라브족을 선교한 일을 말할 수 있다.[77] 그러나 단순히
교회의 순수한 선교열정에 의하여 이방민족들에게 관심을 가지고,
그들에게 복음을 전한 것이 아니었다. 국가의 정치적, 외교적 관심이
함께 작용하여, 그들에게 관심을 가졌고, 선교사들의 인선과 파송,
후원과 지시에 개입하였다.[78] 그것은 이미 언급한 대로 비잔틴제국
과 교회 간의 독특한 관계성 때문이었다.

1. 비잔틴제국 역사 안에서 교회와 국가

비잔틴제국은 어떤 나라이며, 제국의 황제가 교회 일에 깊이 관여하
게 된 역사적인 배경이 무엇인가? 역사 정치적인 배경, 신학적인 배경,
그리고 그 모든 배경을 구체화한 유스티니우스(Justinius Ⅰ : 527-565)
법전을 통하여 비잔틴제국와 교회와의 긴밀한 관계성을 역사적으로 살
펴볼 수 있다.

첫째는 서로마제국과 다른 동로마제국의 역사적 정치적 배경 때문
이었다. 콘스탄틴 황제(337년 사망)는 로마제국의 행정 중심지를 동

---

77) Nikolas K., Gvosdev, *An Examination of Church-state Relations in
the Byzantine and Russian Empires with an Emphasis on Ideology
and Models of Interaction(Studies in Religion and Society)*(Edwin
Mellen Press, 2001), p.138-46.

78) 정교회 선교는 많은 부분에 있어서 국가정부의 개입과 협력과 지시로
이루어졌다. 정치적인 요소가 강하다. 로마가톨릭 선교에서도 이러한
정치적 요소가 많이 있지만, 정교회 선교에는 그 정도가 훨씬 더하다.
참고. Aristotle Papanikolau, "Byantium, Orthodoxy, and Democracy",
Journal of the American Academy of Religion, vol.71, No.1(March
2003), pp.75-98

쪽 비잔티움에 세워 '신로마'로 재건하려는 계획을 가지고 주후 330
년 수도를 옮겼다. 비잔티움을 '그의 도시'란 의미로 '콘스탄티노폴리
스(Constantino-polis)'라 하였다.[79] 그를 뒤이은 데오도시우스 1세
(Theodosius Ⅰ: 379-395) 황제 때에는 동서의 로마제국이 일시적으
로 통일되었다. 그러나 395년 그가 사망하자 로마제국은 두 아들에
의하여 동서로 다시 분열되었다. 호노리우스(Honorius)는 로마를 거
점으로 하는 서로마제국을 이루었고, 아르카디우스(Arcadius)는 콘
스탄티노플을 거점으로 하는 동로마제국을 이루었다. 이 로마제국을
일명 비잔틴(Byzantine)이라 하며, 그 이전 그리스 시대에 비잔틴이
라고 말하던 도시 이름과는 전혀 별개의 국가 명칭이 이때부터 생겨
났다.[80] 주후 476년에 서로마제국이 멸망하여 비잔틴제국은 서방으
로부터 독립하여 발전하다가 유스티니우스 황제 때에는 그 영토와
세력과 종교 문화부흥이 최고조에 달하였다가 이후 점점 쇠퇴하여
1453년에 멸망하였다.[81] 비잔틴제국 안에서 교회와 국가 관계는 서
로마제국 안에서 교회와 국가의 관계성과는 달랐다. 서로마제국의
멸망(476년) 이후 다른 어떤 개인이나 기관도 수행할 수 없었던 사
회통합의 기능을 교회가 맡게 되었다. 그리하여 마침내 교황은 로마
가톨릭 세계에서 세속적 권력을 공식적으로 부여받게 되었다.[82] 그
렇지만 동방에서는 동로마제국 황제의 강력한 통치가 1453년까지 존

---

79) 요안 M. 후세이, *Die Byxantinische Welt*, 『동로마 제국사』, 정기환 옮
    김(서울: 성경연구사, 1984), 7쪽.
80) *Encyclopedia of Britanica 3*(London: William Benton Pub., 1974)
    pp.546-47.
81) 요안 M. 후세이, 『동로마제국사』, 17-22쪽.
82) 『기독교대백과사전』 4권, 620쪽.

속하였고, 러시아에서는 제국의 통치가 1917년까지 지속되었다. 따라서 동방정교회는 기독교제국이라는 국가적 기틀 속에서 기독교교육과 선교를 포함하는 교회적 기능을 수행해야만 했던 정치사회적 배경이 있었다.

둘째, 신학적인 이유를 들 수 있다. 동로마제국의 정교일치 내지는 협력 관계성의 뿌리를 찾아보면 가이사랴의 유세비우스(Eusebius of Caesara)가 나온다. 그는 비잔틴주의의 전령이며, 정치신학의 창설자이다.[83] 국가와 교회가 조화롭게 협력하는 신학적 법적인 기초를 만들었다. 특별히 콘스탄틴을 크게 칭찬하며, 기독교제국의 정치 철학, 즉 비잔틴 절대주의를 천 년에 걸쳐서 일관성 있게 유지된 국가철학으로 분명하게 진술하였다.[84] 유세비우스에 따르면, 기독교의 황제인 콘스탄틴은 그 당시 세계를 하나님께 인도하도록 부름을 받았다. 비잔틴제국에서는 이러한 논조가 계속 강조되어, 신앙의 통일성과 제국의 통일성을 일치시키려는 시도들이 일어났다. 그 결과 6세기에 유스티니우스의 법전이 만들어졌다. 비잔틴 체제의 교회-국가 관계를 설명할 때, 반드시 언급하는 것이 유스티니아누스 1세가 535년 제6차 신법(新法, Novella)이다.[85] 신칙령(新勅令)이라고 번역되는 이 법령은 대부분의 내용이 국가와 교회와의 조화로운 협력관계에 관한 것이다. 이 법령은 그리스도교 국가에 대한 비잔틴적인 이상(vision)을 잘 반영하고 있다.

---

83) 최덕성, "콘스탄틴 황제와 제국교회", 『신앙세계』(1992년 4월) 111-12쪽.
84) D. Bosch, *Transforming Mission*, 김병길, 장훈태 共譯 『변화하고 있는 선교: 선교신학의 패러다임 변천』(서울: 기독교문서선교회, 2000), 322-24쪽.
85) John Meyendorff, *The Byzantine Legacy in the Orthodox Church*(New York: St. Vladimir's Seminary Press, 2001), p.48.

하나님께서 거룩한 자비로 인간에게 하사한 가장 커다란 선물은
사제직과 황제의 권한이다. 전자는 종교적인 문제를 다루며, 후자는
인간의 문제를 주재하며 감독한다. 양자(兩者)는 하나이자, 같은 근
원으로부터 생긴 것이며, 그들 모두 인간생활을 아름답게 해주는 것
들이다. 따라서 사제의 품행만큼 황제의 마음에 가까이 와 닿는 것
도 없다. 사제들이 황제들을 대신하여 하나님께 영원한 기도를 드릴
임무를 지니고 있기 때문이다. 만약 사제들이 모든 일에 있어서 사
악한 것으로부터 자유롭고 하나님에 대한 믿음으로 충만해 있다면,
또한 정의롭고 효율적인 황제의 권위가 그의 임무에 따라 국가를
통치해 간다면, 인류에게 유익한 무엇인가를 제공할 수 있는 이상적
인 조화(調和)가 이루어질 것이다.[86]

유스티니아누스의 이러한 주장은 사실 330년대에 콘스탄틴 황제의
궁정교회사가 가이사랴의 유세비우스에 의하여 형성되었으며, 1453

---

86) "There are two greatest gifts which God, in his love for man, has
    granted from on high: the priesthood and the imperial dignity. The
    first serves(ὑπηρετουμένη) divine things, while the latter directs and
    administers human affairs; both, however, proceed from the same
    origin and adorn the life of mankind. Hence, nothing should be such a
    source of care to the emperors as the dignity of the priests, since it is
    for their(imperial) welfare that they constantly implore God. For if the
    priesthood is in every way free from blame and possesses access to
    God, and if the emperors administer equitably and judiciously the state
    entrusted to their care, general harmony(συμφωνία τις ἀγαθή) will
    result and whatever is beneficial will be bestowed upon the human
    race." *Novella* VI, ed. R. Schoell, in *Corpus juris civilis* III(Berlin, 1928),
    pp.35-36. 참고. the excellent analysis of this and parallel texts of
    Justinian in F. Dvornik, *Early Chrinian and Byzilnline Polilical
    Philosophy: Origins and Background* 2(Dumbarton Oaks Studies 9, 2,
    Washington, D.C., 1966), pp.815-19. 위의 책. 재인용.

년 비잔틴제국의 몰락 때까지 비잔틴사회를 지배했던 제국의 이념이
었다.[87] 비잔틴제국의 이러한 맥락 속에서 비잔틴 사람들에게 근대
적인 의미의 교회-국가의 구분은 무의미했다. 그들은 교회와 국가
를 협력과 갈등 관계의 대조되는 실체로 간주하지 않았으며, 사회를
단 하나의 통합된 전체라고 생각했다. 따라서 비잔틴 황제가 시민행
정뿐만 아니라, 종교행정에 책임을 지는 것은 당연한 일이었다. 이민
족 선교가 교회의 관심만큼이나 황제의 관심이 된 것은 당연한 일이
었다. 하나님의 모방자로서 황제는 자신 안에 종교적이고 정치적인

---

87) 문제는 유스티니아누스가 언급한 '조화'의 문제였다. 사제 니콜린은 정
교회의 심포니아, 곧 조화가 로마가톨릭교회의 교황-황제주의(교황이
군주를 통제함)와 기독교의 영주-교황주의(1618-1648년 新舊教 간 30
년 전쟁의 결과로 체결된 Worms협약의 내용, 즉 영주의 지역종교는 영
주가 결정한다는 'Cuius Regio, Eius Religio'를 의미한다)와는 근본적으
로 차이가 있다고 주장한다. 그는 이를 뒷받침하기 위해 황제 유스티니
아누스가 교회와 국가 간의 선한 동의를 이루기 위해 다음의 필수조건
들을 제시한 것을 인용하였다. ① 교회와 국가의 동맹은 군주제, 귀족제,
혹은 공화제의 세 가지 국가통치 형태에서만 가능하다(아리스토텔레스
는 그의『정치학』에서 전제주의란 군주제, 화두정치는 귀족제, 민주주의
는 공화제의 변질이라고 언급했다.). ② 국가권력의 질서와 권능이 존재
해야 한다. ③ 하나님에 대한 정직, 진실, 충성이 있어야 한다. ④ 황제
직도 사제직도 '하나님의 위대한 선물'이라는 점, 즉 국가권력과 교회권
력이 동등한 가치와 발언권이 있음을 원칙적으로 인정해야 한다. 그런
데 실제로 심포니아 사상이 현실적으로 실현된 적이 있는가? 전제국가
와 교회의 조화론자인 카르타세프마저도 대체로 '그렇다'라기보다는 '아
니다' 쪽이 더 강하다고 하였다. 그는 국가의 폭정과 교회의 교회법적인
자유의 근본적인 약화로 인하여 비잔틴에서도, 러시아에서도 심포니아
가 성공하지 못하였다고 지적하였다. Священник Алексей Николин, Це
рковь и Государство: История правовых отношений(교회와 국가: 그
관계의 역사)(Издание: Сретенского монастыря, 1997), с.20-21.

직분들을 통합시켰다.[88] 국가의 목표들은 교회의 목표들과 일치했다. 그리고 그 역도 성립되었다. 그리고 이것은 또한 선교에도 적용되었다. 선교사역에 왕이 직접적으로 참여하는 행위는 중세시대, 그리고 1453년 콘스탄티노플이 멸망할 때까지 계속되었다. 비잔틴정교회의 선교는 변방민족들의 비잔틴화, 혹은 친(親)비잔틴화하는 외교 – 정치적 차원에서 이루어졌다.

2. 비잔틴제국과 비잔틴정교회의 선교

비잔틴교회는 초창기부터 선교사역을 시작하여 아르메니아인, 조지아인, 고트족, 훈족, 하자르족(the Khazar), 그리고 슬라브족에게 복음이 전하였다.[89] 그러나 교회와 국가 간의 독특한 관계성, 즉 황제교황주의적 특성으로 인하여 선교도 제국을 위한 봉사적 차원에서 이루어졌다. 야만족들로 하여금 기독교를 받아들이게 한 것은 단순히 정교회 신자를 만드는 일 이상의 의미를 지닌 것이었다. 선교는 야만족들을 비잔틴제국의 신민으로 만드는 준비 과정이었으며, 비잔틴제국이 그리스도교 세계의 표준이 되어 모든 세계를 통해 나가는 중심이 되어야 한다는 확신 때문이었다.[90] 따라서 선교사역은 교회

---

88) D. Bosch, 『변화하고 있는 선교: 선교 신학의 패러다임 변천』, 322-24쪽.

89) A. Yannoulatos, "The Missionary Activity of the Orthodox Church 6th General Assembly", (Punkaharju, Finland. 30/07-03/08 1964), p.2.

90) Nikolas K., Gvosdev, *An Examination of Church-state Relations in the Byzantine and Russian Empires with an Emphasis on Ideology and Models of Interaction*, pp.138-46. 그보스제프는 미국 베이로르(Baylor) 대학교 교회 – 국가 문제를 연구하는 도슨 연구소(Dawson Institute) 부

와 국가의 공동사역으로 간주되었다. 6세기 헤라클리우스 황제나 9세기 바실 1세 황제는 발칸 지역에 거주하는 이교도들에게 사제와 교사들을 보내어 그들을 정교회화하는 일에 주도적인 역할을 하였다. 4세기에 에디오피아 국왕 에자나(Ezana)를 개종시키고, 9세기에 불가리아 왕 보리스를 개종시키는 선교사역을 정부가 지원하였다. 비잔틴제국은 정교가 다민족으로 이루어진 제국을 하나로 묶어주는 끈의 역할을 한다고 믿었기 때문에 식민지화 정책과 동시에 선교사역을 동시에 추진하여 제국의 평화와 일치를 꾀하였다.[91]

니꼴라스 그보스제프(Nikolas K., Gvosdev)는 비잔틴제국이 제1기(4-6세기)에 아르메니아, 조지아, 누비아 그리고 에디오피아를 선교한 일과 제2기(8-10세기)에 하자르족, 슬라브족을 선교한 일들을 분석하고 종합하여, 비잔틴제국교회 선교사역의 공통된 점들을 다음과 같이 다섯 가지로 요약 정리하였다.[92]

① 지배자들과 엘리트들의 개종에 강조점을 두었다. 비잔틴 선교사들은 가능한 왕족이나 높은 지도자들이 정교를 수용할 때만이 선

소장이다. 옥스퍼드에서 조지아(Georgia)공화국의 정교회와 국가 간의 문제를 연구하여 박사학위를 받았다. 동유럽과 동방정교회 세계의 정치 종교문제에 관하여 전문가이다.

91) 헤라클리우스 황제는 세르비아민족과 크로아티나 민족을 기독교화하기 위하여 사제들을 파송하였다. 바실 1세는 발칸반도에 거주하는 슬라브 족들이 선교사들을 요청하는 수많은 요청을 받았다. Francis Dvornik, *Byzantine Missions among the Slavs*,(New Brunswick, NJ: Rutgers Univ. Press, 1970), pp.5, 26.

92) Nikolas K. Gvosdev, *An Examination of Church-state Relations in the Byzantine and Russian Empires with an Emphasis on Ideology and Models of Interaction*, pp.122-28.

교가 성공할 수 있다고 생각하였다. 4세기 초 콘스탄틴 황제의 개종 모델을 숭상하였다. 이 때문에 오늘날까지 정교회는 국가 통치자의 개종과 정부의 선교적 지원에 초점을 맞춘 선교방식을 선호한다.

② 국가 통치자의 개종명령과 국가 관청의 행정적인 규제를 통하여 대중들의 개종화(改宗化)를 추구하였다. 서구적인 근대 기독교 사상을 지닌 선교사들이 볼 때, 선교란 개인적인 차원에서 인격적으로 예수를 구주로 영접시키는 것을 의미하지만, 고대와 중세의 동방정교회의 세계 속에서 선교란 일반적으로 어떤 사회나 집단 전체의 기독교화를 통하여 전체 집단의 개종을 의미하였다. 정교회 세계에서 개인의 신앙과 정체감은 그가 속한 부족이나 민족, 인종이나 세대에 따라서 판단되었지, 개별적인 식별이나 판단은 통용되지 않았다.[93] 이 때문에 오늘날까지 러시아에서는 '러시아인은 정교회 신자이다. 정교회 신자가 러시아인이다'라는 사회적 통념이 일반화되어 있다.

③ 기독교 문서들을 토착 언어로 번역하고 적용함으로 선교하였다는 사실이다. 정교회 선교사들은 가는 곳마다 현지 언어를 배우고, 그 언어로 성경과 전례서, 교리서들을 번역하고, 토착성직자들을 세웠다. 그러한 특징을 보인 이유는 우연이 아니라, 민족 언어에 대한 분명한 신학적 이해로부터 나온 것이다.[94] 정교회의 이해에 따르면, 오순절 사건은 바벨탑의 언어 혼란이라는 속박을 깨뜨렸으며, 모든 언어들을 구원선포의 도구로 승격시켰다는 이해이다. 정교회 선교사

---

93) Dmitri Obolensky, *Six Byzantine Portraits*(Oxford: Clarendon Press, 1988), p.74.

94) Raymund Kottje/ Bernd Moeller, *Alte Kirche und Ostkirche*, 이신건 역. 『고대교회와 동방교회』(서울: 한국신학연구소, 1995), 340쪽.

들은 이런 이해에 기초하여 선교 현지의 언어에 대하여 가끔 학습의
어려움을 호소하는 경우가 있어도 차별의식을 조금도 가지지 않았
다. 이러한 신학적 이해로 말미암아 정교회 선교사들은 가는 곳마다
그리스도 신앙의 선포와 나란히 선교지 민족 언어에 의미심장한 문
화적 기여를 하였다.[95] 그 대표적인 9세기 '슬라브족의 사도 끼릴과
메쏘디우스'의 선교활동을 꼽을 수 있다.[96]

④ 토착 언어로 번역된 기독교 문서들로 인하여 각 민족별로 정체
감을 발전시켰다.

⑤ 자율적이면서도 계층적인 성직자 세계의 질서를 형성하였다.

이와 같이 국가와 교회가 협력하는 모습(the symphonic model of
church-state relations)은 이후 정교회를 받아들인 신생교회들을 통하
여 역사적으로 계속 발전되었다. 뉴욕 블라지미르 정교회신학교 교회
사 교수 및 학장을 역임한 알렉산더 슈메만(Alexander Schmemann)
은 "교회가 제국에 충성을 약속한 이유는 교회의 사명이 세계선교이
며, 선교의 사명은 결코 제한되어서는 안 된다는 사실을 생각했기 때
문이었다"[97]라며, 국가와 교회의 협력적 관계성의 동기를 긍정적으
로 해석하였다. 비잔틴정교회가 보기에 선교사역은 당시 수많은 이방
민족들을 빛으로 인도하는 세계구원의 책임을 다하는 사역으로 간주
되었고,[98] "마지막 날에 모든 열방이 시온 산으로 모이게 되며, 기독

---

95) 위의 책, 341쪽.

96) 위의 책, 342-43쪽.

97) Alexander Schmemann,. *The Historical Road of Eastern Orthodoxy*,
trans. by Lydia W. Kesich(New York: Holt, Rinehart and Winston,
1963), pp.276-77.

98) 14세기 당시 비잔틴 정부는 전 세계에 존재하는 민족이 72개이며, 그중에

교인들이 전 세계를 다스리며, 모든 세계가 다 믿게 되는 날"[99]에 대한 예언의 성취로서 이해되었다.

그러나 제국과 교회의 일치, 이방 민족들을 선교하는 책임을 제국적 교회가 주도적으로 감당해야 한다는 주장 이면에는 대체로 기독교와 제국의 문화를 동일시하는 세계관과 자국문화우월주의에 기초한 문명화로서의 선교 개념이 깔려 있음을 엿볼 수 있다. 구약성경에서 자주 언급되는 '시온 산'은 구심적 선교사상을 보여주는 개념인데(미가 4:1-12),[100] 제국의 선교사들이 이 단어를 사용할 때에는 의식적이든 무의식적이든 자국(自國)을 세계의 중심에 두는 제국주의적 세계관을 따르고 있다고 생각된다.[101]

서 51개 민족이 세례를 받았던 것으로 파악하고 있었다. G. P. A. Fedotov, *The Russian Religious Mind: From the Thirteenth to the Fifteenth Centuries*(Belmont, MA: Nordland, 1975) vol.2, pp.243-44.

99) 위의 책.

100) 남정우, "구약성경의 선교사상: 미가 4장을 중심으로", 『선교하며 공부하며』(2000년 미간행 선교학 논문 모음집), 21-44쪽.

101) 이러한 예는 19세기 말 최대의 영토를 확보한 러시아제국이 수많은 이민족들을 효과적으로 융화시키고 통치하는 문제로 고민하고 있을 때 뚜렷하게 나타났다. 러시아정교회의 선교는 애국운동과 연합하여, 제국의 내적인 단합과 외적인 제국의 영토 확장에 기여하는 모든 활동의 이데올로기를 제공하였다(pp.154-55). 이때 자주 인용된 성경구절이 구약성경의 시온 산(모스크바) 새 이스라엘(제3의 로마) 모델이 러시아정교회의 애국주의 운동을 구체화하는 중요한 모델 역할을 하였다. (위의 책) 러시아제국 문화의 핵심을 이루고 있는 정교회의 예배의식, 교회당 건축양식, 성자들의 이콘이 구약 이스라엘의 이미지와 결합되었다. 러시아정교회가 민족적인 신앙이 되고, 러시아는 새 이스라엘이 되고, 황제는 다윗과 같은 왕이 되고, 성자들의 기념행사는 국가 민족적인 행사가 되었다(pp.159-163). 그때마다 정교회 사제들은 구약 에스더나 느헤미야와 같은 선지자들의 본문을 인용하여, 내적으로는 정

C. 러시아제국과 러시아정교회

1. 러시아제국 역사 안에서 교회와 국가

러시아제국 안에서 교회와 국가의 협력관계의 기초는 10세기 말엽 블라지미르(Владимир. 956-1015)가 황제교황주의적 성향을 지닌 비잔틴정교회를 수용한 사건과 14세기 말엽 모스크바 공후 드미트리 돈스코이(Дмитрий Донской : 1350-1389)가 세르기이(Сергий Лавра Радонижший. 1314-1392) 수도사의 도움을 받아 138년 꿀리꼬보(Куликово) 대평원 전투에서 몽골군대를 격퇴한 사건을 통하여 마련되었다.[102] 이후 러시아 역사를 통하여 교회와 국가의 협력관계가 단계적으로 더

교회 애국주의운동을 고무시키고 외적으로는 변방 민족들을 선교하는 일에 열심을 내게 하였다. 그러나 이와 같은 선교는 곧 제국의 평화 (단합)와 확장을 위한 러시아화를 의미했다. Strickland, J. Douglas. "Orthodox patriotism and the Church in Russia, 1888-1914", Ph.D. diss., University of California, 2001. pp.90-95.

102) '꿀리꼬보 전투'란 1380년 러시아군이 킵차크한국의 군대를 격퇴한 싸움이다. 오랫동안의 내분을 통일한 킵차크한국의 실질적 지배자 마마이는 러시아 지배를 강화하기 위해 1378년 원정군을 파견하였으나 보자강에서 패하여 80년 다시 약 15만 군대를 이끌고 러시아 원정을 나섰는데, 미리 사절을 보내 한국에 바칠 세금 증액을 요구하였다. 모스크바대공 드미트리는 이를 거부하고 모스크바와 콜롬나에 여러 러시아 공들의 군대를 집결시켰다. 드미트리가 이끄는 약 15만이 넘는 러시아군은 남하하여 돈강 상류 꿀리꼬보 평원에서 킵차크한국군과 격전을 벌였다. 1380년 9월 러시아군은 열세를 보였으나 복병의 구원에 의해 킵차크한국군을 멸망시켰다. 참고. Archimantrite Augustine Nikitin, "Russian Orthodox Church: Yesterday, Today, Tommorrow", 『한국교회사학회지』 제3집 (2003), 9-33쪽.

욱 강화되는데, 그것을 몇 단계로 나누어 기술하면 다음과 같다.[103]

첫째, 10세기 끼예프 공후 블라지미르는 비잔틴제국의 공주와 결혼함과 동시에 비잔틴정교회를 수용하여 통치이념으로 삼은 역사적인 사건이다. 그의 영세(침례)는 다분히 정치적인 것이었다. 러시아의 국교선택과 관련하여 이런 전설이 전해져 오고 있다. 즉 이슬람은 알코올을 금지하여 거부되었고, 유대교는 국가가 없는 패배한 민족의 종교라서 제외되었으며, 그리스정교는 비잔틴의 장엄한 교회건축과 신비스러운 종교의식으로 끼예프의 대표들을 감동시켜 국교로 받아들이기로 결정하였다는 것이다. 이러한 선택이 갖는 보다 중요하고 본질적인 의미는 문화적 교차로에 위치한 러시아가 이미 다른 어떤 문명보다 비잔틴 문명의 영향을 많이 받고 있었다는 것을 의미하였다. 또 다른 중요한 의미는 정교를 국교로 결정한 결과로 러시아는 이슬람 문화 혹은 유대 문화를 위한 유럽 내의 고립된 전진기지 노릇을 하기보다는 범기독교문화의 동쪽 날개로서 당당한 역할을 담당하게 되었다는 것이다. 블라지미르가 정교회 영세(침례)를 받은 후, 이미 상당한 기간 동안 영향을 미쳐 왔던 고도로 발달된 비잔틴의 문화가 본격적으로 끼예프 러시아의 문학, 예술, 법률, 풍속, 관습 등에 깊고 지속적인 영향을 미치게 되었다. 이와 더불어 정교가 대내적으로는 민족통합을 지속시키는 강력한 이념적 기반을 제공하여 주었고, 대외적으로는 동 로마제국 및 범기독교 세계와 유대를 강화시켜 주는 촉매의 역할을 수행하였으며, 동시에 국가와 교회

---

103) *Encyclopaedia of religion and ethics*, vol. Ⅹ. s. v. "Russian Church", James Hastings(eds.)(New York: T. & T. Clark: Scribner, 1981), pp.867-77.

와의 긴밀한 협력관계의 기초가 마련되었다.

둘째, 러시아 안에서 교회와 국가의 관계를 견고하게 만들어준 역사적인 사건은 1380년 모스크바 공국(公國)의 드미트리가 정교회 수도사 세르게이의 도움을 받아서 러시아 연합군을 만들어 돈강 유역 꿀리꼬보(Куликово) 벌판('도요새의 들녘'이라는 뜻)에서 모스크바를 응징하려고 대규모로 출동한 몽골군을 최초로 격파하는 데 성공한 사건이었다. 이 승리의 영광에 힘입어 드미트리 대공(大公)은 몽골의 압제에 대항하는 모든 러시아인들의 옹호자로 부상하였고, 모스크바 공국은 러시아 통합의 중심세력으로 공인받게 되었으며, 동시에 러시아정교회는 민족을 위기에서 구한 방주로서, 그리고 봉건영주 체제를 극복하고 강력한 하나의 국가통합을 만드는 정신적인 지주로서 자리잡게 되었다.

셋째, 교회와 러시아정교회 간의 긴밀한 협력관계를 형성하는 데 큰 영향을 끼친 인물은 이반 4세이다. 1453년 정교회 세계의 센터였던 콘스탄티노플이 오스만 터키에 의하여 멸망당하자, 러시아의 이반 3세(1462-1505)와 이반 4세(1533-84)는 정치적으로 종교적으로 더욱 강력해지고, 독립적인 노선을 본격적으로 추구하기 시작하였다. 이반 3세는 콘스탄티노플의 마지막 황제 요안네스 팔레올로구스(Johannes Palaeologus)의 조카를 두 번째 왕후로 맞이하였다. 그때부터 대공(大公)이라는 칭호를 버리고 황제(Царь)라는 칭호를 사용하고, 자신을 비잔틴 왕계의 합법적인 계승자로 자처하였다. 이제 러시아의 짜르(Царь, 황제)는 동로마제국의 전통을 이어받아 지상에서 하나님의 대표자로서 정교회를 보호하고, 정교회를 반대하는 자를 응징해야 하는 제2의 콘스탄틴이 된 것이다.

이러한 사상은 그의 아들 이반 4세를 통하여 더욱 구체적으로 나타났다. 이반 4세 통치 시대에는 교회와 국가의 협력관계가 최고조에 달했다. 바야흐로 세계적인 위상을 지니게 된 러시아정교회와 절대 권력과 막강한 군사력을 가지고 영토를 확대해 나가는 이반 4세는 서로를 추켜세우며 긴밀한 협력관계를 형성하였다.104) 1552년 볼가강 유역에 자리 잡은 카잔 지역의 타타르 한국(Khanate)을 굴복시키기 위하여 전쟁을 시작하였는데, 그는 이 전쟁을 이교도들을 굴복시켜 정교도로 만드는 거룩한 전쟁으로 생각하였다. 카잔을 점령한 다음 첫 번째로 나온 왕의 공식문서는 기독교회 건립에 관한 것이었다. 카잔 지역의 주요 도시 거주민들은 모두 정교회 영세(침례)를 받아야 했다. 거절하면 추방되었으며, 추방된 자리에는 러시아인으로 대체되었다.

점점 몰락하는 콘스탄티노플과는 대조적으로105) 점점 상승하는 모

---

104) 러시아 역사에 있어서 이반 4세는 러시아제국의 중앙집권화와 절대 권력 강화를 강력하게 추진한 인물이었다. 1547년 16세의 나이로 황제(Царь)로 등극한 이반 4세는 자기 자신을 전제군주라고 부르도록 하여 황제가 아무에게도 종속되지 않은 최고 권력의 소지자임을 강조하였다. 약 37년 동안 계속되었던 그의 통치는 전반 약 17년의 선정기와 후반 약 20년의 폭정기로 구분된다. 1552년에 볼가강 중류에 위치한 까잔 한국을 함락시킨 후, 1556년에는 중상계층인 귀족계급의 병역의무에 관한 규정을 확립한 이후 강력한 군대를 만들어 볼가강 하구의 삼각주에 거점을 두었던 아스뜨라 한국(Kha-nate)을 합병하였다. 1561년에는 리보니아 기사단을 해체시키는 타격을 가하였고, 1563년 발틱해에 연한 북서부에서 시작된 리보니아 전쟁에서 연전연승하였으며, 리투아니아로부터 뽈로쯔끄를 강탈하였다. 참고, http://www.ukans.edu/~ibetext/texts/paksoy-1/ (2003년 9월 8일자 검색).

105) 러시아정교회는 15세기 중반까지 콘스탄티노플의 감독하에 있었다. 그러나 15세기 초부터 비잔틴제국이 오토만터키의 침략을 극복하기 위하

스크바는 마침내 1589년 콘스탄티노플 총대주교구로부터 허락을 받아 독립하여 모스크바 총대주교좌(Moscow Patriarchate)를 세우고, 모스크바를 '제3 로마'라 하여, 종교적인 영역에서도 러시아정교회가 비잔틴정교회의 정통성을 계승한 교회로 선포되었다. 이렇게 하여 정치적으로 종교적으로 러시아는 팽창할 채비를 모두 갖추었다. 일단 팽창작업이 시작되자, 러시아제국의 지리적인 확장은 놀라우리만큼 신속하게 전개되었다. 서시베리아 개척의 요충도시 토볼스크(Tobolsk)가 1586년에 세워지고,[106] 1619년에는 러시아 원정대가 예니세이(Yenisei)강을

여 로마교회와 '연합 조약'을 체결하면서 비잔틴정교회와 러시아정교회 사이에 갈등이 생겼다. 그 주된 이유는 비잔틴정교회가 로마가톨릭교회가 체결한 '플로렌스회의(Council of Florence, 1438-45)' 때문이었다. 1439년 체결된 이 조약에서 고대 교회를 동서로 분리시켰던 '4개항'을 비잔틴정교회가 다시 수용하겠다고 약속하였다. 4개항이란, ① 비잔틴정교회는 교황의 권위를 인정할 것, ② 성체성사(聖體聖事) 시 누룩을 넣지 않은 빵을 사용할 것, ③ 연옥(purgatory)을 인정할 것, ④ 교의에서 'filioque'의 구절을 인정할 것 등이다. 이 조약이 체결되었다는 소식이 알려지자 모스크바 공국의 대공 바실리 2세는 이 연합 조약에 반발한 나머지 조약에 서명하고 귀국한 끼예프의 대주교 이시도레(Metropolitan Isidore)를 처형하고, 러시아 주교 회의를 소집, 독자적으로 러시아 총주교를 선출하였다. Alexander Preobrazhensky(ed.), *The Russian Orthodox Church*(Moscow: Progress Pub. 1988), p.78.

106) Tobolsk: 토볼스크는 서부시베리아 개척의 주요 거점도시였다. 이 도시는 시베리아의 최초 도시였으며, 타타르인들이 살던 마을에 1587년 코사크인들에 의하여 세운 도시였다. 오늘날과 같은 모습을 갖춘 것은 1610년이었다. 토볼스크는 1708년부터 1824년까지 서부 시베리아를 관할하는 행정 중심지였다. 이후에는 옴스크가 그 역할을 대신하였다. 18세기에 시베리아 횡단 고속도로가 토볼스크를 지나 건설되었지만, 1890년대에 남부 국경선 지역을 따라서 시베리아 횡단 철도가 건설됨으로 도시 성장이 후퇴하였다. 1989년에는 인구가 9만 4천 명이었으며, 오늘날 석유 가스 산업의 중심지이다. James Forsyth, *A History of the*

건넜다. 1632년에는 현재의 야쿠츠크(Yakutsk) 근처 레나(Lena)강변
에 도착하였다. 그리고 1648년에는 처음으로 태평양 연안에 도착하였
으며, 데지네프(S. I. Dezhnev)가 이스트 케에프(East Cape)를 돌아
알래스카와 맞닿아 있는 베링 해협을 발견하였다. 물론 이와 같은 탐
사와 원정이 곧바로 러시아의 지배를 뜻하는 것은 아니었다. 대부분의
땅은 사람이 거의 살지 않은 땅이었으며, 소수 부족들은 러시아어도
모르고 정교회는 더더구나 모르고 있었다. 이후 약 300년 동안 러시아
는 광활한 시베리아 지역을 러시아화하기 위하여 주민들의 동화작업
과 기독교화 작업을 추진하였다.[107]

　러시아제국의 역사 속에서 러시아정교회는 중세 이래 러시아의 정
치, 문화, 대외 정책 등에 지대한 영향을 미쳤다.[108] 수 세기 동안
교회는 일반 국민들을 단결시키고, 정체성 형성의 중심역할을 하였
으며, 예술, 문학, 음악 등의 문예활동을 촉진하였다. 국력이 쇠퇴하
여 외침의 시련을 당할 때, 교회는 정치 지도자 및 일반 국민들이
국난을 극복할 수 있도록 정신적인 힘을 제공하여 주었다. 그리고
영토팽창의 달성 또는 국가적 번영의 시기에 교회는 하나님의 축복
을 구체화하는 상징이었다.

Peoples of Siberia: Russia's North Asian Colony 1581-1990(Cambridge
　　Univ. Press, 1992), pp.31, 34, 36, 45, 66.
107) 이런 주제로 연구한 박사논문 2편을 언급하면 다음과 같다. A. A.,
　　Znamenski, "Strategies of survival: Native encounters with Russian
　　missionaries in Alaska and Siberia, 1820s-1917", Ph.D. diss., University
　　of Toledo, 1997. Ilya Vinkovetsky, "Native Americans and the Russian
　　empire, 1804-1867 (Alaska)", Ph.D. diss., University of California,
　　Berkerly, 2002.
108) 고재남,『구소련 지역 민족분쟁의 해부』(경남대학교출판부, 1996), 139쪽.

2. 러시아제국의 포로가 된 정교회: 신성종무원

역사적으로 러시아정교회와 국가 간의 관계를 견고하게 만드는 데 중요한 역할을 한 인물은 표트르 대제(1682-1725)이다. 그는 신성종무원을 만들어 교회와 국가의 협력관계를 법으로 제도화하였다.[109] 그러나 신성종무원 제도는 교회 - 국가 간의 협력 체제가 아니라, 사실 국가에 종속된 교회 체제였다. 강력한 절대 왕정 체제 위에서 서구화를 통한 부국강병을 추구한 표트르는 정교회를 제한하고 통제하기 위하여 신성종무원이라는 국가기관을 만든 것이 나중에는 신성종무원을 통하여 국가는 교회의 인사, 재산, 신학교육, 심지어 선교까지 감독하였다.

교회를 국가에 종속시키는 조처는 1721년 1월 25일 새로운 "교회법규"(Регламент или Устав Духовной Коллегии)의 제정으로 법적인 완결이 이루어졌다.[110] 그리고 1725년 1월 25일 표트르는 총대주교제를 폐지하고 대신에 교회 콜레기야(Коллегия, 협의회)를 설립하고 새로운 교회법규의 승인을 발표하였다.[111] 콜레기야의 위원장과 위원

---

109) 표트르 대제 이후 전개된 신성종무원 시대(1700-1917) 러시아정교회와 국가와의 관계성을 연구한 최고의 참고자료는 모스크바종합대학교 역사학부 표드로프 교수의 책이다. В. А. Федров, *Русская Православная Церковь и Государство(러시아정교회와 국가)*(Москва: Русская Панорама, 2003).

110) 위의 책, pp.310-31에 "교회법규" 전문이 실려 있다. 참고. 김현택, "표트르 대제의 교회개혁", 『슬라브연구』11(한국외국어대 러시아연구소, 1995).

111) 역사적으로 교회 협의회를 의미하는 "콜레기야"(Kollegia)는 8세기 이전 7번에 걸친 고대 에큐메니컬 공의회 전통을 의미한다. 4세기부터 11

11명은 모두 표트르대제가 임명하였다. 전 위원들은 표트르 앞에서 "나는 (짜르를) 교회 콜레기야의 최고 판결자, 전 러시아의 전제군주시오, 우리의 가장 은혜로우신 군주이심을 맹세로서 인정합니다"[112] 라고 충성과 복종을 서약하였다. 이로써 러시아정교회의 최고 수장은 총대주교가 아니라, 사실상 황제가 교회의 실제적인 통치자가 되었다.

교회 콜레기야는 2월 14일에 공식 업무를 시작하면서 표트르 자신에 의해 신성종무원(Святейший Синод)으로 개명되었다.[113] 표트르는 신성종무원을 자신의 수족으로 삼기 위하여 6월 15일 성직자가 아닌 육군대령 볼틴(Вoлтин)을 초대 신성종무원장으로 임명하였다. 이후 신성종무원장은 성직자가 아닌 검찰총장이나 국정원장 같은 황제의 신복이 임명되었다. 따라서 신성종무원은 표트르 대제에게 교회업무를 보고하고, 표트르 대제의 의지를 교회에 관철하는 통로의 역할을 수행하게 되었다. 그러나 정교 신앙의 기본적 교리나 교부들의 가르침을 비롯한 신앙의 기초적인 내용과 전통은 전혀 침해하지 않았으며, 동방교회들과의 공동체적인 관계도 유지했다. 이 때문에 한국외국어대학교 러시아사 교수인 임영상은 "러시아정교회와 국가의 관계를 황제교황주의라고 단언하는 것은 잘못된 것"이라고 지적

세기 동서방교회가 분열하기 전까지 세계 기독교회는 5개의 대관구 (patr- iarch)로 조직되어 있었는데, 선교, 교리, 기타 교회의 중요한 안건이 있을 때마다 5개 대관구에서 각각 해당 분야 전문가 대표들을 파송하여 서로 협의하여 결정하는 민주적 전통을 가지고 있었다. 그러나 표트르 시대 만들어진 콜레기야는 겉으로만 협의회이지, 사실은 황제의 하수인들로 구성된 권력 시녀기관이었다. В. А. Федров, *Русская Право славная Церковь и Государство*, c.159 이하.

112) 위의 책, c.157-58.
113) 위의 책, c.157.

하였지만.[114) 18세기 19세기 러시아정교회는 분명히 자택연금 상태와 같은 교회였으며, 주요한 교회정치에 있어서 국가 군주의 입김에 따라 움직이는 상태에 있었음은 부인하기 어렵다.[115)

표트르 대제 사후(死後) 군주가 된 에카쩨리나 여제(Екатерина II)는 1764년 2월 26일 교회의 규제를 더욱 강화하는 칙령을 발표하였다.[116) 결과 814개의 러시아 수도원이 396개로 감소하였다. 그러나 성직자들의 생계수단을 위한 토지를 따로 국가가 제공하여 생계에는 지장이 없도록 배려하였다. 그리고 러시아의 새로운 군주가 즉위할 때마다 왕의 대관식을 모스크바 크렘린 내의 우스펜스키 대성당에서 거행하였다. 대관식 때에 러시아 황제는 러시아 교회의 최고 보호자이며 교회교리의 수호자라고 공표하였다. 이렇게 러시아 교회는 러시아국가와 긴밀한 종속적 협력관계에 있었다. 1827년 신성종무원은 중앙정부의 행정부서로 격상되었으며, 1835년에는 종무원장이 국무협의회에 참석하고 각료와 동등한 법적인 지위를 획득하였다. 살펴본 대로 신성종무원 체제는 교회를 국가기관에 예속시키는 결과를 가져왔다.[117)

표트르의 교회개혁 이후 1917년 혁명까지 제정 러시아의 교회－국가 관계는 니콜라이 1세 시대(1796-1855)에 만들어진 1833년의 『법

---

114) 임영상, "동방교회와 서방교회: 교회와 국가의 관계", 임영상 황영삼 공편, 『소련과 동유럽의 종교와 민족주의』(서울: 한국외국어대학교출판부, 1996), 372-400쪽.

115) 김현택, "표트르 대제의 교회개혁", 『슬라브연구』11, 228쪽.

116) В. А. Федров, Русская Православная Церковь и Государство, с.164-65.

117) 김현택, "표트르 대제의 교회개혁", 『슬라브연구』11, 231쪽. 참고. Marc Szftel, "Church and State in Imperial Russia", Robert L. Nichols and Theofans George Stravrou, ed., Russian Orthodox under the Old Regime (Minneapolis: Univ. of Minnesota Press, 1978).

전』(Свод законов Российской Империи, Vols.15)에서 확인할 수 있다.[118] 『법전』 40조에서, 국가는 정교회가 러시아의 우선적이며 지도적인 신앙임을 선언하고, 뒤이은 제41조와 제42조에서는 정교회와 황제와의 관계를 규정하였다. 즉 황제는 오직 정교회 신앙만을 고수해야 하고, 국교회의 도그마를 지키는 최고의 보호자이며 후견인이 됐다.[119] 그러나 이것은 어디까지나 원칙상의 선언일 뿐, 실제에 있어서는 교회가 국가기관에 예속되어 물리적인 면에서는 거의 절대적으로 국가의 통제를 받았다. 제정 러시아의 교회 - 국가 관계는 원칙상 협력과 동맹의 관계였지만, 역사적으로는 결코 동등하지 않았던 황제교황주의적 관계였다.

---

118) И. К. СМОЛИЧ, *ИСТОРИЯ РУССКОЙ ЦЕРКВИ: 1700~1917*, VIII-1, с.120-21.

119) 김현택, 『슬라브연구』11, 230쪽.

III. 러시아제국주의와 러시아정교회의 선교

앞 장에서 필자는 동방정교회 선교가 국가-정치적 성격을 지니게 된 역사적인 배경에 대하여 기술하였다. 여기서는 19세기 러시아제국주의와 러시아정교회 선교의 관계성을 역사 연구 방법론을 따라서 기술한다. 이것은 이후에 4장, 5장에서 다루게 될 '러시아 한인과 조선의 한국인을 대상으로 한 러시아정교회의 선교의 성격과 특징'을 이해하는 데 필수적이기 때문이다.

A. 러시아제국의 역사와 러시아정교회 선교

일반적으로 제국(Empire)이란 황제의 통치권이 미치는 영역을 의미하는데 러시아에서는 표트르 대제부터 본격적인 제국의 역사가 시작되었다고 본다.[120] 제국주의(帝國主義, imperialism)는 직접적인 영토 획득이나 다른 지역에서 정치적 경제적 통제력을 얻어 세력이나 지배권을 확장시키려는 국가 정책 또는 관행을 의미한다.[121] 러시아

---

120) 항목, "러시아",『브리태니커 세계대백과사전』(한국브리태니커회사, 1992), 6, 63쪽.

제국은 서구 열강들과 비슷하게 19세기 후반기에 극우적 제국주의로 치달았으며, 국가 종교적 성격을 지닌 러시아정교회 선교는 어느 때 보다도 이러한 시대적 분위기 속에서 긴밀한 협력관계를 형성하였다.

19세기 러시아제국주의와 러시아정교회가 긴밀하게 연관된 것은 우연이 아니었다. 오래전부터 역사적으로 러시아제국의 확장사와 정교회 선교는 긴밀하게 연결되었다.[122] 일반적으로 러시아 교회 역사를 4단계로 구분하여 말한다.[123] 이것을 러시아제국의 팽창 역사와 선교와 연관지어 기술하면 다음과 같다.

첫째, 끼예프(Киев), 노브고르드(Новгород)와 같은 도시 공국을 중심으로 한 '도시 공국 시대'(9-13세기 중엽)이다. 이 당시 정교회는 신생(新生)교회 단계에 있었기 때문에 선교를 받는 입장이었지, 선교를 하는 입장이 아니었다.

둘째, '몽골 식민지배 시대'(1240-1480)이다. 이때 정교회 선교는 피난민들(흩어진 자들)에 의하여 이루어졌다. 고전적인 사례가 1380년대 우랄산맥 저지대(低地帶)에 사는 주리안(Зуриан)족들을 찾아가서 선교한 페름의 스테판(Стефан Ферма) 선교사일 것이다.[124] 이

121) 항목, "제국주의", 『브리태니커 세계대백과사전』19, 287쪽. 제국주의에 대한 비판은 이 연구 '제국주의적인 선교'(266-72쪽)에서 자세히 다룬다.

122) Michael Khodarkovsky, "Not by word alone: Missionary policies and religious conversion in early modern Russia", *Comparative Studies in Society and History*(Cambridge: April 1996), Vol.38, Issue 2, pp.267-93.

123) 항목, "Russian Church", *Encyclopaedia of religion and ethics*, James Hastings(eds.) vol.X(New York: T. & T. Clark; Scribner, 1981), pp.867-77.

124) Епифаний, *Житие святого Стефана, епископа Пермского(페름의 주교, 성자 스테판의 생애)*(Санкт-Петербург: изд. Академии наук, 1897),

당시 이루어진 정교회 선교는 개인적이었고, 비정치적이었다.

셋째, '모스크바 러시아 시대'이다. 모스크바 통치 시대는 앞에서 언급하였듯이,[125] 1380년 모스크바를 중심으로 러시아 연합군을 결성하여 돈강 유역인 꿀리꼬보(Куликово) 벌판에서 모스크바를 응징하려고 대규모로 출동한 몽골군을 최초로 격파하는 데 성공한 드미트리에 의하여 열리기 시작하였다. 이후 그의 아들 바실리 1세의 영토 확장(1389년부터 1425년까지), 바실리 2세, 이반 3세, 바실리 3세의 장자 상속에 의하여 모스크바 공국(公國)의 권력이 견고하게 되었다. 특별히 1462년부터 1505년까지 이어진 이반 3세의 긴 치세와 그 다음에 이어진 바실리 3세의 치세 시대는 모스크바 공국 시대의 전성기였다. 이 당시 모스크바 공국은 몽골제국의 지배를 완전히 종식시키고, 주변 인근 뜨베리(Тверь), 노브고르드와 같은 여러 주요 도시들을 병합함으로 모스크바의 위상과 지도력을 견고히 하였다.

16세기 모스크바 절대 왕조 수립 이전의 러시아 영토는 아르한겔스크(동), 끼예프(서), 모스크바(남), 노브고르드(북) 등 네 개의 주요 도시로 이루어진 크기였다. 지금의 약 1/10 정도의 영토였다. 이후 약 400여 년에 걸쳐서 동서남북으로 부단히 이루어진 러시아제국의 영토 확장과 병합의 역사는[126] 러시아정교회 선교 영역의 확대와 병행되었다. 이반 4세는 1547년 즉위하여 모스크바 러시아의 절대 왕조 시대를 만들었다. 그는 37년 동안 통치하면서 스스로를 황

---

c.24.

125) 이 연구, 47쪽.

126) V. A. 랴자노프스키, 『시베리아 유목부족의 관습법』, 오강원 역(서울: 서경문화사, 1993), 286쪽. 참고. Geoffrey Hosking, *Russia: People and Empire*(Cambridge, Mass.: Harvard University Press, 1997).

제라고 불렀으며, 막강한 지도력과 군사력으로 1552년 모스크바 남부 지역 볼가강 유역의 카잔 지역을 정복하고 병합하였다. 그리고 거기에 1556년 카잔 주교구를 세웠다.[127] 이어서 볼가강 남쪽 비옥한 평야지대 아스트라한을 정복하였다. 이 지역을 정복한 것은 단순히 군사적인 승리 그 이상의 의미가 있었다. 이 승리는 정교회 모스크바인들이 모슬렘 군주들을 최초로 정복한 종교적인 승리였다. 이 승리를 견고하게 하기 위하여 이반 4세는 1556년 새롭게 설립된 카잔 주교구 책임자 구리(Гурий)대주교에게 편지를 보내어, 이교도들을 개종시키는 것은 중요한 하나님의 일임으로 선교사들은 어린 아이들과 같은 이교도들이 러시아어 성경과 전례서들을 읽고 쓸 수 있도록 가르칠 것을 명령하였다.[128] 동시에 이반 4세는 새로운 모스크의 건축을 금하였다. 카잔(Казань)의 모스크들을 부수고, 대신 거기에 교회당을 세웠다. 정교회 주교와 선교사들은 황제의 명령과 제국의 지원을 받아서 카잔 지역 주민들을 정교회 신자로 만들기 위하여 여러 가지 방법들을 동원하였다. 그중에는 물질적인 보상과 행정적인 규제를 사용하는 방법도 포함되어 있었다. 국가가 보기에 원주민들 개종하여 정교회 세례를 받는 것은 이교도들이 황제에게 충성하

---

127) 참고. Michael Khodarkovsky, "Of Christianity, enlightenment, and colonialism: Russia in the North Caucasus, 1550-1800" The Journal of Modern History, vol.71, Issue 2(Chicago; June 1999), pp.394-430.

128) 1552년 카잔을 정복한 이후에 러시아는 러시아 언어도 모르고 기독교인도 아닌 사람들을 러시아 백성으로 영입하게 되었다. 카잔 지역에는 6개 방언을 말하는 민족들이 살고 있었다. 타타르, 바쉬키르, 모르드바, 추바쉬, 체르미스(마리) 그리고 보티악이 그들이다. 타타르족과 바쉬키르족은 이슬람을 믿었고, 다른 4개 민족은 대부분 미신을 믿고 있었다. Michael Khodarkovsky, Comparative Studies in Society and History, p.273

겠다는 뜻이며, 러시아 사회질서를 수용하겠다는 뜻으로 해석되었다. 국가의 관심은 사실 세례에 있었다기보다는 어떻게 하든지 국가질서를 통합시키고 견고하게 하며, 폭동이나 불안한 일들이 생기지 않도록 만드는 것이었다.[129] 그 다음 동부시베리아 지역을 정복하여 러시아 영토로 병합한 다음, 1587년 토볼스크라는 요새 도시를 건축하고 주교구를 설립하였다. 그 다음에는 서부시베리아와 극동 지역을 정복하여 러시아 영토로 병합하였다. 1631년에 키렌스크, 1632년에 야쿠츠크, 1649년에는 태평양 연안에 오호츠크라는 요새(要塞) 도시를 건축함으로 러시아의 영토를 견고히 하였다.

네 번째는 로마노프 왕조 시대라고도 불리는 '뻬쩨르부르그 러시아제국 시대'(1613-1917)이다.[130] 이 시대 가장 대표적인 통치자는 표트르 대제(1682-1725)이다. 표트르 대제는 마치 이스라엘의 다윗에 비길 정도로 러시아제국 역사상 뚜렷한 영향을 끼친 군주였다. 약 40여 년 동안 왕위에 있으면서, 서구화를 위한 대개혁과 영토 확장 사업을 추진하였다. 영토 확장은 스웨덴과 발틱 지역을 정복하는 대북방전쟁(1700-21)과 서시베리아 개척사업으로 추진되었다. 1700년 6월 17일에 표트르 대제는 우카즈(Указ: 제정 러시아 황제의 칙령)를 통하여 다음과 같이 선언하였다.

우상을 숭배하는 백성들에게 정교회 신앙을 강화, 확장시키고 기독교 신앙을 전파시키기 위하여, 그리고 토볼스크(Tobolsk)의 주변의 조공을 바치는 백성들과 시베리아의 다른 도읍들을 기독교의 신앙과

---

129) 위의 책, p.276.
130) *Encyclopaedia of religion and ethics*, s. v. "Russian Church", James Hastings(eds.) vol. Ⅹ, pp.873 이하.

거룩한 세례로 인도하기 위하여 짐은 키예프에 있는 총주교에게 다음
과 같은 서한을 보내기로 작정하였다. 총주교는 유덕하고 유식한 사람
으로서 선하며 흠이 없는 사람을 찾아 구하라. 그로 토볼스크 교구의
주교직을 갖게 하여 하나님의 도움으로 시베리아와 중국에서 우상 숭
배에 눈이 멀고 무지한 중에 살고 있는 백성들로 하여금 서서히 참되
고 살아 계신 하나님을 알고 섬기고 예배하도록 하게 하라.131)

선교에 황제가 이러한 관심을 보인 것은 단순히 기독교 확장만을
위한 것이 아니었다. 제국의 이익과 통합과 정치적인 목적을 위한
것이었다. 이렇게 정교회 선교는 러시아제국의 확장 과정과 긴밀하
게 연결되었다.132) 제국의 확장과 더불어 러시아정교회 선교사역도
함께 진전되어 갔다.

---

131) Stephen Neil, *A History of Christian Missions*(London: Penguin Books,
1990), pp.181-82.

132) 스티븐 니일도 18세기 표트르 대제와 그 이후 러시아 군주들에 의하여
이루어진 러시아제국의 영토 확장사(擴張史)를 러시아정교회의 선교 확
장사의 관점에서 7단계로 나누어 기술하였다. ① 서시베리아의 선교
(1702년 토볼스크에서 필로페이 레스친스키가 착수함), ② 중국 선교(1727
년 체결된 러-중 외교조약, 캬흐타 조약(Treaty of Kiachta) 이후), ③
칼묵크족(Kalmucks) 선교(우랄 산맥의 동남쪽 고원지대에 사는 유목 민
족, 1780년대), ④ 볼가강 중류 지역 선교(1730년대 카잔(Kazan)의 정력
적인 총주교 루크 코나세 비치(Luke Konashevich: 1738~55)의 재임 기
간), ⑤ 동시베리아 선교(1727년에 이르쿠츠크(Irrkutsk)가 독립 교구로
승격), ⑥ 캄차카(Kamchatka) 선교(캄차카 반도의 사도, 이오아사프 초
툰세브스키(Ioasaf Chotunshevsky)가 1745년 수도사 2명, 부제 1명, 모스
크바에서 따라온 학생 6명, 그리고 토볼스크에서 데리고 온 7명의 성직자
들을 대동하여 캄차카 반도로 왔다), ⑦ 아메리카 선교(Aleutian islands
1766년에 러시아의 영토로 병합, 1794년 모스크바에서 대수도원장 이오
아사프 볼로토프(Ioasaf Bolotov)를 아메리카 선교회의 초대책임자로 임
명 파송). Stephen Neil, *A History of Christian Missions*, pp.182-87.

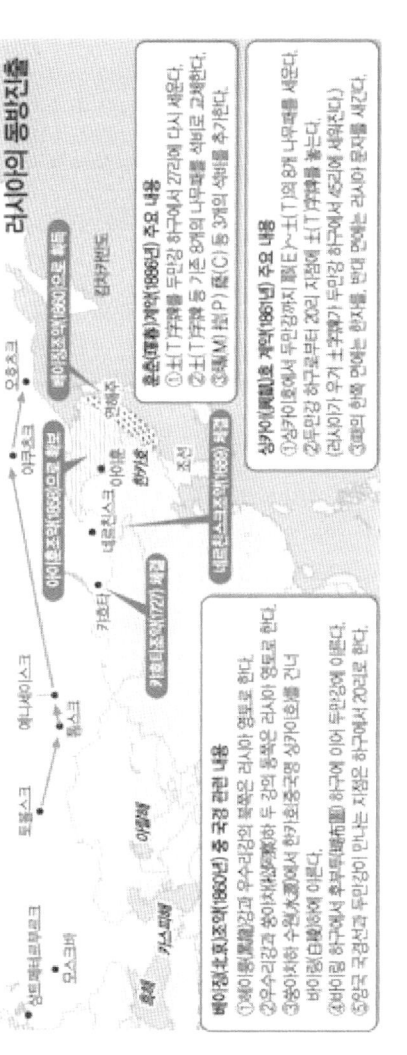

"우리땅 우리魂 영토분쟁 현장을 가다"

〈11〉연해주의 역사적 진실, 동아일보 2004 6월 18일 금요일 A20면, 기획

18세기(1689-1800)에는 러시아가 터키와의 전쟁에서 승리함으로 서쪽 끝에 있는 흑해 연안의 영토와 카프카즈 산맥 남부 지역을 획득하였다.133) 동시에 동쪽 끝에 있는 추코트카 지역과 캄차트카 반도를 러시아영토로 병합하였다. 이와 더불어 1840년에 이르쿠츠크 주교구를 양분하여 태평양 연안 지역을 관할하는 캄차트카 주교구를 설립하였다.134) 19세기 상반기(1800-1855)에는 모스크바 서쪽에 있는 폴란드, 북쪽에 있는 핀란드, 남쪽에 있는 카스피해(海)와 아랄해(海) 유역을 병합하였다. 그리고 19세기 후반기(1855-1900)에는 러시아제국이 동남쪽으로 크게 팽창하였다.135) 1870-1880년대에는 러시아제국의 영토가 오늘날과 같은 모습으로 거의 완성되었다.136) 새로운 영토의

---

133) V. A. 랴자노프스키, 『시베리아 유목부족의 관습법』, 오강원 역(서울: 서경문화사, 1993), 286쪽.

134) 출처: http://ortodox.fegi.ru/ep2_1_1.htm(2002년 1월 28일자 검색) 제목 "ПРЕДПОСЫЛКИ СОЗДАНИЯ САМОСТОЯТЕЛЬНОЙ ЕПАРХИИ (주교구 독립의 전제(前提))"

135) Nicholas V. Riasanovsky, *A History of Russia,* 『러시아의 역사Ⅱ 1801-1976』, 김현택 옮김(까치, 1997), 117-18쪽.

136) 18세기 초에 러시아인들은 캄차카 반도를 손에 넣고 베링 해협 탐험 후 알래스카로 건너갔다. 알래스카를 장악한 이들은 그곳에 러시아-아메리카 회사를 세우고 모피 교역에 힘썼다. 한때는 캘리포니아 남부에까지 러시아의 교역소가 세워졌다. 그러나 사업이 부진해지고 영국·미국과의 마찰까지 빚어지자, 1867년 러시아는 720만 달러에 알래스카를 미국정부에 팔아넘기고 아메리카 대륙에서 철수했다. 19세기 중엽에 들어 중국이 두 차례의 아편전쟁과 태평천국의 난으로 시달리는 틈을 타서, 러시아는 다시 남방으로 손을 뻗쳤다. 1858년 청과 아이훈 조약을 맺어 아무르 강 북쪽 지역을 손에 넣고, 1860년에는 북경 조약으로 우수리 강 동쪽의 연해주를 차지했다. 러시아는 연해주의 남쪽에 블라디보스톡('동방을 지배하라'라는 뜻)라는 해군 항을 만들어 극동의 중심기지로 삼았다. 이어 1875년에는 일본과 조약을 맺어 사할린을 차지하는 대신

등장과 더불어 새로운 이교민족들의 병합으로 19세기 후반기에 새로운 선교적 소명감이 강하게 등장하였다. 이와 더불어 1894년에는 바이칼호수 주변 지역을 관할하는 자바이칼 주교구 설립하였으며, 1899년에는 극동 시베리아 지역을 관할하던 캄차트카 주교구를 다시 삼분화하여 블라고베쉔스크와 블라디보스톡 주교구로 분리하였다.[137] 이와 같이 러시아제국의 영토 확장사는 역사적으로 러시아정교회의 주교구 신설과 러시아정교회의 선교사역 확장사와 병행되었다.

B. 러시아정교회의 선교부흥의 요인들

러시아정교회의 선교에 황제가 관심을 가지고 깊이 개입하였고, 러시아제국의 확장사와 러시아정교회의 선교사역 확장사가 병행되었지만, 19세기 후반기에 이르기까지 선교는 극소수의 관심사에 머무르는 수준이었다. 이는 러시아정교회가 17세기에는 총대주교의 권위를 확립하는 일에 몰두하고 있었기 때문이다.[138] 1589년 모스크바 대주교가 콘스탄티노플 총대주교의 관할권에서 벗어나 총대주교로 승격된 이후 러시아정교회는 총대주교청의 입지를 강화하는 일에 주된 관심을 두었다. 러시아정교회는 니콘 대주교(1605-1678)의 대개혁 시기에

쿠릴 열도를 일본에 내주었다. 이로써 러시아의 극동 지역 영토가 완성됐다. 이무열, 『한 권으로 보는 러시아사 100장면』(서울: 도서출판 가람기획, 2001), 201쪽, 205쪽. 그리고 이 연구 61쪽 〈부록 7: 러시아의 팽창 지도〉를 참고.

137) 출처: http://ortodox.fegi.ru/ep2_1_1.htm(2002년 1월 28일자 검색).
138) *The Russian Orthodox Church: 10th to 20th Centuries*, ed. by Alexander Preobrazhensky(Moscow: Progress Pub., 1988), p.81.

개혁에 대한 거센 반발로 대분열의 비극 가운데 빠짐으로써 많은 아픔과 혼란을 경험해야 했다.[139] 18세기는 러시아정교회 가택연금 시대라 할 수 있는데, 이는 18세기 초 표트르 대제가 신성종무원을 만들어 교회개혁을 촉구하고, 교회를 부국강병을 위한 하나의 협조기관으로 만들어 버렸기 때문이다. 표트르 시대 러시아정교회는 마치 거세당한 상태와 같았다. 이후 에카쩨리나 여제(1762-1796)는 1764년 종교관용정책령(宗敎寬容政策令)을 발표하여 비정교회 종교단체들에게도 러시아에서의 선교를 허용하였다.[140] 이때 카잔 지역 이슬람교도들에게도 상당한 종교적 자유가 주어졌다. 이러한 일련의 상황들은 정교회 선교를 가로막는 요소들로 작용하였다.

---

139) Nicolas Zernov, *The Russians and Their Church*, 『러시아정교회사』, 위거찬 역(서울: 기독교문서선교회, 1991), 123-37쪽.

140) Michael Khodarkovsky, *Comparative Studies in Society and History*, p.287.

〈표 2〉 러시아정교회 선교회 창립 25주년 선교 기념보고서(1895)

선교회	지출(루블)	영세(침례) 받은 수
알타이－기리기즈(동시베리아)	530,000	10,896
이르쿠츠크－바이칼(동시베리아)	912,000	47,096
캄차트카(동시베리아)	155,000	15,752
예니세이	36,000	5,848
야쿠츠크(동시베리아)	20,000	548
토볼스크	64,000	2,748
투르케스탄	12,000	자료 없음
일본(동시베리아)	528,000	18,257
카잔	272,000	314
아스트라한	66,000	869
심비르스크	15,000	자료 없음
사라토프	15,000	자료 없음
사마라	22,000	547
우파	43,000	338
페름	36,000	114
에카쩨린부르그	5,000	자료 없음
뱌트카	46,000	138
오렌부르그	22,000	66
랴잔	19,000	자료 없음

　그러나 19세기에 들어서 러시아정교회의 선교 상황은 크게 달라졌다. 19세기는 개신교 선교의 위대한 세기일 뿐만 아니라, 〈표 2〉가 보여주듯이,[141] 러시아정교회 선교에 있어서도 위대한 세기였다. 그

---

141) Aaron Neil Michaelson, *The Russian Orthodox Missionary Socie-ty, 1870-1917: A study of religious and educational enterprise, 1879-1917*, p.113. 그리고 19세기 말엽에 범(凡)러시아선교대회(All-Russian Miss-ionary Conference)가 열리기 시작하였다. 제1회 대회가 1887년 모스크

리고 성 구리(St. Guri)형제단 번역위원회가 1910년 발행한 자료에
따르면, 카잔, 심비르스크(Симбирск), 오렌부르그(Оренбург), 톰스
크(Томск)에서 수십 가지 토착 언어로 1862년 이래로 번역 출판된
자료 목록은 수천, 수만 부에 이르렀다.[142]

19세기에 이루어진 러시아정교회의 왕성한 선교사역은 러시아제국
의 팽창을 비롯한 여러 가지 요인들이 복합적으로 작용한 결과였다.
상황적으로는 이미 언급한 바와 같이 19세기 후반기에 러시아제국이

바에서, 제2회 대회도 1891년 모스크바에서, 제3차 대회는 1897년 카잔
에서, 제4차 대회는 1908년 끼예프에서, 제5차 대회는 1917년 비죽콥스
키 수도원(헤르손 지역)에서 열렸다. 끼예프 선교대회에는 600명의 대
표자들이 참석하였다. "Russian Orthodox Missions to the East", By:
Maiyer, Vyacheslav; Fagan, Geraldine(Translator) in Religion, State
& Society, 25 No.4, 1997, p.376.

142) 참고로 몇 가지 사례들을 언급하면 다음과 같다. Avar언어로 2개의 제
목, 200-600부 발행, Azeri언어로 2개의 제목, 200-600부 발행, Altai언
어, Shor언어로 12개 제목, 800-2,000부 발행, Arabic언어, Persia언어로
6개 제목, 300-2,400부 발행, Bashikiri언어, 11개 제목, 600-2,000부 발
행, Buryat언어, 11개 제목, 600-2,400부 발행, Votsk(Udmurt)언어, 94
개 제목, 400-4,200부 발행, Gold(Nanai), 7개 제목, 800-1,200부 발행,
Kalmyk언어, 13개 제목, 1,200부 발행, Kirgiz언어, 51개 제목, 600-3,000
부 발행, Korea언어, 4개 제목, 600부 발행, Mordovia 언어, 27개 제목,
600부, Ostyak-Samoyed(Sel'kup)언어, 4개 제목, 600부 발행, Komi언
어, 8개 제목, 300-1,200부 발행, Siro-Khaldei언어, 1개 제목, 1,200부 발
행, Tatar언어, 198개 제목, 600-10,000부 발행, Tungus(Evenk)언어, 2
개 제목, 600부 발행, Cheremis(Mari)언어, 112개 제목, 600-5,000부
발행, Chuvash언어, 242개 제목, 600-21,050 부 발행, Chukchi언어, 3개
제목, 200- 500부 발행, Yakut 17개 제목, 600-1,500부 발행 등. 출처:
"Perevody Biblii na narodov SSSR", the appendix(pp.168-70), 제4판
Biblii pastora B. Getse(Stockholm, 1987), 이외에도 정교회 선교사들에
의하여 각 민족 언어로 번역된 복음서들은 이루 헤아릴 수 없다.

새로운 지역을 정복하고 병합함으로 제국의 영토가 최대에 달하였으며 새로운 민족들이 제국의 신민으로 영입됨에 따라서 새로운 선교적 과제가 주어졌기 때문이다.143) 두 번째는 교회 내부적으로 헤즈키즘이라고 하는 정교회 고유의 경건주의 운동이 일어나서 선교의 영적인 에너지를 공급해 주었기 때문이다. 세 번째는 국가 – 정치적인 차원에서 러시아정교회를 제국의 정신적 문화적 이념으로 삼는다는 관제국민주의 정책을 법으로 제정하여 변방 민족들을 선교하는 일에 국가가 대대적으로 지원하였기 때문이다. 마지막으로 일민스키 시스템이라고 하는 러시아정교회 특유의 선교 전략이 개발되어 선교현장에 적용되고 활용되어 많은 효과를 보았기 때문이었다.

---

143) 역사적으로 서유럽에서 16세기, 17세기에 스페인, 포르투갈이 새로운 대륙과 섬들을 발견하여 자기 영토로 병합시켜 나가는 과정과 로마가톨릭 선교가 전개되는 과정 사이에도 긴밀한 관계와 협조가 있었다. 스티븐 니일은 이렇게 말하였다. "서구에서 16세기 이후 신대륙의 발견과 더불어 경쟁적으로 진행된 식민지화 시기에는 서구 로마가톨릭교회의 자기 우월감이 절정에 달해 있었다. 이 시대의 선교활동은 제국 교회들의 활동이었고 국가 정부와 밀접한 관계 속에서 이루어졌다." 이에 대해 닐은 이렇게 요약한다. "우리가 어떻게 생각하든지 간에 엄연한 역사적 사실은 기독교의 대확장이 르네상스를 따라 일어난 구라파의 폭발적 세계 확장과 때를 같이했다는 것, 식민지화했던 세력은 기독교의 세력이었다는 것, 매우 다양한 타협적인 관계가 선교사들과 정부 사이에 오고 갔다는 것, 그리고 대체로 기독교는 서구의 특권과 세력의 물결을 타고 전파되었다는 것이다." S. Neill, *History of Colonialism and Christian Missions*(Lutterworth, London, 1966), p.450.

1. 헤즈키즘 부흥운동

헤즈키즘(Hasychasm)이란 말은 '고요함'을 뜻하는 그리스어 헤시키아(ήσυχία)에서 나왔다.[144] 이것은 동방정교회 세계에서 아토스산(Mt. Athos) 수도사들을 통하여 전해져 온 내면적이고 신비적인 '예수기도' 전통과 깊이 관련되어 있다. 헤즈키스트들(Hesychasts)은 '예수기도'(Jesus Prayer)를 쉬지 않고 반복한다. 이 기도를 용이하게 하게 하기 위하여 수도사들로 하여금 특별한 자세를 취할 것을 권한다. 머리를 숙이고, 시선을 자신의 심장에 고정시키고, 호흡을 깊고 길게 천천히 하도록 가르친다. 이러한 자세가 '예수기도'를 드리는 데 필수적인 요소는 아니지만, 오랫동안 지속하기 위하여 도움이 된다고 말한다. 헤즈키즘 운동의 추종자들인 헤즈키스트들의 일차적인 목표는 정신(mind)과 마음(heart)의 합일을 이루어 온전한 마음의 기도를 드리는 것이다. 마음의 기도를 온전하게 드리는 자가 되면,

---

144) 헤즈키즘의 기원은 역사적으로 4-5세기로 거슬러 올라가는데, 특별히 니사의 그레고리(Gregory of Nyssa), 에바그리우스 폰티쿠스(Evagrius Ponticus), 마카리안 설교가들(the Macarian Homillies), 포티케의 디아도쿠스(Diadochus of Photike)에게까지 거슬러 올라간다. 헤즈키즘 운동이 형식을 갖추는 데 크게 기여한 인물로는 요한 클리마쿠스(St. John Climacus), 고백자 막시무스(St. the Confessor Maximus) 그리고 신학자 시메온(St. Simeon the New Theologian) 등이다. 헤즈키즘이 무엇인지, 그 온전한 설명은 시나이의 그레고리(St. Gregory of Sinai), 아토스산의 니세포루스(St. Nicephorus)의 작품에 나타난다. 특별히 14세기 고레고리 팔라마스(St. Gregory Palamas)의 작품 속에 자세하게 나온다. 항목, "Hesychasm", *The Oxford Dictionary of the Christian Church*, 2nd ed., by F. L. Cross and E. A. Livingstone(New York: Oxford Univ. Press, 1977).

하나님의 은총으로 택함을 받은 자들 중에서 일부가 육신의 눈으로 '하나님의 빛'(the Divine Light)을 보게 된다고 믿는다.[145] 이 빛은 창조되지 아니한 신비로운 빛이다. 변화산에서 예수가 제자들에게 보여주신 빛이다.

헤즈키스트들 (Hesychasts)의 기도방식은 1337년부터 발람(the Cala- brian Barlaam)의 신랄한 비판을 받았다. 발람은 미신이라고 비난하였다. 그는 육신의 눈으로 하나님의 빛을 보는 것은 불가능하며, 그들이 보았다고 하는 빛은 하나님의 본체에서 나온 것이 아니라고 주장하였다. 이러한 공격에 맞서 그레고리 팔라마스(Gregory Palamas)가 헤즈키즘을 열정적으로 변호하였다. 결국 1341년, 1347년 그리고 1351년 세 차례 공의회가 열렸는데, 팔라마스의 주장이 정통으로 받아들여졌다. 헤즈키즘은 동방정교회의 정통교리로 자리를 잡게 되었다. 헤즈키스트들의 주요 가르침들과 기도문들은 니코데무스(St. Nicodemus of the Holy Mountain)가 편집한 『필로칼리아』(Philokalia)에 수록되었다.[146]

17세기 독일 경건주의 운동으로 인하여 유럽에서 근대 개신교 선교운동이 본격적으로 일어난 것과 마찬가지로, 19세기 러시아에서 일어난 정교회 경건주의 운동이 정교회 선교를 활발하게 만들었다. 17세기와 18세기의 러시아정교회는 선교 영역에서 퇴보하였다. 교회 내부의 갈등과 국가의 간섭으로 인하여 선교가 어려웠다. 니콘(Никон) 총대주교가 주도하는 정교회 갱신운동과 그것을 반대하는 구파정

---

145) 남정우, 『동방정교회 이야기』, 74-79쪽.

146) Nikodimos of the Holy Mountain & Makarios of Corinth, *THE PHILO-KALIA*, 『필로칼리아』, 엄성옥 역(서울: 은성, 2001).

교회 그룹 간의 갈등과 분열, 그리고 피터 대제의 강력한 통치 활동과 교회 간섭, 그리고 에카쩨리나 2세의 종교관용주의 정책으로 러시아정교회는 힘을 잃고 있었다. 이 기간에 정교회 신앙의 등불을 밝히는 역할과 선교 열정을 제공하는 산실로 여겨온 수많은 수도단과 수도원들이 문을 닫았다.

영적인 침체 상태는 러시아변방에 거주하는 소수민족들에게도 영향을 끼쳐, 과거에 기독교를 받아들였던 대부분의 부족들이 다시 이슬람 불교 샤머니즘과 같은 옛 신앙으로 돌아가거나 명목상 기독교인으로 전락하고 말았다. 이를 안타까이 여겨 선교를 시도한 사람들이 몇 명 있었으나 항상 정부에 의하여 억압을 받았으며, 종교관용정책의 이름으로 선교사역을 금지하였다.147) 그러나 19세기가 되면서 선교에 대한 무관심과 냉담한 태도가 변하기 시작하였다. 러시아가 영적인 르네상스를 경험하기 시작하였기 때문이다. 이것은 마치 서유럽에서 독일의 경건주의 운동을 경험한 이후 선교운동이 폭발적으로 일어난 양상과 비슷하다.

러시아에서 헤즈키즘 운동은 아토스산 수도원에서 수도생활을 하던 러시아 장로(Старщий) 페이시 벨리쵸프스키(Феись Величовский, 1722-1794)가 헤즈키즘의 신앙적 실천 지혜를 담고 있는 필로칼리아라고 하는 책을 러시아어로 번역 소개하면서 시작되었다.148) 페이시는

---

147) 한 예로 18세기에 키르기즈 유목민들에게 복음을 전하는 것을 금지시켰다. 또 어떤 경우에는 선교사들이 지나치게 열성적으로 선교한다 싶으면, 정부는 그들을 소환하거나 선교사들을 지원하는 교회에 대한 재정적 지원을 줄이거나 없애버렸다. N. Struve, "Orthodox Missions past and present", St Vladimir's Seminary Quarterly(New York, 1963, No.1.), p.34.

루마니아 님네츠(Nimnets) 수도원의 수도원장이 되어, 그곳을 500명 이상의 형제들이 모이는 영적 중심지로 만들었다. 그의 제자들이 여러 곳을 다니며 헤즈키즘 운동을 러시아에 확산시켰다. 1822년 모스크바에서 이 책이 재판되었다.[149] 이제 평신도들도 사이에서 '예수기도'를 따라서 마음의 기도를 실천하는 운동이 생겼다.[150] 결과 1810년에 러시아에서 수도원이 452개였던 것이, 1914년에는 1,025개가 되었다.[151] 이 수도원 운동으로 수많은 영적인 스승들(Старщ)이 생겨났다. 이들의 가르침으로 인하여 러시아정교회 신자들은 개인의 기도생활과 신화(deification)를 통한 자기 구원에만 매달리는 것이 아니라.[152] 밖을 주시하고 세상에 봉사하는 데 관심을 갖게 되었는데, 이것이 평신도들 사이에서 선교부흥을 일으켰다.[153] 신앙의 가르침이 내면화되면, 그 다

---

148) Nikodimos of the Holy Mountain & Makarios of Corinth, *THE PHILO KALIA.* 『필로칼리아』, 10쪽.

149) 위의 책.

150) 루이스 두프레 & 돈 E. 세일러즈 (편), 『기독교영성(Ⅲ): 종교개혁 이후부터 현대까지』, 엄성옥 지인성 공역(서울: 은성, 2001), 569쪽, 576쪽에서 재인용. 예수기도는 턱을 가슴에 붙이고 눈은 자신의 심장을 응시한 채, "하나님의 아들이신 주 예수 그리스도시여, 죄인인 나를 불쌍히 여기소서"라는 기도를 반복하는 것이다. 참고. http://lord.kehc.org/jesusprayer/jprayer.htm(2003년 12월 5일)

151) N. Zernov, 위거찬 역, 『러시아정교회사』(서울: 기독교문서선교회, 1991), 174쪽.

152) 정교회의 구원론은 '神化論'(deification)에 집약되어 있다. 문자적으로는 '하나님을 닮아감'을 의미한다. 믿음으로 의롭다함을 얻고 하나님의 자녀가 되는 것은 구원의 긴 과정에서 시작에 불과한 것으로 정교회는 이해한다. 남정우, 『동방정교회 이야기』, 66-73쪽.

153) 19세기 러시아 영적 부흥의 대표적인 인물들은 샤로프의 세라핌(St. Seraphim of Sarov, 1759-1833), 크론스타트의 요한(John), 익나티우스 브

음 자연히 외면화되며 확장한다는 원리가 작용한 것이다.

19세기에 헤즈키즘의 강한 영향으로 알래스카의 선교사 헤르만 (1756-1837)과 중앙아시아 알타이 지역의 사도 마카리우스 글루하레 프(1792-1847)가 선교사로 헌신하게 되었다.[154] 이들의 선교사역은 사도바울의 사도적 선교사역과 9세기 끼릴과 메쏘디우스의 비잔 틴 선교사역을 계승하는 사역이었다. 동시에, 알래스카, 캄차카 주교직을 역임하다가 1870년 러시아정교회 선교회 초대의장이 된 대주교(Metropolit) 인노켄티 베니아미노프(Иннокентий Вениаминов, 1797-1878)를 통하여 19세기 러시아정교회 선교운동은 조직적으로 러시아 전역으로 확산되었다.

그러면 19세기 러시아에서 이해된 헤즈키즘이란 무엇인가? 프랑스 소르본느 대학교 러시아 문학부 교수 니키타 스트루브(Nikita Struve) 는 러시아의 헤즈키즘을 다음과 같이 설명한다.

헤즈키즘은 기독교의 가장 완전하고도 순전한 가르침이라고 할 수 있다. 헤즈키즘의 일차적인 목표는 그리스도와 성령과의 친밀한 교제이다. 침묵과 지속적인 기도(예수기도)와 성경묵상과 성만찬에 규칙적으로 참여한다. 그 궁극적인 목표는 성령으로 모든 존재를 꿰 뚫어 보는 것이다. 이것은 신비적인 체험이다. 이러한 체험은 기독

리안카니노프(Ignatj Briancharinov) 주교, 테오판(Theophan) 주교, 밸 고로드의 주교 요아살(Ioasar), 펜자의 주교 인노켄티(Innokenti), 베로네즈 의 주교 안토니(Antoni), 끼예프의 바씨안(Vassian) 팔 페니(Par Pheni), 그린스크의 수도원장 필라렛(Philaret), 시베리아에서 살았던 은둔자 바실 리스크 (Vasilisk) 등이다. N. 쩨르노프, 『러시아정교회사』, 177쪽.

154) N. Zernov, *Eastern Christendom*(New York, G. P. Putnam's Sons, 1961), pp.180-84.

교의 본질을 알게 하는 중요한 경험이다. 헤즈키즘은 교회를 위협하는 모래톱들을 피할 수 있도록 도와준다. 모래톱들이란 의식주의, 율법주의, 권위주의 그리고 도덕주의 같은 것들이다. 그러나 기독교의 중요한 요소들인 예배, 경전, 질서, 계명 등은 잘 보존할 수 있도록 인도한다. 이것은 신앙생활의 핵심요소에 집중하도록 하는 명상운동이지, 결코 고요함 자체를 목적으로 삼는 정적주의가 아니다. 러시아에서는 이 헤즈키즘 운동으로 교회갱신운동이 두 번 일어났다. 그리고 선교부흥운동에 큰 활력을 제공하였다.155)

러시아 선교역사에 있어서 헤즈키즘 운동을 따르는 경건한 수도사들 덕분에 러시아제국의 오지에 선교사들이 들어가서 사도적 소명감에 따른 발자취들을 남길 수 있었다. 헤즈키스트들의 행동은 '하나님을 닮아감'(Deification)으로 이해되는 정교회의 구원론과 긴밀하게 연결되어 있었다.156) 어떻게 하든지 자기 구원의 완성을 위하여 금욕을 통한 자기 비움과 겸손과 순종을 실천하기 위하여 가능한 제국의 변방 오지에 가서 고난과 외로움을 인내하며 그리스도의 말씀과 교회의 지시에 순종하는 것을 생의 행복으로 여겼다. 19세기 러시아정교회 선교역사상 위대한 발자취들은 대부분 헤즈키스트들의 선교사역이다.157)

---

155) Struve "Russian Orthodox Church and Mission" in *HISTORY'S LESSONS FOR TOMORROW'S MISSION: Milestones in the History of Missionary Thinking*(Geneva, WSCF, 1961), pp.309-10.

156) 남정우, 『동방정교회 이야기』, 66-77쪽. 이문균, "구원과 선교에 대한 동방정교회의 이해", 『한국기독교 신학논총 23집』(한국기독교 학회, 2002), 165-90쪽.

157) N. Zernov, *Eastern Christendom*(New York, G. P. Putnam's Sons, 1961), pp.180-84. 헤즈키스트 선교사들의 이름과 구체적인 선교사역의 내용은 이 연구(84쪽 이하) "교회의 목표, 복음화"에서 자세히 기

그러나 구조적으로 신성종무원의 관리와 지시 감독과 후원을 받아야 했던 러시아정교회의 모든 선교사역은 국가 - 정치적 사역으로부터 자유로울 수 없었다.

2. 관제국민주의 정책

19세기 후반 러시아정교회의 선교는 러시아제국이 제정한 '관제국민주의 정책'으로 인하여 국가 차원에서 적극적으로 행하여졌다. 관제국민주의는 러시아의 근대사에 있어 가장 강력한 '전제 질서의 수호자'로 알려진 니콜라이 1세 때 국가정치 차원에서 형성된 러시아 민족주의의 한 형태이다.[158] 이 이론은 1833-49년 러시아제국의 교육장관을 지낸 세르게이 우바로프(S. S. Uvarov, 1786~1855) 백작이 1832년에 주창한 구호에서 비롯되었다. 이 이론은 니콜라이 2세(1825-55 재위) 치하 러시아제국의 공식적인 이데올로기를 대표했으며, 제국이 종말을 고할 때까지 정부 정책의 지도적 원칙으로 남아 있었다. 이 이데올로기의 3대 원칙은 러시아정교회(正敎信仰), 전제주의(專制主義), 러시아 민족

술한다.

158) 러시아대사를 역임한 이인호 박사는 러시아에서 민족적 자의식이 정치적 성격을 띠기 시작한 것은 표트르 대제(大帝)가 보수 세력의 반대를 무릅쓰고 서구화 정책을 강행하기 시작한 때부터였다고 한다. 따라서 러시아의 민족주의는 처음부터 유럽의 존재를 의식하게 된 반작용으로서 출발한 것이며, 19세기에 들어가서도 러시아 대 유럽이라고 하는 대조(對照) 개념에서 탈피하지 못하는 경향이 있었다. 즉 러시아와 유럽의 관계를 어떻게 해석하고 규명하는가 하는 것이 러시아의 모든 정치, 사회문제에 대한 해결책을 마련하는 관건이 되었다. 李仁浩, 『러시아지성사 연구』(서울: 知識産業社, 1980), 99쪽.

주의적 국민성(國民性)이었다.[159] 즉 모든 러시아 국민들로 하여금 러시아정교회를 믿게 함으로 황제에게 충성하고, 러시아제국의 단합을 이룬다는 것이 관제국민주의 정책의 목적이었다.[160]

19세기에는 러시아제국의 영토가 크게 확대됨과 동시에 러시아제국의 인구도 급격히 증가하였다. 1815년에 약 4,500만 명이던 인구가 1851년에는 약 6,700만 명으로 늘어났다. 그리고 제정 러시아 시대에 실시된 최초의 공식적인 인구조사인 1897년의 인구센서스에 의하면 러시아의 총인구는 1억 2,266만 6,500명이었고, 이 중 약 6,800만 명이 비러시아계 소수민족인 것으로 나타났다.[161] 이는 러시아 전체인

---

159) 러시아어로는 Праваславие(Pravoslaviye, Orthodoxy), Самодержавие (samoderzhaviye, Autocracy), и(i) Народность(narodnost, nationality) 라고 한다. 官制國民主義에 관한 참고 도서로는 N. Riasanovsky, *Nicholas I and Official Nationamy in Russia, 1825-55*(Berkeley, 1955)와 E. C. Thaden, *Conservative Nationalism in Nineteenth-Century Russia*(Seattle, 1964) 등이 있다. 관제국민주의 이론과 사상은 원래 알렉산드르 Ⅰ세 치하의 문인으로서, 역사가로서 선구적 지위와 영예를 차지하였던 니꼴라이 까람진(N. M. Karamzin, 1766~1826)을 대표로 하는 일군의 정치 사회사상가들에 의하여 형성된 보수주의적 민족주의 사상이었다. 까람진에 관한 연구로는 R. Pipes ed., *Karamzin's Memoirs on Ancient and Modern Russia*(Cambridge, Mass. 1959)가 있다.

160) 러시아의 민족주의는 민족이라는 이름 아래 추구되는 구체적 목표가 무엇이었는가에 따라 대체로 보수적 민족주의, 官制國民主義 親슬라브주의, 汎슬라브주의 등 네 가지로 분류될 수 있다. 참고. 이인호, 『러시아 지성사연구』, 99-100쪽.

161) 허숭철 이항재 이득재, 『러시아문화의 이해』(대한교과서(주), 1999), 212-13쪽. 참고로 1897년 러시아의 민족별 인구 구성은 다음과 같았다. 러시아인-44.32%, 우크라이나인-17.81%, 폴란드인-6.31%, 백러시아인-4.68%, 터키계 민족-10.82%, 유대인-4.03%, 핀란드인-2.78%, 리투아니아인과 라트비아인-2.46%, 독일인-1.4%, 카프카스

구의 55.7%에 이르는 숫자이다. 19세기 말 100여 개 이상의 민족들을 가지게 된 러시아제국은 국가적 통합과 발전을 위하여 '관제국민주의'라는 정치사상과 국가 정책을 강력하게 추진하였다. 관제국민주의 정책에 따라 국가는 정책적으로 정교를 강조하였고, 니콜라이 정부는 서구적인 교육 정책은 억압하고, 대신 지방의 신학교와 신학생의 수는 크게 증대시켰다.[162) 특별히 1880년부터 1905년까지 신성 종무원 총감을 지낸 포베도노스쩨프에 의하여 선교는 러시아화 차원에서 국가 정책적으로 변방 소수민족들 사이에서 적극적으로 추진되었다. 포베도노스쩨프는 러시아 국가교회(Russian State Church)를 강력히 지지한 보수주의 정치가였다.[163)

산악민족-1.34%, 그루지야인-1.07%, 아르메니아인-0.9%, 이란계 주민-0.62%, 몽골인-0.38%, 기타 민족-1.03%.

162) 이에 대하여는 M. T. Florinsky, *Russia: A History and an Interpretation*(New York: Macmillan, 1955), vol.2, p.806과 D. W. Treadgold, *The West in Russia and China: Religious and Secular Thought in Modern Times*(Cambridge: Cambridge Univ. Press, 1973), vol.1, pp.175-78을 참고.

163) 러시아 국왕의 가정교사를 역임했고, 모스크바 종합대학 법학부 교수, 러시아 법무장관 등을 역임한 그는 19세기 말 러시아 보수주의 사상의 가장 대표적인 인물이며, 러시아정교회와 선교사역에 지전적으로 큰 영향력을 행사한 중요한 인물이다. 그는 국가와 교회의 분리를 주장하는 서구 사상을 맹렬하게 비판하면서, 러시아는 국가와 교회의 연합과 일치를 이루어야 하며, 이를 위하여 국가는 교회를 도와야 하며, 교회는 국가를 도와야 한다고 굳게 확신하고, 모든 제도와 행정력을 동원하였다. 이 때문에 19세기 러시아정교회 선교사역은 러시아제국주의의 앞잡이라는 평을 들었고, 러시아화 작업의 도구였다는 비난을 받았다. 참고. Robert F. Byrnes, *Pobedonostsev: His Life and Thought*(Bloomington, Indiana, 1968). Thomas Calnan Sorenson, *The Thought and Polices of Konstantin P. Pobedonostsev*(Ann Arbor, 1977).

러시아화 정책은 교육사업과, 정교회 영세(침례)식을 통하여 지속
적으로 추진되었는데, 문화적인 러시아화가 강력히 추진되었던 1880
년대 이후에는 러시아화 정책에 대하여 소수민족들은 자신들의 정체
성을 유지하려는 부류와 러시아화 정책을 수용하는 부류로 나뉘어졌
다. 정교회 영세(침례)를 받지 않는 이민족들에게는 여러 가지 불이
익과 압력이 주어졌다.164) 대신 영세(침례)를 받는 사람들은 많은
혜택을 주며 러시아인과 똑같이 대우해 주었다.165) 그것은 러시아화
정책을 통해 강력하고도 통합된 러시아제국을 형성해 나가는 데 유
익하다고 판단했기 때문이다. 이렇게 19세기에 광활한 러시아 영토
에 거주하는 다양한 민족 집단들을 효율적으로 통치할 수 있는 정
치, 행정적인 차원에서 러시아화 정책이 시행되었고, 소수민족들을
러시아화하는 차원에서 정교회 선교가 이루어졌다.

---

164) 모스크 파괴, 새로운 모스크의 건축을 금지, 토지와 재산 몰수, 화형
   (정교회 신자를 모슬렘으로 만든 경우) 등. Michael Khodarkovsky,
   "Not by word alone: Missionary policies and religious conversion in
   early modern Russia", *Comparative Studies in Society and
   History*(Cambridge: April 1996), Vol.38, Issue 2, p.276.

165) 일반 개종자에게는 보상으로 모피 옷감, 셔츠, 신발, 돈 등이 주어졌
   다. 개종자들은 군대 소총을 사용할 수 있는 후보자의 명단에 올랐고,
   최전선 부대 군인이 될 수도 있었으며, 군에서 수고하면 돈이나 곡물
   을 보상으로 주었다. 귀족들이 개종할 경우에는 더 좋은 보상이 주어
   졌다. 개종한 귀족들은 러시아 귀족들과 결혼했고, 군대 높은 계급을
   받았으며, 국가의 신임을 받아 종종 최전선 지휘관으로 일하였다. 개
   종한 다음 두 세대만 지나면, 그들의 이름 가운데 비기독교, 비러시아
   인의 흔적이 하나도 남아 있지 않았다. 어떤 왕조는 개종한 이후 러
   시아 귀족 명부에 올라 러시아화가 완벽하게 이루어졌다. 위의 책,
   pp.274-75.

칼뮈크 부족이 집단
적으로 영세 (침례)
받는 모습. 강둑에는
대형 이콘들을 들고
서 있다. 뒤에는 러
시아 국가 관리들이
영세 장면을 지켜보
고 있다.[166]

3. 일민스키 시스템

지금까지 이루어진 러시아정교회 선교는 국가 - 정치적인 차원에서
이루어졌기에 개종한 이민족들은 대부분 명목상 기독교인들이었다.
이 때문에 개종한 사람들이 다시 옛 토속신앙으로 돌아가는 사례가

---

166) Michael Khodarkovsky, "Not by word alone: Missionary policies and
   religious conversion in early modern Russia", *Comparative Studies in
   Society and History*(Cambridge: April 1996), Vol.38, Issue 2, p.278.

빈번하게 발생하였다. 그동안 러시아 정부는 타타르인들을 비롯한 소수 이교민족들을 정교회로 끌어들이기 위하여 개종자들에게 온갖 종류의 특혜를 베풀었다. 세금과 군역을 면제해 주고, 돈을 주기도 하였다. 이러한 많은 혜택에 매력을 느낀 소수 이교민족들이 정교회 영세(침례)를 받았지만, 얼마 지나지 않아서 다시 모슬렘을 비롯한 자신들의 옛 신앙으로 되돌아 가버리는 사례가 자주 발생하였다.[167] 개종자들에 대한 신중한 고려와 교육 없이 집단적으로 영세(침례)를 주거나, 개인적으로 영세를 준 다음 후속 교육이 없었기 때문이다. 토착민 성직자도 없었고, 교회 예식은 그들이 이해할 수 없는 슬라브어로 진행되었다. 이러한 상태에서 개종한 이교도들의 다수는 자신의 확신과 고백 없이 단순히 물질적인 혜택만을 바라고 기독교로 들어왔기 때문에 배교는 사실 피할 수 없는 결과였다.[168]

　이러한 현상을 보면서 1870년대, 1880년대 기존의 개종화 정책을 수정하여 더 많은 새로운 개종자들을 얻는 대신에 이미 개종한 사람들을 대상으로 정교회 교육을 강화하는 방향으로 정책을 수정하여 큰 성과를 거두었는데 여기에는 러시아의 교육가, 선교 전략가인 니콜라이 일민스키(ИЛЬМИНСКИЙ НИКОЛАЙ ИВАНОВИЧ, 1822-1891)가 개발한 새로운 선교 접근법의 덕분이었다.[169] 일민스키 시스템이라고

---

167) 참고. Wilbert R. Shenk, *Changing Frontiers of Mission*(New York: Orbis Books, 1999), p.86.

168) Paul William Werth, "Orthodox mission and imperial governance in the Volga-Kama region, 1825-1881", p.229.

169) 일민스키는 카잔 신학교를 졸업하였으며, 타타르어와 아랍어를 읽을 수 있는 최초의 선교사가 되어, 타타르족 사이에서 진행되던 집단 배교의 문제를 성공적으로 해결하는 데 큰 공을 세웠다. 그는 펜자(penza)에서 사역하던 장사제(archpriest)의 아들로 태어나, 신학교를 1846년에 졸업

알려진 이 새로운 접근법은 토착민의 언어는 그대로 살리되, 타타르식 문자나 이슬람 신앙과 연계된 문자를 폐기하고 러시아어 알파벳을 사용한 새로운 문자를 고안하여 어린 아이들을 체계적으로 교육하는 시스템이었다.[170] 학교 선생은 대부분 정교회 선교사들이었으며, 교육 내용은 대부분 러시아정교회의 전례서, 성경, 기도문 등이었기 때문에 일민스키 시스템 안으로 들어와 교육받은 토착민 아이들은 자연스럽게 러시아정교회 신자가 되며, 러시아제국의 신민으로서의 정체감을 가지게 되었다. 이것은 체계적인 교육을 통한 개종화 시스템이었다.

이러한 아이디어는 500여 년 전 페름의 스테판이 사용한 것이었으

하고, 타타르어 번역 문제를 취급하는 사람으로 공무원이 되었다. 1850년에는 뻬쩨르부르그 정부의 부름을 받았으며, 그 다음 다마스커스로 파송되었다가, 콘스탄티노플, 카이로에서 터키어, 아랍어, 그리고 페르시아어와 관계된 일들을 처리하였다. 다시 러시아로 돌아왔을 때에는 러시아에서 제일의 동양언어 학자라는 평을 들었다. 언어학자로서 그는 천재적인 재능을 지니고 있었다. 히브리어, 그리스어, 라틴어, 아랍어, 터키어, 타타르어, 모르드빈어, 추바쉬어, 체레미스어, 키르기즈어, 알타이어, 야쿠트어, 그리고 기타 언어와 방언들을 완벽하게 알고 있었다. 일민스키는 안수를 받지 않았으며, 엄격한 의미에서 선교사가 아니었다. 그러나 그는 안수받은 어떤 성직자들보다 선교를 위하여 많은 일들을 하였다. 그는 일평생 대학교수로서 교육가로서 헌신하였다. 1847년 번역위원회원으로 임명받은 후, 11년 동안 번역문제 연구에 종사하였다. 1858년 일민스키는 성경과 교회 예전서들을 아랍어가 아닌 러시아어 알파벳을 이용한 타타르어로 완전히 새롭게 번역돼야 타타르족의 집단 배교를 막을 수 있다고 확신하게 되었다. 그렇게 함으로써 이슬람 타타르인들과 기독교인들 사이에 문화적으로 끈끈한 유대감이 형성되고, 배교 행위가 중단되었다. Serge Bolshakoff, *The Foreign Missions of The Russian Orthodox Church*(New York: The Macmillan Company, 1943), pp.38-39.

170) 어른들은 머리가 굳어져서 학습도 어렵고 변화도 어렵다고 판단하여 교육대상으로 삼지 않았다.

며, 뿌리를 더 파고들어가 보면, 9세기에 슬라브족의 사도였던 끼릴
과 메쏘디우스가 사용한 방법이었다. 일민스키 시스템은 매우 성공
적이었으며 당시 신성종무원장이었던 포베도노스쩨프의 전폭적인 지
지를 받았다.[171] 비기독교인들 사이에서도 인기가 높았다. 그는 새
롭고도 강력한 선교적인 열정을 다시 불러일으켰다. 1864년에 그는
카잔에 타타르 어린이들을 위한 학교를 세웠다. 3년 뒤에는 러시아
알파벳으로 인쇄된 타타르어 출판물들을 만들었다. 타타르족 문화와
정신세계에 새로운 세계를 창조하였다.[172] 이때부터 타타르 문학이
피어나고, 카잔 방언으로 문학작품이 나오기 시작하였다. 19세기 후
반 러시아정교회 선교가 많은 열매를 거둘 수 있었던 것은 일민스키
시스템과 같은 새로운 교육 선교 전략 덕분이었다.[173]

이와 같은 열매들을 본 러시아 정부는 같은 해 신성종무원을 통하여
원주민 언어가 아닌 다른 언어로 카잔 주민들과 다른 지방 주민들에게
설교를 하거나 성례전을 집례 하는 모든 행위를 금한다는 칙령을 발표
하였다.[174] 이러한 칙령을 보다 강화하기 위하여 대주교 카잔의 안쏘

171) K. S. Latourette, *A HISTORY OF CHRISTIANITY(A.D. 1500-A.D. 1975)* Volume Ⅱ(New York: HARPER & ROW, Pub. 1975), p.351.

172) Serge Bolshakoff, *The Foreign Missions of The Russian Orthodox Church*, p.39.

173) 에스토니아 여성 이바 툴루즈(Eva TouMouze)는 러시아정교회 선교사
들에 의하여 중앙아시아와 시베리아 원주민들에게 새로운 쓰기 문화
가 도입됨으로 일어난 원주민 문화와 사회의 변화를 고찰하였다. 참
고. "The Development of a Written Culture by the Indigenous
Peoples of Western Siberia", http://66.218.71.225/search/cache?p=
ilminsky&ei=UTF-8&vm=i&n=20&fl=0&url=AmhGeVi1o8UJ:
www.erm.ee/%3fnode=160.

174) Maiyer, Vyacheslav, Fagan, Geraldine(Translator) "Russian Orthodox

니(An-thony)는 1867년 10월 4일 성. 구리 형제단(Confraternity of St. Gurius)을 조직하고, 1904년에는 3,287명의 학생을 가진 150개의 학교를 세웠다. 그 학생들 중에는 타타르인이 1,502명, 체르미스인이 434명, 보투악스인이 361명, 모르드빈인이 43명, 추바쉬인이 1,536명 등이 있었다. 형제단은 계속하여 러시아어 알파벳을 이용하여 만든 각종 언어로 카잔 지역에 거주하는 여러 민족들을 위하여 출판물들을 발행했다.175) 일민스키는 1872년 카잔 민족훈련대학 책임자로 임명되었으며 19세기 러시아의 가장 위대한 선교사 인노켄티 베니아미노프 대주교의 적극적인 지원과 격려를 받았다. 1880년경에는 카잔 지역의 모든 학교들이 정교회 학교들이었으며, 모두 서로 연결되어 있었다. 이 학교에서는 어린이들이 모두 토착민 언어로 수업을 받았다.176) 이제 타타르인 성직자를 세울 시기가 되었다. 1869년 9월 7일 영세 받은 타타르인, 일

Missions to the East", in *Religion, State & Society*, 25 No.4. 1997, p.373.

175) 위의 책, p.374.

176) 시간이 지남에 따라서 번역위원회는 일민스키의 문하생들에 의하여 시베리아의 심비르스크, 아르한겔스크, 비스크 그리고 야쿠츠크에도 세워졌다. 19세기 말엽에는 카잔 주교구, 심비르스크 주교구, 사마라 주교구, 오렌부르그 주교구, 우파 주교구 그리고 뱌아트카 주교구가 행정체제를 정비하고 각각 소교구들을 세워 나갔으며, 원주민 성직자들로 구성된 위원회들이 만들어졌다. 1899년 추바쉬 주교구의 경우 74명의 추바쉬어를 말하는 성직자들이 있었으며, 그중에 47명은 추바쉬인이었다. 17명의 부제 가운데 12명이 추바쉬인이었고, 37명의 성무일과표 동경자들 중에서 29명이 추바쉬인이었다. 251명의 학교 교사들 중에서 추바쉬어를 말하는 교사가 107명, 여자교사가 16명 있었다. 1899년 카잔 지역 안에 있는 7개의 주교구에 323개의 선교 학교가 있었고, 학생 수는 11,145명이나 되었다. Serge Bolshakoff, *The Foreign Missions of the Russian Orthodox Church*, p.42.

민스키의 친밀한 조수 티모페예프(Basil Timofeev, 1836-1896)가 안수 받아 사제가 되었다. 바실 티모페예프 사제는 수많은 책들을 번역하였으며, 정교회 선교에 위대한 공헌을 하였다. 그는 타타르인 정교회 사제로서 기독교 신앙을 모슬렘 지역과 러시아에 사는 이교도들에게 전파하였다. 그를 통하여 신앙을 받아들인 많은 사람들은 이후 러시아 혁명이 일어났을 때, 순교자들이 되었다.[177]

러시아정교회 선교가 19세기 후반기에 질적, 양적으로 큰 성과를 거둘 수 있었던 것은 러시아제국의 영토 확장, 헤즈키즘과 같은 경건

---

177) 카잔 지역 선교사역은 성공적이었다. 1893년 카잔 지역정부가 조사한 자료에 의하면, 핀족 중에서 정교회 신앙을 가진 사람(Orthodox Finns)의 수가 가장 많았다. 체르미스족 1,185,111명 중에서 약 3,300명이 정교회 신자였으며, 추바쉬족 482,260명 중에서 6,296명이 정교회 신자, Votyaks 인 8,792 중에서 2,465명이 정교회 신자였다. 타타르인 전체 688,650명 중에서 정교회 신자는 모두 약 5만 명이었다. 이외에도 카잔 인근 지역의 자치공화국의 사정도 이와 비슷하였다. 수백만 명의 볼가 핀족(Vola-Finns)은 러시아화가 되든지, 안 되든지, 정교회 신자가 되었다. Meshera족과 Mordova족은 100% 정교회 신자가 되었고, Cheremis족과 Chuvash족은 대부분이 정교회 신자가 되었다. 러시아정교회가 1917년 공산주의자들로부터 극심한 박해를 받을 때에도 볼가-핀족은 정교회 신앙을 지켰다. 편견을 가진 관찰자들은 무신론자들의 선전이 러시아인들보다 비러시아인들에게는 별로 영향을 끼치지 못하였기 때문에 그러한 일이 가능하였다고 주장하지만, 사실은 그렇지 않다. 그 주된 이유는 핀족이 오래전부터 토착민 성직자들과 자기 언어로 된 성경과 전례서들을 가지고 있었기 때문이다. 일민스키와 번역위원회에서 사역한 그의 동료들이 그러한 일들을 많이 해두었다. 일민스키 생애 동안 48명의 타타르인이 사제로 안수를 받았고, 6명이 부제로 세움을 받았다. 그중에는 추바쉬인이 8명, 3명이 체르미스인, 2명이 보투악스인이었다. 1899년 번역위원회는 원주민 언어로 성경과 경건서적들을 1,599,385부를 발행하였다. HUGH SETON-WATSON, *THE RUSSIAN EMPIRE*, (Oxford University Press, 1967), p.501.

한 영적 운동으로 인한 선교 에너지의 증가, 관제국민주의 정책으로 국가적인 지원 그리고 일민스키와 같이 토착문화와 언어를 존중하면서도 러시아 알파벳을 사용한 새로운 쓰기문화를 주입함으로 정교회 신앙과 러시아문화를 동시에 강화하는 선교 전략 덕분이었다.[178]

C. 러시아정교회의 선교 목표

국가-정치적 성격을 지닌 러시아정교회가 19세기 후반에 크게 부흥한 것은 교회 내부적으로는 헤즈키즘과 같은 경건주의 운동에 힘입어 선교 에너지를 얻었기 때문이며, 교회 외부적으로는 관제국민주의와 같은 국가-정치적인 지원에 힘입었기 때문이었다. 게다가 일민스키 시스템과 같은 선교 전략이 개발되고 현장에 적용됨으로 선교의 누수현상을 효과적으로 막을 수 있었다. 그러나 러시아제국의 상황과 제국의 정책과 긴밀하게 연결되어 선교를 한 결과 러시아

---

178) 소수민족의 보호자로 자처했던 일민스키의 주장은 사실 양면성을 지니고 있었다. 말년에 그는 러시아화를 지지하는 사람이었다. 이 사실은 그의 생에 말기 1801년에 나온 다음 인용문으로 증명될 수 있다. "오랫동안 (일민스키 시스템을 이용한) 비러시아인들의 교육은 여러 측면에서 다양한 미움과 오해를 불러일으켰다. 세월이 갈수록, 미움과 오해는 점점 커지고 있다. 내가 죽기만을 기다리는 사람들이 있다. 그들은 내(일민스키)가 비러시아인들의 마지막 보호자이며 보루라고 (보수적인 러시아인들은) 믿는다.' 즉 일민스키는 소수 비러시아 민족들로부터, 보수적인 러시아인들로부터 모두 오해와 비판을 받았다. С. В. Чичерина, *Об инородных приходах в современном значении системы Н. И. Ильминского*(일민스키 시스템의 관점에서 본 이교민족들의 교구 연구) (СПБ, 1906), c.28-29.

정교회의 선교 목표가 무엇인지 불분명해지는 경우가 많았다.

　러시아제국 내 모든 신민과 소수민족들을 러시아화하는 데 온 힘을 경주하고 있던 19세기 후반 러시아제국의 상황 속에서 이루어진 러시아정교회의 선교 목표는 무엇이었는가? 많은 경우 국가 종교적 성격을 강하게 지닌 러시아정교회의 선교는 국가적 목표를 위한 시녀 역할을 하지 않았을까 추측한다.

　그러나 러시아정교회의 모든 선교가 국가－정치적이었던 것은 아니다. 그리스 선교신학자 얀눌라토스가 지적한 대로 "정교회가 선교사역에 국가－정치적 개입이 많이 있었던 것은 사실이지만, 단순히 선교가 제국주의의 시녀 노릇만 했다고 보는 것은 잘못이다."[179) 그 주된 근거로 선교는 국가의 종교가 되기 이전에도 존재했으며, 국가의 관심과 지원을 받기 훨씬 이전부터 선교활동을 해왔기 때문이다. 그는 이렇게 말하였다.

　　4세기 이후 기독교가 로마제국의 종교가 되기 이전에도 선교가 있었으며, 그때에는 국가－정치적인 요소가 전혀 없이 순수하게 그리스도의 복음을 전파한 증거사역(martyria)이었다. 러시아 역사에 있어서도 마찬가지이다. 몽골 지배(1237－1448)하에서 러시아 국가의 모습이 아직 갖추어지지 않았을 때에도 러시아정교회는 소수 변방민족들에게 가서 선교하였다. 그리고 18세기 표트르 대제 이후 등장한 강력한 러시아제국 안에서 이루어진 선교사역도 국가－정치적인 요소와 초월적인 요소 양면성이 서로 결합된 사역임을 보여주었

---

179) Anastasios Yannoulatos, "Monks and Mission in the Eastern Church during the Fourth Century", *International Review of Missions*, No.230 (1969, 4), pp.208-09.

다. 이렇게 정교회 선교는 국가정치와 긴밀하게 관련된 경우가 많았
지만, 그 기원과 성격에 있어서 국가정치에 예속된 것은 아니었다.
그 주된 이유는 아마도 복음의 성격이 그리스도가 말한 대로 '세상
적이면서, 세상에 속하지 않은 것'이기 때문이며, 정교회 전통에서
독특하게 나타난 헤즈키즘의 영향 때문이라고 생각된다.[189]

얀눌라토스의 말은 부분적으로 옳다. 실제로 러시아정교회 선교역
사를 자세히 살펴보면, 두 개의 흐름이 존재해 왔다는 사실을 발견
한다. 그것은 교회의 선교 목표인 복음화와 국가의 목표인 러시아화
이다. 비중의 차이는 있었지만 이 두 가지는 러시아정교회 선교 현
장에 항상 공존하였다. 그러나 분석의 편리를 위하여 양분해서 살펴
본다면, 교회의 선교 목표인 복음화(토착화)에 우선권을 두고 사역
한 선교와 국가의 목표인 러시아화에 많은 비중을 두고 사역한 선교
로 양분할 수 있을 것이다.

1. 교회의 목표, '복음화(토착화)'

선교의 목표로서 복음화란 '토착화'를 의미하며, 선교 현장에서 소
수 이교도민족을 러시아화하기보다는 소수민족의 언어와 문화를 존
중하고, 성경을 토착 언어로 번역하여 복음진리를 전하는 데 역점을
둔 선교사역을 의미한다.

러시아 교회사 교수인 니콜라스 제르노프에 따르면,[190] 19세기에

---

189) 위의 책. 참고. "The Missionary Activity of the Orthodox Church",
   6th General Assembly, Punkaharju, Finland. 30/07-03/08 1964.
   pp.16-17.

복음화와 토착화를 위하여 헌신한 대표적인 선교사로서 19세기 초에 헤즈키즘의 영향을 받아 알타이 고원지대에 들어가서 선교한 마카리 글루하레프, 19세기 후반 '동시베리아와 알래스카의 사도 이노켄티 베니아미노프'의 선교사역과 그가 초대 의장이 되어 러시아 전역에서 선교 부흥운동을 일으킨 러시아정교회 선교회, 그리고 19세기 말엽에 일본에서 사역한 니꼴라이 카사트킨을 언급한다.

제르노프는 이 세 사람의 공통점과 선교사역의 원형을 14세기 우랄 산맥 지역에서 주리안족을 선교한 페름의 스테판에게서 찾았다. 1380년대 우랄 지역에 위치한 페름에서 사역한 벨리끼 우축(the town of Ustiug) 출신의 스테판(Стефан) 선교사의 이야기는 러시아정교회 선교역사에 있어서 고전적인 사례이다.[191] 그는 러시아정교회 역사상 최초의 선교사로 간주되고 있는데 주리안(현재 Komi-Permyaks 공화국)문자를 고안하여 성경을 번역하였다.

주리안족을 위한 스테판의 선교사역 방식들 중에 이후 러시아정교회 선교방식의 독특성에 깊은 영향을 끼친 역사적 유산 세 가지는 다음과 같다.[192] 첫째는 성당을 아름답게 건축하여 선교하였다. 마을에서 가장 높은 언덕 위에 스테판이 건축한 교회의 아름다움을 보러 온 지역 주민들이 기독교로 개종하였다.[193] 둘째, 원주민을 위한

---

190) N. Zernov, *Eastern Christendom*, pp.180-84.

191) 위의 책, pp.180-81.

192) "Russian Orthodox Missions to the East", Maiyer, Vyacheslav; Fagan, Geraldine(Translator) in *Religion, State & Society*, 25 No.4, 1997, pp.369-79.

193) 정교회는 미적인 요소가 선교의 중요한 요소라고 여긴다. 특별히 아름답고 웅장한 성당 건축이 선교의 중요한 부분으로 간주된다. 일본의 사도 니콜라이 카사트킨, 한국의 사도 흐리산프 사제 등이 정교회

특별한 알파벳을 고안해서 원주민 언어로 성경을 번역하였고, 지방 방언으로 예배를 인도하였다. 셋째, 사랑과 관용으로 선교하였다. 그는 주민들의 개종을 위하여 무력이나 강압적인 방법을 사용하지 않았다. 비록 이교도(샤먼)라 할지라도 권면과 사랑으로 자발적인 회심을 유도하였다. 이 세 가지는 이후 살펴볼 글루하레프, 베니아미노프, 카사트킨의 선교사역에서도 발견되는 모습이다.

러시아 선교역사 역사에서 스테판의 선교사역이 주목을 받고 있는데, 그 이유는 그의 선교사역이 1550년대 이후 이루어진 러시아정교회의 국가－정치적인 선교사역들과는 많은 부분에서 대조를 이루고 있기 때문이다. 그리고 러시아정교회는 몽골 식민지배하에서도(러시아제국이 시작되기 이전에) 이미 선교사역을 수행하였다는 사실을 증거 하는 역사적인 실례이기 때문이다. 역사가 페도토프(G. P. Fedotov)에 따르면.[194]

그는 이교도들을 세례 주는 일과 그들의 러시아화와 관련짓기를 원하지 않았다. 그리고 그들에게 슬라브어로 된 예전을 제공할 의도가 없었다. 끼릴과 메쏘디우스가 슬라브인들을 위하여 사역한 그런 방식을 그는 주리안인들을 위하여 사역하고 싶었다. 그래서 그는 예전과 성경을 부분적이나마 그들의 언어로 번역하였다. 그렇게 하기 위하여 먼저 그는 주리안 알파벳을 고안하였다. 그가 관찰한 바로는

성당이 그 도시에서 가장 아름다운 명소가 되게 하려는 마음에서 어려운 재정 상황 중에서도 성당 건축에 많은 에너지를 쏟아 부었다.

194) Г. П. Федотов, *Святые древние Руси. X-XII st.(고대 러시아 10-12세기)*(YMCA Press, Paris, 1985), c.121 ; П. Смирнов, *История Хрисанской Православной Церкви(정교회 역사)* (New York, Teleks, 1991), c.174-77 ① (Reprint of 1903 edition).

그리스 알파벳이나 러시아 알파벳은 그들에게 적합지 않았다. 오래전부터 그 지역에서는 나무판 위에다 톱니 모양의 상징들과 룬 문자 (고대 북유럽 문자)를 사용하고 있었다. 그는 주리안인들의 전통을 활용하는 방법을 채택하였다. 이 점에 있어서 그는 슬라브인들의 최초 교사들(끼릴과 메쏘디우스)의 모범을 그대로 따르지는 않았다. 그러나 그들의 정신과 선교사역의 본질을 계승한 진정한 선교사였다.

스테판의 선교사역은 러시아정교회 선교역사에 있어서 복음화/토착화를 위한 사역의 원형적 역할을 하였다. 이제 살펴볼 글루하레프, 베니아미노프, 그리고 카사트킨 등과 같은 선교사들의 복음화/토착화의 노력은 모두 스테판에게 그 정신적 뿌리를 박고 있다.

a) '알타이의 사도', 마카리 글루하레프:

마카리 글루하레프(Macarius Glouharev, 1792-1847)는[195] 19세기 초에 알타이 산악 지역에 들어가서 복음화/토착화를 위하여 헌신한 러시아정교회의 대표적인 선교사이다. 그는 대단한 열정을 지닌 사람이었으며, 모험가였으며, 뛰어난 언어학자였으며, 신비주의적 경건주의자였다. 글루하레프는 동방, 서방의 신비주의에 관한 서적들을 두루 읽었다. 그는 뛰어난 언어학자로서 성 어거스틴(430년 사망)의 서적들을 번역하였다. 성자 테레사(St. Teresa of Avila, 1582년 사망)의 서적들도 번역하였고, 프랑스 철학자 파스칼(Pascal, 1662년 사망)의 작품들도 러시아어로 번역하였다. 그는 또한 에큐메니칼 정신을 가지고 있었다. 그래서 그는 정교회, 천주교회, 개신교회가 함께 하나의

---

195) N. Zernov, *Eastern Christendom*, pp.180-84.

강단을 사용하는 하나의 지붕 밑에 있는 그런 교회를 꿈꾸었다.

1830년 글루하레프는 중앙 시베리아 알타이 산악지대로 갔다. 거기서 이전에 러시아인들에 한번도 알려지지 않은 언어와 풍습과 문화를 지닌 사람들을 대상으로 복음을 전하였다. 원주민의 복음화(토착화)에 초점을 맞추고 헌신한 그의 여러 가지 선교사역들 중에서 역사에 길이 남은 사역은 세 가지이다.[196]

① 토착 언어를 열심히 배워서 성경을 번역하고 토착 언어로 기독교교육을 실시한 모습이다. 그는 얼마 가지 않아서 텔렌구트(Telengut) 방언을 완전히 익혔다. 텔렌구트 방언은 유목민들 사이에서 가장 광범위하게 사용되고 있던 언어였다. 그는 성경과 의식서의 일부분과 기도문들을 발췌하여 번역하였으며, 그 지역 언어로 예배를 인도하였다. 그는 그의 양 떼들과 같은 검소하고 가난한 모습으로 살았다. 그는 학교건물을 짓고 개종자들이 기독교 가르침에 따라서 새로운 삶을 살 수 있도록 가르치고 도왔다.

② 모범적인 삶을 통하여 토착민 지도자를 양성한 것이다. 그는 개종자들이 복음의 메시지를 진정으로 이해하고 받아들인다는 확신이 서지 않으면, 영세(침례)를 주지 않았다. 그가 알타이 광야와 산악지대에 14년 동안 살면서 세례를 준 사람은 675명에 불과하였다. 그러나 그는 자신의 모범적인 삶을 통하여 선교의 기초를 견고하게 놓았다. 그의 가르침을 받은 제자 장사제 란디세프(Landishev)와 장수도사 블라디미르(Vladimir)의 지도 아래서 알타이 지역 4만 5천 명의 주민들 가운데서 2만 5천 명이 세례를 받아 기독교인 되었다.

③ 국가-정치적인 간섭에 저항하였다.[197] 글루하레프는 매우 열

---

196) 위의 책, p.181.

정적인 사람이었다. 그는 그의 모교회 러시아정교회에 대하여 깊은
관심과 염려를 가지고 있었다. 그는 교회의 자유가 없는 상황을 슬
퍼하였고, 특별히 러시아로 된 성경을 번역・인쇄・배포하는 일을
정부가 억압하는 일에 대하여 분개하였다. 그는 자기 혼자 힘으로
성경을 번역해 보려는 생각을 가졌다. 그는 러시아 정부 관리들이
알타이어로 된 성경을 번역하고 배포하여 원주민들이 자기 언어로
예배드리는 일은 허락하면서, 러시아어로 성경을 번역하여 알기 쉬
운 러시아어로 러시아인들이 하나님을 예배하는 일은 왜 반대하는지
이해할 수가 없었다. 그는 신성종무원에 편지를 보냈다. 그러나 그의
청원되지 않은 조언은 불순종의 표시로 해석되었다. 글루하레프는 6
주 동안 매일 성찬식을 하면서 참회하라는 명령을 받았다. 그는 신
성종무원 회원들이 성찬식을 의무화하여 징벌의 수단으로 사용하는
태도에 대하여 충격을 받았다.[198] 글루하레프의 선교사역은 결국 좌
절되고 말았지만, 복음화(토착화)를 위하여 헌신하고자 하는 러시아
정교회 선교사들에게 모범과 영감의 원천으로 남아 있다.[199]

---

197) 이 점에 있어서 독일의 불룸하르트와 비슷하다. 불룸하르트는 19세기
　　후반 독일 기독교가 식민지 정책과 제국주의에 편승한 선교를 한다고
　　신랄하게 비판하였다. 당시 독일 기독교회 안에는 프로테스탄티즘과 독
　　일정신이 하나로 합쳐져서 '목회자 민족주의'가 형성되어 있었다. 이런
　　시대정신을 무비판적으로 수용하고 따르는 선교사들은 마치 정부의 관
　　리처럼 행동하고, 자국의 이익을 대변하는 역할을 하였다. 이 점을 불룸
　　하르트는 날카롭게 비판하였다. 임희국, "불룸하르트(아들)의 선교 이
　　해", 『선교와 신학』 제2집(장로회신학대학교 출판부, 1998), 117-19쪽.

198) 성경 말씀에 기초한 선교사역을 꿈꾼 그는 1847년 그가 죽기 이전에
　　독일을 통하여 성지 팔레스틴을 여행하고 거기서 그가 번역한 성경을
　　출판하려는 생각을 가지고 있었다. 러시아에서는 출판을 금지하였기
　　때문이다. N. Zernov, *Eastern Christendom*, p.182.

b) '아메리카의 사도', 인노켄티 베니아미노프

복음화/토착화를 위한 선교사역에 헌신한 또 다른 인물로 '아메리카
의 사도'라 불리는 인노켄티 베니아미노프(1797-1878)는 러시아정교
회 선교역사에서 가장 칭송받는 선교사이다.[200] 1823년 그가 알래스
카를 향하여 출발하여 1868년 모스크바 수좌대주교직(Metropolit)에
오를 때까지 그는 교회의 선교적 사명을 일깨우고, 선교의 적절한 방
향과 방식들을 형성하는 데 지대한 영향을 끼쳤다. 55년간의 복음화와
토착화를 위한 그의 선교사역은 3기로 구분된다.[201]

제1기(1823-1839)는 알래스카 사역 기간이다. 1823년 2200마일 시
베리아를 횡단하여 러시아제국의 동쪽 끝 태평양 해안에 위치한 알
뤼시안 군도에 도착한 베니아미노프 사제는 16년 동안 알래스카 원
주민들을 위하여 선교사역을 할 때, 다음 세 가지 원칙을 세워서 그
대로 실천하였다: "첫째, 인근 지역 모든 주민들을 방문한다. 둘째,
모든 주민들이 하나님의 말씀을 들을 수 있는 선교 센터를 마련한

199) 참고, Vsevolod Spiller, "Missionary Aims and the Russian Orthodox
Church", *International Review of Missions*, No.206(1963 April),
pp.197-99.

200) 페스터라는 사람은 이런 글을 남겼다. "아마 근세기에 인노켄티이 선
교적 위업에 비길 만한 사람들 찾아보기는 어려울 것이다. 어떤 사람
들은 그를 '르네상스 지도자'라고 불렀다. 그는 숙련된 목수였으며, 발
명가였으며, 언어학자였으며, 저명한 민족학 학자였으며, 사회학자였으
며, 교사였으며, 예언가였다. 그러나 이러한 그의 재능과 은사가 만일
선교사역에 헌신하지 않았더라면, 제대로 드러나지 않았을 것이다."
Joseph Fester, "Saint Innocent of Alaska", *Again* 15(4) 1992, p.31.

201) Luke Alexander Veronis, *Missionaries, monks and martyrs: making
disciples of all nations*(Minneapolis: Light and Life Publishing,
1994), pp.94-106.

다. 셋째, 설교할 수 있을 정도로 원주민 언어를 배운다."[202]

처음 3년 동안 최선을 다하여 원주민 언어를 배운 결과 그는 1,200 개 단어로 된 알뤼트-러시아어 사전을 만들었다. 그리고 폭스-알뤼 트어에 관한 문법책도 만들었다. 그리고 『하나님 나라에 들어가는 길 에 관한 가르침』이라는 제목의 소책자와 교리문답서도 만들었다.[203] 이 소책자에서 요한 사제는 정교회 신앙의 기본 줄거리에 대하여 아 주 간단하게 소개하였다. 그리고 다른 글에서는 성경을 알고 성경을 공부하는 것이 얼마나 중요한 것인지를 강조하였다.

우리 정교회 신앙의 기초가 되는 성경을 열심히 공부하십시오. 예 수 그리스도의 이름으로 세례를 받고서도 신앙의 기초가 되는 그리 스도의 말씀에 귀를 기울이지 않는 사람들이 많습니다. 성경을 열심 히 읽지 않는 사람은 자신의 신성한 의무를 소홀히 하는 것이며, 그 사람은 마지막 날 심판을 받을 것입니다. 성경의 가르침은 무조건적 으로 받아들이고, 무조건적으로 믿으십시오. 의심하거나 너무 깊이 생각하지 마십시오. 그리고 성령이 여러분 마음속에 주시는 감동을 소중히 여기고, 성령의 인도하심에 순종하십시오. 만일 이러한 열심 과 순종이 부족하다고 느낀다면, 지금 무릎을 꿇고 주님께 그러한 열심과 열정을 달라고 기도하십시오.[204]

---

202) Paul D. Garrett, *St. Innocent, Apostle to America*(New York: St. Vladimir's Seminary Press, 1979), p.51.

203) Rev. Dr. John Chryssavgis, The Spiritual Legacy of Innocent Venia- minov: Reflections on the Indication of the Way into the Kingdom of Heaven, *The Greek Orthodox Theological Review*, Vol.44, Nos.1- 4(1999), pp.585 이하.

204) Luke Alexander Veronis, *Missionaries, monks and martyrs: making disciples of all nations*, p.98.

이 소책자가 아주 훌륭하게 만들어져서 신성종무원은 그것을 러시아어, 슬라브어로 출판하여 47판에 이르기까지 출판하였다.[205] 이 책자는 신앙적인 헌신을 불러일으키는 데 일조하였고, 신자들의 선교적인 사명을 자각시키는 데 기여를 하였으며, 결과적으로 요한은 훌륭한 신학자로서의 명성을 얻게 되었다.

베니아미노프 사제는 알뤼트인들의 문화를 존중하였다. 그러한 존중의 태도가 여러 곳에서 분명하게 나타났다. 그는 가능한 그들의 고유문화를 그대로 보존하려고 노력했다. 단지 정교회 신앙과 도무지 병존 불가능하겠다고 판단되는 부분만 거부하였다. 이렇게 함으로써 알뤼트인들이 새로운 신앙을 자신들의 신앙으로 만들어 나가도록 유도하였다. 예를 들면, 정교회 신앙과 그들 자신의 전통적인 풍습과 모순이 생길 때, 그는 그들의 전통을 곧바로 비판하지 않았다.[206] 대신, 교육을 통하여 점진적으로 스스로 깨우치도록 유도하였다. 이런 방법으로 원주민들 사이에서 변화가 일어났다. 외국인 선생이 강제로 변화시키는 것이 아니라, 그들 스스로 자각하여 변화하는 모습을 보여주었다.

제2기(1840-1868)는 아내가 죽은 다음 베니아미노프는 독신(獨身) 서원을 하고, 수교가 된 다음 캄자카 반도, 알래스카 쿠릴 열도와 알류산 열도 지역에 교구를 새롭게 설립하여 관리하는 일을 맡았다. 그는 러시아 동부 시베리아와 알래스카 지역의 첫 선교사 주교가 되

---

205) Rev. Dr. John Chryssavgis, *The Greek Orthodox Theological Review*, pp.585.

206) Luke Alexander Veronis, *Missionaries, monks and martyrs: making disciples of all nations*, p.98.

었다. 그의 주된 임무는 관할 지역에서 사역하는 수많은 후배 선교
사들을 관리하고 가르치고 격려하는 일이었다. 주교로서 그가 마음
에 품은 첫 번째 목표는 그의 교구 전 지역을 다 둘러보는 일이었
다. 그는 14개월에 걸쳐서 쉬지 않고 14,850마일을 여행하였다.[207]
때로는 배를 타고, 카약을 타고, 개 썰매를 타고, 그리고 도보로 그
의 교구를 돌아보았다. 어떤 때는 바다를 건너 교구민들을 찾아가기
위하여 15시간 동안 혼자서 카약을 타고 노를 저었다. 그는 자신과
그의 동료 선교사들을 위하여 감독 직무를 시작할 때부터 다음과 같
은 목표를 세웠다.

　　첫째, 새로 개종한 양 떼들의 믿음이 견고하지 못하다는 사실을
　자각하고 양 떼의 믿음을 견고하게 만들어 줄 것, 둘째, 믿음의 길
　에서 벗어나 있는 양 떼들을 찾아가 돌이킬 것(예컨대 샤만에게로
　다시 돌아간 자들, 하나님을 두려워하지 않고 자기 마음대로 사는
　자들), 셋째, 아직 이교도 신앙과 어둠 속에 살고 있는 길 잃은 사
　람들에게 복음의 빛을 전할 것.[208]

이러한 목표들을 달성하기 위하여, 그는 사제들과 평신도들 모두에
게 목회서신을 보냈으며 평신도들의 역할을 중요하게 생각하여 사제
가 없는 경우 세례식을 대신 거행할 수 있는 훈련도 시켰다(나중에
사제가 그런 마을을 찾아갈 일이 생기면, 세례식 축복 기도를 해주고
입교식을 거행하도록 하였다). 사제들과 함께 있을 경우에는 그러한
남자 여자 평신도들이 매주일 미사 시간에 성경을 낭독하는 역할을

---

207) Paul D. Garrett, *St. Innocent, Apostle to America*, p.189.
208) 위의 책.

수행하도록 훈련하였다. 사제에게는 사제의 교육적인 사명과 설교의
사명을 강조하였다.

> 하나님의 말씀을 가르치라고 안수받은 성직자가 말씀을 전하지
> 않는다면, 저주를 받을 것입니다……. 우리는 목회자이며, 교사입니
> 다. 옛날 사도들처럼 우리는 이 거룩한 임무를 위하여 부름을 받았
> 습니다. 만일 이 일을 힘써 하지 않는다면, 우리는 주술을 행하고
> 제만 드리는 이교도 제사장과 다를 바가 없습니다.[209]

또한 그는 사람들의 수준에 맞추어서 교육해야 할 필요성을 강조
했고, 단순하고 명료하게 설교하고 가르칠 것을 강조하였다.

> 종교적인 진리들을 설명할 때에는 알아듣기 쉽게 분명하게 그리
> 고 논리적으로 이해할 수 있도록 말해야 합니다. 그렇게 하지 않으
> 면, 아무런 효과가 없습니다. 예수 그리스도의 모든 가르침은 회개
> 하라, 주님을 신뢰하라, 이타적인 사랑을 하라, 순결한 마음으로 하
> 나님을 사랑하라, 모든 사람을 사랑하라는 것이었습니다.[210]

주교로서의 첫 번째 10년이 끝났을 때, 이노켄티는 뻬쩨르부르그에
있는 신성종무원에서 그동안 60개 이상의 교회와 예배 처소를 세웠으
며, 캄차카 반도, 쿠릴 열도와 알류산 열도에는 23,100명 이상의 기독
교인이 있다고 보고하였는데, 이 보고 가운데에는 원주민 사제들을 훈

---

209) Dmitry Grigorieff, "Metropolitan Innocent : The Prophetic Mission-
     ary(1797-1897)", *St. Vladimir's Theological Quarterly* 21(1) 1977,
     pp.29-30.
210) 위의 책, p.30.

련하기 위하여 지역 신학교를 세웠다는 보고도 포함되어 있었다.[211] 그는 시종일관 토착화에 초점을 맞춘 선교사역을 꿈꾸었던 것이다.

제3기(1868-1878)는 모스크바로 돌아와서 대주교가 되어 1870년에 '러시아정교회 선교회'(Russian Orthodox Missionary Society)를 창립하여 선교열정을 러시아 전역으로 확산시킨 기간이다. 1868년 주교 선교사로서 27년, 선교 현지에서 45년을 보낸 인노켄티 베니아미노프는 모스크바 대주교로 승품되기 위하여 본국으로 돌아왔다. 모스크바 대주교는 성직자 세계에서는 가장 명예롭고 높은 직위였다. 교회의 수장이 된 그는 평소 꿈꾸던 '러시아정교회 선교회'를 창립하였다. 이 선교회를 통하여 모든 선교사역을 지원하고 지도하는 것이 그의 생각이었다. 그는 선교회 초대의장 취임연설에서 이런 말을 하였다.

아직 복음을 듣지 못한 사람들의 수를 생각한다면, 선교회의 규모가 너무 작습니다. 선교사역을 제대로 감당하려면 더 많은 사람과 기금을 필요로 합니다. 선교사역은 너무나 고귀하고 중요합니다. 우리 정교회 신도들 모두가 이 일에 동참하도록 해야 합니다. 선교회는 부자나 가난한 자에게나 모두에게 열려 있습니다. 힘닿는 대로 누구든지 도울 수 있으며, 참여할 수 있습니다.[212]

기금을 모으기 위해서 해야 할 중요한 일이 기도하는 일임을 그가 알았다.

---

211) 위의 책, p.33, p.34.
212) Paul D. Garrett, *St. Innocent, Apostle to America*, p.306.

무엇보다 먼저 우리는 기도해야 합니다……. 회심하게 하기 위하여 기도하는 일 이외에는 다른 방법이 없습니다. 기도보다 더 효과적인 방법이 없습니다. 선교사 혼자 기도하도록 내버려 두어서는 안 됩니다. 함께 기도함으로써 그 선교 현장에 함께 있어야 합니다. 그럼. 무엇을 위하여 기도할 것입니까? 첫째, 추수할 일꾼들을 보내주소서! 둘째 복음을 듣는 사람들의 마음 문을 열어주소서! 셋째 우리 선교회에 참여하는 수가 더 많아지게 하소서! 마지막으로 우리 안에 있는 선교의 열정을 더욱 뜨겁게 해주시옵소서![213]

인노켄티의 이러한 열정과 지도 덕분에 선교회는 1917년 볼셰비키 혁명이 일어날 때까지 러시아정교회 선교사역을 후원하고 지도하는 가장 영향력 있는 단체가 되었다. 선교회를 통하여 수백 명의 선교사들이 광대한 시베리아. 러시아제국의 극동 지역 그리고 알래스카. 일본, 중국, 한국 등지로 파송되었다.[214] 베니아미노프는 복음화 토착화를 위하여 헌신한 러시아정교회 선교사들 가운데 가장 성공적이며 모범적인 선교사로 여겨진다.

c) '일본의 사도', 니콜라이 카사트킨

국가-성지적인 선교의 맥락 속에서 인선되고 파송되었지만. 선교 현장에서 가능한 국가-정치적 선교의 성격을 배제하고 현지인을 위한 복음화/토착화를 위하여 헌신한 러시아정교회 선교사로서 니콜라이 카사트킨(N. Kassatkin)을 언급할 수 있다. 그는 '일본의 사도

---

213) 위의 책. p.309.
214) Luke Alexander Veronis, *Missionaries, monks and martyrs: making disciples of all nations*, p.106.

(Apostle to Japan, 1836-1912)'215)라 불리며, 학문적으로 인격적으로 훌륭한 사람이었기 때문에 정교회 신자가 아닌 사람도 그를 19세기 탁월한 선교사들 중의 한 사람으로 존경한다.

　카사트킨의 일본 선교는 국가-정치적인 맥락 속에서 시작되었다. 일본에서 러시아정교회의 선교는 1853년 러시아 부함장 피차텐(Pichaten)과 미국 함장(艦長) 페리(Perry)가 나가사키 항(巷)을 방문하여 일본과의 외교 관계를 맺고 러시아가 하코다테 항(港)에 러시아 영사관을 세우고, 외교적인 필요에 따라서 정교회 사제들을 불러들임으로 시작되었기 때문이다.216) 1860년 러시아 대사는 신성종무원에 높은 학식을 지닌 사제를 파송해달라고 요청하였다. 신성종무원은 뻬쩨르부르그 신학대학원 학장에게 일본 선교사로서 적합한 학생들을 뽑아달라고 하였다. 이반 카사트킨이 뽑혔다.217)

　당시 그는 24세였고, 성 뻬쩨르부르그 신학대학원 졸업반에 있었다. 그는 열심히 기도하는 학생이었고, 경건과 학문에 있어서도 탁월한 학생이었다. 그의 꿈은 복음을 세상 끝까지 전하는 선교사가 되는 것이었다. 고등학교를 다닐 때 그는 중국으로 파송되기를 원했다. 그러나 일본에 관한 책들을 읽으면서 일본 선교사가 되고 싶다는 생각을 하였다. 그는 일본에 들어가기 위하여 준비하는 동안 베니아미노프 선교사와 서신교환을 하면서 뜨거운 선교적인 열정을 배웠다.218) 1861년 일본 러시아 영사관에서 그의 사역을 시작하였다.

---

215) 위의 책, p.107.

216) Otis Cary, *A History of Christianity in Japan*(Fleming H. Revell Company, 1909), p.376.

217) 위의 책, p.377.

218) 위의 책.

비록 그의 선교사역이 국가-외교적인 차원에서 시작되었지만, 복음선교사로서의 자의식을 강하게 지닌 그는 일본인을 위한 정교회의 토착화에 헌신하였다. 일본 역사와 문화 풍습과 언어를 적극적으로 배웠으며, 성경의 가르침과 인격적인 감화에 기초한 일본인의 자발적인 회심을 위하여 인내하며 기도하며 모범적인 삶을 보여주었다.

그는 초기 선교사역 중에 세 사람의 일본인을 회심시켰다. 사무라이 사와베(Sawabe), 내과의사 사카이(Sakai) 그리고 우라노(Urano)였다. 국가 권력을 이용한 집단개종이나 정치적 경제적 이득과는 무관한 순전히 개인적이고 인격적인 감화에 의한 회심이었다. 특별히 주목할 사람은 사무라이 사와베의 회심이다. 사와베는 카사트킨을 살해하려 하다가 논쟁이 벌어졌다. 카사트킨의 침착함과 평온한 얼굴 표정과 논쟁에 눌린 사와베는 깊은 감동을 받고 정교회 신자가 되었다.[219] 이후 사와베는 카사트킨의 적극적인 후원자가 되었다. 이후 일본에서 러시아정교회가 일본인에 의한 일본인의 전도함으로 많은 신도 수를 얻었다. 1873년 카사트킨은 동경에 땅을 구입하여 대성당을 건축할 계획을 세웠다.[220] 동경 시내 가장 높은 언덕 위에 비잔틴 건축양식을 따라서 가능한 아름답고 웅장하게 건축하였다. 아름다운 성당이 선교의 중요한 역할을 한다고 믿었기 때문이다. 대성당은 1891년 봉헌되었으며 이름을 '니콜라이 대성당'이라 하였다.[221] 자발적인 회심을 경험한 일본인 신자들의 적극적인 전도활동으로 교회가 크게 성장하여 100명 이상

---

219) 위의 책, p.378.

220) 위의 책, p.402.

221) Luke Alexander Veronis, *Missionaries, monks and martyrs: making disciples of all nations*, p.118.

으로 구성된 성가대가 만들어졌으며, 어린이들로 구성된 특별 찬양대
도 조직되었다. 큰 교구에서는 여전도회를 조직하였으며 교회 안에 작
은 그룹들이 만들어져 매달 규칙적으로 성경을 연구하였다. 교회는 가
난한 자들을 돕고 버려진 아이들을 보살피는 프로그램을 만들었다. 교
회는 급속도로 성장하여 1888년에는 신도 수가 6,099명이 되었으며,
1891년에는 예배당이 219개, 22명의 사제, 신도 수는 20,048명으로 증
가되었다.[222] 1903년에는 38명의 일본인 사제, 8명의 부제, 144명의 전
도사가 사역하였으며 1,063명이 새로이 영세(침례)를 받았다.[223]

　그러나 러－일 전쟁(1904-05)의 기운이 무르익어감에 따라 카사트
킨의 선교사역은 큰 위기에 봉착하였다. 카스트킨의 선교적 입장이
시험대에 올랐다. 그는 일본정교회에 다음과 같이 선포하였다.

　　우리 그리스도인들은 다른 조국을 가지고 있습니다……. 그것은
　　교회입니다. 교회 안에서 우리 모두는 하늘에 계신 아버지의 자녀이
　　며, 한 가족을 이루고 있습니다. 제가 여러분을 떠나지 않는 이유가
　　바로 여기에 있습니다. 여러분은 나의 형제자매입니다. 저 또한 여
　　러분의 가족입니다.[224]

　그리고 러시아에 대하여 편견을 가지고 있는 사람들을 의식하여
그는 다음과 같이 선언하였다.

---

222) 위의 책, pp.116-17.

223) 위의 책.

224) Otis Cary, *A History of Christianity in Japan*(Fleming H. Revell
　　 Company, 1909), p.414.

현재 러시아-일본의 정치적인 상황으로 인하여, 그리고 일본정교회가 러시아 선교회로부터 지원을 받고 있다는 사실로 인하여 어떤 이들은 일본 교회가 어쩔 수 없이 러시아화되는 것은 아닌가? 결국 러시아 스타일을 모방하는 교회가 되는 것이 아닌가 의심하고 있다. 그것은 오해이다. 그러한 오해가 여러 계층에서 일어나고 있고, 그러한 오해 때문에 우리의 사역을 색안경을 쓰고 바라보는 현실에 대하여 가슴 아프게 생각한다. 러시아정교회와 일본정교회를 관찰해 온 사람들은 비록 러시아의 지원을 받아오고 있지만, 일본정교회가 러시아화(russianiza-tion)된 교회가 아니며, 러시아 선교사들이 또 러시아화를 추구하려는 의도가 없었다는 것을 분명히 알 것이다. 카사트킨 주교는 일본에서 선교하면서 전적으로 러시아적인 것을 일본인들에게 소개하거나 강요한 일이 없다. 그가 전해준 것은 동방정교회의 보편적인 교리와 구원의 진리이다. 1893년 그리스 서부 해안에서 멀리 떨어진 섬 잔테(Zante)의 데오니쉬(Deonishi) 대주교가 우리 일본정교회를 방문했다. 대주교는 그리스 사람이었고, 그리스정교회에 속한 성직자였다. 하지만 그가 쓰루가다이(Surugadai)에 위치한 대성당을 방문하여 일본인 사제들과 함께 미사를 드릴 때, 무슨 새로운 변화나 당황함이 없이 자연스럽게 함께 미사를 드렸다. 이것은 러시아 선교사들이 세운 일본정교회가 그리스정교회와 다른 이웃나라 정교회의 예배와 교리와 다르지 않다는 사실을 증명한 것이다. 1895년 예루살렘 대주교 게라쉼(Gerashim)이 우리 일본정교회에 성화상들(icons)을 보내주었다. 이것은 일본정교회가 고대 정통 정교회들과 형제자매된 것을 의미한다. 일본에 세워진 정교회는 예루살렘에 있는 정교회와 유럽의 다른 정교회들과 같은 보편적인 교회이다.[225]

---

225) 위의 책, 415.

1904년 러-일 전쟁이 터지자, 카사트킨 주교의 위치는 바늘방석같이 불안하였다. 그를 도와주던 두 명의 러시아인 사제가 러시아 공사관을 찾아가서 간절히 부탁하여 본국 러시아로 돌아가 버렸다. 러시아 외무부장관도 카사트킨에게 일본에 계속 머물 것인지, 떠날 것인지를 결정하라고 재촉하였다. 그는 함께 사역하던 교회 지도자들의 모임을 열어서 자신의 거취문제에 대하여 공개적으로 토론하고 그들의 의견을 들었다. 그들은 토론하고 의논하여 만장일치로 결의하였다. "우리가 희망하기는 어떤 상황이 생기더라도 당신은 당신의 나라로 돌아가지 않기를 간절히 바랍니다. 일본정교회를 위하여 당신은 여기 남아 있어야 합니다." 이와 같은 결정사항이 카사트킨에게 알려지자 그는 다음과 같은 답신을 보냈다.

나는 어제까지만 해도 내가 일본에 머물러야 할지, 아니면 떠나야 할지 결심하지를 못했습니다. 러시아에 돌아가면, 거기서도 감당해야 할 선교사역들이 많이 있을 것입니다. 그러나 나는 일본에 머물기로 결심하였습니다. 귀 모임의 구성원들이 내가 러시아로 돌아가지 않아도 좋다고 만장일치로 결정해준 사실을 듣고서 얼마나 기뻤는지 모릅니다. 나는 그것이 하나님의 뜻이라고 믿습니다. 미사를 드리는 동안 이런 확신이 더욱 강하게 다가왔습니다. 어제까지 결심하지 못했던 것은 공적인 일에 무슨 문제가 있어서가 아니라, 개인적인 양심의 문제로 괴로운 부분이 있었기 때문이었습니다. 솔직히 고백하자면, 내가 고향을 떠나온 지 23년이 지나면서 따사로운 내 고향으로 돌아가고 싶다는 본능 때문이었습니다. 그러나 생각하면 생각할수록 이것은 내 개인의 문제이고, 주님의 뜻은 아직 유아기 상태에 있는 일본교회를 위하여 뭔가 더 해야 한다는 생각이 강하게 들었습니다. 그런데 여러분들이 내 문제와 관련하여 귀한 결정을 해주어서 나는 하나

님께 감사드립니다. 그리고 유사시 나의 목숨과 안전을 지켜주겠다고
약속해준 여러분의 사랑과 친절에 대해서도 거듭 감사드립니다. 여러
분은 내가 외국 공사관에 갈 필요 없을 정도로 여러분이 나를 보호
해 주겠다고 하였습니다. 그러나 내 생각에는 그러한 약속이 필요하
지 않은 것 같습니다. 우리 러시아 대사가 철수한다 하더라도 일본에
있는 러시아 국민들이 프랑스나 독일 대사관에 의하여 보호받을 수
있도록 조치를 취하였으며, 게다가 일본 정부도 전쟁과 아무런 관련
성이 없는 러시아 사람들을 보호하겠다는 약속을 하였기 때문입니다.
그러나 일본에 있는 대성당과 교회 관련 건물들을 보호해주겠다는
약속은 반드시 필요합니다. 이 건물들은 일본정교회에 속한 재산이
며, 만일 파괴된다면(나는 그런 일이 절대로 발생하지 않을 것이라고
믿습니다) 일본인 친구들이 많이 상심할 것입니다.

전쟁으로 인하여 우리 교회에 어떤 변화도 생기지 않기를 바랍니
다. 전도자들은 주님의 복음을 전하며, 학생들은 평소처럼 주일학교
에 가서 배우며, 나는 나카에 씨의 도움을 받아 기도서를 번역하는
일에 계속 집중할 수 있기를 바랍니다. 만일 러시아 황제가 전쟁을
선포한다면, 여러분들은 일본을 위하여 기도해야 할 것입니다. 그리
하여 일본이 승전한다면, 하나님께 감사제물을 드려야 할 것입니다.
이것은 일본정교회 신도들이 마땅히 행해야 할 의무입니다. 우리 주
예수 그리스도는 우리에게 애국심과 충성을 가르칩니다. 그리스도
자신도 예루살렘을 향하여 우신 적이 있습니다. 그것은 주님이 자신
의 조국을 사랑하셨기 때문입니다. 여러분은 주님의 그러한 모습을
본받아야 합니다.

나는 평소처럼 대성당에서 계속 기도할 것입니다마는 공적인 기
도모임에는 참석하지 않겠습니다. 그 이유는 일본인들이 두려워서가
아니라, 지금까지는 일본 천왕을 위하여 기도해왔지만, 전쟁이 터진
이후에는 나의 조국 러시아가 정복당하지 않도록 기도하지 않을 수
없기 때문입니다. 나에게 조국이 있다는 사실을 부인할 수 없습니

다. 내 조국을 위하여 기도하지 않을 수 없습니다. 마찬가지로 여러
분은 여러분의 조국을 위하여 기도해야 할 의무를 지니고 있습니다.
당분간 나는 일본교회에서 공적인 모임에 나가서 기도하는 일을 하
지 않겠습니다.[226]

이러한 결심과 호소는 일본인들과 외국인 거주자들 모두에게 찬사
를 받았다. 일본 정부의 입장에서도 기뻐하였다. 일본 정부는 이번
기회에 일본은 전쟁과 관계없는 기독교에 대하여 매우 호의적이라는
사실을 전 세계에 보여줄 수 있는 좋은 기회로 여겼다.[227]

그는 모든 공직에서 물러났다. 왜냐하면 러시아의 국민으로서 자
기의 조국이 패배하게 해달라고 기도하는 모임에 참석할 수 없었기
때문이었다. 그러나 그는 일본 정부의 호의를 얻어서 일본인 사제들
과 함께 7만 명의 전쟁포로들을 봉사하는 일에 참여하였다.[228] 비
록 전쟁 중이었지만, 수많은 사람들이 회심하였다. 일본에서 다른
교파들과는 달리 정교회는 대중적인 호감을 얻었던 것이다. 다음은
포로들 사이에서 사역한 어떤 사역자가 선교잡지(The Christian
Movement)에 게재한 보고서이다.

전쟁 때문에 우리 전도자들은 더 이상 전도할 수가 없었습니다.
그러자 하나님은 우리를 러시아인 포로 73,000명에게로 인도해 주셨
습니다. 일본에 있는 우리 교회는 너무 작았기 때문에 우리 힘이 미
약하여 포로들을 다 위로할 수가 없었습니다. 17명의 사제들과 러시

---

226) 위의 책, pp.417-18.
227) 위의 책.
228) 위의 책, p.420.

아어를 이해하는 16명의 보조 사제들이 포로들을 위하여 헌신하였습니다. 러시아 말을 못하는 나이 많은 사제들은 통역인들과 함께 현장에 나와서 기도하며, 성찬식을 집례하며 외국에서 포로 된 군인들을 위로해 주었습니다. 군인들은 감사의 표시로 카사트킨 주교에게 많은 감사의 편지를 보냈고, 일본인 사제들에게 충심으로 감사의 마음을 전달하고자 했습니다. 그들은 편지뿐만이 아니라 값비싼 선물이나 옷을 주기도 하였습니다. 일본인 사제들과 사역자들은 러시아 군인들을 위로하면서 신앙적으로 많이 성숙해졌고, 보람과 긍지를 느꼈습니다. 러시아 군인들은 11,700엔을 모아서 카사트킨 주교에게 주었습니다. 군인들은 대대 단위로 작은 예배처소를 마련하고 예배처소에 소용되는 모든 비용을 모아서 드렸습니다. 카사트킨 주교는 포로들에게 68,000권의 기도서나 종교서적 단행본들을 나누어 주었습니다. 환자들에게는 겨울용 옷을 제공해 주었습니다. 이 모든 비용은 외국 기독교인들이 보내준 기부금으로 이루어졌습니다.[229]

카사트킨은 1912년 죽을 때까지 검소한 삶을 살았으며, 선교사역에 많은 열매를 거두었다. 그가 죽었을 때 일본정교회 신도 수는 33,000명에 달하였으며, 266개의 교구가 조직되었고, 35명의 일본인 사제, 22명의 일본인 부제, 116명의 교리문답사(Катехизатор), 그리고 82녕의 신학생들이 있었다.[230] 그는 농경 대성당 안에 있는 사제관에서 살았는데, 그 사제관은 방 2개로 이루어진 검소한 집이었으며, 그는 죽는 날까지 금욕적인 수도사의 삶을 살았다. 러일 전쟁이 끝난 다음, 재정적으로 더욱 어려워진 러시아정교회 선교부는 일본

---

229) 위의 책, p.420.
230) Luke Alexander Veronis, *Missionaries, monks and martyrs: making disciples of all nations*, p.105.

선교 지원금을 대폭 삭감하였다.[231] 그러나 일본정교회는 이미 자립
하여 외국교회의 지원금 여부에 영향을 별로 받지 않고 계속 성장
발전하였다. 그 이유는 그의 선교사역이 비국가−정치적 노선을 채
택하였고, 복음화 토착화에 주력한 선교였으며, 그동안 선교 현지에
뿌리를 박았기 때문이었다.

스테판, 글루하레프, 베니아미노프, 그리고 카사트킨과 같은 선교
사들의 선교사역은 국가−정치적인 선교를 거부하고, 보편적인 그리
스도의 복음을 전하고 실천하는 데 큰 관심을 둔 선교 흐름이었다.

따라서 라디스 크리스토프(Ladis Christoper)는 러시아정교회의 선
교를 러시아화 정책의 일환으로 볼 수 있겠느냐는 질문에 대하여 "아
니다"라고 대답한다.[232] 그 이유는 정부 관리들과 정교회 선교사들이
선교사들을 통하여 추구한 것은 비러시아인들에게 정교회 신앙을 심
어주려는 것이었지, 러시아 언어나 러시아 문명이 아니었기 때문이라
는 것이다. 그 증거로서 선교사들은 러시아어를 고집한 것이 아니라,
종종 소수민족 토착 언어로 성경과 신앙서적들을 번역하여 보급함으
로 토착문화를 고양시키는 것이었기 때문이다.[233] 혁명 이전의 민족
학자 이반 스미르노프(I. Smirnov)의 연구에 의하면, "19세기 상반기
에는 러시아 정부가 동부 지역 비러시아인들을 기독교인으로 만들려
고 했지, 러시아인으로 만들려고 하지는 않았다"라고 하였다.[234]

---

231) Otis Cary, *A History of Christianity in Japan*, pp.422-23.
232) Weinermann, *Russification in imperial Russia: The search for homo-
    geneity in the multinational state*, p.219
233) 위의 책.
234) И. Смирнов, "Обрусение инородцев и задачи обрусейной политики
    (이민족들의 러시아화와 러시아화의 정치적 과제)" Ⅳ, 47(1892)

2. 국가의 목표, '러시아화'

러시아정교회 선교역사 가운데서 원주민의 복음화, 토착화에 헌신한 선교사들은 손에 꼽을 수 있을 정도이지만, 국가의 목표인 '러시아화'를 위하여 봉사적 기능을 수행한 선교사역과 선교사들의 예는 수없이 찾아볼 수 있다.[235] 그것은 국가 종교(國家宗敎)였던 러시아정교회의 선교가 총체적으로 국가의 목표인 '러시아화'에 봉사적 기능을 수행하였기 때문이다. 이러한 분위기 가운데서 19세기 후반기 러시아제국 변방에 가서 선교한 정교회 사제들은 대부분 국가공무원과 같은 신분으로 봉급을 받으면서 러시아화를 위한 한 방편으로 선교사역에 참여하였다. 소련 학자 알렉산드르 스미르노프(N. A. Smirnov)는 선교사들을 이렇게 비판하였다.

> 대주교 니코짐(Никодим)은 러시아정교회가 비러시아 민족들의 러시아화를 목표로 삼은 적이 결코 없다고 주장했다. 그러나 반대이다. 혁명 이전 러시아 선교사들의 사역의 진정한 목적이 무엇이었는지는 분명히 밝힐 수 없지만, 그들의 선교사역이 민족 종교들과 민족 문화들을 말살하고 각 민족들을 억압하며 동시에 러시아화시키는 데 중요한 역할을 한 것만은 사실이다.[236]

---

p.761. 민족국가의 정책들이 나타났을 때, 19세기 러시아 선교사들이 러시아어와 문화를 변방 이교도 민족들에게 심어주려는 시도를 거의 하지 않았다. 참고, Парфений, "Иркутская духовная миссия, (이르쿠츠크 선교부)" *Материалы по комитету*, c.287-315; 437-86.

235) 이런 사실을 가장 잘 보여주는 참고서적으로는 Robert P. Geraci and Michael Khodarkovsky(ed.), *Of Religion and Empire: Missions, Conversion, and Tolerance in Tsarist Russia*(New York: Cornell University Press, 2001)이다.

그러면 러시아화란 무엇인가?[237] 그리고 선교와 러시아화가 구체적으로 어떤 측면에서 어떻게 연결되었는가? 역사적인 견지에서 간략하게 살펴본다.

a) 러시아화의 본질

러시아화란 무엇인가? 가장 전통적인 견해는 로만 스즈포르럭(Roman Szporluk)의 견해이다. 그는 "러시아화의 목적은 다름 아닌 비러시아인들을 언어와 정체감에 의하여 제국 러시아의 신민(臣民)을 만드는 것이다"라고 하였다.[238] 이러한 정의는 이후 발전되고 세분화되어 '행정적인 러시아화'와 '문화적인 러시아화'로 구분되었다. 행정적인 러시아화란 "학교에서 러시아어를 가르치고 통일된 러시아법률과 제도를 가르쳐 지키게 하고, 공공기관에서 러시아어를 사용하게 함으로써 변방 지역들을 제국의 중심부와 통합시켜 나가는 노력"을 말한다.[239] 문화적인 러시아화란 "변방민족들로 하여금 러시아인

---

236) Н. А. Смирнов, "Миссионерская деятельность церкви. Вторая половина" ⅩⅨ века-1917 год(19세기 후반부터 1917년까지 러시아정교회의 선교). in *Русское православие: Вехи истории(러시아정교회: 세기별 역사)*(Политиздат, Москва, 1989), с.441.

237) Russification에 대하여 알아보려면, 다음 참고 자료가 제일 좋을 것이다. Theodore R. Weeks, *Nations and State in the late Imperial Russia: Nationalism and Russification on the Western Frontier, 1863-1914*(DeKalb, Ⅲ.: Northern Illinois University Press, 1996) 그리고 Geoffrey Hosking, Russia: People and Empire(Cambridge, Mass.: Harvard University Press, 1997).

238) Eli Weatherman, *Russification in imperial Russia: The search for homogeneity in the multinational state*, p.213.

239) 위의 책.

의 언어, 문화 그리고 정교회 신앙을 받아들이도록 만드는 것"을 의
미한다.[240]

어떤 정책이든지, 어떤 방식이든지(단기적으로 추진되든지, 장기적
으로 추진되든지), 러시아화의 궁극적인 목적은 비러시아 민족들을
러시아 민족과 동화시키는 것이다.[241] 점차적으로 비러시아인들의
민족 언어, 문화, 신앙, 인종적인 충성심과 같은 분리된 정체감을 지
워버리고, 러시아인이 되게 하는 것이다. 이런 목표를 달성하기 위하
여 정부는 몇 가지 다른 영역에서 러시아화 정책을 추진하였다. 즉
행정 제도적인 영역에서, 언어 영역에서, 그리고 종교 영역에서 추진
하였다. 정부의 계획에 따른 러시아화의 가장 중요한 측면은 점진성
이었다. 그리고 다양한 형태로 추진한다는 것이었다. 다양한 형태로
점진적으로 러시아화를 추진하면, 궁극적으로는 비러시아계 민족들
을 동화시킬 수 있다고 정부는 믿었다. 이런 이유로 알렉산드르 3세

---

240) 위의 책, p.214.

241) 일반적으로 동화란 개인이나 집단이 다른 문화를 지니는 개인이나 집단
으로부터 그 문화를 받아들여 공통문화를 가지게 되는 과정을 말하며,
이것이 특히 정책의 형태로 일방적이고 강제성을 띨 경우를 일컬어 동
화 정책이라고 한다. 동화 정책의 경우에는 쌍방이 집단이 되는데, 주로
한쪽 집단은 이민(移民)이나 인종적 또는 민족적 소수자 집단이 되며,
다른 한쪽 집단은 우세한 세력을 가지고 정치, 경제, 사회, 문화생활을
지배하는 경우가 많다. 따라서 개인, 집단이 직접적인 접촉과 상호작용
을 통하여 이질문화를 흡수하는 과정인 문화변용(文化變容: accultu-
ration)이나, 생물학상의 혼혈(混血)을 가리키는 융합(融合: amalga-
mation), 정치 또는 법률의 개념인 귀화(歸化) 등은 서로 연관되어 있으
므로 이들 모두가 동화 정책의 내용이 된다. Eli Weatherman, *Russifi-
cation in imperial Russia: The search for homogeneity in the multina-
tional state*, pp.214-15.

시대에 정부 관리들은 발틱 지역에서 정교회를 전파하고, 국제결혼
을 한 가정의 자녀들(정교회 신자와 루터교 신자)이 루터교로 개종
하는 것을 금지하였고, 정교회로 개종한 후에 다시 루터교로 되돌아
가는 것을 금하였다. 모든 교육기관에서 러시아어 사용을 의무화하
였고, 교구학교와 도르파트(Dorpat) 대학교에서도 러시아어 사용을
의무화하였다. 국가 관청의 시스템들도 러시아적인 것으로 바꾸어
나갔다. 지방자치권을 불허하고 모든 관청의 행정은 뻬제르부르그
중앙정부의 지시를 받도록 하였다. 이러한 모든 조치는 발틱 지역의
민족들을 러시아 민족으로 동화시켜 나가는 것을 목표로 삼았다.[242]
    러시화의 방법에 대하여 다양한 견해가 있지만,[243] 모두 다 러시

---

242) 레닌의 견해에 따르면, 제정 러시아는 '여러 민족들의 감옥'이었다. 이
것은 혁명 이전까지 끊임없이 추구해온 러시아제국의 영토팽창 정책의
결과였다. 짜르의 민족 정책은 고전적 '분리통치'에 입각한 것이었는데,
제정 러시아 영토 내에 거주하는 민족들은 슬라브 민족과 비슬라브 민
족으로 구분되었다. 슬라브 민족들 중에서도 러시아인들은 대러시아인
으로, 그리고 우크라이나인과 벨로루시인들은 소러시아인으로 간주되
었다. 그러나 대, 소러시아인의 동질성 강조는 소러시아인들의 문화ㆍ
언어 차이를 인정치 않는 동화 정책의 강화로 귀결되면서 소러시아인
들의 심한 반발을 자아내었다. Alexandre Benn1gsen, 'Soviet Minority
Nationalism in Historical Perspective', in Robert Conquest, ed., The
Last Empire. Nationality and the Soviet Future(Star1ford: Stanford
University Press, 1986), pp.133-34.

243) 19세기 초 카람진은 정부 관리들에게 변방 지역 민족들을 러시아화하는
방법에 대하여 중요한 충고를 하였다. "성공적인 러시아화를 위해서는
반드시 해당 민족의 특성을 알아야 하며, 그들이 수용할 수 있도록 정신
적인 준비작업이 필요하며, 무엇보다 중요한 것은 힘으로 바꾸려 하지
말고 아주 지혜롭게(간사하게) 시행 시기와 추진 기간을 정해야 한다."
Ceymour Becker, "Contributions to a Nationalist Ideology: Histories of
Russia in the first half of the Nineteenth Century", Russian History/

아화의 궁극적인 목표가 이민족들의 언어, 문화, 신앙, 인종적인 충성심들을 점차적으로 약화시켜 소수민족들의 정체감을 없애고, 궁극적으로 러시아 민족으로 동화시킨다는 점에서는 일치한다.

b) 러시아화 정책의 출현 배경

러시아는 끼예프 루시(Русь) 시대로부터 1830년대까지, 민족국가가 아니었으며, 정치 지도자들은 하나의 민족국가를 만들려고 하는 의도를 가지지 않았다.[244] 단지 로마노프 왕가에 충성을 보이면, 모두가 러시아 신민으로 간주되었다. 그런데 러시아화 정책이 정치계에서 가시적으로 등장한 것은 1812년 나폴레옹과의 전쟁을 치룬 직후였다. 정치 지도자들과 민족주의자들 엘리트들이 러시아가 계속해서 잡동사니 민족들의 집합체로 남아 있으면, 1812년과 같은 전쟁이 또다시 일어나서, 러시아는 붕괴되고 말 것이라고 주장하였다. 조국을 구원하려면 강력한 하나의 민족국가를 이루어야 하고, 그러기 위

Histoire Russe, 13, No.4, 1986, p.351.

244) 동방정교회가 로마가톨릭교회와는 달리 민족주의적 속성을 지니게 되는 근본적인 배경으로서는 두 가지를 들 수 있다. 첫째 교회용어가 라틴어나 그리스어로만 사용되지 않고 지방 토차 언어가 사용됨으로써 지연적으로 지역적인 경향성이 조성되었고, 둘째 하나의 교황을 정점으로 하고 있는 로마가톨릭교회와는 달리 수 명의 총대주교가 각각 고유의 독립성과 관할구역을 인정하고 있는 동방정교회의 교회 구조가 바로 그것이다. 가령 콘스탄티노플 총대주교와 모스크바 총대주교는 각각 고유의 권한과 영역이 설정되어 있으며, 지배와 복종의 관계를 이루고 있는 것은 아니다. 따라서 교회의 민족주의적 성격이 확연하게 드러나게 된다. 이러한 문제에 관해서는 다음을 참조하라. Pedro Ramet (ed.), *Religion and Nationalism in Soviet and East European Politics*(Durham and London: Duke University, 1989).

해서는 강력한 러시아화 정책을 수립하여 추진해야 한다고 하였다. 이러한 여론으로 인하여 1830년대부터 1880년대에 이르기까지 러시아화 정책은 점차 강화되어 나갔다. 소수민족들의 특색을 줄이거나 없애는 방향으로 제도를 만들어 나갔다.[245]

러시아화(Russification)가 공식적인 정책이 된 것은 알렉산드르 3세(Alexander Ⅲ) 시대였다.[246] 러시아인과 러시아어가 제국의 주인이 되어야 하며, 다른 민족들은 제국의 이익과 자신들의 이익을 좇아서 러시아인이 되어야 한다고 믿었다. 시간이 지남에 따라 러시아 민족과 러시아어가 제국의 주인이 되어야 한다는 사상이 비러시아 민족이라도, 언어가 러시아어가 아니더라도 짜르(Царь, 황제)에게 충성하는 사람은 모두가 러시아인으로 간주되어야 한다는 사상보다 더 강해졌다. 이러한 여론으로 인하여 러시아인 됨의 합법적인 새로운 근거를 마련해야 한다는 주장이 제기되었다. "오직 러시아 민족의 이름으로, 그리고 하나님이 임명한 전제군주의 이름으로 충성을 맹세하는 자가 진정한 러시아인임을 인정하는 새로운 법을 마련하자!"라고 주장하는

---

245) 러시아 국민을 분류하는 첫 번째 시도는 18세기 후반에 왕자 미하일 세르바토프에 의하여 이루어졌다. 그는 1776년에 쓴 소논문에서, 제국의 국민을 6개 그룹으로 나누었다. 생활방식, 세금, 군역, 그리고 종교에 따라서 분류한 것이었다. ① 인두세와 군역의 의무를 감당하는 러시아인과 모든 비러시아인, ② 세금은 내지만 군대 안 가는 러시아인과 모든 비러시아인, ③ 러시아정교회 신도가 아닌 기독교인들, ④ 모든 종류의 코삭과 다른 군대 거주자들, ⑤ 이슬람을 믿는 바쉬키르인들과 다른 야만인들, ⑥ 우상을 섬기는 칼믜크인들과 다른 유목민들 등. Michael Khodarkovsky, *Comparative Studies in Society and History*, p.270.

246) HUGH SETON-WATSON, *THE RUSSIAN EMPIRE*, p.485.

'위대한 러시아 민족주의'의 이름으로 국가의 세속적인 이념이 중세의 왕권신수설과 나란히 손을 잡고 이민족들을 압박하기 시작하였다.[247] 이것은 니꼴라이 1세 시대 교육부 대신 우바로프가 제창한 관제국민주의의 3대 원리 가운데서, 정교회와 전제정치보다 민족을 더 중요시하는 움직이었다.

이러한 움직임을 대변하는 인물이 앞에서 언급한 포베도노스쩨프이다.[248] 신성종무원 총감을 지내면서 그는 국가 행정력과 정교회 선교를 통하여 러시아화 정책을 강력하게 추진하였다. 포베도노스쩨프는 6월 27일자 편지에 이렇게 쓰고 있다.

> 이것은 딜레마이다. 민족의 분열을 두려워하여, 우리가 비러시아인들이 그들 자신의 언어를 학교나 교회에서 사용하는 것을 허락하지 않고, 그들로 하여금 기독교 신앙을 채택하여 깊이 뿌리내리도록 만든다면, 그들은 언어와 신앙에 의하여 하나의 인종 속으로 녹아들어 올 것이다. 그러나 만일 비러시아인들이 그들 자신의 언어를 사용하는 것을 허락한다면, 각 민족의 정체감은 계속 보존될 것이며, 작은 조각으로 나눠질 것이며, 러시아인에게 적의를 품게 될 것이다. 그러므로 택해야 한다. 나는 민족이 다양한 모습으로 나눠지면 견고힐 수 없다고 믿는다. 그리고 역사의 궁극에는 비러시아 민족들이 모두 러시아 국민 속으로 융화되리라 믿는다.[249]

---

247) 위의 책.

248) 이 연구, 74쪽.

249) A. A. Воскресенский, *О системе просвещения инородцев*(이교도들의 교육 시스템에 관하여)(Казань, 1913), C. 38-40. HUGH SETON-WATSON, *THE RUSSIAN EMPIRE*, p.502에서 재인용.

알렉산드르 3세의 러시아화 정책은 사실 콘스탄틴 포베도노스쩨프에 의해 착상이 되었고 구체화되었다.[250] 따라서 포베도노스쩨프는 19세기 말 러시아화 정책의 상징이 되었다. 그는 정교에 대한 열렬한 지지자였다. 그러나 정교(Orthodoxy)에 대한 지지는 구파 정교도와 이색종파들에 대한 박해 정책으로 표명되었다. 그중 일부는 법적 존재조차 인정받지 못하고 지하로 들어가는 수밖에 없었다. 정교회 신자를 로마가톨릭이나 루터교로 개종시키려는 시도는 법으로 금지되었으며, 또한 로마가톨릭 신자나 루터교 신자가 정교로 개종하는 것을 방해하는 것도 범죄시되었다. 종교가 다른 배우자들이 결혼하였을 경우, 자녀들은 부모의 소망에 상관없이 자동적으로 러시아정교회 신자가 되었다. 러시아정교회의 우선권을 지지해 주는 정부의 시책은 소수민족집단에 대한 태도에도 반영되었다. 소위 순수한 대러시아 민족 계열에 속한다는 사람들은 백러시아인(벨라루시아인)이나 우크라이나인에 비해 대우받았고, 다른 민족들은 상대적으로 차별 대우를 받았다.[251]

---

250) 그의 영향력은 러시아 극동 지역 소수민족들을 러시아화하는 일에도 미쳤다. 참고. Robert F. Byrnes, *Pobedonostsev: His Life and Thought*, Bloomington, Indiana, 1968. Gehart Simon, *Konstantin Petrovic Pobedonoscev und die Kirchenpolitik des Heiligen Sinod(1880-1905)*(Göttingen, 1969). Thomas Calnan Sorenson, *The Thought and Polices of Konstantin P. Pobedonostsev*(Ann Arbor, 1977).

251) 러시아화 정책은 부분적으로 국가의 통일성에 대한 위협을 내포하고 있는 제국 내의 상이한 민족들의 점증하는 민족감정에 대한 반응이었으며, 또 어느 의미에서는 대러시아인들 자신의 성장하는 민족주의에 대한 응답이었다. 알렉산드르 3세(1881-94)는 일반적으로 러시아 황제들 중에서 최초의 민족주의자로 간주된다. 확실히 그의 통치 기간 동안 러시아화를 위한 조치는 반란을 일으킨 폴란드인들뿐만이 아니

c) 러시아화와 러시아어 교육

변방 지역 민족들에게 러시아어 확대 정책은 단계적으로 진행되었다. 첫째는 행정적인 표준화의 주요 방편으로써 변방민족들로 하여금 러시아어를 배우게 하였다. 그 다음은 러시아문화와 인종적 정체감을 증진시킬 목적으로 언어적 러시아화를 추진하였다. 마지막 세 번째로 언어적 러시아화는 문화적 러시아화 혹은 인종적 러시아화의 필수적인 부분이 되어 시행되었다.[252]

언어 문제와 관련해서 정부의 입장은 크게 세 단계로 구분해 볼 수 있다. 첫째 단계는 비민족적 국가를 추구하던 시기이다. 국가 관리들의 목표는 국가를 새둥지처럼 만드는 것이었다. 다양한 소수민족들을 보호하고 러시아어를 주된 공용어로 삼아 평화로운 나라를 만드는 것이었다. 러시아어를 변방민족들에게 강요할 생각은 조금도 없었다. 둘째 단계는 러시아 민족국가로 변하는 과도기이다. 이때는 정부가 나서서 소수민족들의 언어를 뿌리 뽑으려는 의도를 가지지는 않았다. 러시아어를 널리 사용하게 하고, 토착 언어를 덜 사용하게 하여, 먼 장래에 토착 언어가 사라지고 러시아어가 제국 전체의 언어가 되는 그런 모습을 꿈꾸었다. 그러나 셋째 단계에 들어가서는 완전히 달라졌다. 정부는 제국을 하나의 러시아 민족국가로 여기면

라, 예를 들면 카프카즈 산맥 남부지방 그루지야, 아르메니아인들에게까지 그리고 점차로는 충성스러운 핀란드인들에게로 확대되었다. Nicholas V. Riasanovsky, *A History of Russia*(Oxford Univ. Press, 1977)『러시아의 역사Ⅱ 1801-1976』, 김현택 옮김(까치, 1997), 123쪽.

252) А. А. Князьков и Н. И Сербов, *Очерки истории народного образования в России до эпохи реформ Александра Ⅱ*(알렉산더르 2세 시대 이전 러시아 민족 교육의 역사에 관한 연구), (Москва, 1910) p.225.

서 오직 러시아어만을 사용하게 하고 다른 소수민족 언어들을 근절
시키는 노력이 정부의 주요 정책으로 채택되었다.[253]

  1866년 유명한 소설가요 정부의 고위 관리였던 이반 곤차로프(I.
Goncharov)가 확신에 찬 모습으로 다음과 같은 말을 하였다. "언어
는 민족적인 정체감을 표현하는 가장 중요한 매체이다."[254] 시대가
지남에 따라 정부의 관리들은 이 말의 중요성을 더욱 깊이 인식하게
되었다. 민족건설의 문제가 더욱 중요한 문제로 부각됨에 따라서, 곤
차로프의 말이 더욱 힘을 얻어, 언어 정책에 관한 한 관용주의 정책
은 안 된다는 여론을 만들어 내었다. 비러시아계 민족들 그룹 안에
서도 러시아어를 사용해야 한다고 주장하였다. 이러한 주장을 관철
하기 위하여 정부 관리들은 소수민족의 토착 언어를 제거할 분위기
를 조장하였다. 동시에 그들은 공립학교에서 모든 교육을 러시아어
로 할 것을 장려하였다(토착 신앙을 가르칠 때에는 토착 언어를 사
용하는 것을 예외로 인정하였다). 차츰 토착어의 사용을 줄여서, 가
능한 사라지게 만들었다. 토착어 학교에 자녀를 등록시키는 부모들
은 비싼 등록금을 내도록 하였다. 정부는 다른 인종과 민족의 뿌리
를 가능한 뽑아버리는 것을 궁극적인 목적으로 삼았다.[255]

---

253) 이러한 러시아 민족주의 운동에 대하여 한스 콘은 병적인 것으로 평
  가했다. Hans Kohn, *Nationalism: it's meaning and history*, 『민족주
  의』 차기벽 역(삼성문화문고, 1974), 45-60쪽.

254) Weinermann, *Russification in imperial Russia: The search for homoge-
  neity in the multinational state*, p.232.

255) 위의 책, pp.232-239.

3. 복음화인가, 러시아화인가?

선교의 시작과 목적이 100% 국가-정치적인 경우는 거의 없었지만,
러시아제국이 강력한 상태에서 이루어진 러시아정교회의 선교는 대부
분 국가-정치적인 선교였다. 러시아정교회의 선교가 국가-정치적이
었다는 사실은 켄네쓰 라뚜렛(K. Latourette),[256] 스티븐 니일(S.
Neil),[257] 데이빗 보쉬(David. J. Bosch)[258] 그리고 러시아정교회 신
학자인 플로롭스키(G. Florovsky)와[259] 러시아 모스크바 총대주교청

---

256) 예일대 교회사가 라뚜렛은 이렇게 말하였다. "19세기에 지구상에서 가
장 넓은 제국을 이룬 러시아는 다양한 민족과 종교를 포함하고 있었다.
이 때문에 종교생활의 모습이 민족별로 뚜렷한 대조를 보이고, 복잡성
이 점차로 증가되었다. 그래서 우리가 곧 보게 되겠지만, 러시아 정부
는 러시아화(Russification) 정책을 통해 다양한 민족 집합체를 함께 융
합시키기 위해 굉장한 노력을 기울였다. 그 노력의 하나가 바로, 되도
록 많은 인구를 정교회 안으로 끌어들이는 것이었다." Kenneth Scott
Latourette, *A History of Christianity*, Volume Ⅱ: A.D. 1500-A.D.
1975(New York: Harper & Row, Pub. 1975), p.1213.

257) "거의 예외 없이 교회와 국가 간의 유착이 너무나 깊었기 때문에 구
성요소 속에서 국가와 교회를 분리한다는 것은 거의 불가능하다고 하
는 점이 러시아 선교의 특징이었다." Stephen Neil, *A History of
Christian Missions*, 『기독교선교사』, 홍치모, 오만규 역(서울: 성광문화
사, 1979), 268쪽.

258) 보쉬에 따르면, 동방정교회 세계에서 선교는 교회의 관심만큼이나 황
제의 관심이 되는 것이 당연한 것으로 여겨졌다. David Jacobus Bosch,
Transforming mission. Paradigm shifts in theology of mission(New
York: Orbis Books 1991), pp.205-06.

259) 18세기 (러시아정교회)선교사들의 사역 환경은 일반적인 의미에서 그
리 좋은 편이 아니었다. 선교사들에게 불리하였다. 국가가 권력을 가
지고 선교사역에 너무 깊숙이 간섭하였으며, 국가의 이익을 추구하였

을 대표하는 스몰리치와[260] 같은 신학자들도 인정하고 있다.

　역사적으로 16세기 중엽 이반 4세 이후로 러시아제국의 팽창을 위하여 줄기차게 노력해온 러시아 정부는 러시아화를 효과적으로 달성하는 데 국가정부의 정책만으로는 한계성이 있다는 사실을 깊이 인식하고, 토착 언어를 적극적으로 활용하여 비러시아인들에게 친근하게 다가가는 선교사들과 긴밀한 협력관계를 유지하였다. 러시아화를 강력하게 추진하던 19세기 후반 러시아 정부는 정교회를 지원할 것인가? 러시아어 교육을 확대할 것인가를 두고 선택을 해야만 했다. 뻬쩨르부르그 정부 입장에서는 둘 다 동시에 추진하는 것이 가장 이상적인 것이었다. 러시아가 민족국가 정책을 추진하기 훨씬 이전부터 러시아인들의 마음속에는 러시아인이라는 것과 정교회 신자라는

───────────

으며, 현지 민족이나 주민들로부터 얻을 수 있는 이익이 무엇인지를 생각하였다. "Russian Missions: An Historical Sketch", in Aspects of Church History, vol.4 of *The Collected Works of George Florovsky*(Belmont, Mass.: Nordland Pub. Co., 1975), pp.144-45.

260) 오래전부터 선교는 교회의 기본적인 사명들 중의 하나였다. 하지만 18세기 러시아 비기독교민족들을 상대로 한 선교는 순수하게 교회 주도적인 것으로 간주할 수 없다. 선교사역이 상당할 정도로 국가정부의 영향을 받았으며, 교회 내부정치의 영향도 많이 받았다. 이러한 특성은 역사적으로 동방정교회가 지니는 교회의 국가－정부적 성격의 영향 때문이기도 하며, 러시아정교회와 국가가 지닌 고유한 역사적 특성 때문이기도 하다. 국가와 교회는 동유럽 러시아, 시베리아 그리고 투르케스탄이라는 광대한 영토의 다양한 민족들의 문제에 직면해 있었다. 정부는 러시아화 작업을 가속화하기를 원했다. 따라서 교회의 선교사역도 이런 시각에서 평가했다.И. К. СМОЛИЧ, *ИСТОРИЯ РУССКОЙ ЦЕРКВИ: 1700～1917(러시아 교회사: 1700-1917),* ЧАСТЬ ВТОРАЯ(МОСКВА: ИЗДАТЕЛЬСТВО СПАСО-ПРЕОБРАЖЕНСКОГО ВАЛААМСКОГО МОНАСТЫРЯ, 1997), c.200.

140

것이 현실적으로 동일시되어 왔다. 이 때문에 러시아인의 정체감과 정교회 신앙을 분리하는 것은 러시아 정부 관리들에게 사실상 불가능한 일이었다. 정교회 신도가 된다는 것은 러시아 언어와 문화를 채택한다는 것과 동일한 의미를 지니고 있었다.[261]

그러나 정교회 선교를 통한 러시아화 작업은 순탄치 않았다.[262] 선교사들의 무지, 소수민족들의 반발 등으로 인하여 많은 실패가 있었다. 몇몇 정부 관리들과 선교사들은 러시아어와 정교회를 더욱 적

---

261) 표트르 대제가 동부 변방 지역의 거주민들(주로 볼가-우랄 지역)을 정교회로 개종시키라는 명령을 내린 이래로 국가와 선교사들은 새로운 개종자들에게 러시아어를 가르치려고 했는데, 그 이유는 러시아어 교육이 원주민들로 하여금 진정한 정교회 신자로 만드는 가장 확실한 길이라고 생각하였기 때문이다. Weinermann, *Russification in imperial Russia: The search for homogeneity in the multinational state*, p.221.

262) 러시아 정부는 러시아화 작업을 가속화하기를 원했기 때문에 교회의 선교사역도 이런 시각에서 평가했다. 그러나 선교사들은 동유럽 러시아, 시베리아 그리고 투르케스탄이라는 광대한 영토의 다양한 민족들의 문제에 직면하여 언어의 차이, 종교의 차이, 생활수준의 차이로 인하여 다른 민족들의 동화작업은 대단히 느리게 진행될 수밖에 없음을 발견하였다. 게다가 선교사들이 만난 이민족들의 큰 부분은 유목민들이었기 때문에 중앙정부와 교회지도부에서 하달하는 선교지침과 명령을 그대로 적용하기에는 많은 어려움이 따랐다. 유목민들은 한곳에 정착하지 않고 여러 곳을 이동해 다녔기 때문이다. 그리고 정부의 행정력이 발휘되기에는 너무나 거리가 멀었다. 시베리아 지역은 더더욱 힘든 곳이었다. 게다가 자연적인 동화는 어려운 일이었다. 왜냐하면 그 유목민들은 러시아 개척자들이 거주하는 정착촌과 거의 접촉하지 않았기 때문이다. 이민족들에 대한 태도에 있어서 민족 내부의 정치의 변화는 정부의 법률에 반영되어 나타났다. 그러나 그 법률은 지역 생활 수준에 맞지 않는 법이었으며, 이로 인하여 선교사들의 봉사와 수고의 열매는 희박하였다. И. К. СМОЛИЧ, *ИСТОРИЯ РУССКОЙ ЦЕРКВИ: 1700~1917(러시아 교회사: 1700-1917)*, c.200.

극적으로 전파함으로 문제를 해결하려고 하였다. 러시아 언어 교육을 통한 정교회의 선교가 실패한 것을 고려할 때, 그들의 주장은 정부를 확신시키지 못하였다. 이럴 때 앞에서 언급한 러시아정교회 선교 전략가 일민스키 시스템이 좋은 해결책으로 부각되었다. 토착 언어를 사용하는 비러시아인들로 하여금 러시아어 알파벳으로 만들어진 문헌들을 읽고 쓰는 법을 배우게 하였다. 토착 언어와 러시아어를 효과적으로 동시에 익히게 할 수 있다는 사실 때문에 정부 관리들은 일민스키에게 지지를 보냈다.263) 정부는 일민스키 시스템을 이용한 토착 언어 교육과 러시아어교육을 통하여 러시아문화를 전파하는 일을 계획하였다.264) 러시아화 작업을 동시에 추진하기 위하여 일민스키는 볼가-우랄 지역의 주민들에게 끼릴-알파벳을 이용하여 그들 자신의 언어를 표현하도록 하였다. 물론 그들의 음성학적인 특수성들을 고려하여 약간의 변형을 가한 알파벳이었다.265) 그러나 19세기가 끝나갈 무렵, 일민스키 시스템을 적용한 학교들이 토착민들을 러시아인으로 만들어가기보다는 지역 주민들 사이에서 민족의식을 자극한다는 사실을 정부가 감지하기 시작했다. 그래서 정부는 일민스키 시스템을 폐기하였다.

이러한 시도와 과정을 통하여 러시아 민족주의자들은 종교적인 동화와 민족적인 동화 사이에는 긴밀한 관계가 있다는 것을 분명히 알게 되었고, 이후로 선교에 대하여 더욱 적극적인 관심을 가지게 되

---

263) И. Я. Яковлев, *Письма*(편지들), *Чебоксары*, 1985. с.62-63.

264) *Сборник Постановлений по Министерству народного Просвещения*(교육부 규정집), *том. 4*, с.1555-66.

265) 위의 책.

142

었다.266) 이와 더불어 정교회는 러시아 민족주의 정체성의 핵심 중 하나가 되었다. 엘리 케두리(E. Kedourie)의 표현에 따르면, 종교가 정치적 이데올로기로 변하였다.267) 진정한 러시아인이 된다는 것은 곧 정교회 신자가 되는 것으로 간주되었다.

  19세기에 지구상에서 가장 넓은 제국을 이룬 러시아는 다양한 민족 과 종교를 포함하고 있었다. 이 때문에 종교생활의 모습이 민족별로 뚜렷한 대조를 보이고, 복잡성이 점차로 증가되었으며, 러시아 정부는 러시아화(Russification) 정책을 통해 다양한 민족 집합체를 함께 융 합시키기 위한 굉장한 노력을 기울였다. 그 노력의 하나가 바로, 되도 록 많은 인구를 정교회 안으로 끌어들이는 것이었다.268) 제국의 단합 을 위하여 정부 관리들은 정교회 선교를 더욱 적극적으로 지원하였 다. 1892년 러시아에 파견된 미국 대사인 앤드류 화이트(A. White)와 대화하는 가운데, 포베도노스쩨프가 다음과 같은 말을 하였다. "나는 정교회가 다민족(多民族)으로 이루어진 러시아제국을 하나로 묶어주 는 시멘트 역할을 해야 한다고 생각합니다. 다른 교파의 신앙을 허락 하고 서로 경쟁하는 것은 제국을 붕괴시키고 말 것입니다."269)

  러시아화 작업을 더욱 가속화하기 위하여, 알렉산드르 3세는 선교

266) Stephen J. Blank, "National Education, Church and State in Tsarist Nationality Policy: The Ilminskii System", *Canadian-American Slavic Studies,* 17, No.4(1983), p.477.

267) Elie Kedourie, *Nationalism*(London, 1960), p.76.

268) K. S. Latourette, *A History of Christianity,* Volume Ⅱ: A.D. 1500-.A.D. 1975(New York: HARPER & ROW, PUB. 1975) p.1213.

269) Максим С. Шадрин, "К Лютеранскому походу(루터교도들의 진보에 대하여)", pp.76-79; Приказу(명령서), c.48.

단체들에게 더 많은 재정 지원을 하였다. 그러자 선교단체들의 수가
급증하였다.[270] 일민스키와는 달리 극단적인 러시아화주의자들은 정
교회로 개종시키는 것만으로는 성공적인 동화작업을 보장할 수 없
고, 오직 비러시아인들에게 러시아어와 문화를 함께 가르칠 때만이
러시아화 작업이 효과적으로 이루어질 수 있다고 주장하였다.[271] 그
러나 정교회 선교를 대하는 러시아 정부의 태도는 변방 지역 민족의
성격에 따라 달리하였다. 즉 제국의 확실한 통제하에 있는 지역인
가? 러시아 정부에 위협적인 지역인가 아닌가에 따라서 정교회의 선
교를 대하는 정부의 입장이 달랐다.

　비정치적인 순수한 복음선교의 역사 흐름과 국가 – 정치적인 선교역
사의 흐름, 이 두 개의 흐름이 때로는 충돌하여 갈등을 일으키기도 하
고, 때로는 타협과 협력이 이루어지기도 하였는데, 충돌과 갈등의 대표
적인 예는 이미 언급한 대로 마카리 글루하레프의 선교에서 찾아볼 수
있고, 타협과 협력의 예는 러시아정교회 선교 현장 곳곳에서 찾아볼
수 있다. 역사적으로 러시아정교회 선교의 목표는 복음화와 러시아화,
두 가지가 서로 얽혀 있었던 것이 사실이지만,[272] 국가 종교였던 러시
아정교회의 선교의 지배적인 성격은 국가 – 정치적이었으며, '러시아화'
라고 하는 국가의 목표를 위하여 봉사하는 선교가 주류를 이루었다.

---

270) Weinermann, *Russification in imperial Russia: The search for homo-geneity in the multinational state*, p.224.
271) Eugene Smirnoff, *A Short Account of the Historical Development and Present Position of Russian Orthodox Missions*(London: Rivingtons, 1903), pp.28-29.
272) Vsevolod Spiller, *International Review of Missions*, pp.197-99.

Ⅳ. 러시아정교회의 극동 지역 한인선교

지금까지 필자는 비잔틴제국과 러시아제국의 국가 종교였던 정교회의 선교가 국가-정치적 성격을 지니게 된 역사적인 배경과 국가-정치적 선교의 목표에 대하여 기술하였다. 국가-정치적인 선교는 제국주의적 국가 정책과 협력하여 비잔틴제국 시대에는 정교회 선교가 제국 주변에 있는 소수민족들을 비잔틴화하는 것과 연결되어 있었으며, 러시아제국 안에서는 러시아화라는 일과 긴밀하게 연결되어 있었음을 지적하였다. 특별히 19세기 후반 러시아에서 정교회의 국가-정치적 선교의 모습이 광범위하고 뚜렷하게 드러났는데, 그 배경에는 헤즈키즘과 같은 영적 부흥운동, 일민스키 시스템과 같은 토착화 교육문화 정책의 개발, 그리고 황제의 적극적인 관심과 후원으로 추진된 관제국민주의와 같은 국가의 정책이 있었다는 사실을 기술하였다.

본장(本章)에서는 그 구체적인 예로 19세기 말, 20세기 초 한인들을273) 대상으로 한 러시아정교회 선교 또한 국가-정치적인 프로젝

---

273) 러시아 극동 지역 한인들은 같은 한국인이었지만, 한반도의 한국인들과 몇 가지 점에서 달랐다. 한인들은 대부분 불법으로 국경을 넘어 러시아로 이민 간 유민들이었으며, 그들 중 일부는 러시아 국적을 취하였다. 이들은 대부분 조선 정부의 보호 밖에 있었다. 그러나 한반도

트로 진행된 국가-정치적 선교였음을 밝히고자 한다. 러시아 국립 고문서실 자료들을 비롯한 여러 참고 자료들을 분석함으로 러시아정교회의 국가-정치적 선교가 구체적으로 어떤 목적하에, 어떤 과정을 통하여 진행되었으며, 그 결과가 어떠하였는가를 분석하고자 한다.

한인들을 대상으로 한 러시아정교회의 선교는 지역적으로 두 부분으로 나뉜다. 하나는 러시아제국의 동쪽 변방 지역인 러시아 극동 지역에서의 선교이고, 다른 하나는 러시아제국의 영토 밖에 있는 한반도에서의 선교이다. 러시아 극동 지역에서의 선교란 연해주(Прим орская Область), 아무르 주(Амурская Область), 자바이칼 주(Завай кальская Область)에 거주하던 한인들을 대상으로 한 러시아정교회의 선교를 말한다. 전자는 러시아 영토 안에 거주하던 소수민족으로서의 한인이며, 후자는 조선과 외교관계를 맺음으로 러시아 선교사들이 만나게 된 한인들이다. 이 두 영역의 선교의 공통점은 모두 제국주의적 팽창의 맥락 속에서 진행되었다는 사실이다.

4장과 5장에서는 한인과 한국인을 대상으로 이루어진 러시아정교회의 선교의 역사 자료들을 분석함으로 러시아정교회의 국가-정치적 선교의 구체적인 양태를 규명하려고 한다. 이를 위하여 한인선교와 한국인 선교 현상에서 진행된 교회와 제국 간의 협력 동기, 협력 방식, 협력 과정, 그리고 협력의 목표와 결과들을 살펴볼 것이다.

의 한국인은 조선 국적을 지닌 사람들이었으며 조선 정부의 통치 아래 있었다. 따라서 러시아 극동 지역의 한국인은 한인이라 표기한다.

특별취재팀 이동경로

▼ 연해주의 항구도시 포시에트 전쟁박물관
앞에 놓인 연자맷돌 한쌍. 포시에트에
과거 한인들이 살았다는 거의 유일한 증거다.

취재팀자료 출처: 동아일보 2004년 6월 18일 금요일 A20면, 기획

A. 러시아 극동 지역 한인선교의 국가-정치적 배경

러시아 극동 지역의 한인 유민들을 대상으로 한 러시아정교회의
선교가 국가-정치적 성격을 강하게 지니게 된 배후에는 여러 가지
요인들이 작용하였다. 기본적으로 국가 종교의 성격을 지닌 러시아
정교회는 러시아제국의 팽창의 과정에 긴밀하게 협력해 온 역사와
전통을 지니고 있었다. 1860년대 이후 연해주를 비롯한 극동 지역에
서는 러시아 영토 안으로 들어온 한인 유민들의 노동력을 적극적으
로 활용하여 처녀지 극동 지역을 개발하고, 새롭게 병합된 변방 극
동 지역을 확고한 러시아 영토로 만들고자 하는 국가 정책이 마련되
었다. 이러한 기조 속에서 러시아정교회 선교가 이루어졌다.

1. 러시아제국주의 팽창과 정교회 선교

러시아정교회 선교사역은 복음을 전파하려는 열정과 러시아 국가
의 경계선을 확장하려는 욕망과 변두리에 살고 있는 소수부족과 민
족들을 제국의 중심부와 연결하려는 의도 등이 모두 선교사역의 합
법적인 동기들로서 동시에 작용하고 있음을 보여준다.

러시아제국의 영토가 최대에 달하던 19세기 후반 러시아정교회 선
교사들에게 부과된 '선교명령들' 중의 하나는 구원의 진리를 잃어버
린 자들에게 전파하며, 회심한 자들을 신앙의 완성으로 인도하며 견
고하게 붙들어주는 사명을 감당하는 동시에 새롭게 개종한 사람들을
정교회 신앙의 빛 안에서 러시아 국민으로 통합시키는 것이었다.[274]

19세기 말엽에 러시아 극동 지역과 한반도에서 전개된 정교회 선
교사역의 기본 성격도 이와 같은 맥락 속에서 진행되었다. 러시아제
국은 19세기 마지막 25년 동안 아시아, 특별히 카프카즈(Caucasus)
와 중앙아시아 및 극동에서 많은 영토를 획득하였다. 동시에 1867년
러시아 정부는 알래스카를 720만 달러에 미국에 팔아넘김으로 서반
구에서 철수하고 극동 지역을 견고하게 하는 데 집중하였다.[275] 극
동 지역 국경은 그동안 1689년 네르친스크 조약에 따라서 계속 유지
되었다. 그러나 시간이 지남에 따라 시베리아 인구는 증가하였으며,
연해주의 아무르강은 교통의 동맥으로서 그 가치와 중요성이 부각되
었다. 1847년 무라비요프(Н. Н. Муравьёв)가 이르쿠츠크에 본부를
둔 동시베리아 지역 총독이 되었다. 그는 정력적이고 야심이 많은
인물이었다. 러시아의 태평양 진출에 있어서 아무르 지역의 중요성
을 인식한 그는 1850년 니콜라이 1세 앞으로 작성한 보고서에서,
"청과의 무역을 강화하고, 러시아제국의 시베리아 경계를 캄차트카
반도와 아무르강까지 확대해야 하며, 아무르 지역과 오호츠크해는
곧 서구열강의 각축장이 될 것이므로, 아무르강을 지배하는 자가 시
베리아를 지배할 것"[276]이라고 했다. 러시아 황제는 그에게 힘을 실

---

274) Robert p.Geraci and Michael Khodarkovsky (ed.), *Of Religion and Empire: Missions, Conversion, and Tolerance in Tsarist Russia.* (New York: Cornell University Press, 2001), p.189.

275) Andrew Malozemoff, *Russian Far Eastern policy, 1881-1904: with special emphasis on the causes of the Russo-Japanese War,* 『러시아의 동아시아 정책』, 석화정 역(서울: 지식산업사, 2002).

276) А. Федоров(под ред.) *История России 19-начала 20вв.(19세기 초-20세기 러시아 역사)*(М: 2000), с.764.(러시아어 책 페이지를 '스트라니짜'라고 하기 때문에 p. 대신에 с.라고 표기한다).

어주었고, 그는 아무르 지역에 러시아 진출을 추진하였다. 중국과의 외교 협상을 통하여 1858년 아이훈 조약을 맺어서 아무르강 좌안을 얻었고, 1860년에는 북경조약(條約)을 체결하여 우수리강 지역을 넘겨받았다. 이리하여 태평양 연안으로 나오려는 러시아의 계획이 순차적으로 이루어져서 1853년에는 아무르강 지역에 니콜라예프스키라는 도시가 만들어졌고, 1858년에는 하바롭스크라는 도시, 1860년에는 블라디보스톡이라는 도시가 세워졌다. 1875년에 러시아는 사할린 섬의 남부 절반에 대한 대가로 일본에게 쿠릴 열도를 양보했다.[277] 이렇게 됨으로 연해주 지역은 러시아 영토로 확고히 굳어졌다.

당시 동시베리아 주교였던 인노켄티(1840-68)는 무라비요프의 추진력과 개척자적인 정신을 치하하면서, "당신은 천 개수의 교회를 세울 수 있는 희망을 주었으며, 정교회는 교회의 건설자인 당신을 잊지 않을 것이오."[278]라며 아무르 지역 병합 축하 기도식에서 무라비요프를 축복했다.

---

277) Nicholas V. Riasanovsky, *A History of Russia*(Oxford Univ. Press, 1977), 『러시아의 역사II 1801-1976』, 김현택 옮김, 까치, 1997. 117-18쪽.

278) 원문을 인용하면 다음과 같다. "Но если бы, паче чаяния, когда-нибудь и забыло тебя потомство и даже те самые, которые будут пользоваться плодами твоих подвигов, то никогда, никогда не забудет тебя наша Православная Церковь, всегда вспоминающая даже создателей храмов, а ты, Богоизбранный муж, открыл возможность, надежды и виды к устроению тысячи храмов в сем неизмеримом бассейне Амура." И. Вениаминов, "Речь, сказанная в г. Благовещенске Н. Н. Муравьеву-Амурскому после молебна по поводу присоединения Амурского края." Б.Пивоваров(сост.), *Избранные труды святителя Иннокентия митрополита Московского, апостола сибири и Америки*(시베리아와 아메리카의 사도 이노켄티 대주교 선집).(M: 1997), c.314.

19세기 후반 러시아 영토로 병합된 동시베리아 지역에 러시아정교
회 선교회(Russian Orthodox Missionary Society)는 선교를 위하여
많은 인적 물적 자원을 투입하였다. 앞에서 언급한 1895년까지 선교
회 창립 25주년 회고 기념보고서에 나온 통계자료 〈표 2〉를 보
면.[279] 선교회의 선교사역이 중앙시베리아와 동부시베리아에 집중하
고 있음을 발견할 수 있다. 그리고 1890년 선교회 창립 30주년 기념
보고서에서도 1899년도 당시 선교회가 잘 갖추어지고 활발한 사역을
전개하고 있었음을 증거 한다. 특별히 바이칼 선교회, 이르쿠츠크 선
교회, 토볼스크 선교회, 알타이 선교회 같은 선교회들이 모스크바 주
재 러시아정교회 선교회에게 동시베리아 선교를 위하여 견고하고 일
관성 있는 정책을 펼치고 지원해준 것에 대하여 깊은 감사를 표하였
다.[280] 이것은 19세기 말엽 동시베리아 선교가 성공적으로 이루어지
고 있었음을 말해준다. 새로 병합된 영토에서 정교회 선교의 강화와
성공은 러시아 단합을 견고하게 만드는 데 기여하였으며 러시아제국
의 동진 정책의 발판을 마련해 주었다.[281]

---

279) 이 연구 64쪽.

280) Aaron Neil Michaelson, *The Russian Orthodox Missionary So-ciety,
1870-1917: A study of religious and educational enterprise, 1879-1917*,
p.113. 그리고 19세기 말엽에 범(凡)러시아선교대회(All-Russian Missi-
onary Conference)가 열리기 시작하였다. 제1회 대회가 1887년 모스크
바에서, 제2회 대회도 1891년 모스크바에서, 제3차 대회는 1897년 카잔
에서, 제4차 대회는 1908년 끼예프에서, 제5차 대회는 1917년 비죽콥스
키 수도원(헤르손 지역)에서 열렸다. 끼예프 선교대회에는 600명의 대
표자들이 참석하였다. "Russian Orthodox Missions to the East", By:
Maiyer, Vyacheslav; Fagan, Geraldine(Translator) in *Religion, State
& Society*, 25 No.4. 1997, p.376.

281) 광대한 시베리아 지역에 주교구가 설립되는 과정을 역사적으로 추

2. 러시아 극동 지역 이주 한인들

이 연구에서 말하는 '러시아 극동 지역'이란 19세기 말 블라디보스톡을 중심으로 한 연해주, 블라고슬라벤노예를 중심으로 한 아무르주, 치타시를 중심으로 한 자바이칼 주를 의미한다.[282] 그리고 러시아정교회의 선교대상이 된 한인들은 가난과 억압을 피하여 국경선을 넘어온 가난한 유민들이었다. 러시아 극동 지역으로의 한인 유민(韓人遊民)들의 이주는 약 50여 년에 걸쳐 이루어졌다.[283] 노령(露嶺)

적해보면, 러시아제국 팽창의 후속조처로서 정교회 선교가 나란히 진행된다는 인상을 받는다. 1621년 시베리아의 최초 주교구 토볼스크 주교구 설립, 1727년 두 번째 동시베리아 주교구인 이르쿠츠크 주교구 설립, 1840년에는 캄차트카 주교구 설립, 1894년 자바이칼 주교구 설립, 1899년 극동 시베리아 지역을 관할하던 캄차트카 주교구는 다시 블라고베센스크와 블라디보스톡 주교구로 분리되었다. 출처: http://ortodox.fegi.ru/ ep2_1_1.htm(2002년 1월 28일자 검색) 제목 "ПРЕДПОСЫЛКИ СОЗДАНИЯ САМОСТОЯТЕЛЬНОЙ ЕПАРХИИ(주교구 독립의 전제(前提))"

282) 1894년에는 자바이칼 주가 東시베리아 총독의 관할에 귀속됨으로써 분리되고 대신 사할린이 포함되어 1909년부터 1917년까지 극동변강은 아무르, 연해주, 캄차카, 사할린 4개의 지방(오블라스찌)으로 구성되었다. 그러나 이 연구는 1884년 죠-러 通商 조약이 체결될 때, 러시아 행정구역 구분법을 따른다. 〈부록 8. 러시아의 지역구분〉을 참고.

283) 참고. 김승환, "극동에서의 러시아와 열강: 1855~1918", 『슬라브 연구』Vol.18, No.1.(한국외국어대학교 외국학 종합 연구 센터 러시아연구소. 2002 pp.221-246. 서대숙 엮음, 이서구 옮김, 『소비에트 한인 백년사』(도서출판, 태암, 1989). 김승화 저 정태수 편역, 『소련 한족사』(대한교과서주식회사, 1989). 현규환, 『한국 유이민사』上(어문각, 1967). 고승제, "연해주 이민의 사회사적 분석", 『백산학보』11(백산학회, 1971) 고승제, "연해주 이민사 연구(1853-1945년)", 『국사관논총』11(국사편찬위원회, 1990) 권희영, "한민족의 노령 이주사 연구

이주 한인 유민들의 50년사를 국제 관계적인 맥락과 국가 외교 경제 정치적인 맥락에서 대략 세 단계로 구분해 본다면 다음과 같다.[284] 제1기는 경제적인 궁핍으로 인하여 이민을 시작한 1863-1883년의 시기, 제2기는 1884년 조-러 통상외교조약이 맺어진 이후 1909년까지의 시기, 그리고 제3기는 한일병탄조약이 맺어진 1910년 이후부터 볼셰비키 혁명이 일어난 1917년까지의 시기이다.

출처. 이광규, 『러시아 연해주의 한인사회』, (서울: 집문당, 1998), 45쪽.

극동지역 행정도

(1863-1917)", 『國史觀論叢』41(국사편찬위원회, 1993), 李尙根, 『韓人露領移住史硏究』(서울: 探求堂, 1996).

284) 한국정신문화연구원 역사 연구실 교수 권희영은 4단계로 나눈다. 제1기는 1863년부터 1883년까지의 시기, 제2기는 1884-1893의 시기, 제3기는 1894-1910의 시기, 제4기는 1910-1917의 시기이다. 권희영, "한민족의 노령이주사 연구(1863-1917)", 『國史觀論叢』41, 170쪽.

제1기에는 경제적인 어려움으로 인하여 한인이민이 시작된 시기이다.[285] 주로 농민들이 경제적인 궁핍으로 당시 조선 정부 쇄국 정책을 어기면서 불법적으로 국경을 넘어 연해주로 들어갔다.[286] 이 시기에는 아직 연해주가 거의 비어 있는 땅이었기 때문에 한인들은 이 지역에 정착하여 비교적 단기간에 안정적인 생활을 할 수가 있었다.

러시아 연해주 지역으로 한인들이 이주한 최초의 공식기록은 1863년 당시 노브고르드 경비대 레자노프 중위가 연해주지사에게 올린 보

---

285) 한인들의 연해주 이주가 언제 시작되었는가에 대해서는 1862년, 1863년, 1864년 등 여러 학설이 존재하는데, 이는 당시 제정 러시아와 조선 간에 공식적 외교관계가 없었기 때문에 많은 수의 고려인들이 부정기적 혹은 불법으로 국경을 넘나들어도 그 수를 파악할 수 없었기 때문이다. 가장 널리 인정되고 있는 학설은 조선인 농민 13가구가 1863년 겨울에 얼어붙은 두만강을 건너 우수리강 유역인 노브고르드(Novogord)에 정착한 것이 고려인 이주의 효시라는 주장이 보편적으로 받아들여지고 있다. 고송무, 『소련의 한인들. 고려사람』(서울: 이론과 실천, 1989); "韓-露 近現代史", 『동아일보』(1993. 2. 2). 러시아어 문헌으로는 다음 문헌 참고. Ким Сын Хва, *Очерки по истории советских корейцев*(Essays on the History of Soviet Koreans)(Alma-Ata: Nauka, 1965), c.28., Б. Д. Пак, *Корейцы в Российской империи. Дальневосточный период*(러시아 극동 지역 한인들)(Москва: 1993) c.19.

286) "빼앗긴 들에도 봄은 오는가" 시로 유명한 민족시인 이상화(1901 1943)는 "가장 비통한 기욕(祈慾) - 간도 이민을 보고"라는 시에서 조선 말기 가난한 한인들의 이민 심정을 다음과 같이 표현하고 있다. "아, 가도다, 가도다, 쫓겨가도다/ 잊음 속에 있는 간도(間島)와 요동(遼東)벌로/ 주린 목숨 움켜쥐고, 쫓겨가도다/ 진흙을 밥으로, 해채를 마셔도/ 마구나, 가졌드면, 단잠은 얽맬 것을/ 사람을 만든 검아, 하루 일찍/ 차라리 주린 목숨, 뺏어 가거라!/ 아, 사노라, 사노라, 취해 사노라/ 자폭(自暴) 속에 있는 서울과 시골로/ 멍든 목숨 행여 갈까, 취해 사노라/ 어둔 밤 말없는 돌을 안고서/ 피울음을 울으면, 설움은 풀릴 것을/ 사람을 만든 검아, 하루 일찍/ 차라리 취한 목숨, 죽여버려라!"

고서(1863년 11월 20일, No.205)에 나타난다.[287] 이 보고서에 따르면, 한인들이 노브고르드 경비대에서 15베르스타[288] 떨어져 있는 티진헤 강 평원으로 이주허가를 요청했으며, 5명의 군인들을 보내주어 안전이 보장된다면, 100가구 이상이 더 이주할 준비가 되어 있다고 했다. 연해주지사는 허가했다. 이 이주허가로 1864년 1월 한인 14가구(65명)가 티진헤강 유역에 이주해 와 티진헤 마을을 세움으로써 연해주에서의 공식적인 한인들의 이주와 정착이 시작되었다. 이후 1860년대 연해주 지역으로의 한인들의 이주는 급속도로 증가하였다. 기록에 따르면 1863년에 14가구이던 것이 1864년 607가구, 1866년 100가구 1868년 165가구, 1869년에는 1,667가구로 급증하였다.[289] 1869년도에 이렇게 대량 이주가 일어난 이유는 조선 북쪽 지역(함경도)에서 대홍수와 기아로 양식을 구할 수 없었기 때문이었다.[290]

---

287) "Рапорт командующего 3-ой ротой Линейного батальона Восточной Сибири поручика Резанова военному губернатору Приморской области от 30 ноября 1833 г", Б. Д. Пак, *корейцы в Российской империи*, с.50.

288) 러시아의 거리 단위. 1 베르스타(500사첸)=1,067m.

289) С. Д. Аносов, *Корейцы в Уссурийском крае(우수리스크 지역 한인들)*(Хабаровск: Книжное дело, 1928), с.5-6.

290) 1869년에 조선에서는 대기근이 있었는데 1869-70년에 한인들이 대거 국경을 넘어 연해주로 넘어갔다. 1869년 오래된 여름장마로 인하여 육진 등지에서는 추수할 것이 없어져서 민중은 동요되어 1869년 겨울 읍민 96호는 도강을 감행하였다. 한인 마을이 있는 지신허(티진헤)에 도달하였지만 그들이 의지할 가호나 식량은 없었다. 이에 촌장 최운보라는 사람이 빈민 35호를 인솔하여 추풍에 전왕하여 신개간지를 정하였다. 또 이듬해 6월에는 빈민 60여 호가 러시아 관리의 인도로 추풍에 이주하여 맥립 1부대의 긴급구호를 받았다고 하였다. 이때에 이주 한인들의 참상은 형언하기 어려운 정도였다. 나무껍질이나 풀뿌리를 가지고도 연명할 수가 없어서 부자(父子)가 서로 이별하고 부부가 갈라

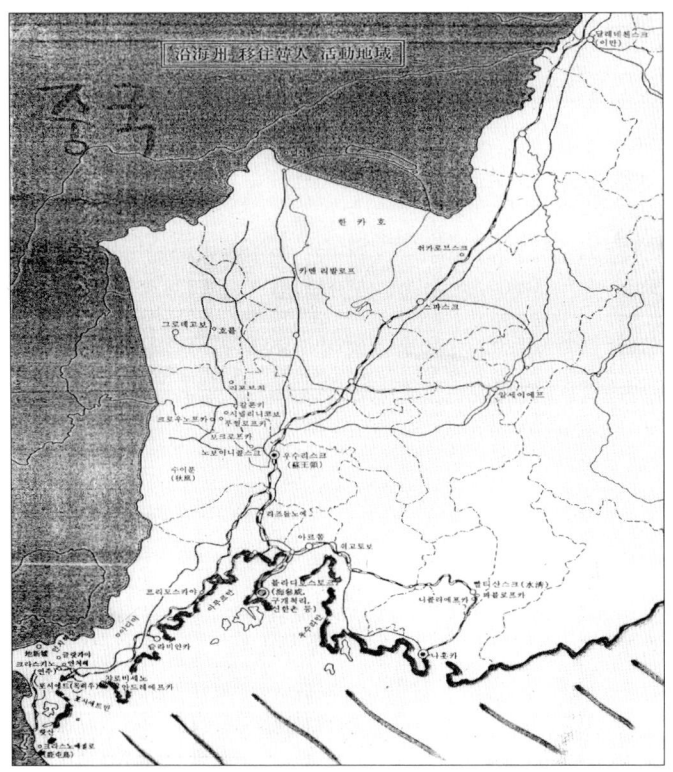

연해주 이주 한인 활동 지역

당시 연해주 지역은 연해주가 지리적으로 한반도와 인접해 있으면서
도 사람이 거의 살지 않는 신천지와 다름이 없었다. 따라서 새로운 개
발 지역으로서 노동력이 필요하였다. 따라서 이 시기에는 러시아 관헌
의 태도도 한인이민에 대하여 대단히 긍정적이었다.[291] 또한 한인들

지며, 청인에게 곡식 대신에 여아(女兒)를 매매하는 일도 상례였다고
한다. 연추나 목허우, 지신허 등에서는 굶어죽은 시체가 길 위에 많이
깔려 있었다고 하였다. 러시아 측의 한 연구는 1869년 11월에서 12월
사이에 4,500명이 국경을 넘어갔다고 한다. 권희영, "한민족의 노령 이
주사 연구(1863-1917)", 『國史館論叢』41, 162쪽.

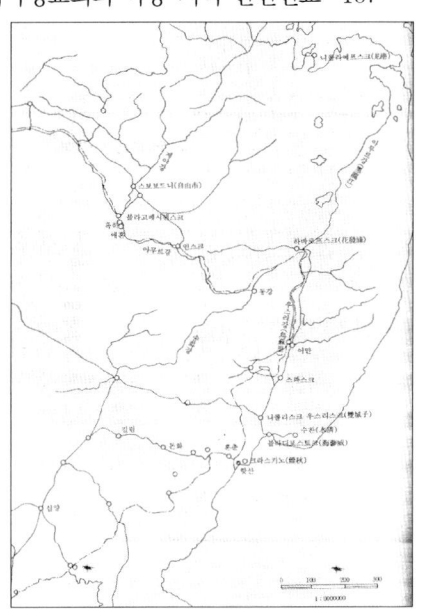

에게는 역사적, 정치·외교적 경
험 속에서 중국인이나 만주인에
대하여 부정적이고 적대적인 감
정을 많이 가지고 있는 반면, 처
음 대하는 러시아인들에 대해서
는 호기심도 작용했다.[292] 1872
년 당시에는 연해주에 13개의 한
인촌락이 존재하였다.[293] 이 마
을들에 집이 모두 711채가 있었
고 496가구에 3,473명이 거주하였

---

291) 李尙根, 『韓人露領移住史硏究』(서울: 探求堂, 1996), 80쪽.

292) 1863년부터 1928년까지 고려인 이주실태를 분석한 소비에트 극동관구
토지관리부 토지개량부장 마마예프(Mamaev)가 1929년경에 작성한 보
고서도 고려인의 연해주 이주동기를 당시 조선에서의 어려운 생활, 지주
들의 박해 그리고 러-일 전쟁 승리 후 한반도의 식민지화를 노골화해가는
과정에서 일본이 가한 박해 등을 지적하고 있다. 『동아일보』(1993 2. 2).

293) 이들 한인 촌락은 크게 3구역으로 나뉘어져 있었는데, 그 명칭은 다음과
같다. 수이푼 구역(얀치혜, 티진혜, 페레셰에크, 시지미, 찌무혜). 한카
구역(시넬니코보, 코르사코프카, 크로우노프카, 푸틸로프카, 카자케비체
보, 후루겔르모프카). 수찬 구역(첼코보, 바실례프카). Б. Д. Пак, *Корей
цы в Российской империи*, (Иркутск, 1994) с.47-48. 그리고 러시아 지
명을 한인들은 한국식으로 바꾸어 불렀다. 블라디보스톡, 크라스키노 지
역은 연추 마을(현재의 츄카노프카), 뿌찔로프까(육성촌), 코르사코프
카, 뿌질로프카(육성촌), 우스리스크-수이푼 지역(추풍 지역)의 시넬리
니코보(Sinelinikovo, 영안평, 또는 대전자) 아누치노(다우비허, 도병하,
도비허) 지역의 카자케비체바(Kazakevicheva, 리포) 마을, 로마노브카
(Romanovka), 빨찌산스크 지역(수찬 지역)의 니콜라예브카(Nikolaevka,
신영동), 큰영(Vladimiro-Aleksandrovskoe), 동개터(나홋카, Nakhodka),
다우지미(Taudimi)와 우지미(Udi-mi), 가이다막(청류애) 등.

다고 한다. 이 중에 페레셰에크촌만 어업에 종사하였고 나머지 마을은 모두 밀농사를 지었다. 이 중에 2,154인의 한인들이 정교를 받아들였다. 정교회를 수용한 속도는 대단히 빠른 편이었다.

사진 1. 1860년 초기 이주농민

사진 2. 1960년 연해주 한인

사진자료: 이광규, 『러시아 연해주의 한인사회』, 집문당, 1998, 45쪽.

연해주 이주 한인 농민들의 모습

1870년대 한인들의 이민은 완만하게 진행되었지만, 러시아와 한국의 경제관계가 활발하게 이루어지고 있었다. 덕분에 한국의 계절적인 노동자들이 러시아에 많이 출입하게 되었다. 이들은 봄에 러시아에 들어와서 노동을 하고 가을이 되면 한국으로 돌아가는 노동자들이었다. 1880년 초 이러한 계절적인 노동자의 수가 연간 3천 명이나 되었다고 한다. 이들은 블라디보스톡 같은 도시에서 일하거나 혹은 한인들이 이미 정주해 있는 농촌에서 일을 하였으며 돈을 벌어 귀국 하였다. 그러나 이들 가운데 일부는 러시아에 정착하기도 하였다. 당 시 조사에 의하면 1878년 3개의 지역에서 모두 6,142명의 한인들이 거주하며 20개의 촌락이 있었다고 한다. 아무르의 블라고슬로벤노 예에는 624명의 한인이 거주하였다. 이리하여 연해주 21개 촌락에 6,766명의 한인들이 거주하였다.[294] 그중 정교회 입교자는 2,002명이 었다. 약 30%가 정교회를 믿은 셈이다.

1880년대에 접어들면서 극동 지역의 한인 이민은 새로운 전기를 맞 게 되었다. 그것은 러시아가 극동 지역을 유럽계 러시아인 이민자들로 정주시키려는 계획을 적극적으로 추진함과 동시에 한인 이민들을 배 제하려는 정책을 시행하였기 때문이다.[295] 그러나 연해주 지역에 이 미 다수를 점하고 있는 한인들이 연해주 지역 개발에 공헌한 사실들을 감안하여 러시아 당국은 한인들에게 가혹하게 대하지는 않았다.[296]

---

294) С. Д. Аносов, *Корейцы в Уссурийском крае*(우수리스크 지역 한인 들)(Хабаровск: Книжное дело, 1928), с.27-29.

295) 권희영, "한민족의 노령 이주사 연구(1863-1917)", 『國史觀論叢』41, 155-57쪽.

296) 한인들은 러시아 농민들이 필요로 하는 값싼 노동력을 제공하였을 뿐 만 아니라 영농방법까지도 가르쳐 주었다. 그뿐만 아니라 러시아 이 민자들이 정착하기 위해 필요한 교통로를 닦는 데도 한인들이 동원되 었다. 예컨대 1886년 2월 27일에서 1887년 7월 1일까지 한인들은 자 신들의 힘만으로 라즈돌노예(Раздольное)에서 몽구가이(Монгугай)까 지의 173베르스타의 길과 10개의 다리를 닦았다. 1885년에서 1888년 까지 한인들은 건설작업에 연 102,640명이 일을 하였고 이는 노동자 한 사람이 연간 14일을 노동한 것이다. Ким Сын Хва, *Очерки по и*

제2기(1884-1909)는 한인들의 이민문제와 러시아 거주문제를 법적으로 정리, 규제한 시기였다. 이때부터 러시아 거주 한인들의 러시아화를 적극적으로 시행하고, 한반도에서 넘어오는 이민을 제한하였다.[297] 1884년 조로통상조약, 1888년 조로육로통상장정(朝露陸路通商章程)을 체결하고, 1884년 조로협약이 체결되기 이전에 이주한 한인들에게는 러시아 국적을 인정한다는 약속을 함과 동시에 러시아령 한인들에 대해서는 법적인 조처를 구체화하였다. 노령의 한인들을 3그룹으로 구분하였다.[298]

제1그룹은 1884년 6월 25일 한-로 간의 국교가 수립되기 이전에 노령에 이주한 한인들이다. 이들에게는 러시아 국적을 취득할 수 있도록 해주고 가족당 15데샤티나의 토지를 분여하였다.[299] 대신 한인들은 러시아농민과 같이 금전 및 현물납세를 바쳤다.

제2그룹은 1884년 국교수립 이후에 이주하였지만, 노령에 거주하기를 희망하는 한인들이었다. 이들에게는 노령 거주를 허락하고 대신 매 2년 러시아의 비자를 발급받으며 납세는 제1그룹과 마찬가지로 하는 것으로 규정하였다. 비자를 받지 못하면 러시아 생활을 청산하고 본국으로 돌아가도록 하였다.

마지막 제3그룹은 극동변강에 일시 거주하는 자로서 징구힐 자격을 가지지 못한 한인들이었다. 하지만 매년 세금을 납부해야 하고

стории советских корейцев(Essays on the History of Soviet Koreans)(Alma-Ata: Nauka, 1965), c.29-30.

297) 이상근, 『韓人露領移住史硏究』, 95-99쪽.

298) Б. Д. Пак, Корейцы в Российской империи, c.67-69.

299) 러시아의 토지 단위(=1,092ha, 약 7,500평이다). 현규환, 『韓國流移民史』上(서울: 대한교과서주식회사, 1972), 787쪽.

비자를 발급받아야 했다. 이렇게 1884년 한-러 국교 성립 이후 러
시아 당국은 가능한 한인들의 이민을 배제하고, 재러 한인들을 적극
적으로 러시아화하는 정책을 추진하였다. 동시에 러시아는 오데사-
블라디보스톡 항로(航路)를 개척하여 본격적으로 유럽의 러시아인,
우크라이나인을 극동 지역으로 이민시키려는 계획을 세웠다.[300] 그
것은 새로 획득한 극동 지역을 러시아제국 영토로 통합시켜 제국의
영토를 견고하게 만드는 동시에 동아시아 진출의 교두보로 활용하려
는 중앙정부의 적극적인 의지가 있었기 때문이다.

  1886년에 이루어진 조사에 따르면, 연해주 지역에 8,500명의 입적
한인, 12,500명의 비입적 한인, 그리고 3천 명의 계절노동자가 있는
것으로 파악됐다.[301] 그리고 이들 한인들에 대하여 당국은 적극적인
러시아화를 목적으로 다음과 같은 결정을 채택하였다.

  ① 남우수리 지방에 사는 한인들을 점차적으로 우수리江 동안(東
  岸) 아무르 지방의 즉키야, 호르 지방 및 남우수리 올가 지방으로
  이동시키고 기후적인 이유로 러시아 이민자들에게는 적합하지 않은
  6개의 한인촌락(얀치혜, 화타쉬, 티진혜, 랴자노보, 아지미, 시지미)
  은 그 자리에 남겨둔다.
  ② 이렇게 이민한 한인들에게 5년간 현금조세는 면제시키지만 교
  회와 학교를 위한 현물조세는 부담시키고, 한인들이 민족 두발을 하
  는 것을 금지시키고 아이들에게는 러시아 농민식의 옷을 입게 한다.
  ③ 더 이상의 한인 이민은 받지 않으며 계절노동자로 오는 한인
  들에게 중국인과 같은 현금 비자세를 부담시킨다.
  ④ 금 광산에 한인들을 취업시키지 않는다.[302]

---

300) 권희영, 『國史觀論叢』41, 155-57쪽.
301) 위의 책.

이 같은 결정은 이미 이민한 한인들을 국경으로부터 멀리 떨어진 내지로 이동시켜 러시아화를 강력하게 추진하며, 더 이상은 이민을 받아들이지 않겠다는 한인에 대한 부정적인 견해가 집약적으로 표출되어 있는 결정이었다.

1894년부터 1909년 사이에는 대규모의 이민이 이루어졌다. 그 주된 이유는 1893-1895년에 동학농민봉기가 일어난 이후 농민들이 어려운 경제생활로 러시아 이주 희망자들이 급증하였기 때문이었다. 동시에 연해주 지역 총독 두호프스키(Духовский)가 극동 변강의 식민지화에 한인들이 유용하다고 생각하였기 때문에, 러시아 당국이 관대하게 한인들이 러시아 국적을 취할 수 있는 기회를 많이 제공하였다.[303] 1894년 한 해 해로와 육로를 거쳐 모두 9,980명의 한인들이 노령으로 이주하였다.[304] 이들 중 3,995명은 블라디보스톡으로 향하고, 5,985명은 아무르 주로 향하였다. 1895년 봄부터는 한국으로부터의 이민 행렬이 그치지 않았다. 이리하여 1895년에는 공식적으로 연해주에 18,400명의 한인들이 거주하게 되었다. 이 중 절대다수인 16,700명은 수이푼 지역에, 600명은 하바로프스크시 주위에, 그리고 1,100명은 아무르 주 블라고슬로벤노예 마을에 거주하였다.

1900년 낭국은 러시아에 이민한 모든 한인들을 러시아 국민으로 받

---

302) 이 결정문은 당시 한인들의 이민을 부정적으로 생각한 동시베리아 군사령관지사 코르프(А. Н. Корп)가 1885년 하바롭스크에서 열린 회의에서 결정한 것이었다. С. Д. Аносов, *Корейцы в Уссурийском крае*, с.10. 권희영, 『세계의 한민족: 독립국가연합』(통일원, 1996), 47쪽에서 재인용.

303) А. И. Петров, *Корейская Диаспора на Дальнем Востоке России 60-90-е ХIХ годы века(1860-90년대 러시아 극동 지역 한인 디아스포라)*(Владивосток: 2000), с.89.

304) 권희영, 『國史觀論叢』41, 167쪽.

아주었다. 그러나 그 신분은 러시아제국의 하층민인 국가 농민 신분으로 러시아에 입적하였으며, 입적과 동시에 상투를 자르도록 하였다.[305] 1902년에는 이 수가 32,380명으로 증가한 것을 보면,[306] 러시아인으로 입적하는 한인들의 증가 속도를 짐작할 수 있다. 이후 한인들에 대한 러시아의 정책이 불리하게 작용한 때도 있었지만, 한인들의 이민은 꾸준히 증가하였으며 특히 남우수리에서는 인구의 다수를 차지하게 되었다.

제3기(1910-1917)는 한일병탄조약 이후 일제가 토지조사 사업을 진행하던 시기로 많은 농민 및 정치적 망명자가 노령으로 이주하였다.[307] 불법으로 국경을 넘어 온 한인들은 돌아갈 길도 막혔다. 나라도 빼앗기고, 재산도 시민권도 빼앗긴 한인들은 러시아에 대거 입적하게 되었으며 이민도 계속하여 증가하였다.[308] 1911년 1월에서 9월까지 블라디보스톡으로 2,253명의 한인노동자들이 이주하였다. 동시에 연해주에 정주를 희망하는 한인들의 수도 증가하였으며, 거의 매달

---

305) 이광규, 『러시아 연해주의 한인사회』, 52쪽.

306) 위의 책.

307) 권희영, 『國史觀論叢』41, 167쪽.

308) 1910년 당시 한인 통계표를 살펴보면, 다음과 같다(괄호 안은 非入籍 한인). 연해주: 블라디보스톡시 3,465명(3,217), 하바로프스크시 529명(489), 니콜스크-우수리스크시 2,353명(2,358), 니콜라예프스크시 797명(754), 니콜스크-우수리스크군 28,718명(16,791), 올가군 10,612(9,479), 이만군 2,716(1,876), 우두스크군 1,204(1,204), 하바로프스크군 1,160(490), 아무르 주: 블라고베쉔스크시 357, 제야 부두 150, 아무르군 579, 아무르카자크 구역 202, 제야산지 경찰구 150, 부레이산 지구 55, 아무르 식민구 45, 자바이칼 주: 치타시 53, 쉴코-아르군스크산지 경찰구 165, 호로고친스크 금광 165, 바르구진스크산 지구 70, 네르친스크군 46, 우스트-카리이스크 구역 14, 악쉰스크군 2, 치타군 1. И. Бабичев, Участие китайских и корейских трудящихся в гражданской войне на Дальнем Востоке(Ташкент, 1959), с.18-19.

600-700명의 새로운 이민자들이 도달하는 실정이었다.

이 시기 이주 한인들의 특징은 자발적으로 러시아 국적을 취득하려고 하였다는 것이다. 러시아에 입적을 하게 되면, 토지를 부여받고 세금을 감면받는 등의 혜택을 가질 수 있었다. 그러나 병탄조약 이전에는 아직 러시아에 입적하지 않는 사람이 많았다. 그들은 언젠가는 다시 한국으로 되돌아갈 생각을 하고 있었던 것이다. 그러나 이미 한국이 일본에 합병된 후 러시아에 있는 한인들은 일본의 국민이 되기보다는 러시아의 국민이 되기를 선택하고, 집단적으로 러시아 국적을 취득하기 위하여 운동을 전개하였다. 그 한 예로 1910년 8월 19일 블라디보스톡에서는 16명의 한인 대표들이 모여 9,780명 한인들의 러시아 국적취득을 집단적으로 청원한 경우이다. 이 청원서는 러시아 내무성에까지 전달되었다.[309] 우여곡절 끝에 이 청원은 긍정적으로 검토되어서 1913년부터는 한인들이 대량으로 입적하기 시작하였다. 〈표 3〉이 보여주듯이, 1913년에 3,014명, 1914년에 832명이 러시아 국적을 취득하게되어서 1917년에는 모두 32,791명이 러시아 국적을 가지게 되었다.

〈표 3〉 연도별 러시아 입적 한인 수[310]

연도	입적 한인	비입적 한인	합계
1892	12,940	3,624	16,564
1899	14,980	10,675	25,655
1900	16,125	11,755	27,880
1901	16,163	13,445	29,608
1902	16,140	16,270	32,410

---

309) 권희영, 『國史觀論叢』41, 167쪽.
311) С. Д. Аносов, Корейцы на Уссурийском крае(우수리스크 지역의 한인들), c.27, 29(1906, 1910-1914, 1923), 현규환, 『韓國流移民史』上(서울:

연도	입적 한인	비입적 한인	합계
1905	16,500	12,000	28,500
1906	16,965	17,434	34,399
1908	16,190	29,207	45,397
1909	14,799	36,755	51,554
1910	17,080	36,996	54,076
1911	17,476	39,813	57,289
1912	16,263	43,452	59,715
1913	19,277	38,163	57,440
1914	20,109	44,200	64,309
1923	34,559	72,258	106,817

1910년 당시 광활한 연해주에 모두 52개의 한인 마을에 약 5만여 명의 한인들이 있었다.[311] 1923년에는 약 106,000명이 있었다고 한다. 그러나 계절노동자, 광산노동자들과 같은 러시아 당국에 알려지지 않은 한인 유민들까지 합하면 1917년 당시 20만 이상의 한인들이 러시아 극동 지역에 있었다.[312]

3. 러시아 극동 지역의 개발과 한인선교

19세기 말 20세기 초 러시아 극동 지역에는 수많은 소수민족들이 거주하고 있었는데,[313] 날이 갈수록 러시아 당국과 정교회 선교부가

대한교과서주식회사, 1972), 809-10쪽. (참고, 1892, 1899-1902, 1905, 1908쪽).

311) 이상근, 『韓人露領移住史硏究』, 209쪽.

312) 권희영, 『國史館論叢』41, 170쪽.

313) 1860년 북경조약으로 극동 지역이 러시아 영토로 편입되었을 때, 거기

막대한 국고요청을 하면서까지 한인들에게 관심을 가지게 된 이유가
무엇일까? 그 주된 이유는 1860년 북경조약 이후 중국으로부터 새로
획득한 불모지 극동 지역을 개발하여 제국의 확실한 영토로 만듦과
동시에 동유럽에서 차단당한 러시아의 새로운 진출 기회를 동아시아
지역에서 마련하는 데 교두보로 삼으려는 국가 경제 외교 군사적 목
적을 달성하는 데 당시 극동 지역 거주 한인 유민들의 인력이 필요
하다고 여겼기 때문이다. 즉 극동 지역에서 한인선교는 제국의 국가
－정치적 이익의 차원에서 고려되고 시작되었던 것이다.

처음에는 러시아 당국이 연해주 한인들을 불청객 대하듯 의심하는
눈초리로 보았다. 그러다가 차츰 한인들을 선호하는 태도로 변하게
되는데, 그 이유가 무엇일까? 니키틴(Никитин) 장사제(長司祭)의 논
문을 분석해 볼 때,[314] 3가지 이유를 찾아낼 수 있다.

첫째, 러시아 극동 지역 식민지 개발에 한인들의 근면한 노동력이

에는 소수이기는 하나 이미 여러 민족들이 살고 있었다. 그 민족들을
크게 세 부류로 나누어 본다면, 첫째 한띠, 만씨, 네네츠, 예네츠, 첼팝
족, 에벤끼, 에벤, 네기달, 돌간족, 나나이, 올치, 오로치, 오록, 우데게이
족, 축치, 꼬략, 에스키모, 니브키, 아뗄벤, 케트족 등과 같은 토착민족
그룹, 둘째는 슬라브족, 터키족, 유태인 등 유럽에서 이주해온 유럽계
민족들, 그리고 세 번째는 중국인, 일본인 한인 등과 같은 아시아계 민
족들이다. 참고: James Forsyth, *A History of the Peoples of Siberia:
Russia s North Asian Colony 1581-1990*(Cambridge: Cambridge Univ.
Press, 1992), p.48. 그리고 Y. Slezkine, *Artlc Mirrors: Russia and the
Small Peoples of the North*(Ithaca: Cornell Univ. Press, 1994), pp.2-7.

314) Архимандрит Августин(Никитин), "Православие у корей цев Забай к
алья и Приамурья(연해주와 자바이칼 한인들의 정교회)", *История Р
оссийской Духовной Миссии в Корее(한국에서 러시아정교회 선교역
사)*(Сборник статей), (Москва: Издательство Свято-владимирского
Братства, 1997 г), с.150-70.

많은 유익을 준다고 판단했기 때문이다. 러시아 극동 지역에 거주민들은 크게 세 부류로 구분된다. 유럽에서 이주해온 백인들, 국경 수비를 위한 카자크인들, 그리고 한인, 일본인, 에스키모인 등 소수 아시아인들이다. 이 중에서 극동 지역을 개발하여 러시아의 식민지로 만드는 데 가장 유용한 인력은 한반도에서 이주해 온 한인 농민들이었다. 1911년 6월 26일자 신문 『모스크바 목소리(Голос Москвы)』는 "노동력 측면에서 한인들은 중국인들에게 뒤지지 않았으며, 겸손함과 규율적인 면에서도 우월했다."[315] 라고 적고 있다. 이 때문에 당국은 지정학적인 상황으로 인해 중국에서 연해주로 들어오는 대량의 이주자들을 제한한 반면, 한인들에 대해서는 선호하는 입장을 취하였다.[316] 같은 신문 1911년 7월 26일자에서는,

---

315) 위의 책, c.157에서 재인용

316) 1860년대 당시 극동 지역에 중국인들 300여 가구, 일본인들도 3-4천 명이 있었지만, 그들은 수시로 본국을 드나들었고, 극동 지역에 정착하려고 하지 않았다. 이러한 사람들은 극동 러시아 개척과 개발에 도움이 되지 않았다. 그러나 한인의 경우는 달랐다. 적극적으로 러시아의 호의를 얻어 정착하려고 하였다. 유럽인들이나 중국인이나 일본인들과는 달리 한인들은 여성이 많이 포함된 가족단위로 이주해 와서 황무지나 토지의 개척민으로서 정주하였다. 예를 들어 1910년경에만 하더라도 러시아 극동 지역에 거주하고 있던 중국인 남자 100여 명에 3명 정도의 여자가 섞여 있었다면, 한인의 경우 300명의 남자에 85명이 여자였다고 한다. 중국인들은 반정주 생활을 하는 사람들도 있었지만 주로 상업 활동에 종사하여 주거 기간이 일정치 않았다. 일본인들은 어업 조업기에 계절적으로 이주해 와서 어업 및 어업 가공업에 전념하였다가 그 일이 끝나면 되돌아갔다. 결국 한인과 일부 중국인들만이 극동 러시아에 이주하여 정착하려 하였거나 성공했을 뿐 다른 민족은 그러한 의지가 희박했거나 일시적인 잠시 활동 목적을 달성하고는 되돌아갔던 것이다. 이 때문에 한인들이 러시아 당국의 주목을 받았으며, 이

프리아무르는 이미 많은 것에서 한인들에게 신세를 지고 있다. 한
인들은 남우수리스크의 가장 가까운 이웃이나 일부의 원주민들처럼,
러시아인들의 소작인이나 고용 인력으로 이 지방의 토지를 이용할
수 있도록 도왔다. 이제 한인들은 아무르강 하류까지 침투했으며,
한인들 덕분에 아무르강 하류가 조금씩 활기를 띠기 시작했다. 그곳
에서는 하바로프스크에서 니콜라예프스크(Николаевск) 구간에 사는
아무르강 기슭의 러시아인들이 전혀 종사하지 않고 있는 농업이 시
작되고 있으며, 당시 그곳의 러시아인들은 어업이나 기선용 장작을
공급하거나 사냥 등의 간단하고 돈벌이가 되는 일들로 생계를 이어
나갔다. 또한 한인과 러시아인들과의 관계는 프리아무르 어느 곳에
서나 좋았으며, 반면 중국인들과의 사이에서는 충돌이 잦았다."[317]

고 적고 있다. 1913년 『정교 회보(Православый Благовестник)』잡
지에서도 같은 내용을 언급하고 있다.

조선이 일본에 병합된 이후에 연해주와 프리아무르 전 지역으로
농부와 노동자로 한인들의 대량 이주가 시작되었고, 러시아인 이주자
들에게 귀중한 도움을 주었다. 무궁한 타이가 지역은 인내심 많은 한
인의 굳은살 박인 손을 피해가지 못하며, 이런 환경의 세태 속에서
한인들은 점차 러시아인들과 가까워지기 시작했고, 그 결과 한인들의
대규모 영세(침례)와 러시아 공민으로의 전환이 이루어졌다.[318]

후 러시아정교회의 주된 선교 대상이 되었던 것이다. 심헌용 "러시아
극동 지역의 민족관계와 유업 이주민의 민족적 특성", 『아시아 문화』,
제17호(한림대학교 아시아문화연구소, 2001), 158-59쪽.

317) *История Россий ской Духовной Миссии в Корее(한국에서 러시아정
교회 선교역사)*, c.157.

318) 위의 책, c.158.

 두 번째 이유는 한인들은 번 돈을 연해주에서 사용했기 때문이다. 한인들은 러시아에서 번 돈을 대부분 생활비와 의복에 지출하며, 러시아에서 소비하였다. 하지만 중국인 노동자들의 경우에는 번 돈을 중국으로 가지고 갔다.[319] 게다가 중국인들의 수는 한인들에 비하여 월등하게 많았다.[320] 러시아인들에게 중국인은 이질적인 민족이요, 위협적인 민족으로 생각된 반면에, 한인들에게는 친밀감과 안정감을 느낀 것이다. 한인들은 척박한 극동 지역을 개척하고 개발하여 농경지로 만들었으며, 토지만 주어지면 정착하여 러시아제국의 신민이 되는 데 적극성을 보여주었다. 이러한 한인들의 생활상을 보면서 당국은 극동 지역 개발을 위하여 한인들을 적극 활용하는 방안을 검토하였다.[321]

 세 번째 이유는 한인들의 러시아화가 신속하게 이루어질 수 있다고 보았기 때문이다. 위에서 언급한 『정교 회보(Православный Благовесник)』 잡지는 "극동의 모든 민족들 중에서 한인들이 가장 빨리 러시아화되고 있으며, 자진해서 러시아 공민이 되고 있다. 정교회를 받아들이는 데 호의적이며, 자녀들을 러시아인 학교에 보낸다."고 적고 있다. 1909년 『연해주 회보(Приморский Вестник)』는 "조선에서 기독교(정교회)의 확산은 어느 정도 성공적으로 진척되어 가고 있으며, 15-20년 후인 멀지 않은 장래에 조선은 완전한 기독교(정교회)

---

319) *Записки Приамурского отдела Императорского Общества востоковедения.* Хабаровск, 1912. Выпуск. 1: Ф. Шперк. *Россия дальнего Востока.* СПб., 1885: н в. СЛОНИН. *Современное положение Дальнего Востока.* СПб., 1908. положение Дальнего Востока. СПб., 1908.

320) *История Российской Духовной Миссии в Корее(한국에서 러시아정교회 선교역사)* c.158.

321) 심헌용 "러시아 극동 지역의 민족관계와 유업 이주민의 민족적 특성", 『아시아 문화』 제17호, 158-59쪽.

국가로 불리게 될 것이다"[322]고 적고 있다. 이렇게 한인들이 적극적으로 정교회로 개종하는 것을 보면서, 한인들의 러시아화는 신속하고 용이하게 이루어질 것으로 보았던 것이다.

이러한 이유들로 인하여 한인들은 러시아 당국과 정교회의 주된 관심이 되었으며, 한인들의 러시아화를 위하여 당국과 교회가 협력하였던 것이다.

B. 러시아정교회의 선교 성격과 단계별 목표

1. 정교회의 한인선교 조직 체계와 선교 목적

러시아 극동 지역에서 한인이주민들을 대상으로 전개된 러시아정교회의 선교는 마치 군대식으로 계층적 질서에 따라서 움직여진 엄격한 선교조직에 의해서 이루어졌다. 〈표 4〉가 보여주듯이 선교의 최고 지휘부는 제국의 중심인 뻬쩨르부르그에 위치한 신성종무원이었다. 주교회의가 있고, 기타 교회 모임들이 있었지만, 사실상 표트르 내세 시내에 반들어신 국가관청인 신성종무원의 시시에 따라서 선교지의 주교가 임면되었고, 주교의 책임하에 선교회를 조직하여 해당 지역 이교민족들을 선교하였는데, 선교에 필요한 재정적 지원,

---

322) Архимандрит Августин (Никитин), "Православие у корейцев Забайкалья и Приамурья(연해주와 자바이칼 한인들의 정교회)", *История Российской Духовной Миссии в Корее(한국에서 러시아정교회 선교 역사)*(Сборник статей), (Москва: Издательство Свято-владимирского о Братства, 1997 г). с.158-59에서 재인용.

학교 설립, 교회 설립 등도 신성종무원이 결정하였다. 심지어는 선교 정책까지도 신성종무원의 허락을 받아서 이루어졌다. 그리고 신성종 무원의 결정과 지시에 재무성, 외무성, 교육성, 내무부, 국토개발부, 극동 지역 총독부, 왕후, 백작 등이 관여하였으며, 신성종무원은 주 교회의와 황제 사이에서 다리 역할을 하였다.

⟨표 4⟩ 러시아정교회 통치구조(1917년까지)[323]

러시아정교회 통치구조 (1917년까지)		
황제 (러시아정교회의 수장)		
⊙ 신성종무원장		신성종무원장실
		신성종무원실
⊙ 신성종무원		신성종무원산하위원회조직
		신학교육 위원회
러시아정교회 최고상임위원회 (6-12명의 대주교,주교로 구성됨)		수도원관리 위원회
		교회재산관리 위원회
		해외선교 위원회
		교회인사 위원회
⊙주교급 장사제(長司祭)		
주교구 → 주교구청	⊙부주교 부주교청	⊙육군, 해군 군종감 / ⊙궁정 사제단장
⊙교구사제 행정관료 사제교구		⊙연대급 군종사제
시골사제 교회교구		시골교회 위원회

172

이러한 사실은 『블라디보스톡 주교구 통보지』를 보면 알 수 있다.[324)
1903년 1월 1일부터 1917년까지 매달 두 번 발행된 이 주교청 잡지는
각 호마다 첫 페이지에 거의 빠짐없이 황제의 지시, 신성종무원의 지
시, 주교의 말씀, 혹은 왕족(백작)의 지시를 싣고 있다.[325) 블라디보스
톡 주교청과 선교활동의 국가 종교적 성격과 비극적 운명이 이 잡지의
1918년 마지막 호에 잘 나타나 있는데,[326) 신성종무원의 명령으로 주
교구와 선교회 자금지원을 중단한다는 것과 수십 명의 주교구 산하 사
제들의 해임과 이동 소식을 싣고 있으며, 동시에 주교가 신도들이 선
교활동을 위한 헌금에 동참해줄 것을 부탁하는 호소문을 싣고 있다.
창간 이래로 보고되어 오던 선교보고와 교구학교 보고서는 없고, 대신
공산주의적 소련 교육법을 싣고 있다. 새로 제정된 소련교육법은 14세
미만 자녀에게 종교교육을 금하는 내용을 담고 있다. 정교회 선교의
국가적 성격이 이렇게 『블라디보스톡 주교구 통보지』 창간호와 마지

323) В. А. Федров, *Русская Православная Церковь и Государство* (*러시
아정교회와 국가*)(Москва: Русская Панорама, 2003), c.309

324) *Владивостокские епархиальные ведомости* 이하 약어로 BEB라 표기
한다.

325) BEB 제1호(1903년 1월 1일) 첫 페이지 편집자의 글에 "1902년 신성
종무원 회의(5월 24일-6월 4일)의 결정(명령서 No.2315)에 의해 해삼
위 주교구 책임자에게 해삼위 주교구 통보지 발행을 허락함"을 싣고
있다. 그리고 BEB 제2호(1903년 1월 15일) c.22에는 신성종무원장 포
베도노스쩨프의 이름으로 블라디보스톡 주교에게 보낸 전보 전문이
실려 있다. 황제가 블라디보스톡 석조건물 성당 '빠크로프 성모 기념
교회(покров пресвяты Богородицы)' 건축을 위하여 5천 루블을 하사
한다는 내용이다. 그런데 이 결정문의 끝에 "자비가 많은 통치자이자
백성들의 목자이신 황제로부터"라는 표현이 c.22에 나온다.

326) BEB 1918년 1-2월호 No.1-4.

막 호에 뚜렷이 나타나 있다.

연해주 지역 한인들을 전문적으로 선교 관리한 단체는 블라디보스톡 주교구 정교회 선교 위원회(Владивостокский Комитет Православного Миссионерского Общества)였다.[327] 이 단체는 1888년 1월 8일(No.2717) 신성종무원의 명령으로 처음에는 "정교회 선교회 자문 위원회(совет православного миссионерского общества)"로 조직되었다가 1908년 2월 20일(No.1184) 신성종무원의 명령으로 "블라디보스톡 주교구 정교회 선교 위원회(ВКПМО)"로 개명되었다. 이때로부터 블라디보스톡 주교청은 러시아 극동 지역 한인들을 본격적으로 선교하기 시작하였으며, 이후 매년 초에 한인선교 상황 및 선교구학교 현황을 『블라디보스톡 주교구 통보지』에 게재하였다.

연해주 지역 한인들을 효과적으로 선교하기 위하여 신성종무원과 블라디보스톡 주교구가 협의하여 한인 거주 지역을 중심으로 선교지부를 설립해 나갔다.[328] 1913년 당시 러시아 극동 지역에 한인들을 선교하기 위한 9개 선교지부들을 간략하게 기술하면 다음과 같다.[329]

---

327) BEB, 1918년 1-2월호 No.1-4, pp.7-8. 이하 ВКПМО라고 약어로 표기한다.

328) '선교지부'라고 번역한 '스탄(стан)'이란 사제 선교사가 상주하는 교회당을 중심으로 5~50여 개 마을을 관할하는 교구 선교 지역을 의미한다.

329) 1860년대부터 시작된 50여 년간 이루어진 러시아정교회의 한인선교는 9개의 선교지부를 거점으로 이루어졌다. 1870년대 인노켄티 베니아미노프(Иннокентий Вениаминов)의 방문과 영세식으로 최초의 한인 교구들이 생겨나게 되고, 코르사코프카 마을에서는 한인들의 자금으로 최초의 교회가 세워졌다. 이와 동시에 몇 개의 마을과 교회, 기도소(Часовня), 학교들로 구성된 선교지부(миссионерский стан)가 만들어졌다. 1913년에 "블라디보스톡 정교회 선교협회 주교구 위원회"의 자료에 따르면, 당시 극동 지역에 16개의 선교지부가 있었다. 그중 9개는

① 코르사코프카 선교지부(Корсаковский стан): 블라디보스톡 신한촌에 있었으며, 로만 김(Roman Kim)이 이끌었으며, 1873년부터 존재했다. 선교지부 규모는 10베르스타에 이르고, 교구는 2개의 마을을 포함했다. 1912년 지부 내에는 '모든 것이 잘 갖추어진' 교회가 있었다. 교구민의 수는 2,000명이었으며, 이교도들은 100명에 이르렀다. 포크로프(Pokrov) 교회의 전도사인 바실리 오가이(Vasilii Ogai)가 교구를 이끌었다. 블라디보스톡에 사는 모든 한인들이 이 선교지부에 편입되었다. 교구민의 수는 1,500명이었으며, 선교지부 내에는 목조 교회학교가 있었다.[330]

② 푸칠로프카 선교지부(Пуциловский стан): 아베르키(Averkii) 대사제가 이끌었으며, 1891년도에 조직되었다. 선교지부는 몇 개의 마을들로 이루어졌으며, 목조교회를 갖고 있었다. 교구민의 수는 1,000명이 넘었으며, 이교도의 수는 700명이었다.[331]

③ 시넬니코보 선교지부(Синельниковский стан): 알렉세이 악세노프(Aleksei Aksenov)가 이끌었으며, 1891년부터 존재했다. 하나의 마을로 이루어졌으며, 선교지부 규모는 7베르스타였다. 교구민의 수

한인들로 구성되었으며, 7개는 이민족들로 구성되었다. 이 선교기부는 4개의 지역, 즉 포시에트 지역에 7개, 수이푼(수청) 지역에 3개, 캄차트카 지역에 5개, 우드(Ud)강가에 1개가 위치하고 있었다. Иеромонах Павел(Ивановский), "Очерк миссии среди корейцев Южно-Уссурийского края(남우수리스크 지역 한인들 사이에서 이루어진 선교사역에 관한 소고)" *История Российской Духовной Миссии в Корее(한국에서 러시아정교회 선교역사)*(Москва: Издательство Свято-Владимирского Братства, 1999), с.132-49.

330) 위의 책, с.133-34.
331) 위의 책, с.134-36.

는 1,000명이 넘었으며, 이교도는 700명 정도였다.[332]

④ 얀치헤 선교지부(Янчихэнский стан): 니콜라이 수도사가 이끌었으며, 1882년부터 존재해 왔고, 10개의 마을을 포함하고 있었다. 교구민의 수는 2,000명이었고, 이교도의 수는 1,000명이 넘었다. 선교지부 내에는 1913년에 지어진 사원이 있었다.[333]

⑤ 아지미 선교지부(Адиминский стан): 페오도시(Feodosii) 수도사가 이끌었으며, 1900년에 조직되었다. 교구는 7개의 정착촌을 포함하고 있으며, 선교지부 규모는 50베르스타[334]에 이르고, 지부 내에는 튼튼하고, '모든 것이 잘 갖추어진' 석조교회가 있었다. 교구민들의 수는 약 2,500명이었는데, 이 중 25명이 비정교도 슬라브인이고, 250명이 이교도들이었다.[335]

⑥ 자레체 선교지부(Зареченский стан): 요안 톨마초프(Ioann Tolma-chov)사제가 이끌었으며, 1903년에 조직되었다. 교구는 8개의 정착촌을 포함하고 있으며, 선교지부 내에는 '모든 것이 잘 갖추어진' 석조 교회학교가 있었다. 1913년에 교회에서 수리작업이 있었다. 교구민은 1,500명이었으며, 이교도인 650명의 러시아공민인 한인들과 200명의 조선 국적 한인들이 있었다.[336]

⑦ 몽구가이 선교지부(Мангугайский стан): 아파나시 샬라바노프(Афанасий Шалаванов)가 선교지부를 이끌었으며, 지부는 1902년부터 존재해 왔다. 교회학교를 갖고 있으며, 교구민의 수는 400명이며,

---

332) 위의 책, c.136-38.

333) 위의 책, c.138-43.

334) 러시아의 거리 단위. 1베르스타(500사줸)＝1,067m.

335) 위의 책, c.143-44.

336) 위의 책, c.144-46.

이교도는 600명이었다.[337]

⑧ 티진혜 선교지부(Тизинхэнский стан): 표도르 박(Фёдор Пак)이 이끌었으며, 1896년부터 존재했다. 교구는 몇 개의 마을들을 포함했으며, 낡은 건물의 교회를 갖고 있었다. 수하노프카(Сухоновка)에는 기도소와 학교가 있었다. 교구민들의 수는 1,700명이었으며, 이교도는 200명이었다.[338]

⑨ 크라베 선교지부(Краббэнский стан): 선교사이자 수도사인 키릴(Kirill)이 이끌었으며, 1900년부터 존재했다. 21개의 정착촌을 포함했으며, 규모가 40베르스타에 이르렀다. 선교지부 내에 석조 교회학교가 있었다. 교구민의 수는 1,500명이었으며, 이교도의 수가 500명에 이르렀고, 아울러 50명 정도의 구파정교도들이 거주하고 있었다.[339]

1914년 신성종무원이 국회에 보고한 자료에 따르면,[340] 이 9개의 선교지부는 모두 러시아 연해주 지역에 위치하고 있는데, 이 중 6개 선교지부는 포시에트 지구(조선 및 중국과 인접한 국경 지역에 위치한)에, 3개 선교지부는 수이푼 지구(니콜스크-우수리스크와 가까운 평야지대)에 있었다. 이 선교지부들이 선교하는 대상은 러시아 땅에서 오랫농안 거주해 온 한인늘이었으며, 선교의 목적은 기독교의 빛으로 러시아 국적 한인들(외국인 한인이 아님)을 러시아식으로 교육시킬 목적으로 설립되었으며, 상황에 따라 최근 러시아 국적을 취득

337) 위의 책, c.146.
338) 위의 책, c.138-43.
339) 위의 책.
340) РГИАДВ, Ф. 702, Оп. 3 Д, 443, Л. 22 об. 1914년 1월 4일 No.204.

한 한인들을 기독교(정교회) 신앙으로 교화시키기 위함이었다.[341]

'한인들의 러시아화'라는 목적하에 약 50년 동안 극동 지역 한인 유민들을 대상으로 이루어진 러시아정교회의 선교사역의 성격을 국가−정치적인 맥락에서 시기별로 3단계로 구분해 본다면, 다음과 같다:

첫째는 한인들의 복음화가 아니라, 러시아 극동 지역 개발에 초점을 맞춘 선교사역 시기(1863-1883)이다. 이 당시 러시아 극동 지역은 한인과 러시아인 모두에게 생소한 지역이었다. 러시아 당국의 체계와 교회조직이 제대로 갖추어지지 않았으며, 한인을 대상으로 한 선교도 체계적으로 이뤄지기 어려운 시기였지만, 새로 병합된 제국의 영토를 개발하는 데 한인 유민들의 노동력을 적극적으로 활용하면 좋겠다는 판단에 따라서 러시아 당국과 러시아정교회 선교사들이 협력하여 한인들을 선교한 시기라고 볼 수 있다.

둘째는 러시아정교회의 정체성을 강화하는 데 초점을 맞춘 선교사역 기간(1884-1909)이다. 1884년 러시아−조선 간의 외교 통상조약이 맺어짐과 동시에 한인들을 선교하는 방식에 대하여 러시아정교회 내부에서 반성하는 목소리가 증가되었다. 초창기 극동 지역 영토 개발을 위해서라면 거의 무조건적으로 한인 유민들에게 영세를 주고 러시아정교회 신자로 간주하던 방식을 반성하고 이 시기에는 정교회 신앙교육을 통한 정교회 신자의 정체성을 심어주는 사역에 주력한 시기였다고 할 수 있다.

셋째는 러시아제국의 국민으로서의 정체감을 강화하는 일에 러시아 당국과 긴밀하게 협력한 선교사역 시기(1910-1917)이다. 선교사역의 초점이 이렇게 변화한 것은 1910년을 전후하여 러시아 극동 지

---

341) 위의 책.

역의 국제정세가 급변함으로 한반도에 인접한 극동 지역의 한인들을 바라보는 러시아 중앙정부의 시각이 불안하였기 때문이다. 한일병탄 조약 이후 러시아 극동 지역으로 대거 몰려오는 한인 유민들과 한국 기독교 선교사들의 활동, 그리고 러-일 전쟁 패배 이후 극동 지역에서 점점 약화되어 가는 러시아제국의 입지에 위기감을 느끼고 행정, 외교, 경제적 수단을 동원한 국가 차원에서 러시아정교회의 선교를 적극적으로 지원하였으며 러시아정교회 선교사들은 극동 지역 한인들을 러시아제국의 신민을 만드는 데 적극적으로 협력하였다. 세 개의 시기 가운데 이 시기에 러시아정교회 선교의 국가-정치적 성격이 가장 뚜렷하게 드러난다. 이제 시기별로 더욱 자세히 살펴보자.

2. 러시아 극동 지역의 영토개발에 초점을 맞춘
선교 개척기(1860-1883)

이 시기에는 체계적인 선교 전략이 없었다. 1860년 중국과 러시아 사이에 북경조약이 체결된 이후 러시아제국의 영토로 병합된 러시아 극동 지역은 한인과 러시아인 모두에게 생소한 땅이었으며 안정된 거주지도 도로도 법질서도 없었기 때문이다. 주어진 상황에 따라서 당시의 최우선적인 관심은 안정된 주거지 마련과 처녀지를 개간하는 일이었다. 광활한 처녀지를 개간하고 개발하여 러시아 국익에 도움을 주는 사람들과 활동은 모두 긍정적으로 수용되었다.

초창기 한인선교는 비체계적이었지만 쉬웠다. 러시아로 건너온 한 인 유민들이 러시아인들에게 호감을 가지고 있었기 때문이다. 1867 년 남우수리스크 지역을 여행하며 한인 유민들의 최초 정착지로 알려진 티진헤 마을을 방문한 여행가 쁘리제발스키는 자신이 만난 중년 한인의 모습을 이렇게 기록하고 있다.

> 48세의 이 중년 남자는 어눌하지만 러시아어를 구사하고, 머리와 복장을 러시아식으로 하고, 러시아식으로 지은 집에서 살고 있었다. 그는 여러 차례 모스크바를 보고 싶다고 말했으며, 이틀 동안 내가 가는 곳마다 함께 다니며 마을을 설명해 주었다.[342]

이렇게 당시 한인들은 러시아인과 러시아식 생활에 호감을 가지고 있었다. 그리고 이 당시 연해주로 이주해 온 한인들은 모두 가난한 농부와 자기 땅이 없는 유민들이었으며, 정치적 종교적 신념이나 사회적 조직을 가지지 않은 사람들이었다. 이러한 특성으로 인하여 러시아정교회가 한인들을 선교하는 데 아무런 저항을 받지 않았다. 한국에서 건너온 한인 유민들은 민족, 문화, 풍습, 종교가 다르다고 해서 러시아인들에게 불만을 표하거나 저항하지 않았다. 개인적인 표현이 전혀 없지는 않았겠으나 조직적인 거부반응은 생각할 수도 없는 가난한 상황이었기 때문이다. 제1기의 선교사역은 이런 상황 가운데서 이루어졌다.

이 당시 다양한 방식으로 진행된 한인선교사역을 다음 네 가지로 정리할 수 있다. 첫째는 러시아정교회 사제 선교사들에 의하여 이루어진 선교사역이고, 두 번째는 '블라고슬로벤노예'라고 하는 한인 정착촌 건설을 통하여 이루어진 선교사역, 세 번째는 정교회 선교구학

---

342) Н. Пржевальский, *Путешествие в Уссурийском Крае 1867-1869 гг(1867-1869년 우수리스크 지역 여행기)*(Владивосток: Дальневосточное Книжное Издательство, 1990), с.137.

교를 통하여 이루어진 선교사역, 마지막으로는 (드문 경우이긴 하지만) 러시아 가정에 입양되는 한인 어린이들을 통하여 이루어진 한인 선교이다. 이 모든 선교사역의 초점은 새로운 영토를 개간하여 제국의 영역을 확고하게 만들고자 하는 당국의 프로젝트가 잘 이루어지도록 협력하는 일이었다. 이제 하나씩 자세히 살펴보자.

① 러시아정교회 사제선교사들에 의하여 이루어진 한인선교: 러시아정교회 선교사들 가운데 연해주 지역 한인들을 선교해야 한다는 최초의 목소리를 낸 사제는 바실리 삐얀코프(В. Пьянков)였다. 그는 "연해주 지역 한인들은 정교회를 받아들일 준비가 되어 있다. 정교회를 받아들인다는 것은 곧 러시아문화와 교육을 수용한다는 말과 동일시될 수 있다"라고 주장했다.[343] 그리고 이어서 "연해주 지역은 광대하고 천연자원이 풍부하지만, 개발할 인력이 모자란다. 러시아화된 한인들이 러시아 국민과 한 가족을 이룬다면, 연해주 지역을 개발하는 데 도움이 될 것이다"[344]라고 하였다. 이러한 명분하에 수많은 러시아정교회 사제 선교사들이 연해주 지역에 와서 한인들을 선교하였는데, 그 이름들을 살펴보면, 발레리안(Валериан 사역 기간:1865. 1. 17-1870. 7. 28),[345] 찌아프킨(З. Тиапкин, 1871-73), 찌

---

343) Василий Пьянков, "К известию о корейском миссионере Пьянкове(한인을 위한 선교사 비안코프에 관하여)", *Миссионер(선교)*, no.18(1874), p.180.

344) 위의 책.

345) 발레리안 사제는 우니아테 교회(Uniate Church) 소속 사제였다. 러시아정교회 소속 사제가 아니었다. 우연히 배가 좌초하여 연해주 포시에트(Посьет) 항구에 정착한 이후 연해주 한인들에게 관심을 갖고 스스로 한인선교사임을 자처하면서 1865년 1월 17일부터 1870년 7월 26일까지 열심히 선교하다가 올가 항구에서 죽었다. 그의 선교사역은 한인

흔(Тихон, 1871), 요안 베레샤긴(И. Верещагин, 1870. 10-1872. 7.),
요안 콤쟈코프(И. Комзяков), 바실리 삐얀코프(В. Пьянков, 1871.
9-76), 요시프 니콜스키(И. Никольский, 1872. 5-1880. 1), 요안 세치
코(И. Сечко, 1882. 7-1885), 필립 찌쯔쩨프(Ф. Тищев, 1882-85), 일
리야 쁠랴스키(И. Пляский), 알렉산드르 노보크쉐노프(А. Новокщен
ов) 등이 한인들을 선교하였다. 언급한 선교사들의 공통점은 사역
기간이 그리 길지 않았다는 사실이다. 게다가 선교사들이 한인선교
사역에 전적으로 매달리지도 않았다.346) 한인선교는 일종의 부업처

들을 위한 준비된 전문적인 사역이 아니었다. 하지만 그는 여러 지역
을 순회하며 한인들을 만났고, 매우 부지런한 성품을 지녔고, 영어, 히
브리어를 비롯해 외국어를 잘하였다. 기록으로 남아 있는 최초의 영세
(침례)식은 1865년 1월 티진헤 마을의 촌장인 최운국(영세명 표트르
세묘노프)을 포함한 한인 세 가정이 영세를 받고 정교회로 개종한 사
건이었다. 1867년 베니아미노프 주교의 보고서에 따르면, 발레리안이
그해에 한인 10명과 이듬해에는 한인 4명에게 영세(침례)를 주었다고
기록하고 있다. 1869년 8월 발레리안은 남우수리스크 지역으로 옮겨가
서 얀치헤 마을에서 한인 14명과 다른 마을에서 13명의 한인에게 영세
를 주었으며, 1869년에는 영세(침례)자 수가 91명에 이르렀다. 발레리
안은 "한인들이 정교회에 대하여 특별한 열정을 갖고 있지만, 한인들
에게 정교회 교리를 가르칠 수 있는 러시아인이 없다"며 어려움을 토
로했다. 발레리안의 선교사역을 러시아정교회가 관용한 이유는 아마도
당시에는 연해주 지역 한인들의 중요성이나 그들을 선교해야 할 필요
성을 느끼지 못하고 있었기 때문이며, 필요성을 느꼈을지라도 다른 대
안이 없었기 때문이었을 것이다. "Первые Миссионеры среди Корейй
цев(한인들 사이에서 최초의 선교사들)", 『Православный Благовестни
к』, vol.3, No.20(October 1906), c.168. Иеромонах Павел (Ивановски
й), "Очерк миссии среди корейцев Южно-Уссурийского края(남부우
수리스크 지역의 한인선교에 관한 소고)", История Российской Духов
ной Миссий в Корее(Москва: Издательство Свято-Владимирского Б
ратства, 1999), c.127-28.

럼 여겼다. 주업은 연해주에 거주하거나 이주해오는 러시아인들을 돌보는 일이었다. 따라서 한국어를 제대로 배우려 하지 않았다. 대부분의 선교사들은 한인선교에 대한 소명의식이 없었고, 한인선교를 위한 지식도 없었고, 전문적인 훈련을 받지도 않았다.

〈표 5〉 '연도별 한인 영세(침례)자 수'가 보여주듯이, 한인 영세는 뻬얀코프 사제에 의하여 많이 이루어졌다. 1872년도에 총 931명의 피영세자 중에서 697명(75%)이 뻬얀코프 선교사에게 영세(침례)를 받았다.[347] 실제로 뻬얀꼬프는 영세자 수에 관심이 많았다. 그래서 어떤 경우에는 단 4일 만에 175명에게 영세를 주었다. 또 다른 4일 동안에는 168명에게 영세를 주었다. 이렇게 준비 없이 영세를 주다 보니, 한인들은 자신들의 영세명조차도 기억하지 못하였다.[348]

---

346) 예외가 있다면, 장부제(Protodeacon: 수(首)전도사) 알렉산더를 언급할 수 있겠다. 그는 골드족(Golds) 출신이었으며 자기 종족을 선교하는 데 헌신하였다. 수많은 선교문서들을 자기 종족 언어로 번역하였다. 그가 일시적으로 한인선교를 위한 현장 보조원으로 인한 적이 있었다. Мартиниан, "Сведения о Состоянии Миссии в Камчатской Епархии за 1877 год(캄차트카 주교구 선교 상황에 관한 소식)", 『Миссонер』, No.50(1878), pp.404-05.

347) 연도별 한인 영세(침례)자 수의 합계가 정확하지 않는 이유는 당시 연해주 지역을 관할하던 캄차트카 주교구가 선교 보고를 온전하게 다 받지 못하였기 때문이다. Michail Belov, *The Experience of The Russian Orthodox Church among Koreans 1865-1914*(연세대학교대학원 국제문제연구소, 1991) p.41.

348) 위의 책, p.44.

〈표 5〉 연도별 한인 영세(침례)자 수

연도	개종자 수			사제선교사
1865	33명			발레리안
1866	10명			발레리안
1867	10명			발레리안
1868	4+	4+		발레리안
		?		찌아프킨
1869	91			발레리안
1870	173	173	43(나호트카) 130(포시에트)	발레리안
1871	363	119	54명(남자) 65명(여자)	찌흔(5월 21일까지)
		94		뻬얀꼬프
		86		뻬얀꼬프
1872	931	531(남자) 400(여자)	697	뻬얀꼬프
			234	?
1873	670명 혹은 765명	420(남자) 345(여자)	148	니꼴스키
			522	뻬얀꼬프
1876	134			?
1877	78			?

이런 가운데서도 정교회 영세를 받는 한인들의 수는 꾸준히 증가하였다. '블라디보스톡 인류 고고학 역사 연구소' 뻬트로프의 자료에 따르면,[349] 〈표 6〉이 보여주듯이. 1875년 11월 러시아 당국에 등록된 한인들의 총수 2.252명 가운데 748명(33.2%)이 영세를 받았다. 영세

---

349) 한인 영세(침례)자 수 1875년 11월 13일 현재. А. И. Петров, *Корейская Диаспора на Дальнем Востоке России 60-90-е годы века(1860-90년대 러시아 극동 지역에서 한인 디아스포라)*(владивосток: 2000), с.230.

자 증가와 함께 신앙생활을 위한 공간도 생겨나기 시작했다. 1860년
대 후반 포시에트지구 노보끼예프스크에 발레리안 선교사에 의하여
한인 영세(침례)자들을 위한 최초의 공소가 세워진 이래, 삐얀꼬프
선교사에 의하여 티진헤(1872)와 얀치헤(1872), 크라베 반도(半島)의
하드쥐다(1873)에 공소가 세워졌다. 1870년대 말에는 한인들의 교구
도 조직되었다. 한인들은 교회건축과 선교사 숙소 건축을 위하여 헌
금을 하였다.[350] 선교사역 제1기에 한인들을 위한 새로운 성당이 많
이 건축되었다.

〈표 6〉 1875년도 한인 영세(침례)자 수

마을 이름	비영세 (침례)자	영세 (침례)자	총수	영세 (침례)율(%)	1875년도에 영세(침례) 받은 숫자
티진헤	808	399	1207	33.1%	120
시모노보(얀치헤)	383	199	582	34.2	45
하드쥐다	200	93	293	31.4	-
아지미	79	30	109	27.5	-
시지미	34	27	61	44.3	-
총계	1504	748	2252	33.2	165

최초의 성당(Храм)은 1871년 당국의 재정 지원으로 세워졌다.[351]
성당 건축과 관련된 흥미로운 이야기는 1872년 코르사코프 마을에

---

350) "Первые Миссионери среди Кореицев(한인들 사이에서 최초의 선교
사들)", 『Православный Влаговестник』, c.168. 헌금 액수에 대한 구체
적인 언급은 없다.

351) И. Вениаминов, "Отчёт о Состоянии и Деятельности Камчатской Е
пархии за 1871(캄차트카 주교구 선교활동 보고서, 1871년)",
『1868-1872, г.』, c.528.

세워진 성당이다.[352] 촌장 표트르 세메노비치(한국 성명 최운국)가
자기가 사는 마을에 성당을 건축하길 원했다. 그해 여름 성당 건축
계획을 수립한 그는 새로 영세(침례) 받은 한인들을 설득하였다. 그
는 한 가정당 1루블씩 모아 모두 194루블을 마련했다. 그리고 러시
아정교회 선교부로부터 134루블을 지원받았다. 그는 옛날에 자신이
살던 티진혜 마을에 가서 건축을 시작하였다. 이러한 사실이 선교사
들에 의하여 사방으로 알려졌다. 세메노비치는 러시아정교회를 적극
적으로 받아들이고 정교회를 자기 민족 한인들에게 적극적으로 전파
한 인물로 평가받았다. 세메노비치와 같은 한인은 수없이 많다.[353]
이러한 일이 가능했던 이유는 성당 건축을 위해서라면 한인들이 가
난한 살림에도 불구하고 자신의 물질을 아까워하지 않고 헌금하였기
때문이다. 한인들은 성당 건축, 선교사 숙소 마련, 자녀들을 위한 학
교 건립을 위해서라면 최선을 다해 헌금하였다.[354] 성당 건축은 종
교적인 헌신의 표시인 동시에 낯선 땅에서 안정된 삶의 터전을 이루
어 나가는 중요한 이정표가 되었기 때문이다.

초기 러시아정교회 선교사역에 대한 한인들의 태도는 선교사의 재
정적인 능력이나 성직계급보다는 선교사 개인의 열정과 영적인 카리
스마의 영향을 많이 받았다.[355] 한 예로 블라디보스톡 북쪽에 위치

---

352) И. Вениаминов, "Отчёт о Состоянии и Деятельности Камчатской Епа
рхии за 1872(캄차트카 주교구 선교활동 보고서, 1872년)", 『1868-1872,
г.』, с.561-62.

353) 위의 책, p.565.

354) "Первые Миссионеры среди Корейцев(한인들 사이에서 최초의 선
교사들)", 『Православный Благовестник』, vol.3, No.20(осень 1906),
с.166.

355) Миссионер, No.14(1875), с.110-11.

한 한카(Hanka) 호수 인근에 있는 세 개의 한인 마을을 중심으로 사역한 삐얀코프가 사역할 때는 수많은 한인들이 그에게 세례를 받았다. 여러 개의 성당도 세웠다. 그러나 요시프 니콜스키 사제가 왔을 때에는 세례 받기를 거부하였다. 요시프는 한인 어린이들을 입양하여 선교하려 하였으나 한인 부모가 거절하였다. 요시프는 다른 마을로 건너가서 단지 3명의 한인에게 세례를 줄 수 있었다. 이러한 현상은 한인들이 정교를 받아들이는 데 있어서 제도적이고 기구적인 요인보다는 선교사 개인의 인격과 열정 그리고 영적인 카리스마가 중요한 역할을 했다는 사실을 말해준다.356)

이 시기의 사제선교사들의 선교는 비계획적, 비조직적이었다. 그럼에도 불구하고 이후 다른 시기에 비하여 선교의 열매는 비교적 많았다. 그 이유는 한인들이 러시아인에게 좋은 인상과 기대를 가지고 있었기 때문이며, 외국인과 나그네로서 유민생활을 하는 한인들은 러시아 당국의 배려를 받아야만 하는 처지에 있었기 때문으로 보인다.357)

그러나 선교의 동기와 목표는 삐얀코프 사제가 언급한 대로 국가 −정치적인 것이었다. 정교회 선교를 통하여 러시아에 호의적인 한인들로 하여금 러시아문화와 교육을 흡수하게 하며, 광대한 연해주

---

356) 위의 책, c.55.

357) 나중에 언급하겠지만, 제3기 선교사역과 비교해 볼 때, 제1기 선교사역은 배타적인 독점권을 가지고 행해졌다. 초창기 극동 지역에서는 기독교, 로마가톨릭교회 그리고 구파(舊派)정교회가 없었다. 전혀 없었던 것은 아니나 예배를 규칙적으로 드리고 교회당을 건축하는 등의 적극적인 종교활동이나 선교활동은 없었다는 뜻이다. 이 점에 있어서 한반도에서 이루어진 러시아정교회 선교사역과 다르고, 이후에 살펴볼 극동 지역에서 이루어진 제3기 선교사역과는 다르다. 제1기는 러시아정교회 선교의 황금기였다고 할 수 있다.

지역을 개발하는 데 모자라는 인력을 개종한 한인들로 대신할 수 있을 것이라는 이유에서 한인들을 선교의 대상으로 삼았던 사실을 고려할 때, 극동 지역에서의 한인선교는 순수하게 복음선교와 영혼구원의 차원에서 시작된 선교가 아니라, 제국의 이익 차원에서 이루어진 선교였다고 할 수 있다.

② 한인들을 위한 특수 정착촌 블라고슬라벤노예(с. Благословенное) 마을을 중심으로 한 선교를 살펴보자.[358] 연해주로 이주해 오는 한인들은 미개척지를 개간할 유용한 노동력이었다. 광활한 지역을 중국으로부터 할양받은 러시아로서는 아직 그곳을 개척할 준비가 되어 있지 못했고 국경경비를 위해 파견된 경비대들도 둔전병처럼 자급자족하기도 했지만 한계가 있었다. 결국 러시아 정부도 이주민의 국외로부터의 유입을 철저히 막을 명분이 없었다. 그러나 1870년대 이래 유입되어 오는 이주민의 규모가 커지고 주로 이들이 국경지대에 머무는 현상을 보고 심각한 경계를 감추지 않게 되었다. 지방 당국은 연해주에 거주하는 한인 인구수가 러시아 주민수보다 초과되는 현상에 대해 우려 내지 경계의 눈길을 보내지 않을 수 없었다. 1867-1869년에 우수리 지방을 돌아본 여행가 쁘르줴발스키(Н. М. Пржевальский)는 까자끄에 의한 극동 개발 정책과 외국 이주민에 대한 정책에 관해 조

---

358) Ross King, "Blagoslovennoe: Korean Village on the Amur, 1871-1937" *The Review of Korean Studies*(Vol.4, No.2, 2001), pp.133-176. 이 논문은 경북대학교 사회학과에서 University of British Columbia 한국학 교수인 Dr. Ross King(2003. 4. 25. 16-18)가 "러시아의 블라고슬로벤노예: 아무르 지역의 고려인 촌"이라는 주제로 언어사회학적 현지조사에 대한 경험을 발표한 것이다.

언을 하였다. 특히 그의 한인에 대한 판단은 그 후 한인에 대한 러시아 정부의 양면적인 모습을 그대로 보여주고 있는데, 그는 자신의 여행 당시 1,800명 정도가 산재해 사는 여러 한인촌을 둘러보고 그들의 근면성과 청결한 생활에 감동받으면서도 국경 근처에 존재하는 관계로 위험성이 있다면서 다음과 같이 지적하였다.

이주민 한인들로부터 기대할 수 있는 결과가 다소간 있다 할지라도, 최소한 그때까지는 우리 지역으로의 한인 접수를 일시적으로 중지시켜야 한다. 다른 한편, 한인이 자신들의 국경에서 멀지 않은 우리 지역에 접근 이주해 있는 데에는 적지 않은 잘못이 있다. 고국에서의 삶이 얼마나 힘들겠느냐마는, 그럼에도 불구하고 한인 모두는 고귀한 고국에의 향수에 젖어 있다. 이를 쉽게 잊기 위한 과거로부터 현재로의 이전은 매우 어려운 일이다. 〈중략〉 만일 이들이 국경에서 먼 어디엔가, 예를 들어 아무르강 중류나 심지어 항까 호수나 수이푼강 사이의 초원지대에 거주하게 되었다면 이는 또 다른 일이다. 이곳은 한인이 고국과 완전히 떨어져 살게 되는 곳이며, 게다가 러시아 농민들 사이에서 점차 모국의 언어와 습관으로부터 러시아의 언어와 습관에 스며들 수도 있을 것이다.[359]

동시베리아 군사령관지사 시넬니코프(Н. П. Синельников, 1871-74)는 두만강(р. Тумень-Ула) 인근 지역에 거주하는 한인촌을 시찰한 다

---

359) Н. Пржевальский , *Путешествие в Уссурийском Крае 1867-1869 гг* (*1867-1869년 우수리스크 지역 여행기*), с.310-11. 쁘르줴발스키의 한인에 대한 인식과 판단은, 한편으로는 국적과 토지를 부여해 정착을 유도하는가 하면, 또 다른 한편으로는 1871년 아무르 강변 중류로의 이주와 심지어는 소비에트 시대 중앙아시아와 기타 지역으로의 강제 이주가 실시되는 방식으로 나타났다.

음 한인들을 재이주시킬 계획을 세웠다. 이를 위해 13,651루블의 예산을 세웠다.[360] 1872년 두만강에서 북쪽으로 약 700km 떨어진 곳에 아무르강 중류 지역에 '하나님의 축복'이라는 뜻을 지닌 블라고슬라벤노예(Благословенное) 마을을 세우고, 1872년 여름 두만강 유역에 위치한 수찬(蘇城)과 라즈돌노예(Раздольное) 마을의 한인 103가구(431명)를 아무르 주의 사마라(Самара)강 유역에 재이주시켰다.[361] 이것은 관(官) 주도의 특수 이주정책으로 자발적으로 이주하는 자에게는 주택건설과 식량공급 등 생활에 필수적인 부분들을 보조하였다. 100가구의 이주 정착민들을 위하여 러시아 정부는 이주자들이 필요한 생활 필수품들을 갖출 수 있도록 전체 12,000루블을 이주자들에게 지급했다.[362] 이 돈으로 한인 가정은 소와 농기구 등을 구입했으며, 주변에 사는 카자크인들이 한인들이 집을 짓는 일을 도왔으며, 도움의 대가로 최소한의 수고비를 주었다.

1871년 9월 블라고슬로벤노예 마을에 성당이 세워졌는데, 성당 건축 재원은 당시 동시베리아 군사령관지사(Генерал-Губернатор)가 제공했으며, 성당 이름은 넵스키 성당으로 정했으며,[363] 성당의 위치는

---

360) 김승화 저, 정태수 편역, 『소련 한족사』, 31쪽. 현규환, 『韓國流移民史』 上(서울: 대한교과서주식회사, 1972), 808쪽.

361) Ross King, *The Review of Korean Studies*, p.135.

362) Архимандрит Августин (Никитин) "Православие у корейцев Забайкалья и Приамурья(자바이칼 지역과 연해주 거주 한인들의 정교회)", *История Российской Духовной Миссии в Корее(한국에서 러시아정교회 선교의 역사)*(Сборник статей), с.150-51.

363) 당초에 교회는 성인 니콜라이 추도트보례츠(Николай Чудотворец)를 기념하려고 예정되었으나, 이후 성인 알렉산드로 네프스키(Александр Невский)를 기리는 것으로 교회지도부는 지시했다. 네프스키는 노고고르

마을의 중앙에 세워졌다. 이것은 성당 건축이 단순히 종교생활의 공간이 아니라 새로 이주한 이민족들을 러시아화하여 정착민들을 모두 러시아제국의 충성스러운 신민을 만들고자 하는 당국의 정치적 목표를 짐작게 하는 부분이다.

블라고슬라벤노예 마을에 거주하던 한인들을 대상으로 한 정교회의 선교는 1872년 7월 8일 베니아미노프 주교의 방문으로 큰 전환점을 맞이하였다.[364] 그는 당시 이르쿠츠크 주교, 캄차트카 주교, 아무르 주교 등 광활한 러시아 극동 지역의 선교를 책임지고 있던 선교사였다. 이후 그는 모스크바로 영전해가서 모스크바 수좌대주교(Метрополит)가 되었다. 러시아정교회 선교역사상 가장 기억될 만한 "러시아정교회 선교회"의 초대 의장이 되어서 선교회를 러시아 전역 50여 개 주교구로 크게 확장시켰다. 그는 높은 학식과 인품과 모범적인 선교사역으로 많은 사람들에게 존경받는 인물이었으며 앞에서 언급했듯이 북경조약으로 아무르강 좌안을 러시아제국으로 병합했을 때, 러시아정교회의 지경을 크게 넓혔다고 칭찬한 선교사였다. 그가 블라고슬라벤노예 마을을 방문한다는 소식에 수많은 한인들이 그를 환영하기 위하여 마을 입구에 나왔는데, 그때 한 목격자는 그 광경을 다음과 같이 묘사하고 있다.

베니아미노프이 탄 배가 포구에 닿자 모든 한인들이 부두에 나왔다. 먼저 기독교도(정교회신자)들이, 이후에 비기독교도들이 축복을

드의 왕자로서 정교도들은 로마교황에게 항복해야 한다는 튜톤 기사단의 위협을 거절하고 전쟁을 하여 1242년 승리를 거둔 영웅이다. Georgr W. Glube, *The Complete Book of Orthodoxy*, p.242.

364) Д. Поздняев, "Православие у корейцев Забайкал и Приамурья", *История Российской Духовной Миссий в Корее*, с.154.

받기 위해 주교에게 다가왔다. 많은 한인들이 러시아식 복장을 하고
있었으며, 더러는 마포(麻布)로 된 흰색의 조선 민속 의상을 입은
자들이 있었고, 이들은 강한 인상을 주었다.[365]

이로 보아 당시 블라고슬로벤노예 마을 한인들은 이미 상당수가
정교회를 받아들였으며, 이들의 기독교화와 러시아화가 상당한 정도
진행되고 있었음을 볼 수 있다. 베니아미노프의 방문 이후에 한인들
의 정교회에 대한 관심이 증가하기 시작했다. 그해 7월에는 47명이
더 영세(침례)를 받았으며, 1872년 하반기에는 거의 모든 성인 한
인들이 영세(침례)를 받았다. 1872년 이 마을의 전체 한인 인구는
431명이었는데(남-246명, 여-185명), 영세자가 148명으로 영세율이
34%였다. 그런데 1879년에는 전체 마을인구 624명 중에서 영세자가
618명(148명 포함)으로 영세율이 99%로 크게 증가하였다.[366] 어떻
게 이런 일이 가능하게 되었을까? 극동의 다른 지역에서도 이런 일
이 일어났을까? 아니다. 이 마을에서만 이런 일이 발생하였다. 이런
상태는 20세기 초까지 이어졌다.

블라고슬로벤노예 마을에서 정교회 선교가 이렇게 성공적으로 이
루어질 수 있었던 이유는 이주민들에게 엄청난 혜택을 주었기 때문
이다. 즉 한인이주자들은 재이주와 동시에 인두세 영구면제와 20년
간 지세(地稅)면제 특권이 부여되고, 가구당 100데샤티나의 토지를
부여받는 특혜를 부여받았다[367]. 따라서 이 같은 특혜는 당시의 생

---

365) *Миссионерское обозрение(선교 개관)*, 1998, No.4, Апрель, с.18.

366) Б. Д. Пак, *Корейцы в Российской империи Дальневосточный перио
д(러시아 극동 지역의 한인들)* (Москва: 1993) с.48.

367) 1데샤티나가 1,092ha이므로 100데샤니타는 약 109ha이다. 엄청나게 넓

활 조건이 어려웠던 한인 농민들을 순종적인 러시아 국민으로 만들
어가는 데 충분한 조건이 되었다[368]. 이 마을은 한인들을 보다 효과
적으로 러시아화할 목적으로 세워졌다. 조선 국경에서 북쪽으로 약
700km 떨어졌기 때문에 러시아 정부가 의도한 대로 러시아정교와
러시아어 교육을 통하여 한인들을 러시아문화 속으로 융화시켜 나갈
수 있었다. 이 한인 정착촌은 얼마 지나지 않아서 러시아 연해주 한
인들의 정교 중심지가 되었으며 극동 지역 개발 정책과 러시아정교
회 선교가 긴밀하게 협력한 대표적인 사례로 기록되었다.

③ 러시아정교회가 학교 교육을 통하여 한인들을 선교한 일을 살

은 땅이다. 현규환, 『韓國流移民史』上, 787쪽.

368) 선교와 러시아화를 목적으로 정착촌이 세워진 예들은 19세기 카잔 지
역, 알타이 지역에서도 찾아볼 수 있다. 새로운 개종자들을 나쁜 영향들
로부터 분리시키고, 신변을 보호할 뿐만 아니라, 기독교 교육을 지속적
으로 제공하고, 물질적인 돌봄을 제공하기 위하여, 특별한 선교 정착촌
을 각 선교부마다 마련하였다. 개종자들은 러시아 방식으로 식사하고,
옷을 입고 생활하는 법을 배웠다. 시간이 지남에 따라서 그들은 선교사
들이 가르쳐주는 새로운 삶의 방식에 적응해 나갔다. 인간관계, 경제활
동도 달라졌다. 많은 경우 새로운 정착촌에는 선교사들이 선별한 러시
아인들이 들어와서 개종자들과 함께 생활하였다. 러시아인들과의 공동
체 생활을 통하여 새로운 러시아식 삶의 방식을 자연스럽게 배우게 하
려는 의도였다. 이러한 계획의 실천과 성공이 쉬운 일은 아니었지만,
1890년대까지 개종자 알타이인들은 다른 알타이인들에 비하여 상
대적으로 유복한 생활환경을 누리며 살았다. 그러나 정착촌에 거주한
다고 해서 모두 다 기독교를 수용하고, 기독교를 좋아하는 것은 아니
었다. David N. Collins, "Colonialism and Siberian Development: A
Case-Study of the Orthodox Mission to the Altay, 1830-1913", in ed. by
Alan Wood, The Development of Siberia: People and Resources(New
York: St. Martin's Press, 1989), pp.59-60.

펴보자. 극동 지역을 개발하는 일은 러시아제국의 소수민족 통합사
역과 병행되었다. 학교 교육은 러시아제국의 통합과 부국강병을 위
해서 중요한 일로 여겨졌다. 국가 차원에서 국민 교육의 중요성에
대한 인식은 1861년 농노제가 폐지된 이후 사회 각층에서 대대적으
로 일어났으며, 1864년 7월 14일 '초등 학교법'(Положение о началь
ных народных училищах)과 교육부(МНП), 1866년 교육부대신이
된 톨스토이 신성종무원장에 의해 기틀이 잡혀갔다.369) 그 과정에서
사제들의 국민교육 참여 문제가 대두되었고, 1867년 1월 17일 정교
회가 '정교회 사제문제 특별위원회(Особое присутствие по делам пр
авославного)'를 발족하여, ⓐ 사제의 물질적 여건 개선, ⓑ 사제층의
시민적 권리 향상, ⓒ 사제교육 과정의 개혁, ⓓ 사제의 국민교육 참
여확대라는 4대 과제 해결을 목표로 러시아 교육부를 설득하였
다.370) 그 결과 사제들의 의지가 초등학교법에 일부 반영되었으며,
1880년대 중반 러시아 극도의 보수주의자인 포베도노스쩨프(к. п. по
бедоносцев)가 새 신성종무원장이 됨으로 교회 교구학교 교육을 통
한 정교회 선교와 러시아화 정책이 국가 차원에서 강력하게 추진되
었다. 선교지부 설립과 나란히 동시베리아 지역 당국은 한인이주자
들의 빠른 러시아화를 목적으로 한인들의 자녀들에게 러시아어를 교
육하는 일에 적극적인 관심을 가졌다. 연해주 지역 한인들의 교육은
크게 세 가지 차원에서 이루어졌는데, 하나는 러시아 정부 당국의
관심과 후원에 의하여 이루어진 교육이고, 두 번째는 정교회 사제선

---

369) 방일권, "1860년대 러시아 교회와 초등교육", 『국제 지역 연구』(2000,
8), 10쪽.
370) 위의 책.

교사들에 의하여 이루어진 교구학교 교육이며, 마지막 세 번째는 한
인 아이들을 러시아인 가정에 양자로 들임으로 이루어진 교육이었
다. 이 모든 교육의 공통적인 목적은 '러시아화'였다.[371]

1870년 연해주지사였던 푸르겔름(И. В. Фургельм)은 황인종의 러
시아화 정책을 강조하면서, "우리나라에 정착하기 위하여 온 황인종
들에게 그들의 민족 독자적인 삶의 가능성을 줄 기반은 전혀 없다"
라고 선언하고, 실제로 러시아화를 위한 몇몇 학교를 극동 지역에
설립하였다. 이 학교에서 모든 수업은 러시아어로 행해졌으며, 모국
어로 교육하는 것은 금지시켰다. 그리고 교육의 모든 내용도 러시아
에 관한 것으로 하였다.[372] 이러한 배경 가운데 연해주 지역 한인들

---

371) 한인들의 러시아화에 목적을 둔 러시아 교육을 받은 한인 어린이들 중
에서 가장 뛰어난 인물이 된 사람들 중의 하나가 최재형(崔才亨)일 것
이다. 1864년 봄 이후 지신허에 한인들의 이주가 증가하여 점차 한인부
락들이 생겨났다. 이에 따라 한인들은 자연히 자녀들의 공부를 위하여
교육시설이 설립되었는데 그 교육내용은 공자 맹자를 배우는 정도의 조
선에서의 교육을 답습하는 정도였다. 이러한 모습을 본 러시아 당국은
이주 한인들을 러시아화하기 위하여 1870년부터 러시아 극동 지역에 학
교를 설립하기 시작하였다. 러시아 지역에 한인을 위한 교육기관이 처
음 설립된 것은 1872년 최재형이 살고 있던 지신허와 얀치혜에 러시아
정교회가 설립되면서부터였는데 비실리 삐안꼬프 목사가 지신허 교구
에 한인학교를 창설한 것이 최초의 한인학교였다. 이 학교의 수업은 러
시아어로 행해졌고, 모국어로 교육하는 것은 금지시켰다. 또한 교육내
용도 러시아에 관한 것이었다. 러시아 학교에서 우수한 성적으로 공부
를 마친 최재형은 이후 연해주에서 都憲 및 자산가로 성장하여 재러 한
인사회를 이끈 대표적인 지도자가 되었으며, 러시아 당국으로부터 가장
신망받는 친(親)러시아적인 인사가 되었다. 1905년 이후 그는 적극적으
로 항일투쟁에 참여하여 1920년에 시베리아에 출병한 일본군에게 처형
될 때까지 독립운동을 전개하였다.
http://chaos.suwon.ac.kr/~hwpark(2003년 10월 5일 검색)

의 교육에 최초로 적극적인 관심을 보이며 학교시설 마련을 위하여 노력을 기울인 사람은 동시베리아 군사령관 코르사코프였다. 당시에는 아직 하부 행정기관들이 조직되어 있지 않았기 때문에, 총독부에서 학교 교육도 관장하였다. 1866년 동시베리아 군사령관 코르사코프는 포시에트지구 한인 자녀들의 러시아어 교육을 위한 특별학교 설립을 위해 은화 100루블을 연해주지사 푸루겔름에게 보냈다. 그 결과 교육에 필요한 각종 자료와 시설 도구 등이 확보되지만, 교사(敎師)의 부재로 지연되다가 1868년에야 티진헤에 최초로 학교 문을 열었다. 초기 20명의 학생들이 공부를 했는데, 1년 후에 재정 부족으로 문을 닫았다. 이후 1870년 말 학교의 중요성을 강조한 코르사코프는 연해주에 두 개의 학교가 세워지도록 학교 설립 자금으로 각각의 학교에 150루블씩 할당했다.

〈표 7〉 1876년 포시에트 지구 5개 한인 마을 문자 해독률[373]

마을	거주자 수	읽고 쓰기 가능자 수	문자 해독률
티진헤	1,240	20	1.6%
안치헤	561	17	3.0%
크라베	301	7	2.3%
아디미	112	4	3.6%
시지미	60	3	5.0%
총계	2,249	51	2.3%

〈표 7〉이 보여주듯이 1876년 당시 한인들의 문맹률이 평균 97%를 넘었다. 따라서 1870년대 러시아 당국은 한인이주자들의 교육에 상

372) 김승화, 『소련 韓族史』(대한교과서주식회사, 1989), 197쪽.
373) РГИАДВ, Ф. 541, Оп. 1, Д. 111, Л. 48.

당한 관심을 두었다. 1868-76년 사이에 한인자녀들의 교육에 총 3,770루블이 지출되었고, 1874년과 76년에는 티진헤와 얀치헤 마을 교사들에게 총 2,000루블의 봉급이 배정되기도 했다. 당시 한인학교 의 교육은 가능한 공립학교(сельская школа)의 프로그램을 따랐 다.[374) 한인교육에 지급된 재정이 비록 적은 규모이지만 당시의 상황에 비추어 볼 때, 그 액수보다는 당국의 관심이 계속해서 한인교육에 지속되고 있었다는 점에서 그 의의를 찾아볼 수도 있을 것이다. 하지만 여전히 재정 부족으로 학교 교육은 많은 어려움을 겪었다. 그 결과 티진헤와 얀치헤 마을 등의 학교들과 수이푼 관구의 코르사코프카 볼로스치(волость, 읍(邑))의 학교들은 1870년대 - 80년대 초까지 불규칙적으로 학교가 운영되었다. 또한 자격 있는 정식교원의 부재도 폐교의 원인으로 작용했다. 사실 1880년대 이전까지 한인학교에는 전문적으로 양성된 정규교사는 한 명도 없었다.

실제적인 한인 교육은 정교회 사제선교사들에 의하여 운영된 교회 교구학교를 통하여 이루어졌다. 앞에서도 언급했듯이, 이 당시에는 이민족(異民族)을 전문적으로 가르칠 수 있는 러시아인 교사가 선교사들 이외에는 없었다. 이 때문에 당시 러시아 교육부 대신이었던 볼스토이는 "만일 성직자들이 이민족을 잘 교육시킨다면, 지역주민들에 대한 성직자의 영향력은 도덕적으로뿐만 아니라, 정치적인 의미도 지니게 될 것"이라고 확신한다."[375) 라고 하며 성직자의 민중교

---

374) А. И. Петров, *Корейская Диаспора на Дальнем Востоке России 60-90-е годы 19 века*, с.209.

375) Бан Ил Квон, *К.П. Победоносцев и распространение церковно-приходских школ в 1884-1904 гг*(1884-1904년 포베도노스쩨프와 교회 교구학교의 확산)(미간행 박사학위논문, 러시아학술원역사 연구소, 2000),

육 참여에 큰 의미를 부여했다.

정교회 사제 선교사들이 운영한 대표적인 학교가 1872년 5월 블라고베쉔스크 정교회 선교협회 위원회의 지원으로 아무르 주 블라고슬로벤노예 마을에 최초로 문을 연 한인학교이다. 1872년 7월 8일 베니아미노프 주교가 블라고슬로벤노예 마을의 교회와 학교를 방문했을 때, 11세에서 17세까지의 50여 명 학생들이 학교를 다니고 있었으며, 러시아어 문장을 작성하거나 '주기도문', '성모'와 같은 기도문 암송하기를 배우고 있었다. 1872년 말 요안 곰차코프(Гомчаков) 사제는 "학생들은 매우 괄목할 만한 수준에 올라 있었으며, 읽기, 쓰기와 큰 자릿수까지 셈이 가능했으며, 기도를 할 줄 알았다"[376]고 보고서에 기록하고 있다. 이러한 진보에 감동받은 베니아미노프는 한인학교를 위해 적극적으로 기부금을 보내고 칠판과 주판, 잉크 등을 보내기도 했다.[377] 한인들이 이곳으로 재이주되어 올 당시인 1871년 한인이주자의 총수가 400여 명이었던 것을 감안한다면, 바로 이듬해 50여 명의 학생수는 적지 않은 수이며, 러시아화를 목적으로 설립된 학교에 적극적으로 참여했다는 것은 그 어느 지역보다도 러시아 국민이 되고자 하는 열망이 강하게 표출되고 있었음을 볼 수 있다. 이후 블라고슬로벤노예 마을의 한인교육은 연해주 지역보다는 보다 안정적이고 실제적으로 이루어져 간 것으로 보인다. 1880년에는 캄차트카 선교부의 지원으로 마을에 1,200루블을 들여 완전한 형태의 학교건물

---

c.112-13.

376) "Миссианерская Деятельность между Корей цами, переливщимися на Амуре(아무르 주로 이주해온 한인들 사이에서 이루어진 선교사역)" *Миссионер(선교)*, 1874, No.26, c.240-41.

377) 위의 책, c.241.

이 건립되었다. 이어서 1880년 초에는 이르쿠츠크 교사 양성학교를
마친 한인이 학교의 정규교사로 채용되기도 했다.[378]

그런데 여기서 주목할 것은 당시 일반적으로 러시아인 학교의 유
지비는 마을공동체(Сельское общество)의 규정에 따라, 러시아인 농
민들 스스로가 일정 부분을 책임져야 했던 반면, 1880년대에 한인학
교의 경우는 국가관청인 교회부(церковное ведомство)가 학교건립
과 운영에 따른 일정 부분의 비용을 책임졌다는 점이다.[379] 이것은
겉으로 보기에는 교회 교구학교와 사제들이 선교적 차원에서 한인들
을 교육하였지만, 국가 차원에서는 러시아화 작업의 일환으로서 한
인교육을 생각하였다는 증거이다.[380] 실제로 당국은 사제들이 학교
교육 시간에 정교회 교리와 기도를 가르치면서 러시아어를 사용할
것을 강조하였다. 대신 조선어 사용은 억제시키도록 규정하였다. 정
교회 사제 선교사들은 당국의 이러한 정책에 적극적으로 호응하였
다. 한 걸음 더 나아가 정교회는 "이민족(異民族)들이 자신들의 언
어를 갖거나 부활시킨다면, 러시아 국가사회 안으로 통합되는 일이
약화될 것이고, 이민족들은 독립을 소망할 것이다"라고 주장하며,[381]
조선의 서원(書院) 형태와 유사한 '한인 이교(異敎)학교'에 관심을

---

378) А. И. Петров, *Корейская Диаспора на Дальнем Востоке России 60-90-
е годы века*(владивосток: 2000), с.212.

379) 위의 책, с.214-15

380) Герман Ким, "Политика царских властей в области просвещения коре
йцев на русском Дальнем Востоке(러시아 극동 지역 한인교육에 대한
짜르 정부의 정책)", http://world.lib.ru/k/kim_o_i/p2rtf.shtml(검색
일자 2003년 8월 1일).

381) С. Д. Аносов, *Корейцы на Уссуриском крае*(Владивосток-Хаваровск
ий Книжная Дела, 1928), с.12-13.

곤두세웠다. 캄차트카 마르티니안 주교가 군사령관 지사에게 보내는
1885년 1월 18일자 문서에 따르면, 당시 안치혜 지역에 15개, 코르사
코프카 지역에 20개의 한인이교(韓人異敎)학교가 있었다.[382] 정교회
선교부가 볼 때, 한인이교학교는 정교회 선교를 가로막는 방해세력
으로 보였기 때문에 가능한 없애버리려고 하였다. 그러나 한인들은
한인이교학교를 사랑하였다. 한인들의 민족성과 문화를 보존하는 기
관으로 여겼기 때문이었다. 이 학교는 한인들의 자발적인 지원과 헌
신으로 지속되었다.[383]

④ 드물기는 하지만 극동 지역 한인들의 교육과 선교가 입양으로
이루어진 경우이다. 연해주로 이주한 지 얼마 되지 않은 한인들은 안
정된 거처가 없었고, 경제적으로도 너무 어려워 자녀를 러시아인 가
정에 위탁하거나 양자로 보내는 경우가 있었다. 중간에서 정교회 선
교사들이 다리를 놓았다. 한인 아이들을 신실한 정교신앙을 지닌 러
시아인 가정에 입양하여 양육하는 것이 가장 확실한 러시아화 방법으
로 여겨졌다. 그러나 신실하지 못한 러시아인 가정으로 입양된 경우
에는 노예 같은 대접을 받거나, 심지어는 노예로 팔리는 경우도 더러
있었다.[384] 재소(再蘇) 한인역사의 전문가인 재러 고려인 바긴(B. Ba
гин)에 따르면, 초기 이주 한인들이 특별히 삶의 기반을 전혀 마련하

---

382) А. И. Петров, *Корейская Диаспора на Дальнем Востоке России 60-90-
     е годы XIX века*(владивосток, 2000), *Корейская Диаспора в России
     1897-1917 годы века* (владивосток, 2001), с.232.

383) 이상근, 『韓人露領移住史硏究』, 245-54쪽.

384) "Судьба корейского мальчика(한인 소년의 운명)", Миссионер 1877,
     No.17, с.136-37.

지 못한 상황 속에서 살아야 했기 때문에, 자기 자녀들을 기꺼이 러
시아인에게 주어서 교육받게 하는 경우가 많았다고 한다.[385] 봄이 오
기 전, 춥고 배고픈 긴 겨울을 지내는 동안 망설이던 부모들도 자기
자녀들을 정교회 사제에게 데리고 가서 영세(침례)를 받게 하고, 러
시아인의 가정에 양자, 양녀로 맡겼기 때문에, 봄이 왔을 때, 한인들
의 가정이나 마을에서 어린이들을 찾아보기가 어려웠다.

　그러나 안정된 거처를 마련하고 경제적인 여유를 찾은 부모들 중에
서 어떤 이는 자신의 자녀들을 돌려달라고 요구하였다. 실제로 1871년
도에 두 마을에서 363명이 영세(침례)를 받았는데, 영세를 받은 한인
들 가운데 블라디보스톡 근처에 사는 몇 명은 자신의 자녀들을 돌려달
라고 부탁하였다. 이러한 요구에 대하여 정교회 사제들은 거절하였는
데 그 이유는 기독교인이 된 아이들을 이교도(異敎徒) 부모에게 맡길
수 없다는 것이었다.[386] 정교회 전승 가운데 정교회로 개종하지 않은

---

385) В. Вагин, "Корейцы на Амуре(아무르의 한인들)", *Сборник историчес
　　ких сведений о Сибири и сопредельных ей странах*. T.I.(СПб., 1875),
　　c.19. 재인용. http://world.lib.ru/k/kim_o_i/p3rtf.shtml.(2003년 8월 1
　　일 검색).

386) 이와 관련하여 뻬트로프는 다음과 같이 적고 있다. "초창기 극동 지
　　여에 이주한 한인들은 형편이 너무 어려워 자녀들을 양육해 달라고
　　러시아 가정에 맡기는 경우가 많았다. 그러나 형편이 조금 나아진 다
　　음에는 자신들의 아이를 다시 데려오기를 원했다. 그런데 어떤 러시
　　아인들은 아이를 돌려주기를 거절하였다. 정이 들었기 때문이었다. 러
　　시아정교회 사제 선교사들은 러시아인들의 편을 들었다. 사제 선교사
　　들은 영세(침례) 받은 아이들을 영세(침례) 받지 않은 어른들에게 맡
　　길 수 없다고 주장했다. 연해주 총독은 이 문제와 관련해서 분명한
　　입장을 밝혔다. 러시아 어떤 공문서에도 영세(침례) 받은 아이를 영
　　세(침례) 받지 않은 부모에게 맡길 수 없다는 그런 법률은 없다고 밝
　　혔다. 그러나 이런 일도 있었다. 한인 아이들이 정교회 영세(침례)까

이교도 부모에게는 개종한 어린 자녀를 맡겨서는 안 된다는 규정이 있었으며,387) 국가법에도 "정교회로 개종한 아이들을 부모로부터 격리시킬 수 있다"는 6개월 전에 중앙정부에서 제정한 법 때문이었다.388)

지 받은 자기 친부모에게 돌아가기를 원치 않았다. 1876년 연해주에 사는 한인 라만 첸이라는 남자가 자기 아들 표트르를 돌려달라는 청원서를 총독부에 제출하였다. 총독부 관리 리트빈이 수이푼 관구 책임자에게 편지를 보내어 그 아이를 그 아버지에게 돌려줄 것을 부탁하는 편지를 보냈다. 1877년 이런 답장이 왔다. 알아본 결과 표트르는 뻬레발로프의 집에서 잘 살고 있는데, 그 아이는 아버지에게로 돌아가고 싶어 하지 않는다고 하였다. 그 아이는 자기 아버지를 기억하지도 못하며, 양부모와 함께 계속 살고 싶어 했다. 그 아이와 함께 자란 한인 누이도 같은 의사를 표현하며 자기 친아버지에게 돌아가기를 거절하였다." А. И. Петров, *Корейская Диаспорана Дальнем Востоке Росии 60-90-е 19 века*, с.194-95.

387) 짜르는 1593년 다음과 같은 칙령을 내렸다. "새로운 개종자들은 카잔 근처 분리된 마을로 이주하여 살아야 한다. 그들을 위하여 농지를 국가가 제공한다. 그들은 러시아인들과 함께 살아야 한다." 러시아 관리들은 개종자들이 기독교 법을 준수하는지, 러시아인들이 타타르인이나 전쟁에서 잡혀온 외국인 포로들과 결혼하지는 않는지를 관찰하였다. 그리고 다른 인종 간에 태어난 자녀들과 개종자들의 노예들은 반드시 세례를 받아야 했다. 만일 기독교의 삶의 방식을 따르지 않는 개종자는 쇠사슬에 묶어서 감옥에 넣었다. Michael Khodarkovsky, *Comparative Studies in Society and History*, p.274.

388) 1877년에 나온 *Миссионер*(선교사)라는 러시아 잡지에 슬픈 한인 소년의 이야기가 실렸다. 그 소년은 러시아군인의 아들로 입양되어 러시아어로 읽기와 쓰기를 배웠으며, '유일하신 하나님'에 대한 신앙고백을 하였으며, 슬플 때나 기쁠 때나 하나님을 의지해야 한다는 교육을 받았다. 1872년 이 한인 소년은 모스크바로 입양되어 가서, 거기서 모스크바 대주교 이노켄티로부터 영세(침례)를 받았으며, 러시아 시민권을 얻었던 것이다. "Судьба корейского мальчика(한인 소년의 운명)", *Миссионер*, 1877, с.136-38.

연해주에 거주하던 어떤 민족들 가운데서도 한인들처럼 러시아를 사랑하고, 러시아 시민생활에 적극적으로 참여한 민족이 없었다.[389] 대부분의 한인들은 자신들의 아이들이 정교회 영세 받는 일에 적극적으로 협조하였다. 아이들이 러시아식 삶의 방식을 수용하려면, 영세를 받게 하는 일이 필수적이라고 생각하였기 때문이다. 교회 교구 학교가 열렸을 때, 한인들은 주저 없이 자신들의 아이들을 그 학교에 보냈다. 한인들 스스로 공소, 학교를 세우고, 영세(침례)를 받고 정교회 신자가 되기도 하였다.

왜 한인들은 적극적으로 정교회를 받아들이려 했을까? 캄차트카의 주교 베니아미노프이 작성한 「1872년 캄차카 주교구의 선교사역과 선교 상황에 관한 보고서」와 「1873년 이르쿠츠크, 동부 시베리아 선교 사역들에 관한 보고서」[390]에 따르면, 한인들의 열성은 정교회 신앙을

---

389) 1882년 남부 우수리스크 지역을 여행하던 크레스톱스키(Крестовский)가 기이한 장면을 목격하였다. 한인 아이들을 입양한 러시아 가정이었는데, 한인 아이들은 완벽하게 러시아어를 구사하며, 정교회 예배를 완벽하게 드리는 모습을 보고 경탄하였다. 연해주 지역에서 자란 아이들과 어렸을 적에 러시아인 가정에 입양된 한인 아이들은 거의 다 러시아어를 자유롭게 구사하였다. 한인들은 다른 소수민족들과 다른 꿈을 가지고 있었다(코멘트). 러시아어를 배운 한인들은 곧 훌륭한 러시아인들과 같은 삶을 배우고자 노력하였으며, 동시에 유럽인들을 닮아가고자 노력하였다. В. В. Крестовский б "Очерк миссии среди корейцев Южно-Уссурийского края(남부 우수리스크 지역의 한인들 선교에 관한 소고)", The Russian bulletin, т. 157(February, 1882), с.766.

390) Вениамин, Епископ Камчатский. "Отчет о состоянии и деятельности миссии Камчатской епархии за 1872 год(1872년 캄차트카 주교구의 선교상황 보고서)", "Труды православных миссий Восточной Сибири -Иркутск(1873년 이르쿠츠크, 동부 시베리아 선교사역들에 관한 보고서)", 1873, т.1,-С.559-60.

이해하고 사랑해서가 아니라, 영세(침례)를 받으면 러시아 시민권을
얻고, 러시아 시민권을 얻으면 극동 지역에 안정된 거주지를 확보할
수 있으며, 부가적인 여러 가지 이득을 얻을 수 있으리라는 기대감
때문이었다고 분석하고 있다.[391]

　수용자 관점에서 국사편찬위원회 근대사 연구실장을 역임한 이상
근도 같은 말을 하고 있다.[392] 당시 러시아 극동 지역에 이주하였던
한인들은 가난과 질곡으로부터 벗어나기 위해 굶주림과 추위에 시달
리면서 연해주에 정착한 사람들이었다. 이들에게 먼저 필요한 것은
무엇보다도 굶주림을 모면할 수 있는 식량과 토지였다. 이주 한인이
토지를 얻기 위해서는 러시아에 귀화하여야만 했다. 귀화하는 자에게
는 무상으로 15데샤치나의 토지를 나누어주고 각종 편의를 제공했
다.[393] 그런데 그들이 귀화하기 위해서는 러시아정교회로 개종하는
것이 선행조건이었다.[394] 제정 러시아는 정교일치로 정치권력과 종교

---

391) 이러한 특혜는 1861년 4월 27일에 공포된 ‘동시베리아의 아무르와 연
　　해주 지방에의 러시아인과 이국인의 이민에 대한 규칙’에서 비롯되었
　　다. 이 규칙에 의하면 극동으로 이주하려는 농민에게는 엄청난 혜택을
　　부여하였다. 이주민은 인두세를 영구히 면제받으며 20년 동안은 십일세
　　및 지대, 세금을 면제받으며 농민 가구마다 100데샤치나(약 109ha) 토
　　지를 제공하고, 이 토지는 농민공동체나 개인이 데샤치냐당 아주 싼 가
　　격인 3루블에 구입할 수 있도록 하였다. D. W. Treadgold, *The Great
　　Siberian Migration*(Princeton, 1958), p.70.

392) 이상근, 『韓人露領移住史硏究』, 201-02쪽.

393) 현규환, 『韓國流移民史』上, 787쪽. 러시아 당국은 조선과의 외교수립
　　이전까지 한인들의 토지 점유를 묵인하였으며, 1861년 4월 27일 원로
　　원령 제36928호로 영원히 인두세를 면제하고, 20년간 세금 면제 조치
　　를 취하였다.

394) 신연자, 『소비에트 한인백년사』(도서출판 태암, 1989), 87쪽.

가 통일되어 있었다. 그렇기 때문에 귀화조건에 그들의 국교인 러시아정교를 강요하게 된 것이었다. 실제로 러시아 국적 취득을 위해서는 반드시 영세 받은 날짜, 영세 명(名) 그리고 영세를 베푼 사제의 이름과 사인이 있는 서류를 제출해야만 했다.395) 한인들은 러시아 국적을 취득하게 되면 토지를 분여받기 때문에 러시아정교의 신자가 되지 않을 수 없었다. 이런 이유 때문에 러시아 국적을 보다 쉽게 얻기 위해서 한인들은 러시아정교로의 집단적 전환을 꾀하였으며, 한인사회에서는 러시아선교사들의 활동에 대해 상당한 관심을 표하였던 것이다.396)

요약하면 1860년부터 1883년까지의 한인선교는 러시아정교회의 입장에서 보자면, 새로 병합된 극동 지역을 효과적으로 개척할 한인들을 러시아화할 목적으로 당국과 협력한 국가-정치적 선교사역이었다. 그리고 수용자인 한인의 시각에서 보자면, 외국에서 안정된 거처와 토지를 확보하기 위한 차원에서 정교회를 수용하였던 것이다.

3. 러시아정교회 정체성 강화를 위한 선교(1884-1909)

두 번째 시기는 러시아정교회의 정체성을 강화하는 데 초점을 맞춘 선교사역 기간이었다고 할 수 있다. 선교사역의 방향이 이렇게 변화한 이유는 초창기 한인선교가 양적으로는 상당한 개종자들을 얻

---

395) РГИАДВ. Ф. 1. Оп. 2. Д. 1184. Л. 23-24.

396) 또 한편으로는 선교사들이 교세를 확장하기 위해 극동에서 한인을 추방한다는 터무니없는 소문을 퍼뜨려 블라디보스톡 부근 한인들 중에서 영세(침례)를 받은 자가 급증하였다. 현규환, 『韓國流移民史』上, 787쪽.

었으나 시간이 지남에 따라서 질적인 면에서 많은 문제가 있다는 사실이 발견되었기 때문이었다.

1884년 7월 7일 조로(朝露)수호통상조약이 맺어지고, 1888년 8월 조로육로통상조약이 맺어짐으로 러시아와 조선의 관계는 새로운 국면을 맞게 되었다.[397] 이제 러시아 당국은 한인들의 이주문제를 외교적인 채널을 통해서 해결하고자 했다. 이민(移民)과 관련한 3개 조항과 9개항의 유민문제를 각각 명시하고 있는 이 두 조약은 이후 러시아 당국이 한인들의 지위를 법제화하고, 이주문제 규정을 정하는 데 근간이 되었다. 1884년 이후 한인들의 이민은 제한되었다. 조선과 러시아를 구별 짓는 국가 행정 조치들이 취해졌다. 1891년 프리아무르 군관구[398] 군사령관지사인 코르프(1884-93)의 지시로 한인들은 세 부류로 분류되었다.[399] 제1종은 1884년 이전에 정착한 자들로서 러시아 국적을 받을 자격이 부여되고, 가구당 15데샤티나의 땅을 분배받는다는 약속을 하였다. 제2종은 1884년 이후에 정착한 자들로서 1종 사람들을 위한 규정을 이행하며, 러시아 국적을 희망하는 자들이었다.

---

397) 최문형. "한로수교의 배경과 경위". 『한로관계 100년사』(서울: 한국사연구협회, 1984), 69쪽.

398) 19세기 후반을 지나며 바이칼 동쪽의 행정, 영토 구분에 변화가 있었다. 1884년 행정개편에 따라 러시아 중앙정부는 동시베리아를 '동시베리아 군관구(수도 이르쿠츠크)'와 '프리아무르 군관구(수도 하바롭스크)'로 분리시켰다. 그 결과 동시베리아 군관구에 포함되었던 자바이칼 주(치타, 1851-1906), 아무르 주(블라고베셴스크, 1858-1917), 연해주(블라디보스톡, 1856-1917), 블라디보스톡 군직할지, 캄차트카 주, 사할린 주는 분리되어 프리아무르 군관구에 편입되었고, 이러한 행정적인 편재는 1917년 혁명 전까지 이어졌다. 위의 책, 65-66쪽.

399) Б. Д. Пак, *Корейцы в Российской Империи. Дальневосточный период*(러시아 극동 지역의 한인들), c.76-77.

제3종은 돈벌이를 위하여 온 자들이며, 정착 권리가 없고, 거주증(居住證)을 받아야만 남아 있을 수 있는 사람들이었다.

이러한 원칙은 사실상 잘 지켜지지 않았다. 중요한 것은 프리아무르 군관구 군사령관지사(генерал-губернатор)가 한인들에 대하여 어떤 태도를 가지느냐에 따라 법적용이 달라졌다.[400] 예컨대 코르프(1884-93)는 한인들을 러시아에서 불필요한 요소로 보았기 때문에, 원칙을 정해 놓고서도 1894년까지 한인들에게 국적을 부여하는 것을 연기시켰다. 하지만 그의 후임인 두호프스키(1893-98)는 한인들에게 긍정적인 입장을 가지고 있었다. 그는 한인들을 극동 지역의 식민화에 적극적으로 이용하고자 하였다. 많은 한인들에게 러시아 국적을 부여하였다. 그의 후임자인 그로테코프(1898-1902)도 전임자와 같은 태도를 가지고 수많은 한인들에게 국적을 부여하고, 유랑하는 한인들이 러시아에 정착할 수 있는 길을 열어주었다.[401] 이 시기에 약 12,000여 명의 한인들이 러시아 국적을 얻었다. 1897년에 실시된 전(全) 러시아 인구조사 결과, 연해주에 24,306명, 아무르 주에 1,562명, 합하여 극동 지역에 총 25,868명의 한인이 거주하고 있었다.

그러나 프리아무르 군관구 군사령관지사 운테르베르게르(Утерберг-ер. 1906-10)는 한인에 대하여 매우 부정적인 시각을 가지고 있었다. 그는 한인들에게 땅은 주어도 국적은 허락하지 않았으며, 가능한 한인들의 노동기회를 허락하지 않았다. 1908년 3월 8일자 내무성 서신에서는 "(한인)귀화인이 러시아에 동화한다는 것은 근거 없는 소리이다.

---

400) С. Д. Аносов, *Корейцы в Уссурийском крае*(우수르스크 지역 한인들), c.10.

401) 권희영, 『國史觀論叢』41, 167쪽.

한인은 여전히 그 국민성을 보존하고 있으며, 러시아가 일본, 청국과
의 전쟁 시에는 한인들은 간첩이 될 위험이 있다"고 하였다.[402] 외교
관계 수립 이후에 정교회를 대하는 한인들의 태도도 변화하였다. 한인
들은 영세와 개종이 곧바로 러시아 국적 획득과 연결되는 것이 아님
을 깨달았다. 그리고 시간이 지남에 따라 법적인 지위와 생활여건이
나아진 한인들은 점차로 정교회에 무관심해졌다. 그리고 국적 무자격
자는 더 이상 정교회에 대한 집착이 국적 획득에 아무런 도움이 되지
못한다는 것을 알고서 정교회 선교에 무관심하였다. 이 때문에 〈표 8〉
이 보여주듯이, 제1기(20.9%)에 비교하여 제2기(전체 인구 대비 영세
받은 수 10.4%)에는 정교회 영세를 받는 수가 적어졌다.[403] 러시아정
교회 선교부는 이러한 변화를 인식하고 이후로는 개종자들의 숫자보
다는 질적인 측면에 역점을 둔 선교사역을 계획하였다.

〈표 8〉 연해주 거주 한인들이 영세(침례) 받은 수, 1883-1888.

	1883	1884	1885	1886	1888	총계
남성	109	37	288	76	128	638(55.8%) 남자인구 11,000명 대비(%)
여성	93	25	271	27	89	505(44.2%) 여자인구 11,000명 대비(%)
총수	202	62	559	103	217	1143(10.4%) 전체인구 11,000명 대비(%)

---

402) Б. Д. Пак, *Корейцы в Российской Империи. Дальневосточный перио
д(러시아 극동 지역의 한인들)*, c.107-08.

403) А. И. Петров, *Корейская Диаспора на Дальнем Востоке России 60-90-
е годы 19 века(1860-90년대 러시아 극동 지역 한인 디아스포라)*, c.231.

이와 동시에 러시아정교회가 정교회의 정체성 강화에 초점을 맞춘 선교로 방향을 전환한 이유는 그동안 이루어진 선교가 실패했다고 평가했기 때문이었다. 정교회 영세를 받은 한인들의 신앙과 동화(同化)의 정도는 조상숭배를 골자로 하는 전통적인 제사에 대한 한인들의 태도를 관찰함으로 확인할 수 있었다.404) 선교사역 제1기에 러시아 선교사들은 제사에 대하여 전혀 언급하지 않았다. 그 이유를 두 가지로 추측할 수 있다.405) 한인들 사이에 제사 행위가 존재하지 않았던지, 존재했다 하더라도 선교사들이 관심을 가지지 않았던지, 둘 중의 하나일 것이다. 어떤 추측이 정확한가에 대한 대답은 러시아정교회의 특성을 살펴보면 알 수 있다. 정교회는 이콘(Icon)을 전통적으로 숭배하는 종교이다. 한인들이 세례 받을 때 선교사들로부터 이콘을 선물로 받았다. 받은 이콘은 집안 동쪽 가장 밝고 높은 곳에 두고 그 앞에서 기도하라는 교육을 받았다. 영세 받은 한인들은 그렇게 했다. 그러나 그 내용은 달랐다. 조상의 초상화를 높은 곳에 걸어 놓고 숭배해 온 한인들에게 이콘 숭배는 어렵지 않았다. 선교사들이 보기에는 한인들이 이콘 숭배를 잘하는 것으로 보였지만, 내용적으로는 조상숭배의 외형적인 기능을 이콘이 대신한 것뿐이었다. 선교사들이 제사를 언급하시 않은 또 다른 이유는 죽은 사믈에 대한 제의(祭儀)가 이미 오랫동안 러시아정교회 신자들 사이에 일반화되어 있었기 때문이다. 자불린(M. Забулин)에 따르면,406) 조상의 뿌리

---

404) Michail Belov, *The Experience of The Russian Orthodox Church among Koreans 1865-1914*, p.52.

405) 위의 책.

406) M. Забулин, *Русскии Народ Его: Обучай Обряды Предания Суевер ия и Поезия*(러시아 민족: 풍습, 제의, 전설, 미신 그리고 서정시)(M

를 소중하게 생각하는 러시아인들은 죽은 자들을 추모하는 행사를 1
년에 적어도 7번 이상 하는 것이 일반인들의 풍습이 있었다. 추모행
사의 모습은 샤머니즘적이었다. 가족이 다 모여서 축제를 하며 음식
과 술을 죽은 자의 초상화 앞에 진열해 놓았다. 축제가 끝나면 묘지
에 가서 제의를 올리고 조상의 묘에 술을 부었다. 이런 풍습으로 인
하여 교회의 반대가 있었다. 그러나 공식적으로는 금했지만, 러시아
정교회는 못 본 척했다.[407] 이런 이유로 한인들의 조상숭배는 선교
사들에게 이상하게 여겨지지 않았다. 이런 배경을 생각한다면, 영세
받은 한인들 사이에서 제사 행위가 있었는지 없었는지를 선교사들이
전혀 언급하지 않았다는 사실이 이해될 것이다.[408]

연해주에 정착한 한인들이 영세(침례)는 받았지만, 종종 무당을
섬기고, 산당을 짓고 거기에 절하며, 한국의 주요 명절이 되면 제사
를 드렸다.[409] 자녀가 아프거나 가족의 중요한 일을 진행할 때 정교
회 사제에게 알리지 않고 무당을 찾아가는 경우가 많았다. 영세 받
은 부모의 자녀 결혼식은 사제 앞에서 하도록 되어 있었으나, 한인
들은 두 가지 이유로 인하여 사제에게 알리지 않았다. 하나는 교회
가 허락하지 않는 조혼(早婚)의 풍습을 지켰기 때문이다. 다른 하나
는 결혼식을 올리지 않고 동거 형태의 가정이 많았기 때문이었다.

오스크바: Книга Идв. 1990), с.105-14.

407) 위의 책.

408) Michail Belov, *The Experience of The Russian Orthodox Church among Koreans 1865-1914*, p.53

409) "Отчёт Влаливостокского Епархиального Комитета Православного М иссионерского Общества за 1899 год", *Православный Благовестник*, vol.2, No.9(Май 1900), с.95.

신생아들에게 유아세례를 받게 하는 일도 하지 않았다. 한인들은 적어도 세이레(21일)가 되기 전에 외부인에게 신생아를 보이지 않는 것이 전통이었기 때문이었다. 이러한 문제들을 해결해 보려고 선교사들이 노력을 해보았으나 한인 담당 선교사들의 수가 적은데다 한국어를 잘 몰랐고, 게다가 한인들의 마을이 서로 멀리 떨어져 있었기 때문에 육체적으로도 감당하기 힘든 일이었다. 이런 연유로 영세(침례)를 받은 다음 다시 옛 생활로 돌아가는 예가 많았으며, 교회 출석은 거의 하지 않았다. 1890년대 한인선교사역이 실패했다고 평가했다. 실패의 주된 이유는 책임 있는 감독의 부재 때문이었다고 선교사들은 생각했다.[410] 연해주 지역 다수 한인들이 세례를 받았지만, 영적인 돌봄이 필요한 한인들에게 선교사들이 관심을 주지 않았다. 결코 신앙심의 부족 때문이 아니었다.

또 다른 이유는 러시아에 정착한 한인들과 매년 두만강을 넘어오는 계절노동자 한국인들의 교류로 인하여 신앙을 잃어버린다는 사실이었다. 계절노동자들 중에는 무당과 불교승려들이 섞여 있었다. 세례를 받고 정교회신자가 되고 러시아 국민이 된 다음에도 계절노동자들과의 접촉한 러시아 한인들은 한국말을 사용하며 무당을 섬기고 굿을 하고 러시아성교회 신앙으로부터 멀어져 갔다. 이러한 현상을 시겨본 블라디보스톡 주교는 1899년 회의를 통하여 연해주 한인 마을들 안에서 이루어지는 종교행위와 선교행위를 엄격히 통제하기로 결의하고, 효과적인 통제를 위하여 다음 네 가지 원칙을 세웠다:[411]

---

410) "Отчёт о Состоянии и Деятельности Камчатской Духовной Миссии за 1896 год(캄차트카 주교구 선교와 상황보고서, 1896년)", *Православная Благовестник*, No.1(Ян. 1897), c.121.

첫째, 마을 공무원들은 마을에서 이루어지는 타 종교 행위들을 관찰하여 해당 선교지부 선교사에게 보고하도록 한다. 둘째, 국경을 넘어오는 외국인들을 엄격히 제한하도록 당국에 요청한다. 셋째, 산재해 있는 한인 마을들을 재조직하여 러시아 마을과 같이 만들어 공무원들이 감독하기 쉽게 만들기로 한다. 넷째, 러시아인 가정을 한인 마을 속에 골고루 섞어 넣으며, 마을 공무원을 순수 러시아인으로 하든지 아니면 공무원들의 절반을 순수 러시아인으로 한다.412)

이러한 원칙을 지키기 위하여 주교구는 계절노동자들의 실태와 활동을 조사하여 당국에 여권 없이 이곳저곳을 돌아다니는 한인 계절노동자들을 엄격히 제한해줄 것을 의뢰하였다.413) 동시에 교회는 6개의 선교지부를 증설하였다. 〈표 9〉가 보여주듯이, 1885년까지 한인을 선교하기 위하여 블라고슬라벤노예 선교지부, 코르사콥스키 선교지부, 얀치헤 선교지부가 있었는데,414) 1888년부터는 만구가이 선교지부를 비롯하여 6개의 선교지부를 순차적으로 증설하였다.

---

411) "Отчёт Владивостокского Епархиального Комитета Православного Миссионерского Общества за 1899 год", *Православная Благовестник6* vol.2, No.9(Май 1900), с.99.

412) 이러한 원칙이 초기에만 열정적으로 지켜지다가 러－일 전쟁 이후에는 사실상 무용지물이 되고 말았다. 위의 책, p.99.

413) "Отчёт о Состоянии и Деятельности Камчатской Духовной Миссии за 1896 год(캄차트카 주교구 선교와 상황보고서, 1896년)", *Православная Благовестник*, No.1(Ян. 1897), с.121.

414) 위의 책, с.213.

〈표 9〉1885년 캄차트카 주교구 산하 9개 선교지부

선교부(Отдел)	선교지부(Стан)
한인선교부	1. 블라고슬라벤노예
	2. 코르사콥스키
	3. 얀치힌스키
골드선교부	4. 돌레 - 트로이츠키
	5. 골론스키
	6. 가린스키
길략선교부	7. 볼쉐 - 미하일롭스키
	8. 뜨이르스키
캄차트카선교부	9. 아나듸이르스키

1899년에는 캄차트카 주교구로부터 블라디보스톡 주교구를 분리하여, 블라디보스톡 주교구가 한인들의 선교를 전담하도록 하였으며, 블라디보스톡 주교구는 동년 10월 10일 '블라디보스톡 주교구 정교회 선교부 위원회(Владивосктоская Комитета Православного Миссионерского Общества)'[415]를 조직하여 극동 지역 한인들을 비롯한 이민족들을 선교하기 위한 체계를 갖추었다. 그 결과 동년 12월에는 신학교를 졸업한 두 명의 선교사들을 한인 전담 선교사로 추가 파송하였다. 게다가 캄차트카 주교로서 수고하다가 모스크바 수좌대주교로 영전해 간 베니아미노프가 뻬쩨르부르그에서 블라디보스톡 주교구의 한인선교를 위하여 많은 예산이 할당되도록 힘써 사실 블라디보스톡 한인선교지부는 다른 지역의 이민족 선교지부보다 더 큰 재정적 특권을 누렸다. 한인선교지부가 연간 지출한 돈은 2,500-3,000 루블이었으며, 12년(1899-1910) 동안 26,000루블 이상의 돈을 지출했

---

415) 이하 약어로 "BKПMO"로 표기한다.

다. 이렇게 제2기 러시아정교회 선교부는 보다 조직적이고 체계적인 지원을 강화함으로 한인선교의 질적인 강화에 힘을 기울였다.

교육선교의 공식적인 표명은 1895년 캄차트카 주교에 의하여 이루어졌다. 그동안 이루어진 한인선교를 평가한 러시아정교회 고위성직자들은 캄차트카 주교구 보고서를 통하여 "캄차트카 주교구는 이제 견고한 지반 위에 서 있다. 이후로 선교의 주된 관심은 학교에 집중될 것이다."[416]라고 표명하였다. 캄차트카 주교구의 6대 주교인 마카리(Makarii)는 교육선교의 중요성을 강조하면서, "이교도 교육을 러시아화의 가장 중요한 요소로 여겨야 할 것"[417]이라고 하였다. 이후 극동 지역 선교사들은 "(교회교구)학교가 교회로 들어오는 대문이다."라는 모토를 외우고 다녔다.[418] 선교사들은 교육선교를 통하여 선교의 질을 강화하는 동시에 한인들을 러시아 사회에 통합시키는 데 효과적일 것이라는 기대를 가졌다. 교육선교가 점차로 강화되면서 한국어에 대한 선교사들의 태도가 부정적으로 변하였다. 교회지도부는 교구학교에서 반드시 러시아어를 사용해야 하며 한국어 사용을 금지해야 한다는 태도를 취하였다. 1894년 초에 교회지도부는 "선교사들이 이교도들에게 러시아어와 러시아 알파벳을 가르치는 것은 선교적으로 문화-정치적으로 중요한 의미를 지닌다"는 사실을

---

416) "Отчёт о Состоянии и Деятельности Камчатской Духовной Миссии за 1895 год(캄차트카 주교구 선교와 상황보고서, 1895년)"(이하 ОСД КДМ라고 약어로 표기한다)『Праврславная Влаговестник』vol.1, No.2(я ан. 1899), c.12.

417) 위의 책.

418) "ОСДКДМ за 1894 год(캄차트카 주교구 선교와 상황보고서, 1894년)", *Камчатскне Епрхнальные Ведомности: Отдел неофнцнальный*, No.20 (1895), c.432.

인정하였다.[419] 시간이 지나감에 따라 러시아 선교사들은 한국어 사용을 금지하고, 러시아어만을 사용하도록 하는 정책이 매우 편리하다는 사실을 알았다. 어려운 한국어를 배우지 않고 선교를 할 수 있었기 때문이다. 선교사들은 기성세대 한인보다는 어린이 교육에 주력하였다. 러시아어에 익숙한 어린이들이 자라면 기성세대를 대신할 것이고, 그들이 장차 러시아정교회의 보루가 될 것이라는 기대감 때문이었다. 이러한 기대는 몇 년 후 현실이 되었다. 유년시절 러시아어교육을 받은 한인 자녀들이 나중에 교회 교구학교 교사가 되고 적극적인 정교회 신자가 되었다.

그러나 일부 한인들이 러시아화에 초점을 맞춘 러시아 교육 정책에 반발하여 우수리스크 지역에서 한인 중심 사립학교를 만들었다. 그 모습이 서원(書院)과 비슷했다.[420] 여기서 한인들은 한국어와 한국 역사와 지리 등을 가르쳤다. 이러한 모습을 본 선교사들은 "만일 이교도들이 자신의 언어를 가지고 자신의 문학을 살려낸다면, 러시아국가와 사회에 소속감이 약화될 것이며, 이교도들은 자신의 종족의 독립을 꿈꾸게 될 것이다."라고 하였다.[421] 러시아 학교에서는 러시아어만을 사용하도록 규정하였으나 실제로는 학교에서 러시아어만을 사용해야 한다는 규직이 지켜지지 않았다. 러시아인 교사의 월급은 너무 높았기 때문에 학교의 대다수 교사가 한국인이었기 때문이었다.[422] 그들의 러시아어는 완전하지 못했다. 게다가 한국어를

---

419) 위의 책, c.436.

420) 위의 책, c.437.

421) 위의 책, c.437.

422) "ОСДКДМ за 1896 год(캄차트카 주교구 선교와 상황보고서, 1896년)", *Праврславная Благовестник*, vol.3, No.23(дес. 1897), c.132.

못하는 러시아인 교사의 가르침을 어린이들이 이해할 수 없었다. 과목에 따라서 허락된 한국어 사용의 정도가 달랐다. 러시아어 시간에는 100% 러시아어로 진행되었지만 수학, 지리, 역사와 같은 과목을 가르칠 때에는 한국어를 섞어서 가르쳤다.

교회와 학교는 일민스키 시스템을 이상적(理想的)인 것으로 여겼다. 저학년에서는 한국어로만 가르치다가 고학년이 될수록 러시아어의 사용빈도를 높이는 방법과 한국인의 고유문자인 한글을 없애고 대신 한국어를 러시아어 알파벳을 이용하여 표기하는 방법을 도입하였다.[423] 다른 소수민족에 비하여 한인들의 자녀를 대상으로 한 러시아정교회의 선교는 큰 성공을 거두었다. 캄차트카 주교는 "한인들의 교육열이 다른 민족과는 달리 높았기 때문이었다."라고 하였다.[424] 사실 연해주의 골드족(Golds)이나 길락족(Gilaks)과 비교해 볼 때, 한인 부모의 교육열이 매우 높았을 뿐만 아니라, 생업의 특징상 한인 어린이들이 더 많은 시간 수업을 받을 수 있었다. 수렵이나 어업에 종사하는 부모의 자녀들은 9월 중순부터 다음 해 4월 중순까지만 수업을 받을 수 있었지만, 한인 어린이들은 농번기를 제외한 8월부터 5월까지 수업을 받을 수 있었다.[425] 1899년까지 선교사들에 의하여 운영되는 교회 교구학교는 모두 3년제였는데, 이것은 당시 일반적으로 선교사 교구학교에서 실시하던 교육 기간보다 1년이 더 많은 것이었다.

---

423) Кореец, *Православная Благовестник*, vol.3, No.18(сент. 1895), c.93-97. 이러한 일민스키 시스템의 적용이 가장 성공적으로 이루어진 곳이 몽골이다. 몽골인은 말은 몽골어를 쓰지만, 지금까지 알파벳은 러시아어 알파벳이다.

424) ОСДКДМ за 1894 год, c.433.

425) ОСДКДМ за 1896 год, c.132.

나중에는 비(非)러시아인 아이들을 교육하는 경우에는 1년 더 훈련시
켜야 한다는 지시에 따라서, 극동 지역 한인 어린이들의 경우 4년 동
안 학교를 다녀야 했다.[426] 교회 학교는 부모가 학비를 내주기를 기
대하였다. 당시 러시아인들조차도 자기 자녀 교육비를 내려고 하지
않았지만 한인들은 달랐다. 학교를 세우고, 유지하고, 자녀들을 가르
치는 데 비용과 희생을 아까워하지 않았다. 그것은 자녀교육에 대한
한인들의 독특한 가치관 때문이었다. 한인들은 자녀교육에 남다른 애
착심을 가지고 있으며, 교육을 위해서라면 웬만한 고생과 희생을 두
려워하지 않는 전통을 지니고 있었다. 그래서 교회의 교육 정책은 곧
좋은 결과를 낳았다. 한인들의 영세 숫자가 전체적으로 크게 증가하
였으며,[427] 교회 예배에도 많은 한인들이 참여하였다. 이는 한인들은
자신의 자녀들이 러시아 교육을 받아 러시아 주류 사회에 가능한 빨
리 합류하기를 희망했는데, 당시 러시아 교육은 대부분 정교회에서
주관하고 있었음으로 한인들은 적극적으로 정교회 신자가 됨으로 교
육의 기회를 얻어 보려 했던 것으로 보인다.

학교에서 배우는 과목은 5개였다. 성경/고대교회슬라브어, 러시아

---

426) Белов М.В. "Просветительская деятельность русской православной ц
еркви среди корейских иммигрантов в дореволюционной России(러
시아 극동 지역 한인들을 위한 러시아정교회의 교육활동)" *Актуальн
ые проблемы российского вотоковедения.*(М., 1994) c.82.

427) 1903년도에는 마을마다 영세 받는 한인들의 숫자가 크게 증가하였는데,
어떤 마을은 60%, 어떤 마을은 90%의 주민이 영세를 받았다. 그러나 남
자의 경우는 조금 낮았는데, 40%에서 85%의 한인 남자들이 영세를 받
았다. 이것은 정교회 선교가 성공하고 있다는 분명한 증거였다. Г. Н. Ки
м, Сим Енг Соб, *История просвещения корейцев России и Казахстана
(러시아와 카자흐스탄에서 한인들의 교육역사)*, (Алматы, 2000), c.75.

어, 이 두 개의 과목은 필수 과목이었으며 수업 시간이 많았다. 수학
과 교회 노래, 역사/지리, 이 세 과목은 수업 시간이 적었다. 수업
시간과 과목은 학교의 상황에 따라서 달라졌다. 그러나 어떤 경우에
도 변하지 않는 수업은 아침 기도였다. 기숙사 학교의 경우에는 저
녁 기도가 첨가되었다. 기도문을 암기하게 하는 동시에 그 의미를
자주 설명하도록 요구하였다. 기도 교육은 캄차트카 주교 마카리가
고안한 교육방법이었다.[428] 이것은 한인 어린이들 영혼에 깊은 영향
을 끼쳤다. 교육 기간은 유동적이었다. 처음에는 3년이었는데, 1899
년 이후에는 대부분 4년으로 변하였다. 학교 형태는 기본적으로 교
회 교구학교와 문자해독학교였다.[429]

〈표 10〉 여자 어린이 학생 통계표[430]

연도	남학생(명)	여학생(명)	여학생 비율(%)
1894	313	1	0.32
1895	185	9	4.64
1896	222	10	4.31
1897	350	3	0.85
1898	698	43	5.80
1899	350	3	0.85
1900	698	43	5.80
1901	978	83	7.82
1902	896	114	11.29
1903	1,065	149	12.27
1904	러-일 전쟁		

428) Дионисии, "Современное Состояние Задачи и Нужду Православного
  Инородческого Миссионерства в Сивирии"(러시아정교회의 시베리아
  이민족 선교의 필요성과 과제)(Москва, 1905), c.37.
429) 위의 책, c.38.
430) Michail Belov, *The Experience of The Russian Orthodox Church among*

연도	남학생(명)	여학생(명)	여학생 비율(%)
1905	785	35	4.27
1906	805	41	4.85
1907	771	41	5.05
1910	788	68	7.94
1911	980	221	18.40
1912	933	223	19.29
1916	1,129	621	35.4

선교부는 한인 여자 어린이 교육에 깊은 관심을 가졌다. 장차 어머니가 될 여자 어린이들을 교육하는 일은 정교회 선교와 러시아화를 위하여 가장 안전하고 확실한 투자가 된다고 생각하였다. 그러나 부모가 여자 어린이들을 학교에 보내지 않았다. 결과 어느 학교에서도 남자 어린이에 비하여 여자 어린이들의 수는 항상 적었다. 〈표 10. 여자 어린이 학생 통계표〉를 자세히 보면 1900년 여학교가 설립된 이후 여자 어린이들의 입학률이 점차로 증가한 것을 알 수 있다. 여학교를 세우는 계획은 1899년 '블라디보스톡 주교구 선교위원회'에서 "미래에 러시아화된 기독교 어머니를 양성할 목적으로 여학교를 따로 세워야 한다"는 제안에 의하여 이루어졌다.[431] 러-일 전쟁 이후 다시 감소하였다가 1910년 한일병탄조약 이후 다시 급증하는 것을 알 수 있다. 이 시기에는 개종자들의 숫자를 늘리는 일보다는 교

Koreans 1865-1914, p.110. 그리고 A. И. Петров, *Корейская Диаспора в России 1897-1917 годы 19 века*, с.239. 〈표 37〉을 참고하여 필자가 만든 것이다.

431) "Отчёт Владивостокского Епархиального Комитета Православного Миссионерского Общества за 1899 год(1899년 블라디보스톡 주교구 선교 위원회 보고서)", *Православная Благовестник*, vol.2, No.9(май 1900), с.99.

육선교에 강조점을 두고, 신앙 수준을 높이는 사역을 강조하였다. 1909년 발표된 블라디보스톡 주교구 선교부의 통계자료에 의하면 한인 신도 수는 남자 5,959명, 여자 4,282명으로 합계 10,237명이었다.[432] 1908년 연해주 거주 한인 이주민의 수가 45,397명이었던 것을 생각한다면, 당시 연해주에 거주하던 한인 정교도의 비율이 23% 정도였음을 짐작할 수 있다.[433]

이 시기에 극동 지역 한인들의 선교는 학교 교육에 의하여 이루어졌다 해도 과언이 아닐 정도로 학교 교육이 선교에 큰 공을 세웠다. 그것은 러시아제국의 이민족 교육 정책과 한인들의 특유한 교육열과도 잘 맞아 떨어졌기 때문이다. 한인들을 위한 최초의 러시아어 선생은 선교사들이었다. 선교사들의 제1과제는 한인들을 신실한 정교회 신자로 만드는 것이었고, 그 다음은 신앙교육을 통하여 러시아제국의 충성스러운 신민을 만드는 것이었다. 선교사들은 이것을 자연스럽게 생각하고 있었다.

4. 러시아 국민 정체성 강화를 위한 선교(1910-1917)

이 시기는 러시아 중앙정부가 한인선교에 적극적으로 개입한 시기이다. 1910년을 전후하여 러시아 극동 지역을 둘러싼 국제정세가 급변함에 따라 국익 차원에서 한인들의 내면에 러시아 국민으로서의

---

432) 조선총독부, 『滿洲及西比利亞地方に於ける朝鮮人事情』(京成印刷所, 1923, p.88. 이상근, 『韓人露領移住史研究』, 203쪽에서 재인용.

433) А. И. Петров, *Корейская Диаспора на Дальнем Востоке России 60-90-е годы XIX века*(1860-90년대 러시아 극동 지역 한인 디아스포라), c.231.

정체성을 심어줄 필요성이 대두되었기 때문이었다.

1910년 한일병탄조약(韓日倂呑條約) 이후 한반도에서 삶의 기반을 잃어버린 농민들과 지주들, 그리고 독립 운동가들이 대대적으로 러시아로 들어왔다. 한인 유민들은 가능한 일본 군경의 추적을 피하기 위하여 멀리 자바이칼 주까지 이주해 갔다. 여기에는 당시 프리아무르 군사령관지사 곤다찌(Гондати)의 유화적인 대한인(對韓人)인 정책이 큰 역할을 하였다.[434] 이와 동시에 최관흘을 비롯한 한국 기독교 선교사들이 극동 지역에 들어와 선교함으로 러시아정교회의 독점적 영역이라고 여겨지던 한인선교 전선에 변화가 생겼다. 뻬쩨르부르그에서 멀리 떨어진 극동 지역에서 발생한 이러한 변화는 러-일 전쟁 패배 이후 한반도와 극동 지역에서 군사적, 정치적으로 입지가

---

434) 1905년부터 1910년까지 프리아무르 군사령관지사를 역임한 운테베르게르는 한인들에 대하여 부정적인 이미지를 가지고 있었다. 그러나 1911년 연해주 군사령관 지사가 된 곤다찌는 한인들에 대하여 우호적인 시각을 가졌는데, 그것은 외무성 전권위원 그라베(В. Граве) 파견대의 「아무르 탐험대 보고서」가 중요한 역할을 하였기 때문이다. 그라베의 보고서 일부를 인용하면 다음과 같다. "한인들은 러시아에 있어서 유용한 요소이다. 그들은 정착하려는 성향을 가지고 있으며, 그들의 삼림지대 경작능력은 러시아에 이익이 된다. 어떤 이들은 한인들이 러시아인들과 융합하려 하지 않는다고 하나, 이것은 사실이 아니다. 본인은 한인들이 기꺼이 융합하려 함에 놀라지 않을 수 없었다. 물론 한인들 가운데는 병역을 회피하려는 자들도 있다. 그러나 이들은 극히 소수이며 러시아 국적의 한인들 대다수는 병역을 한인과 다른 러시아 국민과의 평등의 증거로 여긴다. 한일병탄 이후 일본에 대한 그들의 적대감이 크게 증가하였다. 그러므로 한인들에 대한 일본의 선동이라는 것은 겁날 것이 못된다. 실제로 일본의 한일병탄 이후 러시아 극동의 한인들은 일본제국주의로부터 보호받기 위하여 러시아 국적을 얻으려고 강력하게 탄원하였다." С. Д. Аносов, *Корейцы в Уссуийском крае*(우수르스크 지역 한인들), с.13.

많이 약화된 러시아 중앙정부를 긴장시켰다.[435] 이제 러시아 극동
지역을 러시아제국의 한 영역으로 견고하게 만들기 위하여 국가적
차원에서 한인들에 대한 러시아정교회의 선교를 더욱 강화할 필요성
을 느꼈다. 이전에도 신성종무원을 통하여 한인선교를 감독해 왔지
만, 이 시기에는 극동 지역 한인들에게 러시아 국민의 정체감을 심
어주는 데 국가와 교회가 긴밀하게 협력하였다. 국가-정치적 선교
의 성격이 가장 뚜렷하게 나타난 시기였다.

a) 자바이칼 주 한인선교

러시아제국 외적으로 발생한 한일병탄조약과 내적으로 취해진 곤
다찌의 대한인 유화 정책으로 인하여 수많은 한인들이 조선을 떠나
연해주와 자바이칼 주로 대거 이주해 왔다. 이것은 러-일 전쟁에
패배한 러시아 당국과 러시아정교회 선교부를 긴장시켰다.[436] 1909
년에 극동과 아시아-태평양 지역 나라들을 여행했던 신학자이자 선
교사이며, 신성종무원 전도자인 요안 보스토르고프(Ианн Восторгов)
주임사제의 증언에 따르면,[437] 한일병탄조약 이후 조선은 정치적인
개체로서 사실상 존재하지 않고 있었다. 조선 영토에는 주로 일본의

---

435) 김승환, "극동에서의 러시아와 열강: 1855~1918", 『슬라브 연구』Vol.18,
    No.1.(한국외국어대학교 외국학종합연구 센터 러시아연구소, 2002),
    239-42쪽.

436) 이상근, 『韓人露領移住史硏究』, 106-17쪽.

437) Миссионерские станы для Корейцев Русско-подданных на территор
    ии Приморского края (втор. пол. 19-н. 20вв.)(연해주 거주 러시아
    국적을 취득한 한인들을 위한 선교지부들(19세기 후반-20세기)).
    http://www.russian-orthodox-church.org.ru/nr903252.htm.

군 산업체들이 들어서 있으며, 주민들은 노골적으로 조선에서 내몰
렸고, 토지는 공개적으로 몰수되어 일본인들에게 넘겨졌으며 학교들
은 폐쇄되었으며, 새로 문을 연 일본학교에서 조선역사 교육은 금지
되었다. 생산하고 살아갈 수 있는 주요한 수단인 토지를 상실한 채
조선인들은 러시아 당국의 정치적 탄압과 물리적인 제재를 우려하면
서도 새로운 거주지와 경작지를 얻어 보려는 희망으로 러시아로 쇄
도해 들어왔다.[438]

한일병탄조약은 수많은 한인들에게 절망감을 안겨준 동시에 러시
아 극동 지역에서 정교회 선교의 큰 부흥을 가져다주었다. 1900년대
초부터 바이칼 호수 동편에 위치한 자바이칼(Забай калье) 주로 한인
들이 이주해 왔지만, 그 수가 얼마 되지 않았다. 그런데 1910년 한일
병탄조약 이후 일본의 간섭과 추적이 어려운 러시아 동쪽 지역으로
한인들의 이주가 크게 증가했다.[439] 일본의 통치를 거부하는 수천 명
의 한인들이 러시아 국민이 되기를 선호하며 이 지역으로 이주해 왔
다. 이주한 한인들은 자발적으로 대량적인 개종을 하였다. 러시아 국
민이 되는 데 정교회 개종이 첩경이라고 생각하였기 때문이다. 자바
이칼 주의 중심지는 치타(г. Чита)시(市)였는데, 이곳에는 정교회가
설립한 '자바이칼 이민속 선교무(Забай кальская Духовнай я Инородче
ская Миссия)'가 활동하고 있었다.[440] 하지만 1910년 이후 한인들이
대량으로 개종하리라고는 예상치 못했다. 당시 언론의 반응을 보면,

---

438) 위의 책.

439) 이상근, 『韓人露領移住史硏究』, 132쪽.

440) Отчёт о Состоянии Забай кальской Духовной Миссии в 1911 году//
    Православный благовестник, 1912, No.13.

그러한 현상에 선교부는 전혀 준비가 되어 있지 않았다. 새 개종자들을 교육시킬 자금도 사람도 없었다. 이 새로운 상황으로 인한 모든 어려움과 수고로움은 선교부 책임자의 어깨에 달리게 되었다. 또한 한인들에게 신앙을 전하고, 러시아에서 한인 개종자들의 지위를 안정시켜 주는 문제와 공민으로 받아들이는 문제, 그리고 한인들의 생활관습을 안정시켜 주고, 결혼과 그 밖의 성례를 베풀어주는 등의 업무와 관련해서, 선교부 책임자는 한인들 내에서 매일같이 있어야 했다.[441]

고 전하고 있다. 자바이칼에 정착한 정교회 한인들의 수는 증가되었고, 결과적으로 이는 교회당국으로 하여금 한인들 내에서 영적인 교육활동을 강화해야 할 필요성에 대한 보고를 들은 러시아 당국은 1912년 5월 7일자 신성종무원으로 명령으로 치타 중앙 선교교회 내에 한인 종교교육을 위한 특별 부서를 설립할 것을 허락하였다.[442] 정부는 허락과 동시에 1년에 한 교구당 1,200루블씩(사제에게는 900루블, 시낭송자(Psalmist)에게는 300루블을 포함) 배정하였다. 배정 금액은 특별부서가 내정되는 날부터 지출되며, 도시와 시골성직들을

---

441) 1911년 65명의 한인들이 치타강에서 정교회 영세(침례)를 받았다. 이 영세(침례)식은 많은 사람들이 운집한 가운데 주교의 가정교회에서 시작된 성대한 십자가 행렬을 수반했다. 이후 가을과 겨울 동안에 10-20명씩 한인들의 영세(침례)가 행해졌다. 영세(침례)는 축일에 맞춰 예배식 전에 선교부 교회에서 행해졌으며, 새로운 개종자들은 예배시간에서 성찬을 받았다. 다시 여름철이 다가오면 영세(침례)는 치타강에서 행해졌다. Архимандрит Августин (Никитин) "Православие у корейцев Забайкалья и Приамурья(자바이칼 주와 프리아무르 주에서 한인들의 정교회)", История Российской Духовной Миссии в Корее,, pp.159-60.

442) Православный Благовестник(정교회 소식), 1912, No.9, Май, С.422.

유지 발전시키는 데 쓰게 하였다. 이것은 자바이칼 지역에 이주해 오는 한인들에 대하여 정부가 관심을 가지고 있으며, 정교회의 한인 선교가 러시아화 정책의 일환이었음을 보여주는 대목이다.

중앙정부의 이러한 지원에 발맞추어, 선교부는 교리문답 학교들을 세우고, 선교사들을 통하여 신앙적인 교육과 더불어 러시아어 교육을 실시하였다. 동시베리아에서 한인들의 기독교화는 성공적으로 진행되었다. 당시 교회 출판물 자료를 보면, 한인들의 기독교화가 어떻게 이루어져 갔는지 알 수가 있다. 1910년 12월 15일자 『이르쿠츠크 주교구 회보』에 1910년 11월 1일 이르쿠츠크 대주교인 티혼(Тихон) 앞으로 이르쿠츠크 교회교사이며 한인 신학생 이반 니(Иван Ни)의 청원서가 게재되었다.

> 감히 간절한 부탁을 올리는 바입니다. 저희 한인들은 성부, 성자, 성령의 하나님, 분리될 수 없는 한 몸의 성삼위일체 신앙을 가르침 받았으며, 영세(침례) 준비가 잘 되어 있으니, 부디 심려치 마십시오. 제 민족에 대한 진정한 애정을 갖고 있기에, 이르쿠츠크 선교회의(Иркутский Миссионерский Съезд) 이후부터 한인들에게 기독교 신앙을 전하기 시작했으며, 미사에 참여케 하기 위해 여러 차례 한인들을 교회로 인도하기도 했습니다. 따라서 이런 한인들의 영세(침례)와 관련한 조치를 취해주시기를 간청하는 바입니다. 이르쿠츠크 교회교사 신학생 이반 니.[443]

이 청원서에는 영세(침례)를 받고자 하는 한인들의 청원서가 첨부되어 있었다. 이 청원서에 뒤이어 다음의 결정이 내려졌다. "1910년

---

443) "Просвещение св. крещением 19 человек корейцев(피영세자 한인 19명의 교육)", *Миссийнерское обозрение(선교 평론)*, 1911, Март, c.727.

11월 1일 교회서열에 따라 니콜라이 자토플랴예프(Николай Затопля
ев) 수석사제가 성스러운 업무를 집전할 수 있도록 축복하는 바이
다."444) 그리고 이에 이어서 곧 영세(침례) 준비가 되어 있던 한인
들은 성대하게 러시아정교회로 개종을 했다. 이후 이르쿠츠크 정교
회 한인들의 수는 증가했으며, 1914년 봄 무렵에는 약 40명을 헤아
렸다. 이르쿠츠크 한인들에 대한 자바이칼 선교부 교리문답 교사 중
의 한 명이 전하는 말을 들어보면,

　　이곳 한인들에게는 칭찬밖에 할 말이 없다. 중요한 것은 한인들이
　　대화할 때, 일할 때 보여주는 종교성이다. 모든 일은 기도와 함께
　　시작되었고, 가정에서와 사회에서의 모든 일들에서 기도가 수반되었
　　다. 특히나 이들 내에서의 기독교적인 사랑과 친절, 상호협력, 그 밖
　　에 비정교도 한인들 내에서는 찾아볼 수 없는 다른 기독교적인 특
　　성들을 관찰하는 일은 나로서는 기쁜 일이었다.445)

　이렇게 급속도로 대량으로 진행된 개종의 결과로 치타 시는 한인정
교회의 중심지로 부각되었다. 1911년부터 잡지 『정교(Православие)』
는 500부씩 조선어로 출간되기 시작했다. 잡지 첫 호를 출간한 이후
자바이칼과 블라디보스톡, 프리아무르 등 각지에서 잡지의 수요가 너
무 많아 500부로는 모든 예약자들을 만족시키기에 매우 불충분할 정
도였다. 잡지 『정교』는 광활한 러시아제국 내에 거주하는 한인들의 신
앙적인 연대감을 형성하는 데 도움을 주었다. 1913년 5월 20일 블라고
베쉔스크(г. Благовещенск)에서 페름까지 러시아 여러 도시에 거주하

444) 위의 책, c.728.
445) 위의 책.

는 정교도 한인 대표자 회의가 치타에서 열렸다. 이 회의에서는 자바이칼 선교부 책임자인 예프렘 대사제(大司祭)의 주제하에 한인들 내에서 정교신앙을 더 활발하게 전파시키기 위한 문제로 논의가 있었다.

왜 이렇게 한인들은 적극적으로 대량으로 정교회로 개종하였을까? 두 가지 이유를 찾아볼 수 있다.

첫째, 1910년 한일병탄조약 이후 한인들의 생존전략 때문이었다. 조국을 상실한 한인들은 이제 러시아로 도피하여 생존의 기반을 찾아야 했다. 생존의 기반을 마련하기 위해서는 적극적으로 러시아화해야 할 필요성을 느꼈으며, 그러기 위해서는 러시아의 국교인 정교를 믿어야 한다고 생각했던 것이다. 당시 차타시에서 한인들이 발행한『대한인정교보』에서 이러한 내용의 고백과 권고문들을 풍부하게 발견할 수 있다. 대표적인 예로 제5호 논설「아령에 있는 한인은 정교로 통일함이 필요함」을 언급할 수 있다.446) 이 논설에서 정교회를 알고, 정교회를 믿어야 할 필요성을 주장하고 있다. 이 신문은 한인들이 러시아에 거주하며 러시아의 도움을 적절히 받기 위해서는 우선 러시아의 행정구역과 조직을 알아야 한다고 주장했다. 그리고 한인들의 학교 설립을 위한 허가와 정부의 지원을 얻기 위해서도 정교회의 도움이 필수적이었다. 당시 러시아령 한인의 학교 설립 계획이 시방 판정의 공인을 얻지 못하여 무산되고, 재정 부족으로 이미 설립한 학교도 폐지를 당하였으며, 혹 인허가(認許加)를 얻는다 해도 그 절차와 과정이 너무나 복잡하고 비합리적이었다. 그러나 지역 교회 대주교에게 인허가를 얻으면 쉽게 학교를 세울 수 있었으며, 정교회 선교부로부터 재정적인

---

446)『대한인정교보』5호(1912년 12월 1일) 논설, 3-8쪽. 전문은〈부록 4. 대한인정교보 자료〉에 실었다.

지원까지도 받을 수 있었다. 정교회 교리를 가르치며, 러시아어를 가르치겠다는 약속만 하면, 쉽게 허락을 받았으며, 허락을 받은 다음 기본 신앙 과목과 러시아어 과목을 비롯한 기본 교과목 이외에 시간에는 국문국어를 마음대로 가르칠 수 있었다. 그리고 조국의 장래를 위하여 정교를 믿는 것이 좋겠다고 생각하였다. 당시 아관파천(俄館播遷) 이후 러시아는 한국 근대정치사와 친밀한 관계를 가지고 있었다. 그리고 장래에도 밀접한 관계가 있을 것이기 때문에, 친밀하게 교제하는 것이 필요하며, 친밀한 교제를 위해서는 서로 신뢰를 쌓는 것이 필수적인데, 신뢰를 쌓는 방법으로 러시아의 국교인 정교를 배우고 한 하나님을 믿으면, 자연히 환영하는 마음이 생길 것이며, 이같이 되면, 원만한 외교를 얻을 것이라고 생각하였던 것이다.

둘째, 한인들이 러시아제국을 위협할 수도 있을 것이라는 의혹을 빠른 시간 내에 불식시켜야 할 필요성 때문에 적극적으로 정교로 개종하였다. 제1차세계대전이 러시아에 거주하는 한인들의 삶에 본질적인 변화를 가져다주지는 않았지만(전쟁의 무대가 동쪽 국경지대와는 너무 멀리 떨어져 있기에), '한인문제'는 이미 전쟁 이전에 러시아 언론에서 제기가 되었다.447) 한 예로 1911년 3월 22일자 치타신문 『자바이칼 두마(Зфвай калья Дума)』는 다음과 같이 적고 있다.

만일 한인들이 많은 러시아인들 내에서 혼합되고, 비교적 빨리 주변 정세에 따라 동화될 수도 있었을 유럽러시아 내에서 한인들의 러시아 국민으로의 전환이 있었다면, 러시아로의 귀화문제는 다른 방법으로 제기되었을 것이다. 하지만 한인들은 한편으로는 러시아적인 요소가

447) *Православный Благовестник*(*정교회 소식*), 1914, No.1, C.286.

매우 빈곤하며, 다른 한편으로는 외부적으로 복잡한 국경의 보루라 할
수 있는 변경(邊境) 지역으로 이주를 했다. 이 마지막 상황은 특히 중
요하다.[448]

이런 의미의 논평을 전하며, 러시아 저널리스트들은 '대외적인 복잡
함'에 따른 두 개의 대안 '일본의 경우와 중국의 경우'를 검토했다. 즉

일본과의 충돌 시에 러시아는 새로운 러시아의 공민인 한인들 속
에서 변방의 열렬한 방어자들을 찾는다는 것이고, 하지만 중국과의
충돌 시에는 전혀 다른 양상이 펼쳐질 수가 있다. 중국인과 한국인
사이에는 가장 평화 애호적인 관계가 존재하고 있다는 점은 제외하
고도, 러시아 국민이 된 한인들은 일부의 중국인들 내에서 중국 국
민이 된 한인 동향인들을 필연적으로 만나게 된다.[449]

고 러시아 언론은 언급하고 있다. 이러한 언론 보도는 '한인 문제'
관련한 토론을 뜨겁게 달구었는데, 그중에는 과격한 의견들도 있었
다.[450] 당시 터져 나온 과격한 의견들이 무엇이었는지 우리는 당시

---

448) C.B. Недачин, "К вопросу о принятии корейцев в христианство и в рус
ское подданство (한인들의 정교 입교와 러시아 국적 취득문제에 관하
여)"(Доклад общему собранию Общества русских ориенталистов 17 ян
варя 1912 года)//*Миссионерское Обозрение*. 1912. No.11. Ноябрь. с.722.
449) 위의 책.
450) 이러한 주장을 황화론(黃禍論)이라고 한다. 동시베리아 군사령관지사
운테르베르게르가 이 입장을 대표한다. 그는 한인들에 대한 자신의
배척 이유를 다음과 같이 설명하였다. "우리의 영토에서 30년 이상
살고 있는 한인들은 연해주의 여러 지역들에서의 식민적 요소로서는
부적합함이 드러났는데 이곳에 우리는 황인종의 세계적 침략에 대한
요새와 대항으로서 그리고 태평양 연안에서의 우리의 해상적, 군사적

사회평론가인 네다친(С. В. Недачин)의 기고문에서 엿볼 수 있다.

'한인들은 대체로 상서롭지 않은 민족이며, 이들을 러시아 공민으로 받아들이는 것은 바로 자신의 머리에 화살을 쏘는 것이다.'라고 일부에서는 우려를 표명하고 있다. '아시아인들을 믿을 수 있는가? 아니다'라고 주장하고 있다. '이들은 배신자들이고 스파이들이다. 갑자기 동쪽 지역에서 전쟁이 날 것이다.'라고 한인 영세(침례) 반대자들은 말하고 있다. '이 황색인들은 일본이나 중국인들 쪽으로 넘어갈 것이고, 결국 우리는 지고 말 것이다.'라고 결론을 내리고 있다.[451]

힘에 대한 지지로써 토착 러시아 주민이 필요하다. 신앙이나 풍속, 습성, 세계관 그리고 경제적 생활조건에 있어서 한인들은 우리와는 전혀 이질적이며 러시아인들과 동화되는 것은 대단히 어렵다. 선교사들이 그들 가운데 정교신앙으로 개종하는 숫자를 보고 성공을 논하고 있지만 이것은 사실 단지 외관상으로만 그러할 뿐인데 왜냐하면 우리나라에 살고 있는 대다수의 한인 농민들은 러시아어를 모르고 있으며 또한 선교사들은 단지 극히 약간의 한국어만을 알기 때문이다. 많은 촌락들에 세워져 있는 한인학교들은 국경을 넘어서 잠시 일하러 넘어오는 한인들과 끊임없는 연락관계를 가짐으로 하여 우리 영토에 살고 있는 한인들은 한국에 있는 자기 동포들과 끊임없이 관계를 가지고 있고 옛 풍속과 습성을 간직하게 된다. 한인들에게 있어서 러시아 국적 취득의 문제는 단지 그들에게 물질적인 조건을 확보하는 의미에 그치며 만일 어떤 종류의 정치적 상황에서 그들이 러시아인이라는 의식에서가 아니라, 그들에게 유리하다고 생각되는 보다 강한 쪽에 붙어 서리라는 것은 다른 어떤 것보다도 확실하다." С. Д. Аносов, *Коре йцы в Уссурийском крае*(우수리스크 지역 한인들), с.13-14.

451) 네다친은 자신의 글에서 이와 유사한 언급들을 자세하게 분석하고, 이런 언급들이 근거가 충분치 못함을 밝혔다. 다행히도 저널리스트이자 동방학학자인 네다친에 의해 도출된 결론은 다음과 같았다. "한인들을 러시아 공민으로 받아들이고 이들과 기독교를 받아들이도록 허용하는 것은 국가의 주요한 과제에 반하는 것이 아닐 뿐만 아니라,

이러한 여론은 한인들에게 위협적인 것이었다. 한인들은 이러한 불리한 여론을 잠식시키기 위하여 적극적인 노력을 기울여야 했다. 두 가지 방법으로 노력이 이루어졌는데, 하나는 그러한 여론이 잘못된 것임을 정면으로 반박하는 것이었다. 대동공보가 정치, 도덕, 이익의 차원에서 러시아의 한인 배척 정책이 타당한 정책이 아님을 증명하는 동시에, 러시아인들이 한국인을 일본의 앞잡이로 보는 관점에 대해 일일이 사례를 들어 비판하였다.452) 또 다른 하나는 적극적으로 러시아의 국교인 정교회로 개종하여 영세(침례) 받는 모습을 보여주는 것이었다.453)

이와 같이 1910년 한일병탄조약(韓日倂呑條約)으로 자바이칼 지역으로 대거 유입된 한인들은 생존하기 위하여 적극적으로 러시아정교회를 받아들였다. 따라서 한인선교는 급속도로 이루어졌으며, 한인들의 자발적인 개종으로 이루어졌다. 그러나 정교회 개종 현상을 한인에 대한 연해주 군사령관지사 곤다찌의 시각과 당시 상황과 관련지어 판단해 보면, 자바이칼 주에서 한인들이 집단적으로 정교회로 개종한 일에도 국가-정치적인 요소들이 깊숙이 작용하고 있었음을 발견할 수 있다.

b) 타 교단 선교를 차단함

긍정적인 차원에서는 자바이칼 주에서 한인선교를 적극적으로 펼

국가의 계획과 의도에 크게 도움을 줄 수 있다." 위의 책, c.730
452) 『大東共報』(제2권 33호, 41호), 大韓隆熙 4年 6월 20일, 7월 31일(俄曆 1910年 6월 20일, 7월 18일).
453) 이상근, 『韓人露領移住史研究』, 213쪽.

치고, 부정적인 차원에서는 연해주에서 장로교 선교를 비롯한 감리교, 동아기독교(침례교) 선교를 차단함으로 정교회 선교를 강화하고 러시아제국의 국민적 정체감을 강화하였다.[454] 이 중에서 필자는 장로교 선교를 차단한 일을 집중적으로 분석한다. 장로교 선교와 관련된 러시아 측 역사 자료가 많이 보존되어 있기 때문이다.

1909년 이래로 연해주에 건너온 장로교 선교사들(목사, 권서인, 매서인)로 인하여 연해주 한인 정교회 신자들이 장로교로 넘어가고 있었다. 이 때문에 러시아의 정교회의 영향력이 약화되었다. 이러한 현실에 대한 공식적인 인식은 당시 서울 주재 러시아 총영사 소모프 (А. С. Сомов)가 외무성에 보낸 여러 문서들 가운데 잘 나타난다. 소모프는 1910년 10월 8일자 급송전문에 이런 정보를 적어 보냈다.

최근 조선에 대한 일종의 십자군 원정식으로 외국인 선교사들의 조선 선교활동이 강화되었으며, 선교사들 중 일부가 블라디보스톡 주교구의 영역으로 활동무대를 옮기고자 하고 있으며, 이들 선교사들은 러시아와 조선인들과의 상호관계에서 형성된 냉각관계를 이용하고자 계획하고 있다.[455]

---

454) 연해주에서 한국 장로교회 선교역사는 1909년에 최관흘 목사와 함께 온 권서인, 매서인들에 의하여 시작되었다. 감리교회의 선교역사는 1919년 민족독립운동 이후 블라디보스톡으로 피난 온 많은 감리교 교인들이 독자적으로 모이는 것을 계기로 시작이 되었다. 동아기독교(침례교회) 선교역사는 1908년 시베리아선교에 헌신한 최성업 목사에 의하여 시작되었다. 최성업은 시베리아로 이주한 한인의 아들이었다. 1909년 연추(끄라스끼노) 지역의 달미 교회를 설립하는 것을 시작으로 수청(빠르찌잔스크)의 청재동교회를 비롯하여 30여 개 교회를 설립하였다. 출처: http://www.mofat.go.kr/mission/emb/ww_info_view.mof(2003년 11월 12일).

455) Архив внешней политики Российской империи, фонд Японский сто

그리고 1910년 10월 27일 또다시 소모프가 외무성에 보낸 공문에 이런 내용을 적어 보냈다.

한·일 병탄 이후 선교활동에도 어려움이 많다. 수천 명의 조선인이 기독교를 버리고 다시 토속신앙으로 복귀했다. 러시아에서는 작년 조선인 목사 최관흘이 블라디보스톡에서 한국어로 설교하여 400명의 신자를 확보하였다. 그러나 이때 한인사회에 존경과 신망이 두터운 비류코프 2등 대위(Штаб-капитан Бирюков)가 블라디보스톡에 가서 조선인에게 '러시아 국적을 왜 취득했는가? 러시아 국민은 마땅히 정교회를 믿어야 한다'고 설득하여, 정교회로 돌아오게 했다. 러시아는 바람직하지 못한 미국 선교사의 침투로부터 이민 온 조선인을 최소한 방어할 힘은 충분히 있다. 극동에서 조선인 기독교 신자는 유해한 분자이다.456)

———————————

л, Оп. 493, д. 38, л. 38(1910년 10월 8일, 서울, №60. 전문을 번역하여 〈부록 2〉「소모프의 보고서」에 실었다. 인용된 글에서 '냉각관계'란 1905-1911년 러시아 극동 지역의 총독이었던 운테르베르게르에 의하여 형성된 한인 배척론(排斥論)을 말한다. 그는 러시아에서 한인들은 위험하며 해로운 존재라고 보았다. 그이 주장을 黃禍論(황인종은 러시아제국에 해(害)가 된다)이라고 한다. С. Д. Аносов, *Корейцы в Уссурийском крае(우수리스크 지역 한인들)*, с.12-13.

456) 위의 책. 러시아 공병대 대위 출신인 비류코프가 한인사회에서 존경을 받은 이유는 그가 서울에서 한인인 청년들에게 노어를 가르치는 교사생활을 오래했기 때문이다. 한국인 청년들 가운데 그의 제자들이 많았다. 그의 제자들 가운데 다수가 그의 주선으로 러시아 극동 지역 군사학교에 들어갔다. 졸업생들은 러-일 전쟁을 전후하여 첩보활동을 하였다. 박종효, 『러시아 국립문서보관소 소장 한국관계문서 요약집』(서울: 한국국제교류재단, 2002), 130쪽.

소모프는 정교도 한인들이 러시아 주민들과 빠르게 결합되기 때문에, 블라디보스톡 주교구 산하에 거주하는 한인들 사이에서 정교회의 선교활동을 강화시켜야 한다고 주장하였다. 그는 기독교로 개종한 한인들은 극동 지역에서 영원히 불건전한 요소로 남아 있을 것이라고 생각하였다. 이러한 소모프의 보고를 받은 러시아 황제는 친필로 1910년 10월 27일 다음과 같은 메모를 남겼다. "그렇다. 신성종무원장과 교섭하라."[457] 장로교 선교에 대한 이러한 보고와 인식을 기초로 러시아정교회 선교부는 극동 지역에서 한인들의 선교를 강화하기 위하여 다음 세 가지 전략을 세웠다.

첫째, 정교회 선교부는 연해주에서 장로교 선교활동을 차단하기 위하여 연해주지사에게 서신을 보내어 장로교 선교사들의 활동을 불법으로 규정하고, 금지시켜 달라고 요청하였다. 장로교 선교사들은 1909년부터 목사, 권서인(勸書人), 매서인(賣書人)들이 함께 다니며 서북 각 군과 중국 만주를 거쳐 러시아 연해주 블라디보스톡에 들어와 전도활동을 벌였다.[458] 불과 며칠 만에 많은 신자를 얻었다.[459]

---

457) РГИАДВ, Ф. 702, Оп. 3 Д. 443, Л. 22(1914년 1월 4일 No.204).

458) 19세기 말 한국에서 가장 효과적인 전도방법은 문서를 통한 간접 전도였다. 한국인 매서인 혹은 권서인(勸書人)들을 통해 문서를 반포함으로 전도의 효과를 얻을 수 있었다. 전도자, 선교사가 가는 곳에는 대부분의 경우 권서인 혹은 매서인들이 동행하였다. 한영제, 『한국기독교문서운동 100년』, (서울: 기독교문사, 1987), 19쪽. "권서여행기"에 대한 생생한 내용을 보려면, 참고. 『성경한국』(대한성경공회, 1989, 12) 권서인 활동 모습 사진: http://kcm.co.kr/korchur/chpic/1890.html(2004년 1월 10일).

459) 연해주에 거주한 한인의 수가 1908년에 45,397명, 1920년대에는 동시베리아 거주 전체 한인 수가 30만을 헤아리게 되었다(항목, "시베리아, ～선교", 『基督敎百科事典』(서울: 기독교문사, 1983년 판), 1313-15쪽.

뒤바보가 쓴 「我領實記」, 『獨立新聞』에는 이 사실을 다음과 같이 보
도하였다.

　기원 4237년에 咸北城津港에 在한 카나다 長老派敎會로서 夫人傳
道師를 海參威에 送來하야 布敎에 專務하며 처음 信者는 尹初試 夫
人이라하는대, 此를 從하야 婦人幼兒의 信者가 漸漸增加하야 新韓村
에 上帝를 讚頌하는 歌曲이 들이게 되였다. 그 後 平壤敎會에서 崔
寬吃 救師를 보내어 新韓村을 根據로하고 烏蘇里 各地方에 熱心傳
道하야 悔改歸主한 者가 賴多하던 中……460)

　실제로 한반도에서 건너온 장로교 선교사들은 연해주에 거주하는
한인들이 장로교를 잘 받아들이는 모습에 고무되어 적극적인 선교활
동을 계획하고 있었다. 블라디보스톡에 도착한 최관흘은 1909년 11
월 5일 연해주지사에게 아래와 같은 청원서를 제출하여 장로교 선교
의 활로를 개척하고자 하였다.

　블라디보스톡시의 한인촌에서 거주하고 있는 한국 국적의 사람들
중에서 60여 명에 이르는 사람들이 장로기독교파를 믿고 있습니다.
그리고 그 신도들의 요청에 따리 지는 한인 정교도 신지들괴는 무
관하게 그 지역 한인주민들 사이에 장로교파 교단을 조성하고 거룩
한 복음서를 위해 신의 말씀을 한국어로 포교하려는 목적을 가지고
블라디보스톡에 도착하였습니다. 위에서 말한 바와 같이 저는 연해
주지사가 블라디보스톡에 장로교파 교단을 건설하는 것을 허락하여
주실 것과 일주일에 두 번, 즉 매주 일요일과 수요일에 한인촌에 있
는 한 집을 예배당으로 이용하여 예배를 볼 수 있도록 기독교인들

460) 뒤바보, 「我領實記」, 『獨立新聞』(上海版), 대한민국 2년 4월 1일(제60호).

이 모임을 갖는 것을 허락해 주시기를 요청하는 바입니다.

저는 한인촌에서 장로교파 사제(목사)로서 활동한 저의 권한에 대한 증명서를 평양의 장로교파 총본부에 요청할 것이며, 추가로 각하께 제시하겠습니다.[461]

이러한 최관흘의 청원에 대하여 블라디보스톡 주교구청에서는 다음과 같이 결정하였다.

1906년 결정된 외국인의 종교에 관한 규정에 따라 러시아 국가의 영토 내에서 국교인 정교회는 다른 기독교 종파의 신도들과 이교도들에게 정교의 교리를 받아들이도록 설득할 수 있는 권리만을 가지며, 다른 기독교 종파의 성직자들과 평신도들, 그리고 이교도들은 그들의 종교에 속하지 않는 신자들을 전도하지 못하도록 엄격히 규제하고 있으므로, 정교 관구 감독국은 장로교파의 교의가 진정한 교의가 아닌 왜곡되고 거짓된 것이고, 그 장로교회파의 공동체가 한인 이교도뿐만 아니라 정교도 신자인 한인도 장로교파로 유인할 수 있기 때문에 블라디보스톡시의 한인촌에 장로교파 공동체를 조성하려는 최 장로에게 허가를 내주지 말 것과 장로교회파 지도부 측의 의견을 찬성하지 말도록 하였다.[462]

러시아정교회가 이렇게 결정한 이유는 생각보다 장로교회가 한인들 사이에서 급속도로 퍼져나가는 것에 대한 두려움 때문이었다. 실제로 블라디보스톡 파끄로프스끼 교회 주임 사제의(1911년 1월 28일

---

461) "연해주지사에게 한국국적의 장로교회파 장로 최관흘의 청원서", РГИ АДВ, Ф. 1, Оп. 11, Д. 765, Л. 1-10.

462) "블라디보스톡과 캄차카 주교구청에서 연해주총독에게 장로교 전도 금지를 요청한 문서"(1912. 2. 19), РГИАДВ, Ф. 1, Оп. 11, Д. 164, Л. 2-3.

자, 번호 133)보고서에는 "장로교회파 소속 한인 장로교 서적행상인
의 활동과 더불어 장로교회파가 꽤 빠른 속도로 발전하고 있으며,
러시아 영토 내에 거주하고 있는 한인들 사이에 순조롭게 전파되고
있다"고 하였다. 정교회의 반대에도 불구하고, 최관흘 목사는 활동을
계속하였는데, 『大東公報』에 최관흘 목사의 선교활동이 다음과 같이
소개되었다.

> 본 항에 예수교목사 최관흘 씨가 청령지 할빈에 선왕한다 함은
> 전보에 이미 계재하얏거니와 일전 통신을 거한즉 당지 청년회 국민
> 회 및 부인회에서 성대한 연회를 설하고 최씨를 환영하였으며 또
> 새로 예수교 도리를 깨다른 동포가 40여 명에 달하였다더라.463)

하여 당지의 청년회, 국민회, 부인회 등이 최씨를 대대적으로 환영
하였으며, 최 목사의 선교에 의하여 동포 40여 명이 교인이 되었다
고 하였다. 최관흘 목사의 활동은 『대동공보』에 계속 보도되었는데,
"최 목사 관흘 씨가 할얼빈에 견왕함은 별항과 같거니와 수일 후 당
지에서 떠나 허발포와 이만둥지로 전왕하야 일반 동포를 심방할 터
이라 하더라."464) 즉 최관흘은 하얼빈에서뿐만 아니라 하바로프스크
(花發浦), 이만(한카 호수 북쪽) 등지에서도 활동하였음을 알 수 있
다. 그의 선교를 위한 순례에 대해 니콜스크·우수리스크(蘇王領)
관동학교 남녀 학생이 환영식을 거행하였는데, 그 학생의 창가(唱
歌)하는 소리는 모든 사람을 감동시키며 여러 가지 아름다운 거동은

---

463) 『大東共報』(第23號), 大韓隆熙 4年 5月 26日, 「목사를 환영」.
464) 위의 책, 「최씨 이왕」.

여러 학교 중 모범이 되었다. 최관흘 목사의 활동은 대단하였고, 노령 지역에서 한인 호응도가 높았던 것이다. 장로교파의 프리아무르주(州) 선교에 대해서 러시아 측 사료에도 상세히 기록된 내용을 볼 수 있다. 러시아 종교회의에 보내는 보고서에 의하면 "블라디보스톡시 파크로프스키교회 교구에는 남녀 모두 4,000명에 이르는 한인들로만 구성된 한인촌이 있었다. 그들 중 러시아정교도 신자의 수는 천 명에 이르며, 이제 막 200명 남짓한 한인이 정교도에 귀의하였다. 그 밖의 사람들은 아직도 이교도로 남아 있었다"[465]고 한다. 그런데 미국인 장로교파 선교사들이 이 거류민촌에 찾아들어 한국어로 선교 활동을 활발히 폈으며, 이 선교 결과 한인들로 구성된 장로교파 공동체가 결성되었고, 이 공동체는 자체 자금으로 자신들의 예배당으로 사용할 상당한 규모의 집을 건축하였다. 한국 국적의 한인들과 마찬가지로 러시아 국적의 한인들도 한국어로 진행되는 장로교파의 설교에 지대한 관심을 가졌다.

연해주에서 장로교회는 꾸준히 성장하였다. 1914년 1월 4일 러시아 극동 지역 정교회 성직자회의 교리국 총무과에서 두마(Дума, 국회)에 보낸 공문서에 의하면, 1911년 지역별 장로교인의 수가 블라디보스톡에 300명, 니콜스크-우수리스크에 100명, 하얼빈에 200명, 여러 시골에 200명 등 총 800명으로 보고되었다. 이것은 극동 지역을 러시아화해나가는 데 있어서 대단히 위협적인 요소로 간주되었다. 당시 블라디보스톡시(市)와 그 근교에 10만 명에 가까운 한인들이 살고 있었기

---

465) 톰스크 문서보관소 소장자료, 러시아 帝王의 勅令, 「신성종무원에 보내는 블라디보스톡과 캄차크 주교의 보고서」, 이상근, 『韓人露領移住史硏究』, 219쪽에서 재인용.

때문이었다. 그리고 한국 국경에서 멀지 않은 곳이었다. 이 때문에 러시아 당국과 러시아정교회 선교사들은 연합하여 장로교 선교활동을 억제하고, 차단하는 노력을 조직적으로 기울였다. 실제로 러시아정교회 사제들과 전도사들이 모든 방법을 동원하여 장로교 선교사들의 활동을 무력화하기 위해 노력해 줄 것을 건의하였다.[466)

동시에 러시아정교회는 장로교 선교에 효과적으로 대응하기 위하여 빠른 시일 내에 조직을 재정비해야 할 필요성을 느꼈다. 가능하면 정교회를 적극적으로 신봉하는 한인들을 중심으로 선교회를 조직하고, 그 선교회로 하여금 극동 지역 한인촌과 새로 한반도에서 건

---

466) 그 한 예로 '블라디보스톡과 캄차카 담당 러시아정교회 대주교가 연해주총독에게 기독교 전도 금지를 요청한 문서'(1911. 2. 19, РГИАД В, Ф. 1, Оп. 11, Д. 164, Л. 2-3)를 인용할 수 있겠다. "본인이 알고 있기로 블라디보스톡에는 한국에서 온 안본수, 양전박, 그리고 미국에서 온 한국인 부목사 등이 활동하고 있습니다. 이들 가운데 한국인 부목사가 제일 높은 사람입니다. 그들의 목적은 러시아에 살고 있는 한인들에게 기독교를 전도하는 것입니다. 한인들 중 러시아에 거주하는 사람들이 러시아 국적을 얻기 위해서는 다른 국가의 신을 믿으면 안 됩니다. 아직도 시간이 있으므로 기독교를 믿지 못하도록 도와주십시오. 저는 블라디보스톡 지역에서 힘이 없어 기독교의 전파를 막을 수 없습니다. 저에게는 돈도 사람도 없습니다. 1년 동안 계속 기독교의 목사들처럼 연해주를 다니면서 종교선전을 할 수 있도록 돈을 요청하였는데, 돈은 아직도 받지 못하였습니다. 지금 기독교를 너무 많은 사람들이 믿고 있고, 앞으로 시간이 흐름에 따라 사람들이 더욱 많이 믿게 되면 정교회를 선전하는 것은 그만큼 힘들어집니다. 돈이 있다면 사람들을 모스크바에 보내서 신학공부를 시키고 싶습니다. 저는 걱정이 되어 총독께 부탁드립니다. 도와주십시오. 한인 가운데 기독교를 믿는 사람에게 절대 러시아 국적을 주지 마십시오. 이것이 제일 좋은 방법이라고 생각합니다. 그리고 꼭 읽어보시고 저에게 답장을 주십시오."

너오는 한인들 사이에서 구심점 역할을 하게 하는 방안이 긍정적으로 검토되었다. 선교회 지도자는 한국어를 자유롭게 구사할 수 있는 성직자를 원했다. 그러나 당시 블라디보스톡 지역에는 그런 성직자가 있지 않았다. 대신에 선교교구학교에 재직 중인 한인 교사들 중에서 정교회 신앙이 두터운 두 사람을 선택하여 선교회 지도자를 통역하며 보필하게 하였다. 한 달에 한 번씩 한국어를 잘 아는 사제와 선교회 통역인들은 빠크로프스키(Покровский) 교회에 모여 미사와 성찬식을 정기적으로 거행하고, 나머지 주에는 교회 주임사제의 지도하에 한인들 사이에 들어가서 러시아정교를 전도하고 교리를 설교하였다.[467] 러시아정교회 측은 이러한 협력자들 중에서 신망 있는 후보자들을 뽑아 성직자로 임명할 계획을 세웠다.

1913년 장로교 선교사 최관흘이 정교회로 개종한 일은[468] 러시아

---

[467] 필자가 블라디보스톡 시내 공원 부지로 조성되어 있는 빠크롭스키 교회터를 방문하였다(2004년 1월 25일).

[468] 최관흘이 정교회 교리문답사(Катехизатор)가 된 것을 두고 정교회로의 개종이라고 표현하는 문제를 두고 논란의 여지가 있다. 개종(改宗)이라는 말은 다른 종교로 바꾼다는 의미를 가지고 있기 때문이다. 이용원은 "선교적 관점에서 본 회심과 개종"이라는 글에서 개종(proselytism)에 대하여 성서적, 신학적, 선교적 이해를 기술하였다. 그에 따르면, 성서적으로 개종 또는 개종자라는 개념은 출애굽기에서부터 나왔다. 신약에서는 유대교로 들어오는 것을 개종한다 또는 개종시킨다고 표현하였다. 선교학적으로 개종은 회심과 유사개념으로 이해되며, 선교의 목적은 회심과 개종에 있다. 진정한 회심이 없이는 참된 개종도 없고, 참된 개종이 없이는 성공적인 선교란 없기 때문이다. 이런 관점에서 보자면, 최관흘이 정교회 교리문답사가 된 것은 회심도 아니고, 개종도 아니다. 회심이란 일반적으로 '역사 속에 하나님의 현존에 대한 인간의 응답으로 인격적인 헌신과 인간의 참여'로 정의되는데, 달리 표현하자면 '예수 그리스도 안에 나타난 하나님에게로 마음을 돌이켜 하나님과 믿음, 소망, 사

극동 지역 한인선교에 커다란 부흥을 가져다주었다. 최관흘은 러시아정교회 교리문답사가 되었다. 1909년 연해주로 파송된 이래 한국 장로교 선교사로 활약해 온 최관흘이 1913년 어떻게 정교회로 개종하게 되었는지에 관하여 블라디보스톡 역사 연구소 수석연구원 **뻬트로프**는 다음과 같이 적고 있다.

초이 이노켄티 바실리에비치는 곧바로 조국으로 돌아오라는 명령을 받았으나, 그 명령에 순종하지 않았다. 얼마 뒤에 그는 정교회 신앙을 받아들였다. 이런 개종 사건은 1912년 12월 30일 주일 빠끄롭스키 교회 주일 예배시간에 일어났다. 최관흘은 이노켄티라고 불렸다. 어떤 자료에 이렇게 적혀 있다(페트로프는 이 부분에 각주를 달고 있지 않다). 자신의 이전 활동과 관계된 모든 것을 끊고 정교회로 개종하기로 결심했다. 최관흘은 미국 교회 장로이다. 미국 장로교회의 뛰어난 사역자로서, 조선에서 파송되어 우리 지역에 사는 한인들에게 장로교 교리를 전파하기 위하여 왔다. 그의 전도활동 결과 연해주 지역에 수많은 장로교회공동체가 세워졌다. 여기서 최는 젊은이들, 정력적인 정교회 교리문답사, 지금은 정교회 선교사(사제)로서 활동 중인 바실리 오가이(Василий Огай , 러시아 귀화 한인)와 만났다. 이들과 만나서 대화한 것이 최의 심경에 심각한 변화를 일으켰다. 최는 스베틀로예 바스크레세니예(영광된 부활) 정교회 성당을 방문하였다.

___

랑의 새로운 관계를 형성해 나가는 것'이기 때문이다. 그렇다면, 최관흘이 정교회 교리문답사가 된 것을 어떻게 평가하는 것이 적절할 것인가? 보쉬의 관점을 빌린다면, 그것은 '정교회로 넘어감'이다. 그러나 이 연구에서는 장로교에서 정교회로 넘어간 최관흘의 변화를 개종이라고 명명한 당시 한국 장로교의 입장을 그대로 취한다. 이용원, "선교적 관점에서 본 회심과 개종", 한국일, "선교와 회심", 『선교와 신학』, 제9집(서울: 장로회신학대학교 세계선교연구원, 2002), 11-35쪽, 49-53쪽.

거기서 그는 깊은 인상을 받았다. 그는 정교회로 개종하기로 결심하였다. 이전의 장로교 선교활동과 관계된 모든 사람들과의 관계를 끊었다. 주교 빠벨이 최를 정교회 신자로 공식 인정하는 미사를 거행하였다. 그러나 최는 러시아어를 하나도 몰랐다. 주교는 그에게 질문을 하고, 한국어로 기도문을 읽는 식으로 기도해 주었다. 최관흘은 새 이름을 받았다. 이노켄티. 그리고 부칭(父稱)은 바실리예비치. 그 이유는 오가이 바실리 사제가 그의 개종에 큰 영향을 끼쳤기 때문이다. 오가이는 한인들과 친밀한 관계 속에서 한인선교에 주력하고 있었다. 영세(침례)식 이후(정교회는 장로교회의 약식 세례를 인정하지 않는다-필자 주), 최는 원동에 있는 인노켄티 교회에서 교리문답사로 사역하기 시작하였다. 그는 자신의 사역비로 연간 600루블, 월 50루블의 사례비(당시 러시아 일반 노동자들의 월급)를 받았다. 가족을 부양하고, 집을 임대해야 하는 입장에서 부족한 사례비였다. 1년 6개월 후, 1914년 7월 3일, 명령서 2275에 따라서 이노켄티 바실리예비치는 원동주교구 장(長)교리문답사로 임명되고, 연간 840루블의 사례비를 받았다. 이렇게 진급을 명령하는 서류에 빠벨 사제는 이렇게 적고 있다. '이노켄티 바실리예비치 최…… 장로교에서 정교회로 전향한 자로서, 전에 장로교 목사였다. 엄격한 시험과 준비를 마치고 그는 교리문답사로 임명되었다. 수차례 여러 교구를 다니며 한인들에게 정교회를 전하였다. 수많은 정교회 선교사들과 사제들이 그의 방문을 요청하였다. 그는 가는 곳마다 설교자의 재능을 보였으며, 큰 호응을 얻었다.' 최의 적극적이고 유능한 선교사역을 보면서 그에게 높은 사례금을 주는 것이 하나도 아깝지 않다는 생각을 했다. 연간 240루블을 더 지불하기로 했다. 그것은 연해주 지역에서 생산된 물질로 지급하는 형식이었다.[469]

---

469) А. И. Петров, *Корейская Диаспора в России 1897-1917 годы 19 век а(1897-1917년 러시아에서 한인 디아스포라)*(владивосток: 2001), c.250-53.

최관흘이 러시아정교회로 개종한 사건은 사도행전에 기록된 사울
(Saul)의 개종 사건과 같이 한국장로교와 러시아정교회 모두에게 큰
충격과 파문을 일으켰다. 제2회 독노회[1913. 9. 1-4, 장소: 경성 소
안동교회, 참석총대: 목사 86명, 장로 40명(선교사 52명)]는 블라디
보스톡(海蔘偉) 선교사 최관흘 목사가 희랍 정교회로 개종하여 총회
에서 제명(除名) 처분한다는 결정을 내렸다.[470] 한국교회는 큰 손실
을 입었다. 그러나 러시아정교회는 큰 일꾼을 얻었다.[471] 그가 연해

---

470) 대한예수교장로회 총회 회의록. http://www.kmpnh.com/ chonghye1-
 5.htm(2004년 5월 1일).

471) 최관흘이 갑자기 러시아정교회로 개종한 배경에 관하여 여러 가지 견해
 가 있다. 뻬트로프는 최관흘이 바실리 오가이를 만남으로 심경의 변화
 가 일어났으며 자발적으로 개종하였다고 기술하고 있으나, 근거자료는
 밝히지 않고 있다. 극동문서 자료실의 몇 가지 자료들을 참고해 볼 때,
 정교회와 당국의 협박과 회유의 가능성을 짐작게 하는 부분들이 있다.
 예를 들면, 1911년 11월 우수리스크경찰이 연해주 총독에게 올린 보고
 서(РГИАДВ, Ф. 1, Оп. 11, Д. 164, л. 29)(1911년 11월)를 보면, 러시아
 땅에서 장로교를 선전하지 말라고 지시했음에도 불구하고 최관흘이 최
 찬제의 집에서 예배를 보면서 전도하고 있다는 보고서, 1911년 12월에
 는 연해주지사가 아무르 주 지사에게 최관흘과 전도인을 추방한다는 통
 보를 전하는 공문(РГИАДВ, Ф. 702, Оп. 3, Д. 238, л. 109)(1911년 12월
 9일), 그리고 블라디보스톡 경찰서장이 작성한 보고서((РГИАДВ, Ф. 1,
 Оп. 11, Д. 164, л. 40)(1911년 12월 12일)에는, "블라디보스톡 신한촌에
 살고 있는 여자들이 기독교(장로교)를 신앙하고 있다. 성경책은 한국어
 로 된 것을 읽고 있다"는 등의 내용이 적혀 있다. 그리고 1916년 "각 주
 지사들은 소종파 이단운동을 조사하고 강력히 대응하라. 침례교, 안식
 교와 같은 이단은 집총거부운동을 벌이며 전쟁이 일어날 경우 조국을
 위태롭게 할 수 있다."고 하며 내무성이 각 주 지사에게 보낸 공문서(Р
 ГИАДВ, Ф. 1, Оп. 2, Д. 495, л. 16)(1916년 5월 18일) 등이다. 이 밖에
 도 러시아정교회는 러시아침례교회를 비롯한 외국선교단체들의 활동을
 차단하고 타교단의 활동을 방해하고 선교사들을 체포하여 구금한 예들

주에 있는 한인들에게 정교회 교리를 전함으로 정교회 선교는 크게 발전하였다.

러시아정교회는 장로교회 선교를 차단하고, 한인들 사이에 러시아 정교회 신앙을 강화하기 위하여 '한인(韓人) 러시아정교 신봉자협회 (正敎 信奉者協會)'를 조직하였다. 원래 이 단체는 1910년 9월 블라디보스톡 정교회 주교청에서 블라디보스톡시는 물론 그 외곽에 살고 있는 한인들 사이에 정교를 확장하고 강화하기 위해서 조직하였는데,[472] 소모프의 보고를 받은 러시아 정부는 신성종무원 관리를 통하여 1911년 5월 17일자로 이 단체를 공식적으로 인준하고, 적극적으로 활동하라고 명령하였다. 명령과 동시에 협의회의 내부규약 중 다음 사항을 반드시 수행하라고 지시하였다.[473]

① 러시아 국적이 아닌 조선 국적을 가진 사람들은 오직 회원 후보가 되지 못하게 하라. 그 첫째, 이유는 변경에 러시아 국민보다도 한인이 더 많이 살고 있기 때문이며 둘째, 최근에는 한인들 중에서도 장로교파로 개종하는 사람이 많이 생기는 추세이므로, 사회 전반적인 일들이 외국인들의 수중에 떨어질 수 있기 때문이다.

② 주 행정 측면에서 여러 형태의 관리와 감독을 항상 수행해야 한다. 법규에 나타나 있는 바와 마찬가지로 협회는 종교적 과제라는 한 가지 문제에만 국한시키지 말고 병원이나 양로원, 고아원 등의

은 수없이 많았다. 참고. 남석주, "농노해방 시기의 러시아정교회와 신교", 『슬라브학보』, 제14권 2호, 321-22쪽.

472) 톰스크 문서보관소 「블라디보스톡 정교관구 감독국 보고서(감독국의 비서계장 므이쉬킨이 대주교에게 보낸 보고서)」. 이상근, 『韓人露領移住史硏究』, 214쪽에서 재인용.

473) 위의 책.

설립에 대해서도 고려하면서 동향인을 도울 수 있는 여러 가지 방안을 마련해야 한다.

③ 공공집회는 주 행정당국의 허가에 따라 개최해야 하며, 대중독서회는 공공집회에 관한 현 형법을 준수하면서 이루어져야 한다.

신성종무원은 블라디보스톡 주교에게 위와 같은 명령을 내리면서, 동시에 명령 수행과 관련된 세부사항은 반드시 내무부의 결정에 따라 다음의 일을 처리하라고 하였다.[474]

이상의 과정을 거쳐 설립된 블라디보스톡 러시아정교 신봉자협회는, 블라디보스톡시는 물론 그 외곽에 살고 있는 한인들에게 러시아정교를 강화하고 확장할 목적으로 운영되었다. 이것을 통해볼 때 협회가 가장 중점 사업으로 추진한 것은 한인들만의 예배당을 설립하는 것과, 교회를 건립하여 한국어로 기도하는 일 등이었다. 그리고 협회 구성은 정회원, 후보회원, 명예회원으로 하였다. 특히 정회원은 러시아 국적은 갖지 않고, 한국 국적을 고수하려는 사람들은 제외하였다. 이는 한인 중심의 러시아정교 신봉자 협회였으나 같은 동족 중에서도 러시아에 귀화하지 않는 한인은 제외시킨 것이다. 이것으로 보아 협회가 러시아 당국의 비호 아래 조직되었다는 것을 알 수 있다.[475]

---

474) 톰스크 문서보관소, 「블라디보스톡 정교관구 감독국 보고서」, 위의 책, 215쪽에서 재인용.

475) 톰스크 문서보관소, 「블라디보스톡 한인 러시아정교 신봉자협회의 규약」, 그러나 한인들을 교화 차원에서 추진한 사항들도 있었으니 아편을 지나치게 흡입하는 사람들은 회원으로 받아들이지 않았으며, 행실이 나쁜 사람, 협회 의장의 충고를 듣고도 자신의 행실을 고치지 않고 계속 아편을 피우는 경우에도 협회에서 영구히 추방한다고 하여 아편 및 행실이 나쁜 사람들은 협회에 남겨두지 않았다. 협회의 자금은 회

이렇게 제3기 러시아정교회의 선교는 제2기에 비하여 방어적인 태도로 선교하였는데, 러 - 일 전쟁 패전 이후 극동 지역에서 감소되는 러시아의 영향력을 의식하여 국가관청과 러시아정교회가 연합하여 한인선교를 강화하였음을 알 수 있다.

c) 학교 교육 강화

이 시기에 한인선교를 조직적으로 강화해 나가는 또 다른 방편으로 학교 교육을 대폭 지원하고, 한인선교를 위한 전문적인 선교사 양성 학교를 세웠다. 앞에서 언급한 대로 연해주 지역 교회 교구학교와 공립학교를 포함한 모든 러시아 학교들은 한인들을 러시아화하는 강력한 무기의 역할을 하였다.[476] 제2 시기(1884-1909)의 교육선교의 목표는 주로 '한인들로 하여금 러시아정교회 신자로서의 정체성'을 강하게 가질 수 있도록 만드는 데 있었다면, 이 시기의 교육선교의 목표는 '러시아제국의 국민으로서의 정체감'을 가질 수 있도록 하는 데 있었다. 학교는 교회선교의 주 무기인 동시에 당국의 러시아화 정

원들의 자발적인 기부금과 의무적으로 내는 회비 또한 다양한 사람들의 기부금으로 충당했으며, 조직은 협회의 회장은 교구 주교의 임명에 따라 블라디보스톡시의 성직자들 중 한 사람이 맡게 되며, 협회의 관리는 회장과 이사회를 통해서 이루어지도록 하였다. 노령 지역에서 조직된 모든 조직이 결과적으로 러시아 당국의 지휘감독을 받았지만 한인 러시아정교 신봉자협회도 역사 연해주 종독의 재량에 따라 언제라도 폐회될 수 있었다. 이상근, 『韓人露領移住史硏究』, 216쪽.

476) http://world.lib.ru/k/kim__o__i/p2rtf.shtml(2002년 2월 1일 검색) Ким Герман. Предыстория. Политика царских властей в области просвещения корейцев на русском Дальнем Востоке(러시아 극동 지역 한인교육에 대한 짜르 정부의 정책).

책 실현을 위한 주 무기이기도 하였다. 특별히 공립학교보다 교회가 설립한 선교 교구학교들의 교육이 러시아화를 실현하는 데 더 효과적이었다. 그것은 한인들의 입장에서는 외국적인 것이며 피상적인 것으로 여겨질 수 있는 러시아적인 성격의 교육주제들을 교회가 운영하는 선교교구학교에서는 사제선교사들이 가르치면 성서로운 것으로 여겨지고, 학생들은 또 그렇게 받아들였기 때문이었다.477) 시민교육, 러시아 역사, 러시아 교회사, 러시아 성인전(聖人典) 그리고 러시아 언어는 새로운 종교와 동일시되었다.478) 이러한 모든 교과목을 공부함으로써 학생들은 교회공동체에 통합될 뿐만 아니라, 그들 자신의 사회공동체에 대한 새로운 정체감과 비전을 가지게 되었다. 새로운 종교를 가짐으로써 그들은 시골마을과 부족의 일원일 뿐만 아니라, 여러 시골마을에 존재하는 정교회공동체의 일원이며, 대제국 러시아 제국의 일원이라는 새로운 사실을 체득하기 시작하였다.

러시아제국의 정치교육도 이런 방식으로 이루어졌다.479) 러시아제국의 지도력의 성화(聖化)도 이런 식으로 이루어졌다. 예를 들면, 국가의 지도자를 위한 경건한 기도가 모든 예배시간에 드려졌다. 특별히 주일 성찬식 예배시간에는 반드시 황제와 그 가족을 위한 기도를 드렸다. 그리고 러시아에서 숭요한 국가적인 일들, 예컨대 교회 상식을 다르게 한다든지, 아니면 교회종소리를 하루에 세 번 울리든지 하는 방식으로 전쟁, 평화, 황제의 죽음, 후계자의 탄생과 등극, 황제

---

477) Oleg Kobtzeff, "Ruling Siberia: the imperial power, the Orthodox Church and the native people", *St Vladimir's Theological Quarterly 30 No.3,* 1986, p.277.

478) 위의 책.

479) 위의 책, p.278.

의 생일 그리고 역사적으로 중요한 기념일에는 특별한 예배를 드렸다. 종합해 보면 매년 이러한 특별 예배가 40번을 넘었다.[480] 이러한 새로운 삶의 방식에 점차로 익숙해지고 동화되어 감에 따라서 한인들은 교회의 일원이 될 뿐만 아니라, 러시아제국의 일원이 되어갔던 것이다.

〈표 11〉 러시아 극동 지역 학교 교육을 위한 정부의 예산 지출 (1909년 – 1910년)[481]

단위(루블)

지역	1909년			1910년		
	교육부	이민국	신성종무원	교육부	이민국	신성종무원
연해주	114,225	44,100	69,543	240,567	100,711	자료 없음
아무르 주	73,091,83	6,300	30,552,8	76,432,96	12,250	31,092,8
합계	187,316,83	50,400	100,095,8	316,999,96	112,961	31,092,8

이러한 사실은 〈표 11. 러시아 극동 지역 학교 교육을 위한 정부의 예산 지출(1909년 – 1910년)〉이 보여주듯이 신성종무원의 학교 교육 예산지출은 약 10만 루블에서 3만 루블로 줄어든 반면, 이민국의 예산은 5만 루블에서 약 11만 루블로, 교육부의 예산지출은 약 19만 루블에서 31만 루블로 크게 증가한 사실은 러시아 극동 지역에서 학교 교육을 강화하려는 국가 정부의 의지를 보여주는 것이다. 당국의 이러한 학교 교육 강화 정책으로 러 – 일 전쟁 이후 침체기를 맞이하고 있던 극동 지역 학교 수가 1910년도에는 23개 학교와 3개의 비종

---

480) 위의 책.

481) А. И. Петров, *Корейская Диаспора в России 1897-1917 годы 20 века*(Владивосток:2001) с.235.

교 학교로 그 수가 최저점에 이르렀다가, 1912년에는 연해주 블라디
보스톡 주교구 내에 27개의 교구학교, 아무르 주 블라고베센스크 주
교구 내에 6개의 학교가 다시 기능을 시작하였다. 학생 수는 총
1,400명에 이르렀는데, 이는 취학 연령에 있던 모든 한인 아동들 중
약 1/3에서 1/2에 해당되었다.[482] 이후 1914년에는 학교 수가 엄청
나게 증가하여 연해주에 총 168개의 선교 교구학교에서 총 8,193(남
학생 4,934명, 여학생 3,259명)이 학교를 다녔고, 1917년에는 한인 주
민들의 헌금으로 세워진 182개의 학교와 43개의 공립학교에 8,349명
의 한인 학생들이 있었다.[483] 그러나 학교 교육을 실제적으로 주관
한 것은 정교회 선교부였다. 당시 글을 알고 전문적인 교사 노릇을
할 수 있는 사람은 사제 선교사들이 대부분이었기 때문이며, 이민족
들의 러시아화를 추구하는 당국이 믿고 맡길 수 있는 사람들이 정교
회 사제들이었기 때문이었다.

학교가 시작될 때에는 자격 있는 교사가 부족하고, 열악한 교육환
경과 운영자금의 부족으로 많은 어려움을 겪었지만, 시간이 지남에
따라 러시아 교육의 중요성과 유용성을 학생과 교사가 이해하게 되
었으며, 수년 동안 다른 생활문화와 언어 환경 속에서 살아온 한인
부모들도 이러한 교육을 통해서 자녀들이 새로운 사회에 너 수월하

---

482) Michail Belov, *The Experience of The Russian Orthodox Church among
    Koreans 1865-1914*, p.103.

483) 「Миссионерские школы для Корейских детей на территории Примор
    ского края(втор. пол. 19в.-н.20в.)」, http://orthodox.fegi.ru/stanl.htm,
    검색 날짜(2002년 3월 21일). 168개 선교 교구학교들 중에서 러시아인
    (107개), 몰다비아인(3개), 한인(29개), 캄차달인(24개), 코랴크족 학교
    (2개)였다.

게 통합되고 일정한 사회적인 성공을 거둘 수도 있었기 때문에. 교
육 상황은 점차 좋은 방향으로 바뀌어갔다. 하바로프스크 전시회 자
료에 따르면. 1913년 거의 모든 마을에는 학교가 있었으며. 거의 모
든 취학 연령의 아이들이 학교에 나갔으며. 그 수가 1,492명으로
92.2%에 해당되었다. 학교에 필요한 것이나 건물건축. 교사들의 월
급과 상여금. 장학금을 위한 대부분의 자금들은 해당 지역 당국의
자금에서 지급되었다. 이와 같이 재정적인 지원과 행정적인 지원은
국가가 하고. 교육내용은 교회 선교사들이 담당함으로 연해주 한인
들의 러시아화를 함께 추진해 나갔다. 교육 선교를 통한 한인들의
러시아화 작업은 순조롭게 진행되는 듯하였다.

　그러나 시간이 지남에 따라 한인들 중에서 일부가 러시아 교육 정
책을 부정적으로 보는 시각이 생겼다. 자녀들이 정교회 영세(침례)를
받고 러시아어 교육을 받음에 따라서 한인 세대 간의 전통적인 문화
적. 종교적 관계의 단절을 가져오는 것을 경험하기 시작하였다. 한인
들은 교회 교구학교와 러시아 공립학교의 목적이 러시아화에 있음을
알게 되었다. 그러자 일부 한인들이 자기 자녀들을 러시아 학교에 보
내기를 거부하고. 한인들이 만든 지하학교에 보냈다.[484] 이러한 거부

---

484) 1912년 『블라디보스톡 주교구 통보지』(BEB)에 다음과 같은 일화가 적
　　혀있다. 1912년 니콜스크-우수리스크 주교구 산하 블라디보스톡 속교
　　구의 책임자(속주교, 혹은 부주교)가 된 니꼴라이 이바놉스끼
　　(1875-1919)가 한인들을 선교하던 중 한국인 민족주의자에 의하여 폭력
　　을 당하였다. 러시아에 거주하는 한인들을 러시아화시킨다는 이유에서
　　였다. 그러나 그는 사실 선교의 궁극적인 목적을 러시아화에 두어서는
　　안 된다고 주장하던 선교사였다. 그러나 한국인 민족주의자의 시각에서
　　볼 때, 한인들을 정교회 신자로 만드는 것은 곧 러시아인으로 만드는 것
　　과 동일시되었던 것이다. "К Оживлению Приходской миси(교구 선교

운동은 두만강에서 가까운 포시에트 지구에서 많이 발생했다. 새로운 거주지가 모국과 가깝고 한인들의 마을이 러시아인들의 그것과 상대적으로 고립되어 있음으로써 한인들로 하여금 '러시아에서가 아닌 러시아의 조선에서 살고 있다'고 느낀 한인들은 자신들의 자녀들에게 러시아어와 읽기 쓰기 교육을 시킬 필요성을 느끼지 못했다. 그래서 한인들끼리 자금을 모아 지하학교를 만들어 가르쳤다. 한 예로 1908년에 시넬니코보 마을과 포크로프스크 읍에서는 무료 2년 과정의 1학급 학교가 있었다. 학교의 교사로는 불교신자와 가톨릭 신자인 두 명의 조선인들이었다. 교사들의 봉급은 이를 위해 모금한 특별기금에서 받았다. 이 학교에서는 지리와 산수, 정서법(正書法), 러시아어, 법률학, 업무관계의 모델, 동물학, 식물학, 인간학, 물리학, 조선어, 조선사 과목들을 가르쳤다.[485] 이러한 지하학교가 1920년대까지 계속되었다.

의 부흥을 위하여)", BEB 1912년 No.2. c.41-48; No.4. c.106-13; No.5. c.149-155. 참고. H. Anderson(ed.), *Biographical Dictionary of Christian MissionsGerald*(Wm. B. Eerdmans Publishing, 1998), p.323.

485) 때때로 학교 교육과 양육과정은 아이들에게 반러시아적인 시각을 형성시켜 주는 방향으로 흐르곤 했다. 예로 1914년 6월에 자레체(Zarech'e) 선교지부의 요안 톨마체프(Ioann Tolmachev) 사제는 팍시(Paksi) 마을에서 일본에서 발간된 교과서로 한국어의 읽고 쓰기를 가르치는 학교가 있음을 알게 되었다. 뿐만 아니라 교과서에는 러시아 공민이 된 한인들을 러시아인들의 노예들이며, 한반도로의 귀환을 약속하는 자들의 노예들이라고 칭하는 두 개의 선동적인 말들이 교사의 자필로 씌어 있었다. 러시아 행정당국은 그런 학교가 존재한다는 것에 우려를 나타냈으며, 학교는 교회나 교육부의 통제하에 있어야 한다고 보았다. Герман Ким, Политика царских властей в области просвещения корейцев на русском Дальнем Востоке(러시아 극동 지역 한인교육에 대한 짜르 정부의 정책). 출처: http://world.lib.ru/k/kim_o_i/p2rtf.shtml(2003년 8월 23일 검색).

이러한 지하학교를 발견한 러시아의 일부 지식인들은 "정치적 자주성을 상실한 민족은 자신들의 과거와 관습, 언어, 읽고 쓰기를 병적으로 소중히 여긴다"고 설명하며, 반(反)러시아화적 움직임을 차단하고, 조직적인 러시아화 작업을 강화하기 위하여 이주자용 교과서를 러시아 교과서로 근간으로 만들어야 한다고 주장하였다. 따라서 20세기 초에 연해주에서는 '러시아 내 한인 학교들을 위한 교과서 준비 위원회'가 가동되었다.[486] 교구와 한인학교가 생겨나고 정교회로 개종한 한인들의 점차적인 성장 속에서, 1909년엔 교리문답 학교를 세울 필요성과 블라디보스톡 동방어 대학 산하에 선교사를 위한 교육 과정을 개설해야 할 필요성이 대두되었다. 신성종무원의 요안 보스토르고프 장사제(長司祭)의 말에 따르면, 교리문답 학교는 서울 선교요원들을 양성시킬 수도 있었으며, 해외 선교부와 시베리아와 극동 지역의 러시아 주교구 내에 거주하는 한인들에게는 선교사 과정준비를 이수한 사람들이 요청했기 때문이며, 3년제 선교사 양성 고급과정(선교대학)은 해외에서, 즉 한국과 중국, 일본, 극동 지역에서 이민족을 상대로 선교활동을 하는 요원들의 실제적이며 이론적인 교육을 목적으로 설립되었다.[487] 따라서 이 학교를 졸업하면,

---

486) "Миссионерские школы для Корейских детей на территории Примо рского края (втор. пол. 19в.-н.20в.) (연해주에서 한인 자녀들을 위한 선교학교: 19세기 후반기-20세기 초)", http://orthodox.fegi.ru/stanl. htm, 검색 날짜(2002년 3월 21일)

487) 이 선교대학을 설립하기 전에 신성종무원은 1910년 6개월 과정으로 모스크바 목회자 양성과정(1910년 10월 5일부터 1911년 4월 3일까지) 을 시범적으로 개설 운영하였다. "1911년 4월 3일자 신성종무원 개설 모스크바 목회자 양성과정 이수 증명서", РГИАДВ, Ф. 702, Оп. 3, Д. 443, Л. 13-17.

해외 선교부들이나 이르쿠츠크, 자바이칼, 블라고베쉔스크 선교부에서, 중국인과 한인들은 블라디보스톡 선교부에서 사역을 해야 했다. 매해 10명의 신입생을 선발하여 항상 총 학생 수가 30명으로 이루어졌다. 그런데 이 선교전문학교의 위치에 대한 규정을 읽어 보면, 이 학교의 궁극적인 목적이 단순히 선교전문가와 종교지도자들을 양성하는 것이 아님을 알게 된다. 선교대학 규칙 제9항을 보면,

> 선교대학은 한인선교부 교회-학교 건물 내에 위치하며, 한인선교부는 건물을 무상 제공하고, 이는 과정이 필요한 사람들에게 기회가 확대되고 적응하도록 하기 위해서이다. 한인선교부 교회-학교 건물은 (러-일 전쟁) 러시아의 전쟁 희생자들에게는 기념비적인 의미를 갖고 있으며, 서울선교부에 의해 자발적인 기부금으로 건립되었기 때문에, 그렇기 때문에 사원입구 위에 있는 글귀 '1904-5년 러시아 전몰 희생자들을 기리며'처럼, 그러한 의미가 항상 유지될 수 있도록 해야 한다.[488]

고 규정하였다. 그리고 이 학교의 강의는 주로 주간(晝間) 노동을 마친 후 야간에 이루어졌는데, 선교대학 야간 강의의 강사진들(преподаватель)로서 강좌 책임자(заведывающий Курсами), 서기관(Секретрь), 참회 성직자(духовник)[489]의 직책은 주교의 추천과 신성종무원의 지시로 대학교육을 이수하고 수도생활을 하고 있는 인물이 임명하도록 하였다. 참회성직자, 즉 고해성사를 받는 성직자는 학교와

---

488) 위의 책, 〈부록 3. 선교대학규칙〉에 실었다.
489) 참회성직자란 신학생들로부터 고해성사를 받는 사제를 가리킨다. 고해성사를 받는 사제는 학생들의 모든 비밀을 알게 되므로 학교당국이 신임하는 사제에게 맡겼다.

학생들의 모든 비밀을 알게 되는데, 그 직책의 최고 임명권을 교회와 국가가 함께 공유하도록 규정한 것(엄밀하게 말하면, 국가 밑에 있는 교회의 모습으로)은 동방정교회 세계의 황제교황주의적인 전통의 맥이 여기까지 흐르고 있음을 보여주는 것이다.

d) 국고지원 요청

이렇게 관(管) 주도, 국가(國家) 주도의 선교를 하다 보니, 정교회 선교는 국가재정지원에 전적으로 의존한 선교였다. 앞에서 언급한 소모프가 보낸 급송전문은 외무대신에 의해서 1910년 11월 11일자 서신으로 신성종무원장에게 전달되었고, 신성종무원장은 다시 블라디보스톡 주교에게 서신을 보내 연해주 지역의 선교 상황에 대하여 보충 설명을 들은 다음, 국회에 다음과 같은 보고서를 올렸다.[490]

(1) 서울선교부의 활동을 블라디보스톡 주교구 내의 한인선교부의 활동과 통합시키고, 통합선교부의 책임자로는 주교를 본 주교구의 보좌주교(викарий) 자격으로 임명한다.

(2) ① 4개의 선교지부를 신설하는데, 2개는 수찬강 유역에, 1개는 아지미 선교지부 지구에, 1개는 얀치헤 선교지부 지구에 신설한다. ② 블라디보스톡에 특별 선교 직책을 신설한다. ③ 각각의 선교지부에 1개씩의 교리문답 교사(катехизатор) 직책을 두고, 블라디보스톡에는 2-3명의 교리문답 교사들을 두어서, 결과적으로 기존의 9개 선교지부와 신설될 4개의 선교지부를 포함 총 16명의 교리문답 교사 직책을 신설한다.

---

490) РГИАДВ, Ф. 702, Оп. 3, Д. 443, Л. 21.

이런 결정을 구체화하기 위하여 신성종무원 산하에서 국내외 선교 문제를 담당하는 특별협의회가 만들어졌다. 특별협의회는 블라디보 스톡 주교구의 보좌주교에 대한 봉급으로 연봉 5,000루블(4,000루블 -봉급, 1,000루블-활동비)을 정했으며, 블라디보스톡 선교사에게는 연봉 2,400루블, 새로 조직된 선교지부 사제에게는 1,200루블씩, 시낭 송자(псаломщик)에게는 400루블씩, 교리문답 교사들에게는 600루블 씩과 활동비로 1년에 500루블의 봉급을 지급하기로 결정을 내렸 다.[491] 해외선교를 관장하는 신성종무원은 특별협의회의 결정을 전 적으로 승인하면서, 선교사업을 주관하는 데 매년 23,900루블씩의 비 용이 소요된다는 점에 주목했다. 그러나 그 비용을 국고로도, 특별자 금으로도 충당할 수가 없어서 국회에 국고지원을 요청하였다.

지금까지 기술한 내용을 간략히 정리해 보자. 역사적으로 러시아 제국주의 팽창과정에 적극적으로 협력해 온 러시아정교회의 선교는 1860년 중국으로부터 넘겨받은 연해주 지역을 포함한 극동 지역에서 도 당국과 긴밀하게 협력하여 극동 지역 한인들을 러시아화하는 데 협력하였다. 처음에는 러시아에 호감을 갖고 있는 가난한 한인들에 게 넝세를 주어 러시아를 위한 극농 지역 개발에 적극 활봉한다는

---

491) 위의 책, c.26. 당시 성직자의 이러한 수입이 어느 정도였는가? 쁘리아브 젠스키에 의하면, 1905년을 전후하여 백승의 월급은 러시아 부르주아 지 성인들 가운데서 최고의 월급이었다. 당시 종합대학 종신교수직을 보장 받은 교수가 연봉 3,000루블을 받았다. 조교수가 1,200루블을 받았다. 판사가 평균 연봉 2,000-5,000루블을 받았다. 반면에 뻬쩨르부르그 노동 자들의 연봉이 1904년 당시 366루블이었다. Alexander Preobrazhen-sky(ed), *The Russian Orthodox Church: 10th to 20th Centuries*, (Moscow: Progress Pub. 1988), pp.168-71.

목적을 따라서 당국과 선교사들이 협력하였다. 1884년 조로외교통상
조약이 체결된 이후에는 영세 받은 한인들이 명목상 정교도로 남아
있는 것을 반성하고 교육선교를 강화하고, 러시아정교회 신자로서의
정체감을 강화하는 방향으로 선교하였는데, 러시아정교회 신앙교육
은 곧 러시아제국의 신민으로서의 정체감 강화라고 여긴 당국이 선
교교구학교 설립과 교육을 위하여 많은 재원을 지원하였다. 1910년
한일병탄조약 이후에는 극동 지역에서 국제－외교적으로 위기를 느
낀 러시아 당국이 극동 지역 한인들을 대상으로 노골적으로 러시아
화 정책을 강요하였으며, 정교회 선교부는 당국의 러시아화 정책에
적극 협력하는 입장에서 한인선교의 독점권을 내세우며 국고지원을
요청하고 행정적인 규제와 지원을 통하여 한인들을 정교회 신자로
만드는 데 힘을 기울였다.

C. 수용자 관점에서 본 러시아정교회의 선교

지금까지는 주로 러시아 측 자료를 기초로 러시아정교회의 선교를
분석하여 극동 지역 한인들을 대상으로 한 선교가 러시아화에 초점
을 맞춘 국가－정치적 선교였음을 기술하였다. 이제는 관점을 바꾸
어 선교를 받은 내부자들[492] 즉 한인들의 입장이 담긴 자료를 분석
함으로 러시아정교회의 선교성격을 기술해 보자.

러시아 극동 지역에서 정교회의 선교를 받은 한인들의 견해가 담

492) 외부자 관점(etic), 내부자 관점(emic)에 관한 설명과 논의를 참고 하
     려면, 김성태, 『선교와 문화』(서울: 이레서원, 2000), 141-47쪽을 보라.

긴 대표적인 문서가 『대한인정교보』이다. 『대한인정교보』는 1911년 10월 20일 자바이깔(後貝加爾州) 지역에 조직된 '대한인국민회 시베리아지방총회'가 치타에서 1912년 1월부터 1914년 6월까지 발행한 순 한글 신문으로서 총 11호가 발행되었다.[493] 이 신문의 기본성격은 세 가지였다. 하나는 재러 한인들의 러시아정교회 소식지로서의 성격이고, 다른 하나는 한민족 의식을 고취하는 민족독립운동 매체로서의 성격이고, 세 번째는 계몽운동 매체로서의 성격이다. 창간호에 백원보가 쓴 '축사'에 이러한 세 가지 기본 성격이 뚜렷하게 잘 나타난다.

정교보의 소식이여, 반갑고 반갑도다. 정교보의 발간이여, 기쁘고도 기쁘도다. 정교보의 발행이여, 영화롭도다. 정교보를 발행하시는 이여, 감사하고 감사하도다. 정교보야, 정교보야, 네 이름이 정교(正敎)이니, 정(正)이란 밝고도 모나고, 모나고도 평탄하며, 평탄하고도 이명하고, 이명하고도 바르게 행하는 바를 정(正)이라 한다. 교(敎)란 진리를 순종하고 인도를 극진히 하여 가르침이 되는 가르칠 교(敎)라. 네 이름과 가치가 마치 노(老)선생이 될 줄은 내가 알고 믿어, 내가 빌고 하례 한다마는 어찌 이와 같이 더디 나왔는고? 우리 동포가 러시아 극동 지역에 긴너 온 지기 40 50년이 이니며, 정교회 신자가 여러 만 명이 아닌가? 그러나 일찍이 러시아령 동포의 종교적 신문잡지가 세상에 나와서 정교회의 밝은 빛을 넓게 전파하지 못하였음으로 지금까지 흑암에 빠져 깊은 잠을 자며 마귀의 종이 된 자처럼 살더니, 이제는 너의 가르침을 받는 곳마다 어리석은 자가 지혜로워지며, 악한 자가 선하여지며, 어두운 자가 밝아지며, 약

---

493) 박 환, "대한인국민회 시베리아지방총회 기관지-대한인정교보", 『이기백 선생 고희기념-한국사학논총』 下권(서울: 일조각, 1997), 1761쪽.

한 자가 강하여지며, 굽은 자가 곧아지며, 하나님의 복음을 모르는
자가 그리스도의 거룩한 공(功)을 알게 되며, 동포를 사랑하게 되
며, 짐승 같은 생활을 하며 학대받는 자, 사람이 마땅히 행할 바를
깨닫게 하는구나![494]

그리고 황공도(黃公道)도 창간호 '축사'에서 러시아정교를 열심히
믿자고 권면하였다. 정교를 열심히 믿으면 도덕적으로 문화적으로 민
족적으로 많은 유익이 있을 것이라는 취지로 다음과 같이 말하였다.

오호, 동포여, 받을지어다. 이 정교보를 열심히 받을지어다. 이 정
교보의 가르침을 지킬지어다. 이 정교보의 가르침을, 이 정교보가
가르치는 정교의 참진리를 발견하여, 우리 동포로 하여금 능히 캄캄
함을 변하여 밝게 되며, 악함을 변하여 선하게 되며, 부패함을 변하
여 신선하게 되며, 더러움을 변하여 깨끗케 하며, 망함을 변하여 부
흥케 하며, 이산(離散)함을 변하여 단합하게 하며, 죽음을 변하여
살게 하며, 지옥을 변하여 천당이 되게 하나니, 우리 동포의 행복을
위하여 이 정교보 만세를 하나님께 축사하노라.[495]

정교보의 표면적이고 일차적인 목적은 재러 동포들에게 정교를 믿
게 하는 것이었다. 그러나 신문을 만든 한인들의 궁극적인 목적은
정교를 통하여 문명화되고 단결된 재러 동포들을 바탕으로 독립운동
을 전개하는 것이었다. 정교보는 당시 재러 한인들의 정교신앙 현황
에 대하여 중요한 정보를 제공한다. 창간호에 실린 「아령한인 정교
회의 근상」에 따르면, 1910년 당시 러시아정교가 한인들에 전파된

---

494) 백원보 「정교보를 축하함」, 『대한인정교보』 창간호(1912), 11-12쪽.
495) 황공도 「정교보를 축하함」, 『대한인정교보』 창간호(1912), 13쪽.

이래 한인의 신도가 수만 명이며, 한인 전용(轉用) 교회가 9곳이나 된다고 밝히고 있다. 아울러 정교를 믿음으로써 한국인들은 구습을 벗고 문명한 사람이 되어 가고 있음을 지적하고 있다.

우수리 지방에 있는 주교(主敎)와 해삼위 뽀그롭스고이(빠크롭스키 – 필자 주) 첼고빅 예배당을 주관하는 대사제 포프(Поф)와 실니(Силь) 씨는 하나님의 충성된 일꾼이오, 한인들의 사랑을 받는 사제라. 수십 년 전부터 한인에게 전도하여 영세(침례)를 받은 자가 수만 명이요, 한인들을 위하여 설립한 예배당이 9곳이라. 교회당마다 사제를 파송하여 하나님의 진리를 가르치게 하며, 교사를 택하여 인성에 필요한 학문을 가르치게 함으로, 오늘날 우리 동포들이 이단을 버리며 구습을 벗고, 문명의 세계로 나아온 자가 많은지라.[496]

이렇게 정교를 믿는 한인들이 많아짐에 따라서 신도들을 조직하고 토착민 지도자를 세우는 문제를 러시아선교사가 아니라 한인들 스스로 먼저 의논하고 러시아 주교에게 도움을 요청하였다고 한다.

1910년(한일병탄)에 일어난 우리의 불쌍하고 가련한 종족이 돌아가 익탁할 곳이 없어 마치 목자 잃은 양과 같이 될지라. 선가자 처봉준, 고상준 씨 등이 민망히 여겨 이를 근심하여 하나님 앞으로 인도하기를 생각하고, 해삼위에 있는 대사제 포프 씨와 더불어 의논하고 해항에 거류하는 뜻있는 교우들을 모아서 한인전도회를 조직하니, 이 모임의 목적은 우리 동포에게 전도하는 모든 방침을 연구하는 것으로 하였더라.[497]

---

496) "아령 한인 정교회의 근상(러시아 극동 지역 한인들의 정교회 최근 상황)" 『대한인정교보』 창간호(1912), 18-21쪽.

전도회에서 전도 활동에 대하여 연구한 결과, 러시아어를 잘하는 사람 1인과 본국 언어를 잘하는 1인을 택하기로 하였는데, 러시아인 오바실리, 한국인 황공도가 선택되었다. 오 씨는 러시아 사범중학교를 마쳤다. 그는 러시아어에 익숙할 뿐만 아니라, 상당한 학식을 가진 자였다. 황 씨도 어렸을 때부터 장로교를 믿었음으로 성경의 진리를 많이 공부하였으며, 겸하여 미국에 유학하여 교회의 정치에 연단이 있던 자였다.[498] 이 두 사람이 전도사가 된 이후로 블라디보스톡에 본 교회를 세우고, 각처로 돌아다니며 전도하니, 수많은 한인들이 정교회를 받아들이고 영세(침례)를 받았다. 한인 전도자들이 한국어로 한인들에게 정교회 교리를 설명하고 권면하니, 그 전도 효과가 크게 나타났던 것이다. 정교보는 이렇게 적고 있다.

사랑이 많으시고, 은혜가 많으신 하나님께서 돌아갈 길이 아득하여 방황하는 우리 동포를 구원하시고자 하여 전도하는 자들의 능력이 되시며, 지혜가 되시어 굳은 마음을 변하게 하시고, 우둔한 마음을 열어 주사 그들이 가는 곳마다 불일 듯 믿는 자들이 생겨나고 일년이 못되어 영세(침례)를 받는 자가 블라디보스톡에 300명이라. 하나님의 능력이 한인이 있는 곳마다 미침으로 블라고베센스코에도 수십 명이 영세(침례)를 받았으며, 그곳에서는 김봉초 씨로 하여금

---

497) 위의 책.

498) 정교보 창간호 축사를 쓴 황공도는 러시아정교회 전도사였다. 그는 일찍이 미국에 3년간 유학한 인물로, 1909년 블라디보스톡으로 온 이후 국민회 회원으로서 자선공제회에서 일하였다. 朝鮮駐箚憲兵隊司令部, 『ㄷ明治四十五年六月調 露領沿海州移住鮮人ノ狀態ソ』, p.140. 수원대학교 사학과 박환 교수 홈페이지, "2장 대한인정교보: 대한인국민회 시베리아 지방총회의 기관지", http://www1.suwon.ac.kr/~hwpark/rusia/rusiapa/go06.htm(2003년 10월 5일).

전도하는 일을 맡겼으며, 그를 통하여 일시에 100여 명이 영세(침례)를 받았으며, 영세(침례) 받은 자 중에 전도사를 택하여 전도하게 하였더라.[499]

이와 같이 한인 정교 신자들이 증가함에 따라서 예배당이 필요하였다. 그러나 경제적으로 가난한 한인들은 성당을 건축할 형편이 안 되므로 셋집을 얻었다. 개인 집을 빌려 주일 오후와 삼일 저녁, 6일 저녁에 모여 예배를 드렸다. 그리고 진실하게 믿으며 성경을 강론할 만한 자를 세워, 새신자들을 인도하게 하였다. 수청 진영동에 박근찬, 수청 신영동에 박영갑, 수청 청지동에 김창무, 수청 우지미에 최영긔, 소항령에 최영관 등을 세웠는데, 이 때문에 한인정교회 신도의 수가 급성장하였다.[500] 이상과 같은 선교의 진보에 대하여 정교보는 "러시아령 한인의 정교회의 튼튼하기가 마치 반석 위에 세워진 집 같았다. 맹진할 형세는 시베리아로 달려가는 철로와 같았다"라고 평가하였다.[501] 그러나 신문의 다른 면을 보면, 한인들 사이에 정교회 신도가 양적으로는 크게 부흥하였으나, 질적으로는 아직 성숙하지 못하였음을 말하고 있다. 「정교회 영세(침례) 받은 자에게 고함」이라는 논설을 읽어보면,[502] 당시 명목상 정교회 신도가 다수였음을 짐작케 한다. 그러나 정교를 믿는 재러 한인들 가운데에는 진심으로 믿기보다는 여러 가지 편리를 위하여 믿는 경우가 많았다고 한다. 당시 재러 동포들이

---

499) "아령 한인 정교회의 근상(러시아 극동 지역 한인들의 정교회 최근 상황)", 『대한인정교보』 창간호(1912), 18-21쪽.
500) 위의 책.
501) 위의 책.
502) 전문을 현대어로 번역하여 〈부록 4〉에 실었다.

국경 왕래의 편리, 재정상의 이익, 후한 대접 등 자신들의 생활상 편리를 위하여 영세(침례)를 받고 영세(침례)증명서를 받았던 모양이다. 그리고 영세(침례)를 받은 후에도 한국인들은 교회에 나가기는커녕 한국 고유의 한식과 추석에 상공당(常貢堂), 국수당(國粹堂)[503] 등에 가서 즐기며 노는 등 온전한 정교회 신자가 되지 못하고, 옛날의 한국 전통을 그대로 따르는 한인들이 많았던 것 같다.[504]

이상의 사실들을 종합해 볼 때, 1910년을 전후하여 러시아 극동 지역 한인들 사이에 정교회가 양적으로 크게 부흥하였으나, 기독교 교육이 제대로 이루어지지 않아 명목상 기독교인들이 많았으며, 아직 무당종교와 같은 구습(舊習)을 따르는 한인 정교회 신자들이 다수를 차지하고 있었다는 사실을 알 수 있다.

한인들은 정교회를 믿을 때, 어떤 기대를 가지고 있었을까? 창간호에 실린 "정교론"을 보면, 문명한 인간, 문명한 집안, 문명한 국가

---

503) 상공당, 국수당은 옛날 한국인의 민간신앙, 종교생활의 장소. 국수당은 대개가 마을의 배후 높은 산꼭대기에 위치하여 그 마을을 수호해 주는 신으로 전국에 걸쳐 신앙된 전통적인 마을 신앙의 한 갈래였다. 국수당은 국사봉·국수봉·국시봉 등의 지명으로 남아 있는데, 당(堂)은 산봉우리에 있다. 당의 형태는 국수당 신(神)을 직접 신체로 봉안하지는 않고, 국수봉 꼭대기에 돌멩이를 쌓아 두른 돌담 안에 관목 신수가 있는 형태로 하늘 신을 최초로 지상에 모신 형태이다. 제의(祭儀)는 음력 정월 초이튿날 제를 지낸다. 아침부터 선출된 제관(祭冠)이 목욕을 하고 몸을 청결하게 한 다음 밤 12시쯤 국수당에 올라가 밥을 지어 바치고 정화수를 떠올린 다음 재배한다. 그리고 각 집의 호주 이름을 하나하나 부르면서 농사와 어업이 잘되고 병 없이 건강한 한 해가 되게 해달라는 내용의 기원을 하고 나서 소지를 올린다(학교에서 배우는 문화제 해설). http://www.ocp.go.kr/l_guide/school/85.html(2004년 3월 25일).

504) 『대한인정교보』 창간호, 「정교 셰례밧은 쟈에게 고함」.

를 이루기 위해서는 정교를 신앙해야 한다고 하고, 또한 창간호의 논설 「우리 한국 사람은 급히 정교회에 돌아올지어다」에서 우리 동포는 남녀노소를 막론하고 급히 정교를 신앙할 것을 강조하였다.

> 슬프다. 우리 한국 동포여! 내 나라가 망하였으니, 어디를 의지할 터이며, 집이 없어졌는데, 어디로 돌아갈 것인가? 이같이 참혹한 지경에 빠져 있는 우리를 대국 러시아정교회에서 사랑하는 마음과 도와주는 의리로서 우리 한인의 거류하는 곳마다 예배당을 세우며, 전도사를 두어 하나님의 참 진리를 가르치는도다. 강동에 사는 동포들이여, 어서 급히 하나님 앞으로 돌아올지어다. 돌아올지어다.505)

그리고 5호 논설 「아령에 있는 한인은 정교로 통일함이 필요함」506)에서는 "동포여 동서 원근에 격리하는 마음과 충돌하는 무리를 무엇으로 통일할까? 아령 한인의 과거 현재 미래를 참작하여 중야에 자지 못하고, 한 가지 통일할 방칙을 연구하였으니, 첫째가 정교요, 둘째가 정교요, 셋째가 정교라"507)고 하면서, 정교회로 통일해야 할 네 가지 이유를 들어 러시아 지역에 살고 있는 한인들은 정교로 통일해야 할 것을 주장하였다.

첫째, 세계사적인 맥락에서 볼 때, 국가 민족의 구심력을 형성하고 국론을 통일하고 부국강병을 이룩하려면 반드시 고등종교가 있어야

---

505) 논설: 「우리 한국 사람은 급히 정교에 도라올지어다」(필자 사역) 『대한인정교보』 창간호(1912), 14-15쪽. 전문을 현대어로 번역하여 부록에 실었다.

506) 『대한인정교보』 5호(1912년 12월 1일) 논설, 3-8쪽. 전문을 번역하여 〈부록 4. 대한인정교보 자료〉에 실었다.

507) 『대한인정교보』 5호(1912년 12월 1일) 논설, 3-4쪽.

하는데, 그 고등종교로서 정교가 가장 적합하다는 주장이었다. 둘째, 사랑으로 한인들 간의 민족적인 단합을 위하여 반드시 종교가 필요한데, 러시아령에 사는 한인들에게는 정교가 가장 적합하다는 주장이었다. 셋째, 민족의 미래를 위하여 청소년 교육이 필수적인데, 정교회를 믿으면 러시아 당국으로부터 자녀교육에 많은 혜택을 입을 수 있다는 주장이었다. 넷째, 외교적인 이익을 위해서도 정교를 믿어야 한다고 주장하였다. 한인들이 정교를 믿으면, 정교를 믿는 러시아를 비롯한 다른 열강들과 우호적이고 협조적인 관계를 형성하는 데 유익할 것이라는 기대감이 깔려 있었다.

원래 러시아는 우리나라와 정치사 관계가 중대하여 국교가 더욱 친밀하던 바라. 수년 이내로 국제상 교섭은 많지 아니하였다 할지라도, 장래에 다시 우리와 밀접한 관계가 있을지니, 불가분리 교제하는 것이 필요하며, 또 아라사 영지에 체류하는 우리 동포가 십수만 명이라. 교육과 단결을 주장하는 동시에 더욱이 이 나라 신민과 교제를 친밀히 하여 서로 신용을 발표하며, 정의를 소통함이 급선무이거늘, 이제 우리 가운데 일찍이 중요한 지위와 세력을 밟아와 외인의 믿을 만한 정교는 이 나라 국교인고로, 상하 일반이 크게 신앙하는 바니, 우리가 다 신심으로 정교에 들어와 한 교회당에서 배우며, 한 하나님을 믿으면, 자연히 환영하는 마음이 생길 것이며, 또 교인은 사람 사랑하기를 제 몸같이 섬길 것이며, 또 교인은 사람 사랑하기를 제 몸같이 함으로 자연히 친분이 생길 것이니, 이같이 되면, 원만한 외교를 얻을 것이요……"[508]

---

508) 『대한인정교보』 5호(1912년 12월 1일) 논설, 6쪽.

이와 같이 수용자 입장에 있던 한인들은 개인적인 혜택과 자녀 교육 혜택뿐만 아니라 정교회 수용을 통하여 부국강병을 통한 민족독립, 민족 단결, 그리고 외교적 역량 확보와 같은 국가-정치적 이익을 기대하였음을 알 수 있다. 이것은 삶의 터전과 국권을 상실한 한인 유민들이 강대국의 종교에 대하여 가지게 되는 자연스러운 기대이기도 하지만, 러시아정교회 자체가 지니고 있는 국교적인 위상과 국가-정치적인 선교 성격을 알게 된 한인들이 정교회 선교에 호응하면서 가지게 된 기대였다.

D. 선교의 목표: 한인들의 러시아화

소련 시대 국가와 종교 관계 전문가 벤니그센(Alexandre Bennigsen)은 제정 러시아가 정복하거나 병합한 소수민족들을 러시아 민족으로 동화시키기 위하여 적용한 정책들을 다섯 개로 분류했다.[509]

제1그룹은 문화·사회·정치적으로 고도의 발전을 이룩한 민족들로서 외적으로부터 러시아의 보호를 필요로 했던 민족들이다. 이 중에는 오토만터키, 이란 등과 같은 이슬람교 국가들로부터의 침략을 우려했던 아르메니아가 있으며, 러시아는 몽골인들의 경우 중국의 침략으로부터, 카자흐인들의 경우는 불교세력으로부터 민족 및 국가

---

509) Alexandre Bennigsen, "Soviet Minority Nationalism in Historical Perspective", in Robert Conquest, ed., *The Last Empire. Nationality and the Soviet Future*(Star1ford: Stanford University Press, 1986), pp.136-47.

의 안전을 보장해주는 보호자의 역할을 하였다고 주장하였다.

제2그룹은 러시아제국이 정복할 때 아직 국가를 형성하고 있지 못했거나 또는 이민족의 지배로 국가가 사실상 소멸상태에 있었던 민족들로서 러시아의 지배에 저항하지 않은 민족들이다. 러시아가 정복할 당시 봉건적 무질서 상태에 있었던 아제르바이잔이 이 그룹에 속한다.

제3그룹은 러시아가 정복할 당시 아주 낮은 수준의 문화를 소유하고 있었던 민족들로서 러시아의 지배에 아예 대항할 민족의식이나 민족통합이 이루어지지 않았던 민족들이 이에 포함된다. 예를 들어, 이 그룹에는 핀족계인 마리인, 모르드바인, 우드무르트인, 코미인 등과 비터키계 이슬람교도인 츄바시인, 야쿠트인, 알타이인 등이 포함된다. 이들 민족에게 있어서 러시아정교로의 개종과 동화는 사회 문화적 진보를 의미했다. 역사적으로 잘 알려지지 않았던 이들 민족은 짜르 정부의 러시아화 정책에 적극 협조하였으며, 러시아의 지배를 환영하였다. 또한 이들의 민족의식은 거의 형성되지 않은 아주 초기 단계에 머물러 있었다.

제4그룹은 러시아 이외의 국가 지배를 피하여 러시아 영내로 이주해온 민족들로서 1865년 신장 지방에서 중국의 지배에 대한 봉기에 패하여 러시아 지역으로 이주해온 위구르인과 둔간인(Dungans), 그리고 이란과 오토만터키의 지배를 피하여 이주해 온 앗시리아인, 쿠르드인, 그리스인 등이 이에 해당된다. 이들 민족은 민족주의가 이미 형성되어 있었으나 러시아를 적대국으로 보지 않았고, 오히려 짜르 정부가 그들을 과거 지배국으로부터 보호해준다고 믿었다.

제5그룹은 짜르 정부에 적극 협력하였던 귀족, 승려, 상인 계급 등으로, 핀란드의 스웨덴 출신 귀족, 발트 지역의 독일 귀족, 우크라이나의 고위 승려들, 볼가 타타르 민족의 상인 등이 이에 해당된다. 이들은 대부분 자신들이 러시아인보다도 높은 수준의 문화를 소유하고 있다고 믿었다. 이들은 자신의 종교를 지키면서 강한 민족의식을 보유하고 있었으나 짜르에게 충성함으로써 많은 특혜를 받고 있었기 때문에 민족 동료들과 단합되지 못하였고, 그 결과 민족운동에 참여하지 않았다.510)

---

510) 모든 민족이 러시아제국의 동화 정책에 호응한 것은 아니었다. 짜르의 지배에 저항했던 소수민족들도 많이 있었다. 이들은 강렬한 민족의식을 갖고 자민족 독립운동을 계속하였으며, 자민족이 러시아인들 보다 우수하다고 믿었다. 이들은 민족운동을 통하여 스스로의 국가, 교회, 종교, 문화, 언어를 보전시키려 투쟁하였다. 이들 민족 가운데는 러시아의 정복으로 국가가 소멸한 민족들이 포함되어 있는데, 그루지야인, 우크라이나인, 폴란드인, 크리미야 타타르인, 북코카서스인, 카자흐인, 투르케스탄인 등이 그들이다. 이들은 한결같이 자신의 국가를 재건시키는 민족운동을 적극적으로 추진하였으며, 10월 혁명을 지원한 것도 이 때문이었다. 그리고 그루지야인과 우크라이나인의 경우, 짜르 지배에 저항한 것은 러시아정교와는 다른 자신들의 옛 정교를 보전코자 하는 종교적 이유에 기인하기도 했다. 또 이들 민족은 짜르 정부가 민족동화 정책을 강력하게 추진하면서 자신들의 전통문화, 언어 등이 상설될 수 있다는 위협을 느꼈고, 따라서 이를 보전시키기 위한 민족주의의 차원에서 짜르 지배에 저항하였던 것이다. 이러한 사실을 단적으로 보여주는 예가 19세기 볼가 타타르인들에 의하여 나타났는데, 이들은 16세기 러시아의 침입 이래 강요된 보수적 이슬람주의를 극복하기 위해 종교개혁, 문자개혁, 새로운 학교 설립, 정치적인 성격을 지닌 문학작품의 저술 등을 단행하였다. 또한 러시아의 지배에 강력하게 반발했던 민족 중에는 짜르 정부의 식민지 정책 및 러시아인의 정착 정책으로 인해 자신들의 삶의 터전에서 밀려난 민족이 있다. 예를 들어, 북코카서스 지역의 비옥한 땅으로부터 추방당한 다게스탄인, 체첸인 등과 1895년 이래 러시아인, 우크라이나인의 대거 유입으로 자신들의 문화 및 언어

러시아 극동 지역의 한인들은 이 5개 그룹 가운데서 제4그룹의 성격과 비슷한 유민들이었다. 이들에게는 한국의 오래된 문화전통과 민족주의가 있었지만, 초기에는 경제적인 어려움 때문에, 1910년 이후에는 나라가 일본에 병합되었기 때문에 일본의 지배를 피하여 러시아 영내로 이주해온 난민들이요 유민들이었다. 한인들에게는 민족주의가 형성되어 있었으나 러시아를 적대국으로 보지 않았고, 오히려 짜르 정부가 그들을 일본으로부터 보호해준다고 믿었다.

이러한 한인들을 대상으로 러시아 극동 지역에서 1860년대부터 약 50여 년간 진행되어 온 러시아정교회의 한인선교의 목표는 '한인들의 러시아화'였다. 러시아 극동 지역 한인들이 정교회 영세(침례)를 받은 것은 단순한 종교적인 개종이 아니었다. 그것은 러시아 신민이 되는 절차였다. 이러한 사실은 한인이 러시아 국적을 취득할 때, 작성해야 하는 서약서와 국적 취득을 허락한 증명서에 뚜렷이 나타난다. 비록 관례적인 통과 절차의 형식적인 표현이라고 하나, 이러한 문서 속에 사용된 표현들 안에는 러시아제국의 오랜 역사와 전통 그리고 세계관과 가치관과 문화가 녹아 있다.

러시아 극동 지역 한인들이 러시아 국적을 취득할 때 예외 없이 직접 사인하고 서약해야 하는 문서의 첫 부분은 이렇게 시작된다.

이전에 조선 국적을 가졌던 ○○○는 알렉세이 미그노프 사제에게 영세(침례)를 받아 전능하신 하나님과 위대하신 군주 니콜라이 2세에게 다음과 같이 서약하나이다.[511]

는 물론 거주지를 축소당하게 된 카자흐인들이 그들이다. 후자의 경우는 1916년 반러시아 봉기를 일으킨 바 있다. 고재남,『구소련 지역 민족 분쟁의 해부』(경남대학교출판부, 1996), 177쪽.

그리고 본론에서는 어떤 형태로든지 황제의 신실한 신민으로서 책임을 다하는 데 반대되는 일은 하지 않겠다는 내용의 약속을 하고, 서약서의 끝부분에서 다음과 같이 기원하고 다짐한다.

　　전능하신 주님이 정신적으로 육체적으로 나를 도와주시기를 바라
　　며 이 모든 것을 진심으로 지킬 것을 서약합니다. 끝으로 나의 맹세
　　의 표시로 나의 구세주의 말씀과 십자가에 입을 맞추나이다. 아멘.

이러한 서약을 한 한인들에게는 해당 지역 아무르 주 지사의 이름으로 러시아 국적 취득을 증명하는 문서를 발급하였는데, 거기에도 "이전에 한국인이었던 ○○○는 알렉세이 미그노프 사제의 영세(침례)를 받아 러시아 국적을 취득하였음을 증명한다"고 하였다.[512] 즉 러시아정교회의 선교와 영세(침례)는 한인들을 러시아화하는 필수조건으로 여겼으며, '한인들의 러시아화'라는 국가적 목표를 이루기 위하여 국가와 러시아정교회는 제도적으로 협력하였던 것이다.

---

511) 한 예로 1914년 2월 4차에 걸쳐서 러시아 국적을 취득하기 위하여 한인 120가정이 서명 날인한 서약서이다. "Клятвенное Обещание на Поддансво бывший Корейский поданный, обещаюсь и всемогущему Богу и Я великому Государю……", РГИАДВ. Ф. 1. Оп. 2. Д. 1184. Л. 23-24.

512) РГИАДВ Ф. 704. Оп. 4. Д. 541. Л. 3 "СВИДЕТЕЛЬСТВО. N. 24970",

V. 러시아정교회의 한반도 한국인선교

　앞 장에서는 러시아제국의 극동 지역에 이주한 한인들을 대상으로
한 러시아정교회의 선교가 '러시아화'를 목표로 한 국가-정치적 선
교였음을 밝혔다. 이 장에서는 러시아 영토 밖, 즉 한반도에서 이루
어진 러시아정교회의 선교는 19세기 말 서구 열강들의 제국주의적
팽창주의의 맥락 속에서 경쟁적으로 이루어졌음을 여러 가지 관련
자료들을 분석함으로 검증하고자 한다. 이 부분에 관한 역사 자료가
적어 몇 가지 주제만 다룬다.

　한반도에서 수행된 러시아정교회의 국가-정치적 선교의 특징은
무엇보다도 서울선교부의 설립 동기와 설립 추진 주체 세력들에 의
하여 잘 드러난다. 정치 외교적 차원에서 설립 필요성이 제기되었으
며, 교회가 아니라 재무성 외무성과 같은 정부 기관이 주축이 되어
설립되었다. 이러한 배경에 의하여 시작된 한반도 선교는 가능한 개
종자들을 많이 얻고자 하는 일반적인 선교 목표에 따른 선교 전략을
외면하고, 정치 외교적 이익을 고려한 선교 전략을 우선적으로 적용
하였다. 결과 수용자인 한국인에게 비추어진 러시아정교회의 선교는
단순히 종교적 포교활동으로 비추어지기보다는 강대국 러시아의 이

미지를 선전하는 활동으로 보였다. 한반도에서 이루어진 러시아정교회의 선교는 19세기 영국, 일본, 미국 등과 같은 열강들의 각축전 속에서 러시아제국의 영향력을 확대하려는 일환으로 이루어진 국가-정치적 선교였다. 이러한 사실은 서울에 러시아정교회 선교부를 설립하기 위한 논의 과정에서부터 극명하게 드러난다.

A. 러시아정교회 서울선교부의 설립 배경

러시아 대외 정책 문서보관소(АВПРИ) '일본 분과' 폰드(фонд)에 있는 두 개의 다량의 문서함에는 서울 주재 러시아정교회 선교부(Российская Духовная Миссия)의 설립과 초기 활동에 관련된 문서와 자료들이 있다. 이 문서들을 통해서 볼 때 러시아정교회의 서울선교부는 러시아 외무성의 발의와 당시 황제의 후원을 입고 실권을 행사한 재무성의 적극적인 추진에 의해서 신성종무원이 조선선교단을 구성하여 서울에 파송함으로 설립되었음을 알 수 있다.

서울선교부의 필요성은 1889년 봄에 페테르부르그로 전송된 조선 주재 러시아 대표부 서기인 니콜라이 알렉세예비치 슈이스키(Н. А. Шуйский)의 문서를 근거로 하고 있다.515) 슈이스키는 '러시아정교회의 조선선교단의 조직'에 관한 기록 보고서를 다음과 같이 시작하고 있다:

515) АВПРИ, ф. Японский стол, оп. 493, Д. 37, Л. 1-12, 1889-1903 г. Духовная Миссия в Сеуле(서울선교부). Ч1 записка коллежского ассесора Николая Шуйского об устройстве православной миссии в Корее, 1 февреля 1889 г.(한국 정교회 선교부 설립에 관한 니꼴라이 슈이스키의 기록).

　　조선의 지리적인 상황, 마찬가지로 정치적인 상황은 러시아의 국
가적인 이해관계(利害關係)에 있어서 중요한 의미가 있으며, 그러한
의미는 우리와 이웃하고 있는 아시아 열강인 중국과 일본의 강대해
짐과 더불어 의심의 여지없이 더욱 증대될 것이다. 이는 우리로 하
여금 조선에서 정치적인 영향의 토대를 구성하는 문화적인 영향력
을 확보할 수 있는 방법들을 모색하도록 자극하고 있다.[516]

　　여기에서 슈이스키는 '문화적인 영향'이라는 개념을 첫째, 무역-
산업적인 영향(조선 내 외국인 산업가들, 상인들과 이들의 자본 및
상품을 활성화시키는 것), 둘째, 지적인 영향(여러 분야의 전문가들
을 조선에 보냄), 셋째, 선교사들의 활동을 통한 종교적인 영향 등
세 가지로 분류하였다.[517]
　　슈이스키(Н. А. Шуйский)는 극동에서 러시아의 잠재력을 진지하
게 평가하였다. 언급된 첫 2개의 방향은 러시아에게 있어서 "서유럽
열강들의 우세함을 고려해 볼 때 매우 힘들고 거의 불가능할"[518]
것으로 평가하였다. 따라서 러시아정교회 선교사들이 적극적으로 활
동한다면 정교회는 러시아 민족성의 상징으로서 국가적, 사회적인
삶의 여러 측면들과 밀접한 관계가 있기 때문에, "머지않아 종교적
인 분야에서뿐만 아니라, 문화적인 분야에서도 토착민들(조선인들)
이 러시아 쪽으로 향하게 될 수 있을 것"[519]으로 보았다.

---

516) 위의 책, c.3
517) 위의 책.
518) 위의 책, c.4.
519) 위의 책.

272

<표 12> 서울에서 각 교파 선교부 사역 통계표520)

선교부 명칭		개설시 기(년)	선교지 부(개)	사람 수					선교부 책임자
				선교사	한국인	일본인	기타 외국인	합계	
재림교회(미국)		1908	64	43	1,398	-	21	1,462	베르그 목사
성공회		1890	67	69	4,683	408	23	5,183	트롤로프 감독
구세군(영국)		1908	158	158	7,808	239	-	8,205	폴스트라 대령
로마가톨릭	독일	1908	243	106	88,987	1,042	128	90,263	자우에르 주교
	프랑스	1838							뮈텔 주교
회중교회		1907	56	92	2,714	2,330	3	5,139	집단지도위원회
감리교회	미국 북	1884	534	513	32,682	-	46	33,241	집단지도위원회
	미국 남	1897	423	233	13,705	-	53	13,991	
	일본	1907	16	14	-	1,205	1	1,220	
러시아정교회		1900	6	3	570	-	19	592	페오도시 장사제
장로교회(미국)		1884	2,197	1,043	186,785	-	31	187,895	집단지도위원회
합계			3,764	2,274	339,332	5,274	325	347,155	

이런 이유 이외에도 한국에서 로마가톨릭, 기독교(프로테스탄트)의 활동에 대항할 교두보를 마련하기 위하여 서울선교부를 조속히 조직할 것을 제언하였다. <표 12. 서울에서 각 교파 선교부 사역 통계표>가 보여주듯이, 다른 교파에 비하여 서울에서 러시아정교회의 선교는 뒤늦은 감이 있었다. 로마가톨릭은 이미 19세기 후반에 한국에 들어왔다. 처음에는 조선 정부의 엄격한 탄압으로 가톨릭의 선교가 거의 이루어지지 않았지만, 1900년도 이후에는 상황이 달라졌다. 프랑스,

520) Архимандрит Феодосий (Перевалов), "Россий ская Духовная Миссия в Корее(1900-1925 гг.)(러시아정교회의 한국선교: 1900-1925년)", Св ященник Д. Поздняев, История Россий ской Духовной Миссий в Ко рее(한국에서 러시아정교회 선교역사), c.311-12.

미국, 일본 그리고 러시아와 외교관계를 수립한 조선 정부는 선교사들을 더 이상 적대적으로 대하지 않았다. 이에 따라 가톨릭의 종교활동은 조선에서 희망적인 발판(지지)을 얻었으며, 프랑스를 비롯한 유럽 국가들은 가톨릭 선교를 빌미로 조선에서 자국의 정치적인 기반을 견고히 할 것으로 전망하였다. 슈이스키는 이렇게 적고 있다.

　　한편으로는 한국의 극도로 불안정한 정세와, 다른 한편으로는 정치적 영향력을 얻고자 하는 가톨릭 선교사들의 지속되어 온 노력들을 고려해 볼 때, 한국의 정당(政黨)들의 실제적인 수가 이후에는 새로운 가톨릭을 이용하여 증가될 것이고, 이 가톨릭적 정당은 의심의 여지없이 러시아정교회에 적대적일 것이다. 모든 정당들처럼 물론 가톨릭 정당은 권력을 잡고자 추구할 것이며, 예수회 회원들과 같은 경험 많은 모사가들을 이용하여 나아가서는 주요한 위치도 점하게 될 것이고, 이는 의심의 여지없이 우리로서는 관심이 없는 국제적인 성격의 복잡함이 수반될 것이라는 것을 예상해 볼 수 있다.

그리고 미국에서 건너온 기독교(프로테스탄트) 선교사들의 활동에 대해서도 언급하면서 지금 당장은 기독교 선교사들이 정치적인 일에 관여하고 있지 않지만, 앞으로 이들의 세력이 강해지고 활동이 왕성해지면 러시아의 이익에 결코 도움이 되지 않을 것으로 전망하였다. 슈이스키는 외교관으로서 한반도를 선교의 대상으로 보기보다는 열강의 각축장으로 보았으며, 열강들과의 싸움에서 이기는 수단으로 정교회 선교를 적극 추천한 것임을 알 수 있다.

슈이스키는 한국의 종교적인 역사와 상황을 고려해 볼 때, 지금이야말로 서울에 러시아정교회 선교부를 세울 호기(好期)라고 평가하였다.521) 슈이스키는 나름대로 한국 전통 종교 유교, 불교, 샤머니즘을 연구하였다. 그리고 유교, 불교, 샤머니즘이 당시 한국사회 속에서 어떤 역할을 하고 있는지를 분석하였다. 그에 따르면, 조선 말기의 유교는 종교가 아니었다. 귀족들을 중심으로 자신의 기득권을 유지하기 위한 이데올로기였으며, 도덕적인 규범이었다. 따라서 일반 민중들 사이에서는 유교의 힘이 약하였다. 새로운 종교가 들어오더라도 조직적으로 저항할 만한 전 국민적 단합력을 가지고 있지 못한 것으로 보았다. 한편 불교는 기독교와 버금가는 종교적 진리체계를 구축하고 있으며, 전투적인 조직과 함께 커다란 저항력을 보유하고 있었다. 슈이스키가 보기에 만일 한국에서 불교가 완전한 번영기에 있었다면, 다른 새로운 종교가 침투하는 데 고전을 면치 못할 것이라 보았다. 하지만 조선 말기의 불교는 거세당한 종교였다. 조선 정부가 오랫동안 조직적으로 숭유억불(崇儒抑佛) 정책을 실시한 결과 아사상태(餓死狀態)에 있었다. 산속으로 들어간 불교는 샤머니즘과 다시 결합하여 낮은 수준의 민중 종교로 변해 있었다. 한국에서 불교는 이미 역사에 의해 파멸의 운명에 처해 있었다. 단지 남부 지방에서만이 그 맥을 유지하고 있으며 얼마 가지 않아 사라질 운명에 처해 있다고 보았다. 샤머니즘은 낮은 수준의 종교임으로 고려할 만한 가치가 없다고 보았다. 이러한 분석에 기초하여 슈이스키는 지금이야말로 러시아정교회가 서울선교부를 세울 호기라고 보았다.

슈이스키는 가능한 한 빨리 2개의 선교지부를 설립하자고 제안하였다.522) 하나는 국경 지역에, 다른 하나는 서울에 설립하고, 블리디

---

521) Священник Д. Поздняев, *История Россий ской Духовной Миссий в Kopee(한국에서 러시아정교회 선교역사)*, c.176.

보스톡에 선교신학교를 세워서 러시아 국적을 가진 한인 청년들을 선교사와 선교사 보조요원으로 양성하여 꾸준히 선교하면 성공할 수 있을 것으로 내다보았다. 정교회 선교가 성공하면, 로마가톨릭과 장로교 선교사들이 적극적으로 벌써 시작한 선교활동에 대응할 수 있고, 러시아 선교사들로부터 조선의 상황에 대한 신빙성 있는 정보를 받을 수 있을 것이라는 기대감을 가졌다. 그는 이렇게 말하였다.

> 정교회 선교사들이 주민들에게 가까이 있으면서, 그리고 그 결과 다른 직종의 사람들보다 더 많은 수단을 보유한 채, 현지 연구를 위한 그와 같은 자신들의 활동에 따라서, 국가의 이익이라는 관점에서 필요한 정보들을 정부에 제공해줄 수 있기 때문이다. 사실 이러한 정보 없이는 때로 정치적인 문제들에 대한 올바른 대답을 찾기 어렵다.[523]

서울선교부 설립에 관한 슈이스키의 열정과 관심은 원론적인 제안에서 끝나지 않았다. 그는 서울선교부와 관련된 예산 문제에 대해서도 나름대로 조사하여 자신의 의견을 피력하였다. 조선에서 러시아정교회 선교부의 설립과 유지에 따른 추가비용으로 인해서 국가예산에 부담을 주지 않도록 "지금까지 북경선교부 유지에 할당되고 있는 금액의 일부를 조선(서울)선교부 설립 및 유지와 관련된 업무 쪽으로 돌릴 것"을 제의했다.

> 북경선교부는 그간 꼭 필요한 기관이었으며, 심지어 비할 바 없이 큰 지원을 받을 만한 가치가 있었다. 그러나 북경에 러시아 외교대

---

522) АВПРИ, ф. Японский стол, оп. 493, Д. 37, Л. 10.

523) 위의 책, c.6.

표부가 설립됨으로 그간 이중적인 북경선교부의 임무는 이제 종교적인 임무만이 남게 되었다. 따라서 할당되는 자금의 상당 부분이 쓸데없게 되었다. 그러므로 북경선교부의 인원을 축소하면, 여유자금이 생길 것이고, 그 여유 자금을 국가 차원에서 중요한 서울선교부 설립에 돌릴 수 있을 것이며, 그리고 만일 나중에 국가재정으로부터 추가금액이 더 필요하더라도, 그 추가비용 규모는 그다지 크지 않을 것이다.[524]

외교관으로서 슈이스키의 시각과 관심은 시종일관 국가-정치적이다. 국익이 우선적인 관심이다. 복음선교의 전망과 미래에 대한 관심은 보이지 않는다. 그는 과거 북경선교부가 국가의 큰 지원을 받을 만한 가치가 있었던 때가 있었다고 하였는데, 사실 1683년부터 약 200여 년 동안 북경에서 이루어진 중국선교는 러시아정교회 선교역사상 가장 부끄러운 부분으로 남아 있다.[525]

슈이스키의 이러한 기록보고서는 북경 주재 공사인 쿠마니(Кумани)를 통하여 1889년 9월에 러시아 외교성 지도부에 전달되었다. 러시

---

524) АВПРИ, ф. Японский стол, оп. 493, Д. 37, Л.12.

525) 중국 정교회의 역사는 약 300년이나 된다. 최초의 정교회가 북경에 1685년에 시작되었다. 그러나 러시아정교회의 실제적인 선교활동은 19세기 말엽 북경에 러시아 해외선교부가 세워진 이후에야 비로소 이루어지기 시작하였다. 그러나 중국에서의 러시아정교회 선교사들의 활동은 부끄러운 것이었다. 대부분의 선교사들의 활동이 외교활동과 연결되어 있었다. 파송된 선교사들과 신학생들은 국가정치와 관련된 정보를 수집하는 데 많은 시간을 보냈다. 그리고 선교사역에 헌신되지 못한 선교사들이 많았다. 중국어를 배우지 않았으며, 부도덕한 모습과 알코올 중독으로 선교사의 위상을 실추시켰다. 참고. 남정우, 『동방정교회 이야기』, 187-202쪽.

아 외무성 지도부는 조선에서 러시아정교회 선교부 설립안을 두고 검
토 작업을 하였다. 결과 1889년 10월 외무성 서기 오스트로베르호프
(나중에 항코우 주재 러시아 영사)에 의해 "러시아정교회 선교부 설
립 문제와 관련된 [조선에서 기독교(정교회) 전파에 관한] 짧은 개
요"가 작성되었다.[526] 오스트로베르호프(Островерхов)는 조선에서
정교회 선교사들이 활동을 하기에 좋은 조건이 마련되고 있으며, 가
톨릭 선교사들의 경험을 교훈 삼아서 정치적인 문제에는 개입하지 않
으며, 조선인들의 관습에는 매우 조심스런 태도를 취해야 할 필요성
이 있다는 의견을 제시하였다.[527] 오스트로베르호프는 선교부 구성원
들에게 특별한 관심을 두었다. 그 이유를 다음과 같이 적고 있다.

> 이는 정교회 선교의 성공 여부가 선교사의 높은 도덕적인 수준과
> 축적된 지식에 따라서 가능하기 때문이다. 나아가 미래의 선교사들
> 은 단지 중국어와 같은 현지 언어뿐 아니라, 일상 의학과 수공업에
> 대한 지식, 농업에 대한 개념을 알고 있어야 하는데, 이는 선교사들
> 은 토착민들에게 지혜와 영혼을 위한 양식을 제공해주어야 할 뿐만
> 아니라, 문명한 민족들의 삶의 이로움과 편리함을 보여줄 수 있어야
> 하기 때문이다.[528]

이것은 러시아문화에 대한 우월주의적 관점을 가지고 문명화로서
의 선교(mission as enlightenment)를 제안하는 대목이다. 오스트로
베르호프는 또한 정교회 선교사들에게 현지 정착지(조선)에서 토지

---

526) АВПРИ, ф. Японский стол, оп. 493, Д. 37, Л. 12.
527) АВПРИ, ф. Японский стол, оп. 493, Д. 37, Л. 25-26.
528) 위의 책, c.35.

를 구입하여 유럽식으로 농업을 경영하고 영세(침례) 받은 조선인들의 자녀들을 위한 학교를 건립함을 권장했다. 또한 그는 "독신으로 수도생활을 하는 수도자 가운데에서가 아닌, 결혼한 백승(百僧, белое духовенство)계층에서 조선 선교사로 임명"하도록 제안했다.[529] 그가 백승을 선교사로 제안한 이유는 선교사들의 가정생활의 모범을 통하여 기독교 가정생활의 모습과 여성 인권 신장에 영향을 끼칠 수 있을 것이라는 기대감 때문이었다.

그러나 이후 7년 동안 서울선교부 설립 문제는 적극적으로 추진되지 않았다. 러시아제국의 내부 문제와 선교사의 부족 때문이었다. 그런데 1897년 1월 3일, 서울 주재 러시아 공사관 외교관 폴랴노프스키(Поляновский)가 외무성에 서울에 정교회를 세우는 일이 시급한 일임이 지적하는 보고서가 다시 서울선교부 설립 문제에 불을 지폈다. 그는 현재 서울에 공관원 외에 150여 명의 정교도인이 있는데, 교회도 없고 사제도 없기 때문에 그리스도인들이 회개하지 않고 죽는다는 것은 '가장 끔찍한 불행 중의 하나'가 될 것이라고 주장하였다.[530] 폴랴노프스키의 이러한 보고서는 그동안 잠잠해진 서울선교

---

529) 위의 책. 러시아정교회 성직자는 크게 결혼한 성직자, 독신 성직자로 나뉜다. 결혼한 사제는 흰색 옷을 입는다. 독신 사제는 검정색 옷을 입는다. 백승은 주교급 이상의 성직을 맡을 수 없다. 보통 시골 교구 사제 일을 본다. 참고, 이 책 37쪽, "정교회 성직 계급 도표".

530) 150여 명의 정교도인은 다음과 같다. ① 고종 황제가 머무르고 있는 러시아 공사관을 지키는 한국 군대의 훈련을 맡은 4명의 장교와 14명의 하사관. ② 공사관 무관과 부관 및 3명의 하사관. ③ 공사관 소속의 2명의 장교와 대략 90명의 하사관. ④ 러시아 학교 교사 5명과 약 30명의 통역원으로 한국 정부에서 일하는 러시아 국적의 한인들. Священник Д. Поздняев, *История Российской Духовной Миссии в*

부 논의를 다시 가속화하였다.

이때 재무대신 위쩨(С. Ю. Витте)가 서울선교부 설립 문제의 새로운 발의자로 등장하였다. 위쩨는 1894년-95년 중-일 전쟁 이후에 새롭게 형성된 극동 지역 국제세력 관계 속에서 러시아의 영향력을 끌어올리는 데 적극적으로 임했던 인물이다.[531] 1896년 12월 5일 재무성은 서신을 통해서 외무성 아시아국장 카프니스트(Д. А. Капнист)에게 "서울 주재 러시아 외교 대표들의 보고서 중에서 조선의 경제상황을 알 수 있는 보고서들과 서울 주재 러시아 선교부 전(前) 서기인 슈이스키의 서울선교부 설립에 관한 보고서"를 볼 수 있도록, 재무성으로 관련 자료들을 보내달라고 요청했다.[532] 1897년 2월 1일 외무성 아시아국은 요청한 자료들을 재무성으로 보냈으며, 몇 개월 후인 1897년 6월 28일 외무대신 무라비요프(М. Н. Муравьёв)는 재무대신 위쩨로부터 다음의 통지를 받았다.

신성종무원의 동의와 포베도노스쩨프(Победоносцев)와의 합의에 따라서, 본인은 서울에 정교회 선교부와 교회 설립에 관한 보고서를 황제께 드렸다. 아울러 이 보고서는 교회와 교회관계자들을 위한 건물 건축비로 2만 5천 루블을 일시에 지급하고, 교회관계자들과 교회

Kopee(한국에서 러시아정교회 선교역사), c.171-73.

531) Andrew Malozemoff, *Russian Far Eastern Policy 1881-1904: With special emphasis on the causes of the Russo-Japanese War*, 『러시아의 동아시아 정책』, 석화정 역(지식산업사, 2002), 79-82쪽, 271-88쪽, 314-20쪽.

532) АВПРИ, ф. Японский стол, оп. 493, Д. 37, Л. 38. 1924년 당시 서울 인구는 297,465명이었다. 이 중에 일본인이 75,587명, 중국인을 비롯한 외국인이 3,918명이 포함되어 있었다. Священник Д. Поздняев, *История Российской Духовной Миссии в Kopee*, c.187.

유지비용으로 매년 5천 루블을 지급해야 한다는 내용을 담고 있었
다. 6월 20일 황제께서 이 보고서를 읽고 허락해 주셨다. 이와 같은
상황을 알리게 됨을 영광으로 생각한다.533)

이러한 통지문을 재무성으로부터 받은 외무성 장관 무라비요프는
내심 불쾌했던 것 같다. 외교 관계의 일을 재무대신이 먼저 황제에
게 보고하고 황제의 결심을 받아 외무대신에게 전달한 일은 외무대
신의 자존심을 상하게 한 일이었다. 외무대신의 불쾌한 심리는 여러
가지 문서에 나타난다. 첫째는 재무대신에게 보낸 답변서에 나타난
다. 6월 29일자로 무라비요프가 위쩨에게 답변서를 보내면서, 그는
'비록 서울에 정교회 선교부를 설립하게 되는 사실에 전적으로 동감
의 뜻'을 나타내면서도, 외무성의 우선권을 상기시키는 것을 잊지 않
았다.534) 두 번째는 신성종무원장에게 보낸 밀서에서 나타난다. 같
은 날 6월 29일 무라비요프는 해외 선교 문제를 담당하는 주무관청
인 신성종무원장 사블레르(В. К. Саблер)에게 밀서를 보냈는데, 그
는 이 밀서에서, 조선에 정교회 선교부를 설립하라는 황제의 최종

533) Andrew Malozemoff, 『러시아의 동아시아 정책』, 41쪽.
534) 외무성은 다음과 같은 말을 답변서에 적어 보냈다. "서울에 러시아정
교회 선교부 설립에 관한 문제에는 이미 몇 년 전에 외무성이 주목을
하고 있었다. 이 문제와 관련하여 언급된 제의들을 검토하는 자료들
을 수집하여 분석한 서류들이 준비되어 있다." А. Волохова, "Из ист
ории россий ской политики на Дальнем Востоке: МИД, министерст
во Финансов и учреждение Россий ской Духовной Миссии в Корее
(러시아의 극동정책사: 외무성, 재무성, 러시아정교회 조선(서울)선교
부 설립)", in Священник Д. Поздняев, История Россий ской Духовн
ой Миссии в Корее한국에서 러시아정교회 선교역사(Москва: Издате
льство Свято-Владимирского Братства 1999), с.325.

결정이 보고서를 통해서 채택된 것을 재무대신 위쩨의 편지를 통해서 처음으로 알았다는 것에 대해서 모욕감을 느꼈다고 적었다. 무라비요프(М. Н. Муравьёв)는 조선에 정교회 선교부를 설립하는 일은 외무성이 우선적으로 관여해야 할 일인데, 외무성이 모르는 사이에 서울선교부 설립에 대한 황제의 명령이 내려짐으로 조선 주재 러시아 대리공사에게 적절한 지시를 줄 수 있는 가능성을 상실했다는 점에 대해서 신성종무원장에게 불만을 토로했다.[535] 아울러 무라비요프는 황제의 결정에 대해서 조선 정부에 알려야 하며, 교회 건물 부지를 확보하는 문제와 관련해서 조선 정부와 협상을 해야 한다고 언급하며, 서울선교부 설립과 관련해서 몇 가지 구체적인 지적들을 해주었다. 무라비요프는 또한 설립되는 서울선교부를 일본에 있는 러시아 주교가 아닌, 신성종무원의 직접적인 관할하에 둘 것을 제의했다. 왜냐하면 조선에서 러시아정교회 선교부의 설립은 조선에서 우월적인 영향력을 추구하고자 하는 일본과의 마찰을 야기할 수 있다고 외무성은 판단했기 때문이다.

서울선교부 설립을 두고서 불거진 재무대신과 외무대신의 갈등이 무엇을 말하는가? 이것은 서울선교부의 문제가 통상적인 국가-외교적인 성격보다 더 중요한 국익 문제로 여겼다는 증거이다. 당시 위쩨는 시베리아 횡단 철도 건설에 결정적인 공헌을 한 인물이며, 시베리아와 극동 개발, 그리고 러시아의 국력을 크게 신장시킨 위대한 재상이었다. 그는 러시아화 정책을 강력하게 추진한 알렉산드르 3세(Alexander III)의 비호를 받았다. 그는 당시 서구인들에게서 '건설사업의 천재이자 제국 건설자, 정치가'라는 평을 들었다.[536] 1892~1903년 재무상으로서

---

535) 위의 책, c.326.

위쩨의 권세는 최고였다. 니꼴라이 2세는 위쩨를 '수상'으로 간주했
다.[537] 이러한 위쩨가 외무성을 제치고 서울선교부 설립에 깊은 관심
을 가지고 박차를 가한 것은 서울선교부의 설립 문제가 극동 지역 개발
과 관련하여 러시아 국익에 중요한 문제로 간주하였기 때문이다.

1897년 7월 2일 신성종무원장 사블레르는 외무대신 무라비요프에
게 답신을 보냈다. 신성종무원은 니콜라이 2세의 결정에 의거해서,
"해외정교회 선교부들에게 있어서 적용되는 공통의 원칙들에 근거해
서, 7월 2일자 결정으로 조선에 정교회 선교부를 설립할 것을 결정했
다."[538] 7월 12일 외무성은 조선 주재 대리공사 겸 총영사인 쉬페이
에르(A. H. Шпей ер)에게 선교부 설립 결정에 대해서 알렸으며, 선교
부 설립 및 부지 선정과 관련한 문제를 즉각적으로 다루고, 대안을
제시할 것을 위임했다. 신성종무원은 서울선교부 책임자에 수도사 암
브로시(Амвросий)를 내정하고, '외무성 측의 아무런 이의가 없는지'
를 알려줄 것을 외무성에 요청했다.[539] 외무성의 반대는 없었으며,
1897년 10월 9일 신성종무원은 암브로시를 대사제(수도원장, архиман
дрит)로 승격시킨 후, 서울선교부 책임자로 임명 파송했다.[540]

---

536) French Strother, "Witte, the Key to Russia", *World Work* XL (October,
1920), p.566.

537) Andrew Malozemoff, 『러시아의 동아시아 정책』, 271-88쪽.

538) Священник Д. Поздняев, *История Российской Духовной Миссий в К
орее*, с.327.

539) АВПРИ, ф. Японский стол, оп. 493, Д. 37, Л. 51.

540) 신성종무원은 1897년 10월 9일 서울선교부 책임자로 암브로시를 임명
했다. 그러나 서울선교부 부지 선정 문제로 인하여 재무성, 외무성, 신
성종무원의 갈등으로 파송이 지체되었다. 1898년 3월 초에 암브로시
일행이 뻬쩨르부르그에서 출발하여 나가사키 항에 도착하였으나, 서울

　이와 같이 조선에서 러시아정교회 선교의 발단은 국가－정치적인 것이었으며, 선교는 국가 기관들이 적극적으로 개입하여 이루어진 국가 프로젝트였다. 서울선교부의 설립 논의와 결정은 국가 정부 부서들의 관심과 판단과 지원으로 이루어졌다. 선교의 주체가 교회나 선교회나 선교사가 아니라, 외무부와 재무부 대신이었다. 이렇게 시작된 서울선교부는 신성종무원을 통하여 이후 계속해서 재무부와 외무부에 보고하며, 주요한 사안은 항상 재무부와 외무부와 의논하는 과정을 밟았다. 예컨대 언제 선교부가 서울에 도착해야 할 것인지, 교회와 필요한 건물의 건축 장소의 선택에 대하여는 외무성에 문의하였고, 선교부의 구성원의 규모와 업무의 종류 그에 따른 재정적인 지원 문제는 재무대신에 의하여 이루어졌다.[541] 이렇게 한반도에서 이루어진 러시아정교회 선교는 겉으로 보기에는 정교회 선교사들이 하는 것처럼 보였지만, 실제로는 국가－정치적인 프로젝트로 추진되었다.

에서 일어난 독립협회의 반(反)러시아 운동으로 인하여 조선으로 들어가지 못하고 블라디보스톡으로 돌아가서 그해 말까지 머물러 있어야만 했다. 암브로시가 기다리는 동안 서울선교부 부지 문제는 고종 황제의 거부로 좌절되었다. 이후 신성종무원은 암브로시는 다시 뻬쩨르부르그로 소환된 후 해직하였다. 다음 해 1899년 서울 주재 러시아 외교관들의 적극적인 요청으로, 그해 9월 대사제(수도원장, архимандрит)로 승격된 카잔신학아카데미 출신의 수도사 흐리산프(Хрисанф)를 서울선교부 책임자로 임명하였다. 흐리산프는 1900년 1월에 서울에 도착하였다. Т. М. Симбирцева, "Патриарх Церкви в Корее Архимандрит Хрисанф(1869-1906): его дела и время(한국 교회의 대사제 흐리산프(1869-1906): 그의 사역과 시대)", *Христианство на Дальнем Востоке: Материалы международной научной конференции. Части I и II*(Владивосток: Изд. Дальневост. ун-та, 2000), с.160-64.

541) Священник Д. Поздняев, *История Российской Духовной Миссии в Корее*(한국에서 러시아정교회 선교역사), с.327-37.

B. 러시아정교회 서울선교부의 초기 활동

러시아정교회 한국 선교역사에 있어서 1900년 2월 17일 주일(主日)은 역사적인 날이었다. 서울선교부 초대 책임자로 온 흐리산프(Xрисанф)의 주재로 한국 땅에서 러시아정교회 최초의 성찬식 미사가 드려진 날이기 때문이다.[542] 러시아 공사가 공사관 건물 내에 50명에서 60명을 수용할 수 있는 방을 미사용 공간으로 제공하였다. 이로써 러시아정교회의 한국선교가 본격적으로 이루어지기 시작하였다.

흐리산프가 주재한 성찬식에는 특별히 해군 함대 '용맹호(Мужество)'의 병사들이 제물포로부터 도착하여 성가를 불렀으며, 파블로프 공사와 한국 내에 거주하는 러시아인들 외에 대한제국의 황실사절과, 외교사절단 대표, 언론인들과 그 밖의 인사들이 참석하였다.[543] 러시아정교회의 선교가 시작되자 많은 조선 사람들이 정교신앙을 받아들였다. 그러나 1900년부터 1904년 사이에 수사 대사제 흐리산프가 영세(침례)를 행한 교인은 전체 14명(남자 10명, 여자 4명)에 불과했다. 왜냐하면, 흐리산프 사제가 보기에 영세(침례)를 받고자 하는 한국인들이 사실은 영혼 구원에는 관심이 없으며, 선교사를 자기

---

542) 흐리산프 사제는 1869년 돈스키 주교구 부제의 아들로 태어났다. 1890년 돈스키 신학교를 졸업했다. 1894년 부인과 사별하고 당시 선교 부분에서 최고 명문 신학교였던 카잔 신학대학원에 입학하였다. 1898년 수도사 생활을 서원하였으며, 1899년 신학박사 학위를 얻었다. 1899년 장사제로 승진함과 동시에 서울선교단 책임자로 임명되었다. Священник Д. Поздняев, *История Российской Духовной Миссии в Корее*(한국에서 러시아정교회 선교역사), с.188.

543) 이만열, 「한말 러시아정교와 그 교폐(敎弊) 문제」, 『한국기독교와 민족의식: 한국기독교사연구논고』(서울: 지식산업사, 1991), 418-19쪽.

들과 가까운 사람들 혹은 관리들과의 관계에서 자기들의 불법적인 행위를 막아주는 보호자로 삼는 데에 더 큰 관심을 가지고 있음을 보았기 때문이다. 대한제국 시대 천주교 기독교 선교과정에서 나타난 양대인화(洋大人化) 현상이 러시아정교회 선교과정에서도 나타났던 것이다. 한국인들에게 비친 정교회는 신앙 그 자체보다는 '러시아'라는 막강한 나라에 대한 기대의 대상으로 비쳤기 때문이다.

한반도에서 국가-정치적인 프로젝트의 일환으로 시작된 러시아정교회의 선교는 가능한 많은 개종자들을 많이 얻고자 하는 일반적인 선교 목표에 따른 선교 전략을 외면하고, 정치 외교적 이익을 고려한 선교 전략이 지배적으로 적용되었다. 이러한 사실은 초창기 선교사역지를 선정하는 일과 관련된 논의에서 잘 드러났다. 서울선교부 책임자 흐리산프 사제는 서울보다는 함경북도에서 선교사역을 시작하는 것이 더 효과적이라는 견해를 피력했다. 그는 1904년 러-일 전쟁이 발발하자 4월 17일부터 약 5개월에 걸쳐서 서울에서 금강산을 거쳐 동해안을 따라 선진항 함흥항 등 여러 도시를 둘러보고 블라디보스톡까지 도보로 1500베르스타(약 3천리)의 거리를 여행하였다.[544] 한국인들의 풍습과 지리를 이해하는 것이 목적이었다. 그는 자신의 여행경험을 통하여 러시아 국경에 인접한 함경도 사람들이 러시아인과 러시아정교회에 호감을 가지고 있다는 사실을 발견했다.

내가 러시아와 경계를 이루고 있는 북쪽 지방 함경도를 남쪽에서부터 다 지나갔는데, 조선인과 러시아인들 간에 자주 무역거래가 있

---

544) Хрисанф, *От Сеула до Владивостока*(*서울에서 블라디보스톡까지*)(Москва, 1905), c.1.

기 때문에 러시아의 강력한 영향을 보았다. 여기는 러시아인들에 대한 평가가 높고 호평을 얻었으니 영향이 좋다. 나를 보고 언제나 러시아 사제임을 알아보고, 눈에 보이는 존경과 경의를 표했다. 조선인들 중에 러시아어를 할 줄 아는 사람들이 있고, 조선 가게에서 러시아 물품을 볼 수 있으며 블라디보스톡 시장에서 산 중고 군인복, 제복 외투와 음주로 몰락한 어떤 배우의 반짝거리는 모자와 러시아 의복을 입고 있다. 아주 아름답고 신기한 결합이다.[545]

당시 서구 선교사들은 대부분 서울에 집중하고 있었기 때문에 비교적 늦게 선교사역을 시작한 러시아정교회에게는 여러모로 불리하였다. 그러나 함경도는 서구 선교사들의 관심 밖에 있었다. 함경도는 오래전부터 러시아 여행객들과 상인들이 출입하였으며, 러시아인들에게 매우 호의적으로 대했다. 그는 러시아 국경지대 함경도에서 만난 한국인들로부터 받은 인상을 다음과 같이 기록하고 있다.

북쪽 지방 사람들의 성격은 중앙 지방 사람들과 많이 다르다. 중앙 지방(서울)에 사는 사람들은 오랫동안 시달림을 당하고 소심한 성격을 지니고 있는 반면에 북쪽 지역(함경도) 사람들은 자부심과 어떤 긍지를 가지고 있다. 중앙 지역에 살고 있는 조선인들 중에 내가 충돌이 있다는 걸 한번도 보지도 못하고 듣지도 못했다. 중부 지역 사람들은 유럽인들이 말하는 것을 거의 맹목적으로 받아들인다. 그러나 함경도 사람들은 서양 사람의 말이라도 들어보고 질문해보고 생각해보고 자기 의견을 말하고, 때로는 논쟁도 한 이후에 스스로 판단하여 받아들인다. 중부 지역 사람들은 권위에 쉽게 눌린다. 그러나 북쪽 지역 사람들은 날카롭다. 주체적이다. 선교사의 관점에

---

545) 위의 책, c.8.

서 판단하자면 중부 지역 사람들보다도 북쪽에 사는 조선 사람들이
좋은 선교 대상이다. 북쪽 지역 사람들이 좋은 그리스도인들이 될
가능성을 많이 지니고 있다. 러시아정교회 사제들은 북쪽 지역 조선
인들을 개종시킬 수 있다. 어렵지 않다. 수적인 면에서는 중부 지역
에서 많은 개종자들을 얻을 수 있고, 질적인 면에서는 북쪽 지역에
서 좋은 그리스도인들을 얻을 수 있다.[546]

그동안 러시아 당국과 러시아정교회 지도부가 강조해 온 개종자들
의 수를 증가시키기에는 서울보다는 함경도가 선교지로서 이상적이
었다. 거리 면에서도 러시아영토와 가까워 자주 왕래할 수 있고, 지
역 개발의 측면에서도 함경도가 러시아정교회를 받아들이고 러시아
문화의 영향력이 증대된다면, 두만강에 인접한 포시에트지구 개발에
도 유익할 것으로 전망했다. 흐리산프 사제는 선교 전략적으로 함경
도 지역이 러시아정교회 선교사들이 공략하기 좋은 선교지이므로 연
해주 우수리스크 지역 선교부와 서울선교부를 합하여 하나의 선교지
휘부를 만들고 두만강 유역 러시아 국경지대에 선교본부를 설치하자
고 제안하였다.[547]

하지만 이러한 제안은 빠벨 이바놉스키(П. Ивановский) 선교사에
의하여 거절되었다.[548] 그는 서울선교부의 설치 목적이 국가 – 정치적
인 것임을 충분히 고려하여 수도 서울에 선교부를 두어야 한다는 주
장을 하였다. 블라디보스톡과 모스크바의 교회지도자들은 이바놉스키

---

546) 위의 책, c.10.

547) Хрисанф, Из Писем Кореиского Миссионера, c.14.

548) Michail Belov, *The Experience of The Russian Orthodox Church among Koreans 1865-1914*, p.154.

의 주장을 받아들였다.[549] 빠벨 이바놉스키(1875-1919)는 뚤라 신학
교를 졸업하고 사제가 된 후 자바이칼 지역에서 선교사역을 하다가
1900년 블라디보스톡 동방대학교(Вострчный Институт)에 입학하여
공부를 마치고 1904년 서울선교부에 합류한 선교사였다. 그가 동방대
학교에 입학한 이유는 한국어를 배워 한국인들에게 선교하기 위함이
었다.[550] 동방대학교 입구 동상에는 다음과 같이 학교의 설립 목적을
명시하였다: "러시아 극동 지역과 러시아와 인접한 동아시아 여러 국
가들의 행정, 상업, 산업 조직체들 속에 들어가서 봉사할 전문가들을
양성하기 위하여 이 학교를 세운다."[551] 즉 이 대학교의 목표는 중국,
한국 그리고 일본에서 러시아제국을 위하여 일할 인재를 양성하는 것
이었다. 커리큘럼은 동아시아 국가들의 언어와 문화, 그리고 역사에
초점을 맞추었다. 이 대학 출신들은 대부분 동아시아 외교관, 군사
고문관, 무역인이 되었다. 이러한 배경에서 교육을 받은 이바놉스키는
선교사가 된 이후에 순수한 선교사역보다는 국가-정치적인 선교사
역에 익숙한 선교사가 되었으며, 당시 국가-정치적 프로젝트의 일환

---

549) 위의 책, p.155.

550) 당시 한국어를 구사할 줄 아는 러시아 선교사가 하나도 없었다. 이
때문에 고민하던 블라디보스톡 주교는 동아시아 선교를 위한 전문적
인 학교를 1911년까지 세울 계획을 수립하였으나 재원이 없어서 실행
하지 못하고 있었다. 1912년 주교는 너무 실망한 나머지 "이 학교의
설립은 아마도 주님 재림하실 때까지 미해결로 남아 있을 것이다."라
고 하였다. Кореец, "Конфуцианская Академия.(공자 아카데미)" *Пра
вославный Благовестник* vol.1, No.5(май . 1912), c.215-16.

551) "Основания Восточного Института в г. Владивостоке и Торжествен
ный Акт его Открытия(블라디보스톡 동방대학교 설립 취지문)", *Из
вестия Восточного Института*, vol.1(Владивосток, 1900), c.13.

으로 추진된 서울선교부의 적합한 인물로 평가받아 1906년부터 1912
년까지 최장수(最長壽) 서울선교부 책임자로 사역하였다.

〈표 13〉이 보여주듯이, 흐리산프 사제가 러-일 전쟁으로 본국으
로 돌아가고, 이후 파벨, 이리나르흐 등과 같은 선교사들에 의하여
러시아정교회 선교가 계속 이루어지지만, 러-일 전쟁 이후 일본에
게 패배한 러시아의 영향력은 한반도에서 급속도로 위축되었다. 시
간이 지나도 정교회 선교는 별다른 진보를 보이지 못하였다.

〈표 13〉 러시아정교회 서울선교부 연도별 선교 통계[552]

담당 선교사	재임 기간	영세(침례)			혼인	장례		
		남	여	합		남	여	합
흐리산프	1900-1904	10	4	14	4	-	-	-
러-일 전쟁	1904-1905	-	-	-	-	-	-	-
파벨 이바놉스키	1906-1912	192	130	322	9	12	7	19
이리나르흐	1912-1914	74	36	110	-	9	1	10
블라지미르	1914-1917	134	47	181	9	12	12	24
팔라지	1917(3.5개월)	-	2	2	-	1	-	1
페오도시	1917-1925	24	22	46	8	17	20	37
합계	1900-1925	434	241	675	32쌍	55	40	95

이러한 때 설상가상(雪上加霜)으로 서울 주재 러시아 총영사 소모
프(A. C. Сомов)가 1910년 10월 8일자로 보낸 외교보고서를 통해서,

---

552) Архимандрит Феодосий (Перевалов), "Российская Духовная Миссия
в Корее (1900-1925 гг.)(러시아정교회의 한국선교: 1900-1925년)", С
вященник Д. Позднляев, *История Российской Духовной Миссий в К
орее(한국에서 러시아정교회 선교역사)*, с.306.

조선에서 러시아정교회의 선교활동이 여러 가지 측면에서 불리하다
는 사실을 전하였다. 그것을 세 가지로 요약하면, ① 가톨릭 선교부
나 기독교 선교부와 비교해 볼 때, 좋은 예배당이 없다. ② 조선어를
잘하는 러시아 선교사가 없다. ③ 조선인들의 호감을 받을 수 있는
병원이나 학교기관이 없다는 것이었다.553)

그렇다면, 어떻게 하는 것이 좋은가? 중앙정부의 열악한 재정지원
을 계속 요청하기보다는 적은 재정으로도 큰 효과를 볼 수 있는 다
른 선교 전략을 찾아야 할 것이라고 하면서 소모프는 서울선교부에
들어가는 인적 재정적 에너지를 빼내어 블라디보스톡 주교구의 선교
활동을 강화하자고 제안하였다.554) 즉 한반도에서 외국 기독교 선교
사들과의 경쟁에서 상대적으로 불리하다고 판단한 러시아는 선교역
량을 러시아 극동 지역 한인들에게 집중함으로 선교 에너지를 효과
적으로 활용함과 동시에 극동 지역에서 한인선교의 교두보를 마련한
다음 한반도 진출을 꾀하는 것이 효과적일 것이라는 외교관의 제안
이었던 것이다. 소모프의 이러한 보고서는 외무대신을 거쳐 황제에
게 전달되었다. 1910년 10월 27일 황제는 친필로 "옳은 의견이다. 신
성종무원장과 협의하라."라는 지시를 내렸다.555) 신성종무원은 소모
프의 보고서를 읽어봄과 동시에 블라디보스톡 주교의 의견도 들었
다. 그리고 종합해서 다음과 같은 결정을 내놓았다.

---

553) АВПРИ, фонд Японский стол, Оп. 493, д. 38, л. 37-40(1910년 10월
8일, 서울, No. 60343).

554) 위의 책, c.39-40.

555) АВПРИ, фонд Японский стол, оп. 493, д. 38, л. 54-59. 전문을 번역
하여 〈부록 2. 소모프의 보고서〉에 실었다.

서울선교부는 단지 2명(대사제(수도원장, архимандрит), 수도보
제)으로 이루어져 있는데, 만일 서울선교부의 힘의 절반을 블라디보
스톡으로 투입하자는 4등문과 소모프의 제안이 실행되는 경우에는,
서울에는 단지 1명만이 남게 된다. 하지만 우리 러시아정교회 서울
선교부는 현재 서울에서 외국 선교부들과 경쟁을 할 수가 없으며,
미약한 진척을 보이고 있다. 즉 만일 서울에 1명만이 남게 되면, 이
서울선교부의 의미는 완전히 없게 되는 것이다.[556]

1910년 당시 비록 서울선교부가 고전을 면치 못하고 있었지만, 신
성종무원장의 판단으로는 축소하거나 포기할 수 없다고 보았던 것이
다. 그 이유는 아무리 힘겨워도 러시아의 조선선교는 러시아의 자존
심이 걸린 문제이며, 국익을 위해서도 중요한 의미를 지니고 있다고
판단했기 때문이었다. 그리고 조선 선교를 낙관적으로 보았다. 신성
종무원은 소모프의 의견이 너무 비관적이라고 판단하였다. 신성종무
원은 조선선교는 포기할 수 없으며, 선교의 미래는 밝다는 의견을
피력했다. 신성종무원장 사블레르는 이렇게 말하였다.

---

556) 〈표 14〉 한국에서 러시아정교회 선교사역 현황(1925)

선교지부 명칭	개설 연도	교회사역자			평신도		
		성직자	교회 봉사자	합	남	여	합
서울		2	1	3	103	88	191
고하		-	-	-	42	21	63
카루가이(?)					47	30	77
선천					84	5	89
일산	1911				48	8	56

Священник Д. Поздняев, *История Россий ской Духовной Миссий в Kopee*(*한국에서 러시아정교회 선교역사*), c.301. 위의 책, c.55-56. 참
고로 1925년 페오도시 사제가 작성한 자료에 의하면, 한국에서의 러
시아정교회의 선교사역 현황은 다음과 같았다.

정교회가 존재한 이래로 종교적인 교육활동을 시작하고, 이후 물러
나서 운명의 횡포에 내던진 적은 아직까지 없었다. 이 경우에 있어서
도 정교회의 품위는 서울선교부의 폐쇄를 허용하지 않고 있다. 게다가
조선에서 선교활동을 위한 조건은 아주 좋으며, 조선에서 기독교에 대
한 각성은 예사롭지가 않다. 조선인들은 천성적으로 종교성이 높은 민
족이며, 정치적인 생활의 조건들로 인해서 정교회에 대해 호의를 갖고
있다. 따라서 일본인들이 아무리 조선인들의 호의를 사려고 노력해도,
조선을 위해 수백만의 돈을 낭비해도, 조선인들은 여전히 우리에게 호
의를 가지고 있으며, 조선에서 러시아로 망명하려 노력하고 있다. 지금
까지 우리 러시아 서울선교부가 개종자 수에 있어서 미약한 진척을 보
여 왔다면, 이는 선교부가 확고하게 자리를 잡지 못했기 때문으로 설
명될 수 있다. 만일 선교부가 1인이나 2인 선교사를 제공받았다면 무
슨 선교부라 할 수 있겠는가? 또한 선교부에 교회도 없고, 조선어로 된
예배서도 없고, 조선어로 된 종교−윤리적인 출간물도 없다면, 어떻게
많은 개종자 수를 기대할 수가 있겠는가? 서울선교부의 성공을 보장
하기 위해서는 조선에 선교활동 인력을 증가시켜야 하며, 나아가 이들
의 물질적인 처우를 개선시켜야 하며, 이들에게 조선인의 종교적 교육
을 위한 모든 필요한 자금을 지원해 주어야 하고, 선교부의 체제를 정
비해야 한다. 그리고 이를 위해서 이르쿠츠크 선교회의와 선교협의회
가 생각하고 있는 것처럼, 서울선교부 유지를 위해 1년에 15,000루블을
추가 방출해줄 것을 청원해야 한다.[557]

이런 판단하에 1914년 신성종무원장은 국회에 러시아 극동 지역과
한반도 서울선교부의 강화를 위하여 인적, 재정적인 지원을 국고에서
더 해줄 것을 요청하는 청원서를 올렸다.[558] 그러나 청원서를 올린

557) 위의 책, c.56-57.
558) РГИАДВ Ф. 702, Оп. 3, Д. 443, Л. 21-26(1914년 1월 4일/ NO.204).

지 불과 3년 만에 1917년 볼셰비키 공산혁명이 발발함과 동시에 본국
으로부터 지원이 완전히 끊어짐으로 조선에서의 선교활동은 1925년
마지막 선교사가 철수할 때까지 겨우 명맥만 유지할 뿐이었다.[559]

　수적인 면에서 평가하자면, 서울선교부의 열매는 아주 미미했다.
1902년 31명의 한국인이 세례를 받았고, 10명의 어린이들이 선교사
들이 가르치는 러시아어 학교에 다니고 있었다.[560] 피세례자의 숫자

---

559) 흐리산프(Хрисанф)는 새신자들을 위한 교리 학습을 시작하였다. 교재
　　는 당시 중국 북경에 있던 러시아정교회 북경 선교 책임자인 이노켄티
　　피그로프스키 수사 대사제에게 요청하여 중국어판 정교 서적 일체를
　　입수한 후, 국내에서 러시아어와 한국어에 능통한 사람들의 도움으로
　　한글판 예식서와 니케아 신조, 십계명 등의 교리들을 번역하였다. 이러
　　한 그의 노력으로 새로운 신자들의 수는 점차 증가하였고, 이에 따라
　　공사관에 마련했던 임시 성당으로는 장소가 협소하여 고종 황제께서
　　기증한 부지(현 정동 22번지) 위에 소규모의 새로운 성당을 신축하여
　　1903년 4월 17일 헌당식을 하였다. 성 니콜라이 성당이라 명명된 이 성
　　당은 모스크바에서 제작된 여섯 개의 크고 작은 종에서 울려 퍼지는
　　특이한 종소리는 서울 장안 사람들의 이목을 끌었다. 그러나 1904년의
　　러·일 전쟁과 1917년 예기치 않은 러시아 볼셰비키 혁명으로 인하여
　　러시아정교회의 한국 선교활동은 중단되고 말았다. 1906년 러-일 전쟁
　　이 끝난 후 다시 러시아정교회 선교사들이 들어왔으나 일본의 간섭과
　　감독으로 선교의 열매를 미미하였다. 1910년 한일병탄조약, 1917년 볼
　　셰비키 혁명으로 러시아정교회의 선교활동은 극도로 어려움을 겪었으
　　나, 러시아 선교사들의 인내와 헌신적인 노력으로 1912년 한국인 요한
　　강탁 사제가 동경 세르게이 대주교로부터 사제로 서품되었다. 1924년
　　마지막 선교사 페오도 씨가 한국에 있는 러시아정교회의 땅과 건물 등
　　모든 재산을 일본정교회 재산으로 법적인 등록을 하고 본국으로 떠났
　　다. Священник Д. Поздняев, История Российской Духовной Миссии
　　в Корее(한국에서 러시아정교회 선교역사), с.291-301.

560) Павел Ивановский, Корейцы-Христиане(한국인-그리스도인)(Моск
　　ва, 1905), с.188.

속에는 연해주 우수리스크에서 이미 세례 받은 한인의 수도 포함되어 있었음으로 사실 한국에서 세례 받은 사람의 수는 더 적었다. 1910년 피세례자의 수는 148명으로 증가하였다. 그러나 〈표 15. 1910년 한국에서 각 교파별 선교사 수와 피세례자 수 통계〉가 보여주듯이, 이해(年) 러시아인 선교사는 4명이었고, 한국인 후손의 러시아 선교사가 8명이었다. 많이 증가했다고 하지만, 전체 한국 기독교인 숫자와 비교해 보면, 0.1%도 채 되지를 않는 수였다.

〈표 15〉 1910년 한국에서 각 교파별 선교사 수와 피세례자 수 통계[561]

선교부	외국인 선교사	한국인 선교사	피세례자 수	선교사 1명당 피세례자 수
러시아정교회	3	4	148	21.14
로마가톨릭교회	57	63	61,290	510.75
장로교회	101	1,022	48,780	43.44
감리교회	78	562	28,017	43.78
호주장로교회	13	23	792	22.00

다른 교파(특별히 장로교, 감리교, 로마가톨릭)와 비교해 볼 때 러시아정교회 선교는 모든 면에서 미미했다. 그러나 다음 해 1911년 110명의 한국인이 세례를 받았으며, 240명의 어린이들(여학생 92명)이 러시아정교회 선교사 학교에 출석하였다. 전년도에 비하여 크게 증가하였다.[562]

---

561) Священник Д. Поздняев, История Российской Духовной Миссий в Корее(한국에서 러시아정교회 선교역사), с.311-12.

562) Павел Ивановский , "Сеульская Духовная Миссия в 1911 году(1911년도 서울선교부 통계)", Православная Благовестник, vol.1, No.4(фе

장로교, 감리교, 로마가톨릭교회에 비하여 러시아정교회로 개종하는 한국인의 수가 적었던 이유가 무엇일까? 서울선교부 책임자의 엄격한 정책 때문이었다. 흐리산프 사제는 진정으로 기독교인이 되고자 하는 한국인들에게만 세례를 주어야 한다고 믿었다. 연해주에서 한때 영세 받은 한인들의 수가 전체 한인의 50-70%에 육박한 적이 있었다. 그러나 얼마 가지 않아 영세 받은 한인들이 다시 자신들의 옛 전통과 신앙으로 복귀하는 현상을 발견했기 때문이다. 흐리산프 사제는 이러한 과오를 잘 알고 있었다. 그는 이렇게 말했다. "3년 동안 서울에 머물면서 우리가 원하기만 했다면 수만 명에게 세례를 줄 수 있었을 것이다. 당시 한국인들은 러시아정교회를 수용하기를 열망했다."[563] 그러나 우수리스크 지역의 한인들과 마찬가지로 한국인들도 물질적인 혜택을 얻고자 세례를 받으려는 것을 흐리산프 사제는 알고 있었다. "한국인들은 그들의 영혼이 구원받기 위해서가 아니라, 그들의 몸이 구원받고 물질적인 혜택을 얻으려는 세상적인 이유 때문에 정교회 신앙을 받아들인다."[564] 라고 적고 있다.

러-일 전쟁 중 선교사들은 황금기를 맞이했다.[565] 이 기간 중에

B. 1912), c.154-55. 아마도 한일병탄조약이 영향을 준 것 같다. 통계상 이와 비슷한 현상이 연해주 우수리스크 지역에서도 일어났다.

563) Хрисанф, *Из Писем Кореиского Миссионера*(한국의 선교사 편지들) (Казан, 1904), c.6.

564) 위의 책.

565) 모스크바종합대학교 동양학부 역사학 겸임교수를 역임한 박종효 박사에 따르면, 러-일 전쟁을 경제적인 측면에서 러시아와 미국의 전쟁으로 볼 수도 있을 것이라고 한다. 그 증거로 전쟁을 위한 군비를 미국 유태인 부호들이 일본에 제공해준 사실이다. 미국과 영국은 러시아가 동아시아 지역에서 남진하는 것을 막으려 했다. 이 목적을 위하

외국인 선교사들은 한국인들에게 선교부에서 제작한 카드를 나누어
주면서 선교했다. 카드는 해당 선교부 교회의 신도임을 확인해주는 증
명서였다. 전쟁 중에 불안을 느낀 한국인들은 이 카드를 얻기 위하여
선교사들을 찾았다.[566] 그러나 러시아정교회 선교부는 카드 남발로
신자 수를 늘리는 정책을 강력하게 반대했다. 이 때문에 러시아정교회
선교부는 이때에도 세례자 수를 크게 증가시키지 못하였다.

　게다가 러시아정교회당 앞에는 일본 경찰들이 러시아정교회를 보
호한다는 명목으로 대문 앞에 서 있었기 때문에 한국인들이 접근하
기가 두려웠다.[567] 그리고 만일 러시아정교회당을 출입하다가 잡히
면 나중에 엄청난 고문을 당한다는 소문이 서울 시내에 퍼져 있었
다. 그러한 소문이 어느 정도는 사실이었던 것 같다. 러시아어 학교
에 근무하는 한국인 교사를 일본 경찰이 체포하여 여러 날 구금하였
는데, 러시아 영사가 방문한 이후에 그를 석방해준 일이 있었다.[568]

여 일본을 지원한 것이다. 일본이 이김으로 한반도에서 미국의 영향
력을 계속 키워나갈 수 있었다. 한국을 병합한 일본이 가능한 미국선
교사들의 활동을 제약하거나 방해하지 않으려 한 이유가 여기에 있다.
미국을 비롯한 서구 열강들과 우호적인 관계를 계속 유지하기를 원했
기 때문이었다. 이런 국제 외교 정치적인 배경으로 인하여 한국에서
미국기독교 선교사들의 활동은 계속될 수 있었고, 기독교는 한국 민
중들 사이에 급속도로 퍼져나갔다. 만일 미국이 일본의 후원자라는
사실을 한국 민중들이 알았더라면, 한국에서 미국기독교 선교사들의
활동이 많은 저항을 받았을 것이다. 박종효, "러-일 전쟁과 한국 문
제", 1995년 5월 모스크바종합대학교 국제학술대회(미간행 학술논문).

566) Павел Ивановский, "Положение Русской Православной Миссии в Кор
ее(한국에서 러시아정교회의 상황)", *Православный Благовестник,*
vol.2, No.12(июн. 1908), c.154.

567) 위의 책, c.155.

568) 위의 책.

상인으로 가장한 일본 스파이가 러시아정교회와 관공서와 학교 안으로 들어와 선교사들의 사역을 방해하였다.[569]

전쟁이 끝난 후, 1907년 러시아정교회 선교 상황은 많이 나아졌다. 일본은 더 이상 선교활동을 방해하지 않았다. 이 때문에 수많은 한국인들이 정교회를 순수하게 받아들이기보다는 자신의 보호를 기대하며 정교회를 받아들이는 경우가 많았다. 1905-1910년은 반(半)정치적인 단체들이 우후죽순처럼 생겨나던 시기이다. 일본은 이러한 현상을 아직 눈치 채지 못하고 있었다. 이러한 단체들은 정교회를 찾아와 집단으로 세례를 받을 터이니 지원을 해달라고 협상을 벌였다. 빠벨 이바놉스키에 따르면,

> 어떤 지도자가 찾아와 우리 단체는 3천 명의 회원을 가지고 있습니다. 우리는 러시아정교회 신앙을 받아들이길 원합니다. …… 우리를 위하여 정치적인 지원을 해줄 수 있습니까?[570]

라며 거래를 요청해 오는 한인들도 있었다. 선교사는 그러한 제안을 받아들일 수 없었다. 일본의 감시가 있었기 때문이며, 단지 많은 숫자를 얻기 위하여 무더기로 세례를 주는 것이 양심에 걸렸기 때문이다.[571]

---

569) 위의 책.

570) 위의 책. c.156.

571) Michail Belov, *The Experience of The Russian Orthodox Church among Koreans 1865-1914*, p.143.

C. 수용자의 시각에서 본 러시아정교회 선교

지금까지 러시아정교회와 러시아 정부 문서자료들을 기초로 정교회 선교사역을 기술하였다. 여기서는 잠시 관점을 달리하여 한반도에서 이루어진 러시아정교회 선교사역을 수용자의 시각에서 러시아정교회사역을 살펴본다.[572] 즉 정교회 선교를 받는 한국인들은 러시아정교회를 어떻게 이해하고, 정교회 선교에 대하여 어떠한 기대를 가지고 있었는가를 분석함으로, 여기에도 국가—정치적인 요소가 들어 있음을 지적하고자 한다.

이만열은 "한말 러시아정교와 그 교폐(教弊) 문제"라는 소논문에서 한반도에서 러시아정교회 선교는 국가—정치적이었으며, 양대인화(洋大人化)의 인상을 강하게 풍긴 선교였음을 지적하면서,[573] 구

---

572) 에틱, 에믹(phonetic, phonemic)은 언어학에서 온 말로, 흔히 외부자의 관점과 내부자의 관점이라고 번역되는 말이다. 주로 문화인류학에서 도입하여 자주 사용한다. 같은 물건 값이라도 생산자 입장에서 생각하는 가격과 소비자 입장에서 평가는 가격이 다르듯이, 같은 실재를 두고서 내부자 입장에서 묘사하고 평가하고 기대하는 바가 외부자의 입장과 다르게 나타난다. 참고자료, 김성태, 『선교와 문화』(서울: 이레서원, 2000), 141-47쪽 Thomas N. Headland, ed., *Emics and etics: the insider/outsider debate*(Sage Publications, 1990), pp.48-52.

573) 비록 러시아 1차 자료를 근간으로 한 것은 아니지만, 본 연구가 「주한 러시아영사관 소모프의 보고서」나 「러시아 공사관 슈이스키의 보고서」 같은 러시아 1차 자료들을 기초로 판단해 볼 때, 그의 예리한 분석은 탁월한 것임을 인정하지 않을 수 없다. 사실 러시아제국 영토가 확장됨에 따라 러시아정교회의 선교사역도 확대되었으며, 19세기 말에는 러시아의 한국 진출과 더불어 러시아정교회가 한반도에서 선교의 기회를 갖게 된 것이었다. 이만열, "한말 러시아정교와 그 교폐(教弊) 문제", 『한국기독교와 민족의식: 한국기독교사연구논고』(서울: 지식산업사, 1991).

한말 러시아정교회 선교가 정치적이었음을 발견할 수 있는 대목들은
다음과 같다고 하였다.[574]

첫째, 한국에서 러시아정교회의 선교는 러시아제국의 세력 확장의
한 방편이었다는 사실이다. 그 주요 단서로서 러시아 공사관의 요청
으로 선교사 파송이 이루어졌으며, 러시아 공사관의 비호를 받으며
선교사역을 전개하였다는 사실이다.

둘째, 서울 정동에 신축한 교회당의 위치가 러시아 세력의 확장과
함께하고 있었음을 보여준다. 러시아 공사관에 마련된 예배당을 중
심으로 이루어진 흐리산프 사제의 전도활동으로 약 30여 명의 신자
를 확보한 서울정교회 선교부가 독립적인 처소가 필요하여 새문고개
에 정교회당을 건축할 수 있는 대지를 확보하였는데, 이 대지는 당
시 배일친로(排日親露)적인 정책을 고수하고 있던 고종이 하사한 땅
이었다. 그 땅에는 교회당을 건축하고, 그 곁에는 이미 폐쇄된 한로
((韓露)은행을 대신하여, 북경 아청(我淸)은행 지점을 계획했다. 비
록 실행되지는 않았지만, 그러한 계획은 러시아가 한로은행의 폐쇄
이후에도 한국에 계속 금융진출을 기도하고 있었다는 사실을 보여준
다. 그런데 신축될 정교회당이 그러한 은행과 나란히 건축될 계획이
었다는 사실에서 우리는 제국주의 국가들이 피식민 국가에 진출시키
고 있는 교회마저도 피식민 국가의 경제적 수탈을 음우(陰佑)하는
기관일 수 있음을 확인하게 된다는 사실이다.

셋째, 정교회 미사에 한국 고위관리들을 많이 초청하였으며, 고위
관리들의 출입을 통하여 정교회의 위세를 한국 민중과 권력층들에게
알리는 방법으로 선교하였다는 사실이다. 1900년 2월 17일 주일, 티론

---

574) 위의 책, 413-19쪽.

300

의 성 테오도로스(Theodoros) 대순교자의 축일에 소성당 축성식이
있을 때, 이 축성식에는 러시아로부터 온 '용맹호'의 선원들이 성가를
불렀고, 한국 내에 거주하는 러시아인들 외에도 대한제국 황실사절과
타국 외교단 대표들, 신문사 대표, 그 밖의 인사들도 참석했다고 한다.
러시아정교회가 들어오자, 러시아 공사관에서는 외교적인 제스처로서
그랬든지 아니면 선교의 방편상 그랬든지, 선교사를 국왕에게 알현시
키는 한편, 주일(主日)의 종교집회에 정부의 대관(大官)을 청하여 교
회석에 임관(臨觀)시키기도 하였다고 한다. 이만열은 ≪황성신문≫을
인용하여 "희랍교 교당은 아라사 공사관 안에 있다 하는데 일전에 그
교당에서 정부 대관들을 청함으로 여러 대신이 갔다 왔다더라."[575]고
하였다. 이렇게 정치 고위인사들과의 만남과 초청으로 전개되는 러시
아정교회의 선교사역을 보면서 한국 서민들 사이에서는 "정교회를 믿
으면, 강대국 러시아의 도움을 받을 수 있다."는 엉뚱한 기대감이 생
기기도 한 모양이다. 이만열은 "충청남도에서 일어난 정길당 사건은
당시 한국민중들이 러시아정교회를 강대국 러시아의 국가교회로 인
식하고 있었음을 보여주는 사건이다."라고 하였다.[576]

이와 같이 국가 종교적 성격을 지닌 러시아정교회는 러시아 극동
시역에서나 한만노에서노 상내국의 성치석 냄새를 풍기며 한인늘에
게 접근하였으며, 당시 가난하고 약한 상태에 있던 한인들에게는 러
시아정교회가 강대국의 종교로 인식되어 러시아정교회를 받아들이면
개인적인 혜택뿐만 아니라, 국가-정치적인 혜택이 있을 것으로 기
대하는 분위기가 조성되었던 것으로 여겨진다.

) 위의 책, 418-19쪽.
576) 위의 책, 444쪽.

D. 선교의 목표: 러시아제국주의 확장

19세기 말 20세기 초 러시아가 선교 정책을 포함한 극동 지역에서 추진한 주요 정책들은 제국주의 팽창주의의 대외 정책 기조하에 수행된 것이었다.[577] 러시아가 1860년대 이래로 블라디보스톡을 급속도로 개발하여 가까스로 부동항을 마련하였지만, 그나마 겨울에는 얼어붙었다. 일 년 내내 자유롭게 항해할 수 있는 한국의 항구들은 러시아에게 매력적이었다.[578] 한국은 러시아의 극동 진출과 해군과 무역에 중요한 요소였다. 그러나 러시아제국의 팽창주의 정책은 극동에서 일본, 중국 그리고 영국, 독일 미국과 같은 서구열강들과의 경쟁과 갈등을 빚게 만들었다.[579] 특별히 한국과 만주에 대한 정치적 경제적 이득을 추구하는 과정에서 일본과 극단적인 대결구도 속으로 들어가 물리적인 충돌의 위험성이 존재하였다. 따라서 러시아 정부는 직접적인 군사 정치적인 영향력보다는 가능한 한 조선에서 정치적인 영향의 토대를 구성하는 문화적인 영향력을 확보할 수 있는 방법들을 모색하였는데, 그것이 곧 선교사들의 활동을 통한 종교적인 영향을 강화하는 것으로 구체화되었다. 당시 일본, 영국, 독일,

---

577) 최문형, 『한국을 둘러싼 제국주의 열강의 각축』(서울: 지식산업사, 2002), 25쪽 이하.

578) 위의 책, 29쪽.

579) 참고. Seung-Kwon Synn, "Imperial Russia's Stratergy and the Korean Peninsula", *Korea and Russia, Il Young Chung*(Seoul: The Sejong Institue, 1992), pp.3-30. 한 예로 1885년 영국 군함이 러시아의 남진을 차단한다는 명분으로 전남 여수 앞 거문도를 3년간 점령한 사건을 들 수 있겠다.

미국 등과 비교하여 상대적으로 열세에 있던 러시아는 당시 상황과 극동 지역의 중요성을 진지하게 고려하여 한반도에서 정교회 선교를 신속히 추진하는 것이 미래의 승리를 위하여 적절하겠다는 판단을 한 것이다.[580] 정교회는 러시아 민족성의 상징으로서 국가적, 사회적인 삶의 여러 측면들과 밀접한 관계가 있기 때문에, 머지않아 종교적인 분야에서뿐만 아니라, 문화적인 분야에서도 토착민들(조선인들)이 러시아 쪽으로 향하게 될 수 있을 것이라 보았던 것이다.

한반도에서 러시아정교회의 선교는 이와 같이 제국주의적 팽창주의 맥락 속에서 그 필요성이 제기되고 논의되고 추진된 국가-정치적 프로젝트였다.

지금까지 4장, 5장에서 분석하고 기술한 내용들을 정리해보자. 19세기 말 20세기 초 러시아 극동 지역 한인들을 대상으로 한 러시아정교회의 선교는 러시아 국익을 위한 '한인들의 러시아'에 초점을 맞추어 국가와 교회가 협력한 선교였다. 한반도에서 이루어진 러시아정교회의 선교는 서구열강들의 제국주의적 경쟁관계 속에서 러시아 제국의 정치 문화적 영향력을 한반도에 확대하려는 차원에서 이루어진 제국주의적 선교였다.

한인선교 현상에서 러시아정교회의 선교가 이러한 특성을 보인 것은 우연한 일이거나 특이한 현상이 아니라, 제한적이기는 하나 러시아의 황제교황주의적인 역사전통 때문이었으며, 19세기 후반에 등장한 강력한 민족주의 운동 때문이었다. 특별히 니꼴라이 2세(1825-55년 재위) 시대 러시아정교회를 통한 제국의 정신적인 통일과 소수민족들의 통합을 추구한 관제국민주의가 국가 공식 이념으로 채택된

---

580) АВПРИ, ф. Японский стол, оп. 493, Д. 37, Л. 10.

이후에는 국가-정치적 선교가 지배적인 성격이 되었다. 러시아 극
동 지역에서 한인 유민들을 대상으로 한 선교가 한창 시작될 때에는
알렉산더 3세(1881-1884년 재위) 시대로서 정교회를 통하여 모든
소수민족들을 러시아 민족 문화와 동화시키려는 러시아화 정책이
국가 공식 입장이 되었으며, 당시 신성종무원장이었던 포베도노스쩨
프(1827-1907)가 러시아정교회 선교를 통한 소수민족의 러시아화를
구체적으로 강력하게 추진하였다.

  19세기 말 러시아 극동 지역에서 이루어진 한인선교와 1900년부터
한반도에서 서울선교부를 중심으로 이루어진 한국인 선교는 러시아
제국의 이러한 시대적 기조 속에서 이루어졌다. 연해주에서 사역한
발레리안, 서울에서 선교한 흐리산프 등과 같이 복음화/토착화의 열
정으로 한인들을 선교한 사례들도 발견되지만, 한인을 대상으로 한
선교의 동기와 목표는 국가-정치적이었음을 부인하기 어렵다.

  한인을 대상으로 한 선교가 그 어떤 선교보다도 국가-정치적인 성
격이 강한 선교가 된 이유들을 생각해 본다면, ① 극동 지역 개발에
국가적인 관심이 컸기 때문이다. 이러한 관심은 시베리아 횡단철도를
건설한 이후 가시적으로 나타났으며,[581] 중앙정부는 거대한 제국의
통합을 위하여 국가 이데올로기를 더욱 강화할 필요성을 느꼈기 때문
이다. 따라서 1905년 러-일 전쟁을 전후하여 두만강에서 멀지 않은

---

581) 이 철도공사는 1891년 착공하여 1902년 완공되었다. 총길이 5,426마일
    이었으며, 엄청난 수고와 비용이 들어갔다. 이 철도를 건설하는 데 제
    일 큰 장애물 2개는 40마일 폭, 400마일의 길이를 지닌 바이칼 호수를
    건너는 일과 중국, 만주 등과의 정치적인 갈등이었다. Arthur Judson,
    The Mastery of the Far East, 『근세 동아세아 서양어 자료총서 56』
    (서울: 경인문화사, 2001), 147쪽.

연해주 지역의 한인들을 비롯한 소수민족들을 러시아화하는 일에 더욱 박차를 가하였다.[582] ② 러시아정교회 선교가 신성종무원을 비롯한 국가 관청에 의하여 감독을 받았으며, 특별히 선교비와 선교사 생활비를 국고에서 지원하고 있었기 때문이다. ③ 러시아 역사 속에서 러시아 국민은 당연히 러시아정교회 신자이어야 한다는 맹목적인 집단의식이 선교사들에게도 무비판적으로 수용되었기 때문이었다.

이러한 배경으로 인하여 한인을 대상으로 한 선교는 국가 – 정치적 성격을 강하게 지니게 되었다. 국가 – 정치적 선교의 기본적인 양태는 국가로부터 독점적인 특권을 부여받아 국가의 이익과 목표를 위하여 협력하는 방식으로 진행되었으며, 국가의 법적 제도적 지원을 받아 국가 행정기관들과의 협력 속에서 이루어졌다.

---

582) 위의 책, 147-167쪽.

Ⅵ. 국가-정치적 선교의 속성과 평가

앞에서 분석하고 기술한 내용에서 드러났듯이, 19세기 말 20세기 초 러시아 극동 지역과 한반도에서 이루어진 러시아정교회의 선교는 '러시아화'라고 하는 국가적 목표에 봉사하는 선교였으며, 19세기 말엽 서구열강들의 제국주의적 경쟁관계 속에서 러시아제국의 정치 문화적 영향력을 한반도에 확대하려는 차원에서 이루어진 국가-정치적인 선교였다.

그렇다면 국가-정치적 선교는 어떤 속성을 지니고 있으며, 역사 자료 분석을 통하여 규명된 러시아정교회의 국가-정치적인 선교를 어떻게 평가할 것인가? 이런 문제를 여기서 기술하고자 한다.[583]

A. 기본적 속성

러시아정교회의 선교를 통하여 드러났듯이, 국가-정치적인 선교

___

583) 이러한 연구는 로마카톨릭, 루터교, 성공회 등 다른 교파에서 이루어졌거나 이루어지는 국가-정치적 선교를 전망하거나 평가하는 데도 유용한 지식이 될 것이다.

는 그 속성상 국가가 선교의 주된 대행자가 되며, 제국의 영향력을 확대하려는 제국주의적 활동에 봉사하는 선교이다. 이 때문에 국가 －정치적 선교는 국가의 이익과 황제의 정치적 견해에 따라서 이루어질 때가 많으며, 제국의 힘의 팽창과 쇠퇴에 따라 영향을 많이 받았다.

1. 국가가 대행자가 된 선교

러시아정교회의 한인선교는 교회가 아닌 국가가 대행자가 된 선교였다.[584] 물론 선교 일선에서는 사제 선교사들이 영세(침례)를 주고, 예배를 인도하고, 교구학교를 운영하였으나, 선교의 필요성을 국가가 먼저 제기하였고, 선교를 위한 자원을 국가가 마련해 주었으며, 선교를 위하여 국가 기관들이 깊이 관여하였으며, 선교의 결과들을 국가가 평가하였다. 선교의 내용은 대체로 교회가 주관하였으나, 선교의 발단과 마지막 평가는 항상 국가적 임무로 여겨졌다. 사실상 국가가 선교의 주체였기 때문이다. 러시아정교회 선교가 그렇게 국가－정치적 선교로 전락하게 된 데에는 그만한 역사적 배경이 있었다는 사실을 제2장에서 기술하였다. 이미 살펴본 대로 러시아 극동 지역 한인선교는 19세기 말 국가적 목표와 과제로 설정된 '한인들의 러시아화'를 달성하기 위한 봉사적 차원에서 이루어졌으며, 한반도에 서울선교부를 설립하게 된 동기도 국가－정치적인 이익을 위한 것이었다.

그러나 모든 정교회 선교사들이 국가의 목표를 위하여 시녀 역할

---

584) 참고. 칼 뮐러, "선교의 대행자", "역사 속에서의 선교의 목표", 『현대 선교 신학』, 133-52쪽, 240-44쪽.

을 했다고 단정 짓기는 어렵다. 교회와 국가 사이에 긴밀한 관계성
이 있었던 것이 사실이지만, 그렇다고 해서 선교의 목표들이 완전히
배제된 것은 아니었다. 국가 정부는 선교의 고유한 목표들보다는 국
가의 목표를 더 우선순위에 두려고 했지만 항상 그렇게 되지는 않았
다. 교회 지도자들은 선교의 고유한 목표들을 배제하려는 정부 관리
들과 단호하게 싸웠다. 많은 경우에 있어서 선교사들에게 정치적인
목표들은 부차적인 의미를 지닌 것들이었다. 그러므로 선교의 정치
적인 동기들(motivations)이라는 표현보다는 목표들(aims)이라는 표
현을 사용하는 편이 더 적절할 것이다.585) 동기라는 표현은 선교활
동 배후에서 선교 열정을 일으키고 자극하는 추진력의 의미를 담고
있는데, 정교회 선교활동의 모든 동기를 정치적으로만 볼 수는 없기
때문이다.

　대부분 러시아정교회 선교사들은 정교회 선교의 목표를 러시아화
에 두고 있었다. 그것은 앞에서 언급한 대로 러시아정교회가 본질상
국가 종교적인 성격을 지니고 있었기 때문이며, 특별히 러시아 극동
지역 선교는 극동 지역 개발이라는 국가적인 프로젝트와 긴밀하게
맞물려서 진행되었기 때문이다. 국가는 미개척지인 연해주 지역을
보다 효율적으로 개발하기 위하여 한인들에게 관심을 가졌고, 거대
해진 제국을 견고하게 하기 위하여 먼저 극동 지역 소수민족들을 문
화적으로 러시아화할 필요성을 느꼈다. 이러한 국가적 목적을 위하
여 정교회 선교를 적극적으로 활용하였던 것이다.586)

---

585) James Stamoolis, *Eastern Orthodox Mission Theology*, p.56.

586) 선교를 러시아화와 동일시해 온 러시아정교회 선교로 인하여 내적, 외
　　적으로 갈등이 있었다. 비록 소수이기는 하지만 러시아화보다는 소수민

보쉬는 그의 『변화하고 있는 선교』 제7장에서 중세 로마가톨릭의 선교 패러다임에 대하여 논하다가 '식민주의와 선교'에 대하여 말한 다. 특별히 15세기 지리상의 발견 이후 스페인과 포르투갈 왕과 교황 간에 이루어진 긴밀한 협조 체제 위에서 신대륙의 정치 경제적 지배와 선교가 함께 이루어졌음을 지적하였다.[587] 이러한 지적은 러시아 극동 지역 선교에도 그대로 적용된다. 정교회 선교사들의 목적은 단순했다. 보편적인 기독교회가 아니라 러시아정교회의 경계선을 넓히고, 새로 병합된 소수민족들을 러시아 교회 안으로 끌어들이는 것이 그들의 목표였다. 선교사들의 저작물들 속에는 "원주민들을 '교회가 아니라', '러시아 교회 안으로' 끌어들이는 일에 진보를 보이고 있습니다."라는 선교 보고가 끊임없이 나타나고 있다.[588]

족의 전통과 문화를 존중하여 토착화에 더 많은 비중을 두어야 한다고 주장한 선교사들이 있었다. 외부에서는 부분적으로 러시아화에 저항하는 소수민족들의 항의가 있었다. 그러나 거의 대부분의 선교사들은 선교와 러시아화를 당연시하였으며, 소수민족들의 저항도 미미하였기 때문에 볼셰비키 혁명이 일어날 때까지 러시아제국주의와 정교회 선교는 순조롭게 진행되는 듯하였다. Andrei A. Znamenski, *Shamanism and Christianity: native encounters with Russian Orthodox missions in Siberia and Alaska, 1820-1917*(Conn : Greenwood Press, 1999), pp.6-8.

587) David Bosch, *Transforming Mission*(New York: Orbis Books, 1991), pp.226-30.

588) Отчёт о состоянии Благовещенской инородческой миссии за 1909 год(1909년 블라고베쉔스크 주교구의 이교도 선교 상황 보고서). Православний Благовестник 1910(приложение). No.5, с.67-80; No.6, с.93-102; No.7, с.105-118; No.8, с.121-39. Отчёт Владивостокского Епархиального Православного Миссионерского Общества за 1909 год(1909년 블라디보스톡 주교구 선교회의 보고서). ВЕВ 1910 No.10, с.299-315. Отчёт о состоянии Благовещенской инородческой миссии

러시아정교회 선교가 국가-정치적인 성격을 강하게 지니게 된 근본적인 이유는 비잔틴제국과 비잔틴정교회로부터 물려받은 황제교황주의적 세계관 때문이었다. 이 세계는 모두 하나님의 주권하에 있으며, 하나님의 주권을 실현하는 두 개의 주요 도구로서 국가와 교회가 서로 협력해야 한다는 사상을 근간으로 형성된 심포니아(조화) 개념이[589] 군사적 신정일치(神政一致) 세계관을 근간으로 한 이슬람의 오랜 위협 속에서 군주를 수장으로 한 황제교황주의적 현실로 기울어지고 말았다. 러시아정교회는 황제의 보호와 후원을 떠난 교회와 선교를 생각할 수 없을 정도로 국가 의존적 종교로 변해갔다. 선교도 자연히 국가-정치적 성격을 강하게 지니게 되었다. 그 현실적 이유는 선교 재원(財源)이 국고(國庫)로부터 나왔기 때문이다. 선교의 자원을 교회 안보다는 교회 밖, 즉 국가의 재정적인 지원과 행정 제도적인 지원에 더 많이 의존하고 있다는 사실로 인하여, 국가정치적인 관계성으로부터 자유로울 수가 없었던 것이다.

국가가 선교의 주체(主體)가 되었을 경우, 선교가 선교의 핵심 내용인 복음의 속성을 따라서 이루어지지 못하고, 국가의 이익(利益)과

---

za 1910 год. Православний Благовестник. 1911(приложение) No.5, c.67-80; No.6, c.81-87. Отчёт Владивостокского Епархиального Православного Миссионерского Общества за 1910 год. ВЕВ 1911 No.9 c.278-84; No.10 c.317-331. Отчёт Владивостокского Епархиального Православного Миссионерского Общества за 1911 год. ВЕВ 1912, c.289-92, c.313-16; c.370-73; c.413-17; c.445-53.

589) 심포니아란 사제와 황제의 협력을 의미한다. 양자(兩者)는 하나이자, 같은 근원으로부터 생긴 것이며, 그들 모두 인간생활을 아름답게 해주는 것들이다. 따라서 서로 조화를 이루어야 한다고 동방정교회 세계는 믿었다. 이 책 45쪽, 각주 62를 참고.

황제의 정치적 견해에 따라서 이루어지게 된다는 것을 알 수 있었다. 반대로 교회의 이익을 위하여 국가 제도와 기관을 이용하는 경우도 있었지만, 그러한 시도는 항상 국익에 위배되지 않는 범위 안에서 허용되었다. 국가-정치적 선교는 어떤 국왕이 왕위에 오르느냐에 따라서 선교가 부흥하기도 하고, 질식 상태에 빠지기도 한다. 그리고 국가의 이해관계(利害關係)에 따라서 국가 내에 다른 소수파 종교를 억압한다거나, 국가가 인정한 종교나 교파가 아니면 불이익을 당하게 된다. 나중에는 국왕이 교회의 보호자 역할을 자처하며 선교사 인선 문제, 교회재산 관리에도 관여하였다. 어떤 특정 지역(예, 발칸 반도)에서는 국가와 교회가 너무 밀접하게 연결된 나머지, 교회가 국가를 선교사역의 도구로 사용하려고 하는 경향도 나타났다.

2. 제국주의적인 선교

국가-정치적 선교는 속성상 제국주의적 성격을 지니고 있다. 가능한 영향력을 확대하려는 제국의 기본 속성 때문이다. 이러한 사실은 이미 살펴본 대로 한인을 대상으로 한 러시아정교회의 선교사역 현장에서 잘 드러났다.

보통 식민주의(colonialism), 제국(empire), 제국주의(imperialism)라는 개념은 현재 매우 불분명한 상태로 혼란스럽게 사용되고 있다. 분명한 개념정리가 필요하다. 먼저 식민주의란 무엇인가? 식민주의는 식민지(colony)로부터 파생된 단어이다. 식민지는 고대 로마 시대 멀리 떨어진 로마 시민들의 정착지를 의미하였는데, 대농장 경영(plantation)과 동의어로 사용되었다는 사실에서 알 수 있듯이 원래 나쁜 의미를 내포한 것은 아니었다. 그러나 다른 곳에 정착한다는 것은 결국 다른 사람들이 살고 소유해 온 땅을 대신 차지한다는 행위를 의미할 수밖에 없었고 따라서 체계적 정착화로서의 식민주의는 궁극적으로 나쁜 것이 되었다. 로마의 멸망 이후 식민지에 관한 거론이 없다가, 16세기 유럽이 세계로 팽창하면서 다시 거론되기 시작하였다.[590] 두 번째 제국주의란 무엇인가? 제국은 임페라움(imperaum)의 속어적 개념인데, 임페라움은 로마 공화정 말기와 제정 초기에 로마법의 권위가 통용되는 공간 영역을 의미하였다. 원래는 군사적 총수가 가진 최고 권위를 의미했지만, 거기서부터 '지배'라는 보다 일반적 의미가 파생하였으며, 궁극적으로 그러한 지배가 미치는 영역을 의미하게 되었던 것이다. 이러한 의미에 가장 가까운 것은 신성로마제국이었다. 이 제국은 다양한 민족과 인종이 최고 권위자에 의해 지배되는 영토를 의미했으며, 하나의 큰 우산 밑에 다양한 신민(臣民)들의 공동체를 의미했다.[591]

'제국주의'라는 단어는 1840년대에 나타나서 여러 차례의 변화를 겪었다. 1840년대 프랑스에서 쓰이기 시작한 제국주의는 나폴레옹 제국의 영광을 회복하고자 하는 프랑스 정치인들, 특히 나폴레옹 3세의 욕심을 의미하는 개념이었다. 학문적인 정의로서 랭어 교수는 제국주의를 "한 국가나 민족에 의한 다른 비슷한 집단들에 대한 직접적이거나 간접적인 정치적, 경제적 지배나 통제", 혹은 "그러한 지배나 통제를 확립하려는 충동이나 노력, 성향"이라고 정의하였다.[592]

그렇다면 식민주의와 제국주의의 관계를 어떻게 정리할 수 있을

---

590) 박지향, 『제국주의: 신화와 현실』(서울대학교출판부, 2000), 12쪽.

591) 위의 책, 15쪽.

592) Brain Stanley, *The Bible and the Flag*(Apollos, 1992), p.34.

까? 제국주의의 핵심은 다른 집단에 의한 민족이나 인종의 통제이
다. 그 통제는 우선적으로 정치적이거나 경제적인 통제이며, 국가들
간의 종속적 관계의 성립과 유지를 의미한다는 점에서는 식민주의와
크게 다를 바가 없지만 공식적인 영토적 지배를 포함할 필요가 없다
는 점에서 식민주의와는 다르다. 제국주의가 제국의 건설과 유지를
위한 모든 힘과 행동을 포괄하는 개념이라면 거기에는 식민지 정치
만이 아니라 국제 정치까지도 포함된다. 따라서 식민주의가 특수 식
민 담당부서와 현장에 있는 사람들에 의해 추진된다면, 제국주의는
재무부, 외무부, 국방부 등과 같은 국가 기관들에 의해서 계획되고
실행된다고 말할 수 있다.[593)

이런 시각에서 보자면 러시아는 전형적인 제국주의였으며, 러시아
정교회의 선교도 제국주의적 선교였으며, 제국주의적 팽창주의 정책
의 일환으로 이루어졌다. 대영 제국 못지않게 러시아는 팽창주의에
사로잡힌 전형적인 제국주의 국가였으며, 위장된 제국주의 정책은
1917년 제정 말까지 계속 명맥을 유지하였다. 그러나 일반적으로 러
시아는 제국주의 국가라는 인상을 주지 않았다. 그 이유에 대하여

---

593) 박지향 『제국주의: 신화와 현실』, 19-20쪽. 이런 측면에서 제정 러시
아는 전형적인 제국주의 국가였으며, 팽창주의 전통을 이어왔다. 특별
히 근대 러시아의 영토 확장 기록은 어느 나라의 실적도 능가하는 것
이었다. 5세기 말에서 19세기 말 사이 러시아의 영토는 하루 약 130평
방킬로미터(50평방마일)라는 엄청난 속도로 확장하였고 흡수당한 민
족 가운데에는 이미 400~500년 전부터 대러시아 민족과는 역사를 달
리해 온 우크라이나민족, 폴란드민족, 그리고 종족, 언어, 종교가 전혀
다른 여러 동양 민족들이 섞여 있었다. 이인호, 『푸슈킨이 살아 있는
나라, 러시아는 어떤 이웃인가: 이인호 교수의 러시아 바로보기』,
140-43쪽.

러시아 대사를 역임한 이인호 박사가 세 가지로 설명한다.[594]

첫째, 러시아의 제국주의적 영토 확장은 시기적으로 보아 통합된 주권국가로서 러시아의 존재가 세계무대에 등장하고 인정받게 됨과 동시에 또는 연속적인 과정으로 수행된 것이지 뚜렷한 국경을 가진 독립 국가로서의 지역적 또는 민족적 한계가 규명된 이후 식민지 획득이 시작된 것이 아니라는 점이다. 민족국가 간의 뚜렷한 경계선이 확정되지 않은 상태에서 러시아제국의 확장이 이루어졌기 때문에 그것이 제국주의 확장인지 아닌지도 인식하지 못했다는 말이다.

둘째, 러시아의 제국주의적 성장은 해외에 위치하는 이민족(異民族)의 영토를 흡수함으로써 이루어진 것이 아니라 지리적으로 인접한 지역, 그리고 대체로 종교적으로나 문화적, 인종적으로 연관성을 가진 국가나 민족들을 상대로 이루어졌던 것임을 들 수 있다. 따라서 스페인, 영국, 네덜란드 등이 아시아, 아프리카 대륙으로 진출하던 경우와 같이 러시아의 영토 확장이 세계의 이목을 끌 수는 없었다는 점을 지적하였다.

셋째, 러시아의 제국주의적 성격을 무마할 수 있었던 이유는 러시아의 영토팽창이 대체로 토착민족들의 완강한 저항을 받아보지 않은 채 이루어졌다는 사실을 들 수 있다. 실로 러시아의 역사는 팽창주의 제국의 역사였다. 15세기 말에서 19세기 말 사이 러시아의 영토는 하루 약 130평방킬로미터(50평방마일)라는 엄청난 속도로 확장하였고, 19세기 후반기에는 연해주까지 병합한 후, 한반도에까지 러시아의 영향력을 확대하기 위하여 부단히 노력한 전형적인 제국이었다.[595]

---

594) 위의 책, 140쪽.
595) 위의 책, 143쪽.

러시아정교회 선교는 제국의 팽창에 봉사하는 선교였다. 필자가 살펴본 대로 극동에서 한인들을 대상으로 한 선교는 처음부터 러시아제국의 동진(東進) 정책의 맥락 속에서 이루어졌다. 이러한 사실은 러시아제국의 영토 팽창과 동시베리아 지역 개척과 개발을 위한 도시건설과 주교구청 설립(1840년 캄차트카 주교구 설립, 1894년 자이칼 주교구의 설립, 1899년 블라고베셴스크와 블라디보스톡 주교구 분리 설립)을 비교해 봄으로 알 수 있었다.[596] 주교구청을 설립하고, 그 지역 이교도 소수민족들의 러시아화를 달성하기 위한 필수적인 요소로서 선교를 이해한 정부는 선교를 위하여 적극적으로 재정과 행정을 지원하고 감독하였다. 러시아 국회, 황실, 외무부, 재무부, 교육부, 신성종무원, 동시베리아 군사령부, 연해주 총독부 등과 같은 국가기관들이 한인선교에 관심을 가지고 관여하였으며,[597] 교회 조직으로서는 캄차트카 주교구, 블라디보스톡 주교구, 정교회 선교부, 교구교회, 교구교회학교 등과 같은 조직이 한인선교에 깊이 관여하였다.[598] 선교방법은 교회, 기도소 설립, 영세(침례), 교구학교 교육,[599] 입양 등과 같은 교회적인 방법과[600] 국적 발급,[601] 행정 규제, 국고재정지원,[602] 세금면제,[603] 토지 배분,[604] 군역 부과,[605] 공립학교 교육 등과 같은 국가

---

596) 모스크바 총대주교청, 주교구조직: http://www.mospat.ru/e_eparchies
    (2004년 5월 25일).
597) 이 책, 190-91쪽.
598) 이 책, 213-15, 246-47쪽.
599) 이 책, 181-88쪽.
600) 이 책, 200쪽.
601) 이 책, 268-69쪽.
602) 이 책, 244-245, 254쪽.
603) 이 책, 192쪽.

적인 방법들이 한인선교에 활용되었다.[606]

정교회 선교는 위장된 러시아의 제국주의의 이데올로기적 기초였다.[607] 러시아 극동 지역 한인 유민들을 러시아제국의 신민으로 만들기 위하여 두만강에서 가까운 마을에 거주하던 한인 유민들을 러시아 영토 내륙으로 깊숙이 이주시켰고, 정교회 영세(침례)를 받게 하고, 러시아어 교육을 받게 하였다. 정교는 러시아제국을 하나로 묶어주는 정신적인 띠였으며, 러시아 언어 교육은 한민족의 문화와 혼을 제거하는 데 필수적인 요소로 간주되었다. 정교회 선교는 새로이 병합된 러시아 극동 지역을 러시아제국의 한 부분으로 견고하게 만들어 나가는 국가 프로젝트의 핵심 사업이었다. 그리고 이미 필자가 서울선교부 설립의 발단이 된 슈이스키의 보고서 분석을 통하여 살펴보았듯이, 한반도에서 러시아정교회 선교도 국가적인 이해관계에 있어서 중요한 의미가 있는 조선에 정치적 영향력을 미칠 수 있는 문화적 토대로서 선교가 시작되었다.

그러나 교회가 아닌 국가가 주체가 된 선교는 많은 문제점을 드러낼 수밖에 없었다. 일반적으로 국가는 부국강병을 추구하며, 이를 위하여 질서 유지 기능, 안보 확보 기능, 생산 장려 기능, 그리고 통상 촉진 기능을 강화하는 데 역량을 동원한다.[608] 국가는 이 기능을 원

---

604) 이 책, 188-93쪽.
605) 이 책, 193쪽.
606) 이 책, 193-97쪽.
607) 참고. 서원모, "미국 흑인선교의 아프리카 선교이념 분석: 1880년-1910년 동안의 아프리카 감리교회를 중심으로", 『선교와 신학』 제11집(장로회신학대학교 세계선교연구원, 2003), 이향순, "미국 선교사들의 오리엔탈리즘과 제국주의적 확장", 『선교와 신학』 제12집(장로회신학대학교 세계선교연구원, 2003).

활히 수행하기 위하여 주로 법과 제도를 이용하며 때로는 회유의 방법으로, 때로는 강제수단을 동원한 억압의 방법을 동원한다.[609] 그러나 교회의 존재 속성과 목적 그리고 목적을 달성하는 방법은 국가와 다르다. 남을 희생시키고 지배하고 다스리는 세속적 정치방법론과는 달리 교회 선교는 스스로 십자가를 지고 자신을 희생함으로 새로운 샬롬(평화)의 세상을 창조하신 그리스도의 모범을 따르는 것을 이상(理想)으로 삼는다. 교회공동체의 기본 속성과 비전은 국가와 근본적으로 다르다.[610] 그러므로 국가가 주도적으로 수행한 선교는 당시 일반적이고 보편적인 국가의 이념이었던 제국주의의 주요 방편이 되고 말았다. 이러한 선교는 세국의 흥망성쇠에 따라 선교도 운명을 같이하게 됨을 러시아 역사가 보여준다.[611]

B. 긍정적 평가

마태복음 28장 18-20절에 기록된 "모든 족속(만민)을 선교하라"[612]는 그리스도의 지상명령에 기초한 세계선교 명령[613]의 관점

---

608) 이형철, 『국가와 사회』(서울: 나남출판사, 1990), 102-08쪽.

609) 위의 책, 108-13쪽.

610) 구체적으로 어떻게 다른지에 대하여 이 연구 311쪽 이하 '선교의 대행자' 부분에서 상세히 다룬다.

611) 1917년 제정 러시아의 멸망과 더불어 러시아정교회와 선교도 붕괴되고 말았다.

612) πάντα τά ἔθνη(모든 족속)는 마태복음에 4번(마 24:9, 14, 25:32, 28:19) 나온다. 모든 족속은 가장 우주적인 분위기를 나타내는 단어로 모든 세

에서 러시아정교회의 국가－정치적 선교를 평가해 볼 때, 먼저 긍정
적인 면을 다음과 같이 기술할 수 있을 것이다.

　모든 민족(족속)을 선교하라는 세계선교 명령의 관점에서 볼 때,
러시아정교회의 선교는 광활한 시베리아 지역의 수많은 소수민족들
을 기독교화하며 문명화하는 데 크게 기여하였으며 조직적인 선교를
통하여 중복선교를 피하였으며, 남쪽으로부터 올라오는 모슬렘 세력
을 차단하였다는 측면에서 큰 공을 세웠다고 볼 수 있겠다.

　러시아정교회 선교사들은 지구 전체의 1/6에 해당하는 광대한 동
토의 땅을 다니며 성당과 학교를 세우고 곳곳에 문명화된 마을을 만
들었다. 동방정교회 세계의 선교의 원형(archy-type)으로 여기는 끼
릴과 메쏘디우스의 선교 유산을 이어받아 소수민족들의 문화를 존중
하여 수많은 토착 언어로 성경과 전례서들을 번역하였으며, 헤즈키
즘의 영성을 따라서 일반인들이 가려고 하지 않는 오지에 들어가서
교회와 학교를 세우고 그 황량한 고원지대와 시베리아와 알래스카에
서 새로운 기독교 문명 공동체를 창조해 나간 모습은 러시아정교회
가 자랑하는 선교 유산이다. 앞에서 언급한 대로 18세기에 이미 캄
차트카 반도, 알래스카 일류산 열도(列島), 북미 캘리포니아 해변에
까지 배와 썰매를 타고 다니며 토착 언어로 사전과 성경을 만들고
복음의 진리를 전하였다. 그들이 다닌 거리만 살펴보아도 선교사들

상, 모든 인류를 총칭하는 의미를 가지고 있다. D. J. Bosh, *Transforming
Mission*, pp.63-65.

613) 예수의 지상명령이 다섯 차례(마 28:18-20, 막 16:15, 눅 24:46-49, 요
20:21, 행 1:8)에 걸쳐 각각 다르게 표현되었으나, 그 본질은 동일한 것
이다. D. J. Hesselgrave, *Communication Christ Cross-Culturally*(Grand
Rapids: Zondervan Pub. 1978), p.54.

의 열정과 헌신이 얼마나 큰 것이었나를 짐작해 볼 수 있다. 러시아 정교회의 선교는 대부분 러시아 영토 안에서 이루어졌지만, 그 넓이를 보면 로마가톨릭이나 개신교의 선교 영역 못지않게 광대하다. 그리고 러시아정교회가 개종시킨 민족들의 수는 100여 민족이 넘는다. 러시아정교회의 선교역사로 인하여 동방정교회는 '선교하는 교회'라는 사도적 사명을 계속 감당할 수 있었다.

선교사역을 통하여 수많은 소수민족들을 문명화하였다. 예컨대 14세기에 우랄산맥에 살던 주리안족을 위하여 문자를 개발하여 성경을 번역하고 학교를 세우고 성당을 세움으로 문명화하였다. 이외에도 아바르어, 아제리어, 알타이어 아라비아어 등 수십 개의 언어로 성경과 종교서적들을 번역 출판함으로[614] 수많은 소수민족들의 문화발전과 기독교화에 공헌하였다.

러시아정교회 선교사들은 조직적으로 선교함으로 불필요한 경쟁이나 에너지 낭비가 없었다. 군대 계급과 같은 체제와 명령으로 인하여 소극적으로 처신하는 선교사들도 있었지만, 중복선교나 교파경쟁 같은 것은 없었다. 선교지의 선정과 선교사 파송, 선교사역의 연속성을 선교지도부에서 종합적으로 판단하여 수행하였기 때문에 대부분의 시역에서 100년이 넘게 선교사역을 지속할 수 있었으며, 과거 선교사역에 대한 기록과 평가와 전망을 역사화함으로 오늘날까지 그 발자취를 보존할 수 있게 하였다.

무엇보다도 선교사적으로 러시아정교회의 큰 공헌은 남쪽으로부터 올라오는 모슬렘의 진출을 차단하였다는 사실이다. 7세기 이후 기독교세계를 공격하여 잠식해 온 이슬람은 1453년 동방정교회의 세계의

---

614) 이 책, 86쪽 각주 142를 참고.

중심부였던 콘스탄티노플을 함락하여 이슬람화할 정도로 위협적이었다. 지금의 터키, 불가리아, 코카스 산맥, 이란, 파키스탄까지 이슬람화하며 북쪽으로 진출하는 모슬렘 세력을 16세기 러시아제국의 강력한 군주 이반 3세와 4세가 차단했을 뿐 아니라, 볼가강 유역과 카잔 지역, 코카스 산맥, 아스트라한 등 카스피해 유역을 정복하여 기독교화함으로 이슬람의 북진을 저지하였다.

선교방법 면에서는 많은 경우 집단(集團) 개종화(改宗化)를 꾀하였다. 사회계층과 질서가 잡혀있던 소수민족일 경우 먼저 부족장이나 귀족들을 기독교화하는 데 많은 노력을 기울였으며, 종종 위로부터의 선교방식을 취하였는데 이런 현상은 16세기 이반 4세(1533-84)가 볼가강 유역 수많은 이슬람 부족들을 정복하여 정교회로 개종시킬 때 분명하게 나타났다.[615] 그리고 표트르 대제(1682-1725) 시대에 토볼스크 주교구를 중심으로 조공을 바치는 백성들과 시베리아 다른 도읍 거주민들에게 집단 세례를 베풀고 개종화시킨 사례에서 확인된다.[616] 집단 개종은 주로 이반 4세, 표트르 대제와 같이 강력한 군주가 선교에 개입했을 때 나타났는데 이러한 선교방식을 두고 비판하는 학자들도 적지 않으나, 신정일치(神政一致) 세계관을 밑바탕으로 강력한 군사력을 동원하여 기독교세계를 위협하는 이슬람을 대응할 만한 세력은 황제교황주의적 세계관을 지닌 러시아제국의 교회밖에는 없었다는 역사적 사실을 기억한다면 그렇게 나쁘게만 볼 수는 없을 것이다. 만일 러시아제국이 정교분리(政敎分離)의 세계관을 지니고 있었더라면, 군사적이고 공격적인 이슬람을 대응할 수가

---

615) 이 책, 67쪽.
616) 이 책, 96-97쪽.

없었을 것이며, 만일 러시아제국이 이슬람화되었다면, 강대한 시베리아와 중국까지 이슬람화되는 상황에 빠지게 되었을지도 모른다.

C. 부정적인 평가

앞에서 언급했듯이 국가-정치적 선교는 기본적으로 제국주의적 속성을 지니고 있으며, 그 주도권에 있어서 국가가 주체가 됨으로 선교사들은 국가공무원과 같은 성향을 지니게 되었다. 이로 인하여 선교 현장에서 여러 가지 부정적인 현상들이 나타났다. 그것들을 다음 4가지로 정리할 수 있다. ① 헌신과 적극적인 참여를 방해하는 국고의존 선교, ② 선교사들이 국가공무원과 같이 전락함으로 선교사들의 자발성과 헌신이 약화되었으며, ③ 하나님의 나라 확장을 위해서 일하는 사역이 아니라, 러시아정교회의 독점권을 주장하고 유지하는 데 전념하는 선교사역에 몰두하게 되었으며, ④ 세례의 본질을 훼손하고 명목상 기독교인들을 양산하는 결과를 낳는 등 부정적인 현상들이 나타났다.

① 헌신과 적극적인 참여를 방해하는 국고의존: 러시아정교회의 국가-정치적 선교는 선교의 재원을 국고(國庫)로부터 제공받았다는 사실에서부터 시작된다. 막대한 국고로 인하여 개인이나 선교회와 같은 민간단체들이 수행할 수 없는 대형 선교 프로젝트들을 조직적으로 수행할 수 있는 장점도 있었지만, 장기적으로는 선교를 끝까지

책임 있게 수행할 평신도들의 자발적인 헌신과 참여의 기회를 차단하는 부정적인 결과를 낳았다. 국가적 차원에서 시작된 선교는 국가로부터 재정적, 행정적인 지원을 받아 이루어졌다. 영세(침례) 받는 자들에게 국적 부여, 토지분배와 세금 면제, 군역 면제 등 물질적인 혜택을 약속하였음으로 한인 유민과 같은 입장에 있는 가난한 소수민족 사람들은 정교회의 선교에 큰 기대감을 가졌다. 그러나 이렇게 시작된 정교회의 선교는 국가의 지속적인 지원이 없이는 선교사역이 어려웠다. 그래서 정교회 선교사역은 대체로 초기단계에서는 큰 성공을 거두지만, 시간이 지남에 따라서 영세(침례)자 수가 줄어들고, 심지어 영세(침례) 받은 원주민들이 다시 옛 신앙으로 돌아가 버리는 예들이 곳곳에서 발견되었다. 처음에는 물질적으로 풍성하게 지원해 주었지만, 시간이 지남에 따라 물질적인 지원이 어려워짐에 따른 반응이었다.

어떤 경우에는 보다 확실한 러시아화를 위하여 새로운 개종자들을 이주시켜 새로운 마을에 정착시켜 새로운 기독교공동체를 형성하도록 도왔다. 한인들을 위한 블라고슬라벤노예 정착촌이 그 한 예이다.617) 정착촌은 새로운 개종자들을 환영받지 못하는 영향들로부터 분리시키고, 신변을 보호할 뿐만 아니라, 기독교 교육을 지속적으로 제공하고, 물질적인 돌봄을 위함이었다. 러시아정교회는 카잔 지역, 알타이 지역에도 특별 정착촌들을 마련하였다.618) 정착촌에 들어온 사람들은 정교회를 받아들여야 하고, 러시아 방식으로 식사하고, 옷을 입고 생활하는 법을 배웠다. 시간이 지남에 따라서 그들은 선교

---

617) 이 책, 189-96쪽.
618) 이 책, 194쪽, 각주 370번 참고.

사들이 가르쳐주는 새로운 삶의 방식에 적응해 나갔다. 인간관계, 경제활동도 달라졌다. 많은 경우 새로운 정착촌에는 선교사들이 외부에서 선별한 러시아인들이 정착촌 안으로 들어와서 개종자들과 함께 생활하였다. 러시아인들과의 공동체 생활을 통하여 새로운 러시아식 삶의 방식을 자연스럽게 배우게 하려는 의도였다.[619] 러시아 극동지역 한인들 선교를 위해서는 블라고슬로벤노예 정착촌 마을 건설이 대표적인 예이다. 여기에는 엄청난 재정적인 지원이 필요했다.[620] 그리고 선교에 국가의 개입이 많아질수록 국고지원도 많아졌다. 필자가 이미 살펴보았듯이, 한인들을 대상으로 한 선교에 있어서도 마지막 3단계 러시아제국의 국민석 성체감을 강화하는 데 조점을 맞춘 선교사역(1910-1917)에 신성종무원이 두마(러시아국회)에 엄청난 국고지원을 요청하였으며, 그것을 국가가 긍정적으로 검토한 사실을 확인하였다.

② 선교사들이 국가공무원과 같이 전락함으로 선교사들의 자발성과 헌신이 약화됨: 국고에 의존한 선교는 선교의 자발성을 떨어뜨리고, 선교의 토착화를 방해하며, 국고지원이 없어질 때는 선교가 중단뇌는 성우가 생기는데, 일례로 1917년 몰셰비키 혁명이 일어나자마자 극동 지역에서의 러시아정교회 선교는 한순간에 무너지고 말았다. 1917년 볼셰비키 혁명으로 러시아 극동 지역에서 러시아정교회

---

619) David N. Collins, "Colonialism and Siberian Development: A Case-Study of the Orthodox Mission to the Altay, 1830-1913", in Ed. by Alan Wood, *The Development of Siberia: People and Resources*(New York: St. Martin's Press, 1989), p.60.

620) РГИА. Ф. 383, Оп. 12, Д. 11870. I, 1-2.

선교사들이 철수한 이후, 1919년 채필근 목사가 연해주 지역을 둘러 보고 와서 함북노회에 보고한 내용은 참으로 비참하다.

두만강 너머 포시에트 지역을 둘러보았는데, 거기에는 약 2500여 가호가 있었고, 인구가 2만이었는데, 로국인(러시아인)과 중국인은 거의 없고 대부분 조선인들만 있더라. 옛날에는 희랍교 사제들이 활 동하였는데, 지금은 연추 외에는 모든 성당이 다 폐쇄되었더라. 희 랍교 지도를 받아 종교생활을 하던 백성들이 그 교회가 폐지된 후 에 목자를 잃은 양과 참말로 다름이 없더라.[621]

국가와 국고에 의지해서 선교를 하던 러시아정교회는 1917년 볼셰 비키 혁명으로 연해주를 비롯한 러시아 극동 지역에서 하루아침에 사라지고 비참한 흔적만 남기고 말았다. 그러나 연해주에서 활동하 던 한국 기독교 선교사들의 사역 모습은 달랐다. 선교사들의 자발적 인 헌신과 평신도들의 참여로 이루어진 장로교회와 감리교회, 침례 교회 선교는 연해주와 극동 시베리아에서 1920년대, 30년대까지 계 속하여 활발한 선교사역을 하였다.[622]

국고에 의존한 선교는 국가의 정치적 운명과 함께하게 된다는 것이 역사의 교훈이다.[623] 우주적으로 하나님의 나라를 증거하고 하나님

---

621) 함북노회, 제4회 회록, "채필근 목사 보고"(1919년 9월 13일), 43-46쪽.

622) 출처: "제목: 연해주에서의 한국선교사의 역사 게시일: 2002-11-13" http://www.mofat.go.kr/mission/emb/ww__info__view.mof.

623) 보쉬는 로마제국과 기독교선교와의 협력을 부정적으로 보았다. 그는 이 렇게 말하였다. "기독교 대제국은 붕괴되었다. 많은 이들이 이것을 아쉽 게 생각하였다. 그러나 이것은 실제에 있어서 자유를 의미한다. 이것은 축복인 것이다. 왜냐하면 교회가 다시 한번 교회로서 참될 수 있기 때문

324

나라를 구현해야 할 기독교 선교의 사명을 다하는 데 도움이 되지 못한다. 국고의 도움을 받아 선교하는 일이 때로는 손쉬워 보이고, 대형 프로젝트를 수행하는 데 효과적으로 보이지만, 국고가 제공되는 곳에는 항상 국가-정치적 의도가 함께 따라오게 되며, 우주적으로 하나님의 나라를 구현해야 하는 선교의 본질을 변질시키거나 훼손하며 때로는 방해하는 경우가 생긴다는 사실을 기억해야 할 것이다.[624]

국가 차원에서 이루어진 정교회 선교는 선교사들을 국가공무원처럼 대우하였다. 따라서 국가 관료 체제 속에서 흔히 나타나는 관료주의적 소극성과 부정적인 현상들이 선교사들 사이에서도 나타났다.[625]

이다." D. Bosch, *Witness to the World: The Christian mission in theological perspective*, p.293.

624) 최근 러시아정교회가 국제적으로 제공된 인도주의적 원조품들과 면세품으로 수입한 알코올, 담배 등을 정부의 은밀한 도움을 받아 시장에 다시 되팔아 막대한 수입을 올리고 있음을 러시아 여러 언론이 보도하였다. 1994년 한 해만 하더라도 1만 톤의 담배를 정교회가 수입하여 약 4천만 달러의 수입을 얻었다. 그리고 1991년 개방 직후 국가의 도움으로 러시아의 거대한 석유수출회사 MES 지분의 40%를 소유하고 있는 총대주교 알렉시스 2세는 매년 석유수출의 6-8%의 수입지분을 받는데, 그 액수는 대략 20억 달러이다. 이 밖에도 러시아정교회는 국가의 도움을 받아 생수 판매, 보석 가공, 양초, 의복 생산 판매, 기타 토지 임대 수입 등을 챙기고 있다. "Russia's un-Orthodox business", *Christian Century*, 01/01/97, Vol.114 Issue 1, pp.6-8.

625) 관료주의(官僚主義 bureaucratism): 관료제가 지배하고 있는 국가나 관청, 사회집단에서 발생하는 특정한 행동양식과 의식상태·비밀주의·선례답습·획일주의·형식주의·법규만능·창의결여·파벌의식·독선주의·권위주의·직권배타주의 및 직권의 이권화(利權化) 등과 같은 특성에 대해서 이를 비난하는 의미로 주로 사용한다. 항목, "관료", 『두산세계백과사전』, 3권(서울: 두산동아, 1998), 251쪽.

관료제 개념을 체계화한 대표적 학자는 M. 베버이다. 베버에 의하면 종교적 확신과 헌신으로 일해야 할 선교사들이 공무원처럼 체제에 안주하며 주어진 명령에 최소한 응답하는 모습으로 전락하였다. 국가-정치적 선교는 제도적으로 선교사들의 자발성을 약화시켰다. 러시아 당국은 한인 이주민들을 러시아 국민으로 받아들여 러시아화하는데 그 과제를 선교사들이 상당 부분 위임하였다[626]. 그러나 선교사들은 대부분 소명감 없이 선교사역에 종사하였다. 신성종무원이 1914년 러시아국회에 보고하는 자료 가운데 이런 내용이 나온다.

> 준비위원회 위원들의 성명을 통해서, 현 정교회 선교부 조직이 블라디보스톡 주교구 산하의 이민족들 사이에서 고전을 하고 있음을 알게 되었다. 블라디보스톡 주교구의 선교사들은 우연한 계기로(자신의 의지와 관계없이) 선교업무에 입문한 사람들이다. 즉 선교사들의 대부분이 선교활동에 대한 소명의식을 느꼈다거나, 혹은 이에 준비되어 있어서가 아니라, 다만 교회의 자체규율과 고위 성직자에 대한 복종의 결과로 선교사가 되었다.[627]

관료제적 지배는 근대적 사회에서 집단조직의 운영을 특징짓는 것으로서 극히 형식적 합리성을 갖는다고 한다. 베버의 관료제는 다음과 같은 특징을 갖는다. ① 전문적 직무의 범위인 책임과 권한의 범위가 기능적으로 명확히 한정되고 있다(권한의 원칙). ② 직무상의 지휘·명령계통이 계층을 통하여 확립되고 있다(계층의 원리). ③ 근무자와 근무에 필요한 물적 수단과는 완전히 분리되어 있으며, 보수로는 일정한 화폐봉급이 지불된다. ④ 직무를 수행하는 데 필요한 전문적 지식·기술·경험의 요구 그리고 이것을 확보하기 위하여 임명·보수·연금·승진 등의 제도가 정비되어 있다. ⑤ 사무는 원칙적으로 문서로써 처리된다. ⑥ 지위의 사유·세습은 있을 수 없으며, 근무자를 자유롭게 선택할 수 있고 도태시킬 수도 있다. 항목, "관료주의", 『PASCAL 세계대백과사전』(서울: 동서문화, 1999), 1474쪽.

626) 정태수, "국치 직후의 신한촌과 한민학교 연구(1910-1914)", 『수촌 박영석 교수 회갑기념 논총』(1992), 1175쪽.

그러나 소명의식과 헌신이 부족하다고 해서 빈자리로 남겨둘 수는 없었다. 하나님의 말씀을 전하지는 않더라도, 영세(침례) 받은 이민족 주민들에게 성례전을 집행하는 일은 계속해야 했다. 임명받고 파송받은 선교사들은 명령에 복종하여 완전히 낯선 상황에 발을 들여놓게 되고, 그리고 낯선 환경 가운데에서 전혀 활동할 준비가 되어 있지 않은 상태에서 무엇을 해야 하고, 어떻게 선교활동을 착수해야 할지를 모른 채, 당황함으로 매번 실수를 하였다. 이런 일들이 반복되는 가운데 선교사들은 가능한 한 빨리 현지 선교지를 떠나려고 했다. 떠나지 못하면 실망에 빠지고, 자신의 사명에 무관심한 태도를 취하였다. 연해주에서 한인들을 대상으로 사역한 선교사들의 사역 기간이 대부분 짧았던 것을 앞에서 확인하였다.628)

선교사들이 선교지를 가능한 빨리 떠나려 한 이유들 중의 하나는 선교사들의 물질적인 조건이 열악하다는 데 있었다.629) 선교사는 대부분의 경우에 교구사제(приходский священник)가 받는 만큼(1년 - 500루블)의 봉급을 받고 있었다. 그렇지만 본국의 교구사제가 성례 집행 등으로 교구민들로부터 일정한 수입을 기대해 볼 수 있는 반면에, 선교사는 이민족들이 성례식에 대해 아무런 대가를 지불하지 않기 때문에, 그러한 수입을 기대할 수 없었다. 따라서 선교사들은 늘 러시아인들이 소속되어 있는 교구로 옮겨가고자 하였다. 특별히 가정이 있는 사람이 500루블을 가지고 살아가기란 거의 불가능하였다.

---

627) 「블라디보스톡 주교구 산하 한인들의 정교회 개종에 따른 선교부 조직과 관련한 국고지원에 관한 국가두마에 대한 보고서」, РГИАДВ, Ф. 702, Оп. 3, Д. 443, Л. 22.

628) 이 연구, 152-53쪽.

629) РГИАДВ, Ф. 702, Оп. 3, Д. 443, Л. 25-26.

당시 정교회 선교회가 블라디보스톡 주교구 선교부에 일정액의 보조금을 지급해주고 있지만, 그 액수가 매우 적으며, 게다가 해마다 삭감되어 1910년 당시 보조금이 1년에 1인당 70-150루블 정도밖에 안되었으며, 그마나 그 돈은 보조금 등 여러 용도로 지출되어야 했다.[630] 이러한 상황 속에서 비자발적인 선교사들은 더욱 의기소침하여 선교에 무관심하였다.

이러한 현상은 비단 러시아 극동 지역 선교사들 사이에만 있는 현상이 아니었다. 밀류코프(Малюков)도 『러시아문화사』에서 당시 사제들에 대해서 다음과 같이 적고 있다.

우리 사제들은 무식하고 거칠었다. 이들의 삶은 전혀 보장되지 않았고, 민중들로부터 심하게 격리되어 있어서 이들의 삶에 어떠한 영향력도 끼치지 못하였다. 사제들은 좁은 형식주의의 틀 속에 갇혀서 귀찮고 번거로운 의미들로 인하여 녹초가 되어 있었다. 그들은 기계적으로 예배와 아침 기도모임과 추도식, 나아가 성례식을 인도하였다. 그리고는 손에서 손으로 돈이 건네졌다. 그 후에는 준비 없는 메시지와 설교가 이루어졌고, 신도들은 거의 귀를 기울이지 않았다. 결과적으로 믿음에 대한 인식도 못한 채 신도들은 신앙에 대한 회의를 갖게 되었다.[631]

---

630) РГИАДВ, Ф. 702, Оп. 3, Д. 443, Л. 26.

631) П. Н. Милюков, *Очерки по истории русской культуры(러시아문화사)*, Москва., 1994, 2권, 1부, c.163. 당시 정교회 사제들의 영적 도덕적 문제를 날카롭게 표현한 대표적인 화가로서 뻬로프(1834-1882)를 들 수 있다. 그는 사실주의 기법으로 화폭에 등장하는 각 사람의 특색을 생생하게 묘사하고 있다. 특히 "부활절 농촌 십자가 행렬(1860)", "농촌 마을에서의 설교(1861)", "모스크바 근교의 므이티쉬에서 사제들이 차 마시는 모습(1862)", "수도원에서 공동식사(1876)" 등의 그림을 통

러시아 농민들의 영적 무지는 당시 사제들에게 1차적 책임이 있었음을 지적한 것이다. 당시 비정교회 종파에 대한 전문가인 정교회 사제 라쥐제스트벤스키(рождественский)나 니젤스키(Низельский)도 이와 동일한 입장을 표명하였다.

우리의 교회, 특히 시골 교회에서 들려지는 시편과 메시지 강독은 전혀 과장 없이 표현하면 정말 따분한 것이다……. 명백한 것은 봉독자가 내용의 중심요지를 이해하지 못하고 있으며, 예배의 목적이 무엇인지 알지 못하고 있다는 사실이다. 예배가 하나님께 대한 섬김이 아니라 단지 교회법규에 적혀 있는 문자를 이행하는 것에 불과하다. 이러한 예배를 드리는 것은 참석자들의 심령에 은혜와 영적 양식을 공급하기 위해서가 아니라, 단지 어떠한 죄의식을 씻기 위해서 행해지는 듯한 인상을 받는다. 따라서 교회에 참석한 사람들은 영적 각성과 기도에 대한 새로운 자극을 받는 대신에 지루함을 유발하는 산만한 마음만을 갖게 된다. 결국 아무런 영적 만족을 느끼지 못한 이들은 교회에 대해 점차적으로 냉담해지고 기계적인 예배 의식에만 참여하게 되는 것이다.[632]

제국의 변방 소수민족들을 대상으로 한 러시아정교회 선교가 잘되지 않은 이유가 의미전달이 제대로 되지 않는 정교회 예배방식 때문이있다는 것이다. 러시아계 영국인 망명학자 제르노프(H. Зернов)는 정교회가 자랑하는 예배의 장엄함과 화려함, 아름다운 내부 장식의 외적인 화

하여 당시 정교회 사제들과 정교회 신도들의 생명력 없는 신앙의 모습을 예리하게 지적하였다. Василий Григорьевич Перов. *Живопись и Графика*(*풍경화*) (Ленинград. 1989).

632) Недзельницкий. *Штундизм. Причины появления и разбор учения его*(*쉬툰디즘의 등장 배경과 분석*)(СПб., 1899), c.14-15.

려함 등은 결국 만족할 수 없는 내면의 갈등만을 심화시켜 줌으로써 결
과적으로 러시아인들의 종교적 무지를 초래하게 되었다고 주장하였다.

> 정교회의 예배는 동방정교회의 가장 위대한 보화 중의 하나로 간
> 주되었다. 이는 아름다운 성가와 화려한 의식과 찬란하리만큼 눈부
> 시게 장식된 내부 구조와 성상들은 성전에 들어가는 이들로 하여금
> 외적 장엄함에 매료되게 하였다. 그러나 이러한 외적인 화려함으로
> 는 영적 문제들을 안고 있는 당시 신도들의 내면 문제 해결에 도움
> 을 줄 수 없었다. 부사제가 부르는 베이스 톤의 노래는 슬라브어로
> 되어 있어서 전혀 알아들을 수 없었으며, 특히 예배 의식은 완전히
> 슬라브어로 진행되었기 때문에 일반 평민들은 그 내용을 전혀 이해
> 할 수 없었다. 이해할 수 없는 예배의식은 당연히 지루하고 따분한
> 시간이 될 수밖에 없었다.[633]

극동 지역에서 한인들을 대상으로 한 정교회 선교가 날이 갈수록
어려워지고, 개종자들이 다시 토속신앙이나 조선에서 건너온 조선인
장로교 선교사나 감리교선교사들에게로 간 근원적인 이유들 중의 하
나는 위에서 언급한 대로 전통적으로 답답한 정교회 분위기와 예배
형식 때문이었다. 당시 대다수의 문맹자들인 러시아 농민들에게 정
교회 신앙 교리나, 의식, 예배 등은 거의 이해할 수 없는 것이었으며,
이로 인하여 그들은 영적인 갈등은 더욱 심화되고 있었는데, 더구나
러시아어도 모르는 한인들에게는 그 갈등이 더욱 심할 수밖에 없었
을 것이다.

633) Н. Зернов, Русское религиозное возрождение xx века(20세기 러시아
종교부흥), Париж. с.92. 남석주, "농노해방 시기의 러시아정교회와 신
교", 『슬라브학보』, 제14권 2호, 333쪽에서 재인용.

그런데 이러한 교구 사제들의 문제를, 특히 시골 사제들의 문제를 그들에게만 전가시킨다는 것은 너무 가혹한 비판이다. 왜냐하면 교구사제들이 지닌 문제는 그들 자체의 문제라기보다는 당시 러시아정교회가 안고 있던 총체적인 구조의 문제라고 보는 것이 일반적이기 때문이다. 즉 교구 사제들의 사회적인 신분과 사제들을 양성하는 신학교와 특히 시골사제들의 극도의 가난한 생활 등의 복합적인 문제들은 그들이 사제로서의 역할을 감당하기에는 너무나 벅찬 현실이었던 것이다. 블라디미르 솔로비예프는 1881년과 1882년 『루시(Русь)』지에 발표된 "러시아 영적 권위에 대하여"와 "러시아 백성과 사회 속에서 종교 분열에 관하여"라는 두 개의 논문에서 당시 러시아성교회의 총체적인 문제점에 대하여 신랄하게 비판하였다.[634] 그는 이 논문들에서 세속권력에 대한 러시아정교회의 무조건적인 복종, 일반 평신도들과 유리된 사제들의 생활, 사제 간(흑승과 백승)에 첨예화된 갈등, 러시아정교회 내의 철저한 계급적 구조, 이 모든 것과 관련된 러시아 민중들의 종교적인 무지 등의 모든 모습들이 영적 권세를 상실한 러시아정교회의 상황이라고 지적하였다.

한반도에서 연해주로 건너온 장로교, 감리교, 침례교 선교사들의 선교와 비교해 볼 때,[635] 교회 개척 수와 선교의 지속성의 측면에서

---

634) К.В. Мочульский Гоголь, Соловьев, Достоевский. М., 1995. c.136-37. 참고. 남석주, "B. 솔로비요프와 보편교회", 『러시아어문학 연구논집』, 제5집, 1999. 325쪽.

635) 교파별로 선교역사를 간략히 살펴보면, ① 먼저 연해주에서 장로교회 선교는 1909년에 최관흘 목사로 인하여 시작되었다. 1913년에는 그가 정교회로 개종하는 바람에, 일시 중단되기도 하였으나, 계속 발전하여 1922년 시베리아 노회가 조직되었다. 이후 공산당의 박해가 계속되었으나 1929년까지 8개 교회 900여 신자가 존재하였다. ② 연해주에서 감리

볼 때 러시아정교회의 선교는 실패했다고 볼 수 있다. 그 실패의 1 차적인 원인은 정교회 선교사들의 소극성, 비자발성, 선교대상에 대한 무지 때문이었다. 복음의 내용을 선교대상인 한인들에게 올바르게 효과적으로 전할 수 있는 선교사가 없었다는 사실이 가장 큰 원인이었다. 그러나 조금 더 깊이 연구해 보면, 당시 러시아정교회 선교의 문제는 선교사 개인의 문제인 동시에 신학적인 문제요, 구조적인 문제에서 비롯되었다. 위에서 언급한 대로 신학적으로는 정교회의 예배 자체가 오직 전통과 정통성에만 초점을 맞출 뿐, 효과적인 커뮤니케이션에는 무관심한 것이었으며, 구조적으로는 정교회가 국가교회였기 때문이었다.

③ 하나님의 나라 확장을 위해서 일하는 사역이 아니라, 러시아정교회의 독점권을 주장하고 유지하는 데 전념하는 선교사역에 몰두하게 됨: 국가-정치적 성격을 지닌 러시아정교회의 선교는 선교 독점

교회 선교는 1919년 민족독립운동 이후 블라디보스톡으로 피난 온 많은 감리교 교인들이 독자적으로 모이는 것을 계기로 시작되었다. 1920년 순회 전도를 통하여 1년 만에 30교회를 설립하였다. 1923년 보고에 의하면 블라디보스톡 지방에 36교회 1,418명의 교인, 니꼴스크 지방에 21개 교회에 754명의 교인이 있었다. 그러나 공산당의 혹독한 박해로 1930년에 시베리아 선교사업 중단을 결의하였다. ③ 시베리아에서 침례교 선교는 최성업 목사에 의하여 시작되었다. 1909년 연추(끄라스끼노) 지역의 달미 교회를 설립하는 것을 시작으로 수청(빠르찌잔스크)의 청재동 교회를 비롯하여 30여 개 교회를 설립하였다. 1920년에 4개 구역에서 100여 개 교회가 설립되었다. 그러나 1928년 공산당의 기독교 탄압이 가중되면서 교세가 약화되었다. 출처: "제목: 연해주에서의 한국선교사의 역사 게시일: 2002-11-13." http://www.mofat.go.kr/mission/emb/ww_info_view.mof.

권(missionary monopoly)을 주장하였다. 선교 독점권적인 태도를 반드시 부정적으로만 볼 수는 없을 것이다. 어떤 면에서 책임적 선교를 감당하려는 태도로 볼 수도 있으며, 같은 지역 안에서 중복 경쟁 선교를 피하는 효과가 있기 때문이다. 그러나 러시아정교회의 독점권적인 선교는 위에서 언급한 선교 책임적인 차원에서 독점권을 주장한 것이 아니었다. 정신적으로 국가 이데올로기의 시녀가 되어 러시아제국의 이익과 교회의 선교를 동일시하였으며, 영토 중심적 선교관에 고착되어 '러시아 땅은 모두 정교회 지역이다'는 신화(神話)를 맹목적으로 추종하고 있었다.

아직 미개척지 상태에서 한인들을 비롯한 소수민족들이 함께 거주하는 지역에서 러시아정교회는 국가의 이데올로기를 그대로 추종하여 장로교, 감리교, 침례교 한인선교사들의 선교활동을 방해하고 국가 관청의 도움을 받아 선교활동을 차단하고, 선교사들을 정교회로 개종시키고, 가능하면 추방하려는 시도를 여러 차례 하였다. 러시아 땅은 러시아정교회 땅이며, 러시아 국민은 당연히 정교회 신자이어야 하며, 장로교 신자나 감리교 신자는 러시아 국민이 될 수 없으며, 되어서도 안 된다는 정교회적 애국주의 정서가 무비판적으로 선교사들의 사상과 사역에 그대로 반영되어 있었다.[636] 이러한 수상은 러시아 극동 지역 한인들에게만 적용된 것이 아니다. 1905년-1907년 사이의 정교회 선교활동에 대한 보고서에서 당시 신성종무원장은 다음과 같이 적고 있다.

---

[636] 남석주, "농노해방 시기의 러시아정교회와 신교", 『슬라브학보』, 제14권 2호, 321-22쪽.

거룩한 루시는 분파교를 알지 못한다. 러시아 신자들의 모든 영혼
은 정교회와 친숙해져 있는 만큼, 러시아인에게 있어서 참된 믿음의
보화로부터 조금만이라도 변질한다는 것은 생각할 수 없는 것으로
여겨져 왔다. 이것이 왜 러시아에서는 분파교(장로교, 감리교)가 발
생할 수 없는지의 이유인 것이다. 분파교는 외부로부터 유입된 현상
이다. 분파교는 서유럽 문화의 산물이며, 불신으로 향하는 다리인
것이다. 이 점에서 분파교는 정교회뿐만 아니라, 러시아인의 참된
속성과도 대치되는 것이다.[637]

이러한 시대 분위기 속에서 사역한 러시아정교회 선교사들은 기독
교의 보편적인 진리와 편협한 러시아 민족주의와 애국주의를 구분하
지 못하였다. 유감스럽게도 이러한 편견이 오늘날까지도 러시아정교
회와 일부 극우파 러시아인들 사이에 지배적인 견해로 남아 있다.[638]

④ 세례의 본질을 훼손하고 명목상 기독교인들을 양산하는 결과를
낳음: 국가 - 정치적인 선교는 국가의 힘을 이용하여 선교한다. 따라
서 단시간에 많은 집단개종을 꾀할 수 있으며, 제도적 행정적 통제
를 통하여 개종자들의 종교생활을 사회적으로 형성해 나갈 수 있다
는 장점이 있다. 그러나 근본적으로 교회의 존재 목적과 다른 목적

---

637) "Всподданнейший очёт обер-рокурора св.Синода за 1905-1907 год
ы"(СПб. 1910), c.159-60.

638) 대표적인 예가 1997년 10월 1일 러시아정교회의 압력으로 만들어진 "양
심의 자유 및 종교 단체에 대한 러시아 연방법"이라고 하는 선교사 규제
법이다. 참고: http://kcm.co.kr/russia/971001.html(2004년 3월 16일 검
색). 참고, Zoe Knox, "Russia's Religion Law and Threats to Freedom of
Conscience", http://www.cerc. unimelb.edu.au/bulletin/00nov.htm(2004
년 4월 10일).

을 지닌 국가가 주체가 되어 선교가 이루어질 때, 불가피하게 선교의 본질이 변질되고 훼손되는 일을 피할 수 없다. 국가-정치적 선교 현장에서 이루어지는 개종은 개종의 진정한 속성인 자발성과 영성을 고려하기 어렵다.

마태복음 28장에 기록된 지상명령에 의하면, 선교사역은 "가서, 제자삼아, 영세(침례)를 주고, 가르쳐 지키게 하는 것"이다. 영세(침례)와 선교는 처음부터 긴밀한 관계성을 지니고 있다. 선교사역은 영세(침례) 받는 사람들에 의하여 가시적으로 구체화된다. 영세(침례)는 그리스도교적 삶의 시작이며, 예수 그리스도와 교회공동체 안으로 들어가는 성례식이다. 그러므로 영세(침례)의 본질과 선교적인 의미는 교회공동체와 그리스도인 실존의 총체성에서 이해되어야 한다.[639]

그러나 선교 현장에서 영세(침례)의 의미는 복합적이다. 그것은 신성한 생명을 나누기 위한 하나님의 부름, 영세(침례) 후보자의 개인적인 회심, 그리스도와의 연합, 그리스도 안에서 사는 새 생명의 시작, 성령에 대한 수용, 그리고 교회공동체로 들어옴을 의미한다.[640] 동시에 선교 현장에서 세례는 기존 사회질서에 여러 가지 영향을 끼친다. 종종 세례식은 사회적인 갈등을 일으키고, 다른 한편으로는 연대감을 소성한다. 선교지에서 세례식은 세례 받은 사람을 기존 사회로부터 떼어낸다. 소외감을 일으킨다. 토착민의 입장에서 보면, 영세

---

639) *Dictionary of Mission: Theology, History, Perspectives*, Karl Miiller, SVD, Theo Sundenneier, Stephen B. Bevans, SVD, Richard H. Bliese, ed.,(New York: Orbis Books, 1997), p.337.

640) 세례를 선교적인 차원에서 논하는 글을 보려면, John H. Pier, *The Road Ahead: A Theology for the Church in Mission*(Eerdmans, Grand Rapids, 1970), pp.69-83.

(침례)는 대체로 토착문화의 부정과 조상에 대한 배반으로 인식되었다. 다른 한편으로 세례는 먼저 세례 받은 그리스도인들과 형제자매의 관계를 강화한다. 하나님 나라 백성들과 연대를 강화한다.

우리가 살펴본 대로 러시아제국 안에서 영세는 개종자를 정교회에 연합시키는 표시인 동시에 역사적으로 정치적인 행위의 의미를 지니고 있었다.[641] 즉 러시아 국가와 짜르(황제)의 권위를 수용한다는 표시였으며 러시아적 가치들의 핵심을 받아들이는 행위였다. 이것은 동시에 다양한 민족들로 구성된 러시아제국의 일치를 가시화하는 의식이기도 하였다. 영세 받은 자들에게는 물질적인 혜택이 주어졌음으로, 영세식은 중요한 경제적인 차원들과 연결되어 있었다. 이렇게 영세식에는 종교적이고, 사회적이고, 정치 경제적인 의미들이 포함되어 있었다. 영세를 받고 나면, 많은 변화가 생겼다. 단순히 형식적인 영세라 할지라도, 일단 영세를 받고 나면, 법적으로 보호를 받는 러시아 국민이 되었다.

그러나 정교회의 영세를 받은 다음에는 다른 종교를 가지거나, 다른 교파로 갈 수 없었다. 만일 정교회를 떠날 경우에는 징벌이 가해졌다. 정교회 신앙을 버린 자들에게 가해질 수 있는 징벌의 내용을 법으로 만들었다. 배교자들에게는 공적으로 회개를 요구하며, 어떤 때에는 교구 수도원에 감금하기도 하며, 재산이나 자녀들을 몰수할 수도 있었다.[642] 시간이 지남에 따라서 배교자들에게 주어지는 징벌

---

641) 참고. 러시아 국적을 취득하기 위한 서약서 양식. РГИАДВ. Ф. 1. Оп. 2. Д. 1184. Л. 23-24. 이 연구 231쪽.

642) 참고. Свод Законов Россий ской империи(러시아제국 법전)(1842), раздел 28, с.46-49, 51-53.

의 내용을 보다 구체화하였다.[643] 개종자들에게는 오바실리, 최표트로비치(베드로)와 같은 새로운 정교회식 이름이 주어졌다. 그러므로 영세(침례)는 법적으로 사회적인 신분에 있어서 근본적인 변화를 가져다주었다. 한번 영세는 결코 취소되거나 무효화될 수 없는 것이었다. 그러나 영세식의 의미는 각각의 입장에 따라서 다르게 해석되었다.[644] 교회 입장에서 세례는 개종자를 교회공동체와 묶어주는 예식이며, 주님의 영원한 세계와 묶어주는 띠이다. 한번 세례를 받은 다음에는 배교할 수 없다. 배교하는 것은 교회 교부들의 가르침에 따라서 교회 지도자들이 엄하게 금지하였을 뿐만 아니라, 러시아에서는 국가법과 시민법에 의해서도 금하였다. 러시아 법은 이렇게 규정하고 있었다.

정교회 신자로 태어난 사람이든지 정교회 신앙으로 개종한 사람은 결코 정교회 신앙을 버리지 못하며, 새로운 신앙을 받아들여서도 안 된다. 설사 그것이 기독교의 다른 교파 신앙일지라도.[645]

지방관청의 입장에서 영세(침례)식은 중앙정부의 권위를 세우고, 요구하고, 수용하도록 만드는 러시아 국민의식(State Liturgy)의 성

---

643) 특별히 1845년에 나온 "Устав о Предупрезений й пресешений престу прений (규정집)", 이후에는 더욱 상세하게 징벌의 내용을 법률로 제정하였다. 배교자의 경우 결혼, 출생, 사망, 그리고 공식적인 맹세 등 거의 모든 활동을 기독교 규정집에 따라서 관찰하고 기록하였다.

644) Werth Paul William, "Orthodox mission and imperial governance in the Volga-Kama region, 1825-1881", p.229.

645) Свод Законов Российской империи(러시아제국 법전) (1842) vol.14, 항목 40.

격을 지니고 있었다. 반면에 원주민 귀족층의 입장은 자신의 기득권
과 재산권을 보장받는 의식이었으며, 원주민 서민층의 입장에서는
토지를 비롯한 경제적인 혜택을 얻는 수단으로 생각하였다.

적법한 영세(침례)식은 필수적인 준비사항들을 갖추고 자원하는
사람에게만 베풀어져야 했다. 어떤 경우에도 강제력에 의하여 영세
(침례) 받는 일은 불법이었다. 구체적으로 잘 지켜지지 않은 경우들
이 더러 있었지만, 적어도 이론적으로는 오직 자원하는 자에게만 영
세(침례)를 줄 수 있었다.646) 국가법은 분명히 규정하길, "다른 신
앙을 가진 사람들을 개종함에 있어서 추호의 강제가 있어서는 안 된
다. 정교회 신앙을 가지기를 원하지 않는 사람을 조금이라도 위협해
서도 안 된다"라고 하였다.647) 신성종무원도 비러시아인에게 주어지
는 영세(침례)는 어떤 경우에도 강제력이 개입되어서는 안 된다고
지시하였다.648) 이러한 일이 있은 다음에도 지방 사제들과 관청 공

---

646) Werth, P. William, "Orthodox mission and imperial governance in the
Volga-Kama region, 1825-1881", Ph.D. diss., University of Michigan,
1996. p.230.

647) Свод Законов Россий ской империи(러시아제국 법전)(1842) vol.14,
항목 73.

648) 18세기에 이미 교회는 적법한 영세(침례)식의 절차에 대하여 규정을 만
들었다. 1740년 대규모 개종들 중에서 비러시아인들이 자기들은 원하지
도 않았는데 영세(침례)를 받았다고 불평을 하자, 신성종무원은 교회지
도자들에게 영세(침례) 받기를 원하는 자들의 서면 사인을 받도록 지시
하였고, 동시에 피영세(침례) 후보자들에게 기독교의 핵심진리들을 가
르칠 것을 지시하였다. В. Л. Величко, "Инородцы", Полное собрание
публицистических сочинений, 2 том, СПб, 1904-1905, vol.13, No.9825.
이런 맥락에서 1837년 Viatka 주교가 선교사역을 위하여 수고하는 선교
사들에게 경찰관들을 보내달라는 요청을 신성종무원은 거절하였다. П.
Н. Луппов, изд. Материалы для истории христианства и вотяков в пе

무원들에게 자제하라는 지시를 여러 차례 내린 것으로 보아, 가끔 개종자 수를 증가시키기 위하여 조급한 마음으로 강제력을 동원하여 영세 주는 일들이 가끔 있었던 것으로 보인다. 중앙정부도 대체적으로 강제에 의한 영세를 엄격하게 금지하였다. 19세기에 중앙정부는 영세에 관련된 지시와 규정을 관료주의적 차원에서 취급하였다. 즉 교구 주교가 영세 받고자 하는 사람들의 인적사항과 자필 사인이 포함된 청원서를 관청에 올리면, 관청에서는 해당 지역 공무원으로 하여금 그 실태를 확인하도록 한 다음, 영세식 여부를 허락해주었다. 허락이 떨어지면, 교구사제가 피영세자들이 일평생 정교회 신앙을 따르고 지킬 것을 서약하게 한 다음, 영세식을 베풀었다. 피영세자들은 일반적으로 영세 받기 전 40일 동안 피영세 교육을 받아야 했다. 다만 심각한 질병이 있을 경우에는 예외적으로 취급하였다. 물론 이러한 규정이 항상 철저하게 지켜진 것은 아니었지만, 이러한 규정들을 통하여 우리는 당시 영세가 얼마나 남용되었으며, 강제에 의한 개종자 수 늘리기의 유혹을 많이 받았는가를 짐작해 볼 수 있다.

국가 차원에서는 영세 받은 자에게 물질적인 혜택이 주어진다는 규정도 만들었다.[649] 그중에 제일 중요한 부분은 일평생 군복무에서

рвой половине XIX века(Вятка, 1911), c.11.

649) 이러한 규정은 대부분 러시아화 정책이 고조되던 19세기 후반에 제정되었다. A. Мазаровский, *Изложение хода миссионерского дела по ос вещению Казанских инородцев с 1552 по 1867 годы*(1552년부터 1867년까지 카잔 지역 이교민족들의 기독교화를 위한 선교사역에 관한 기록), и *Чтения в Императорском обществе истории и древностей рос сийских при Московском университете*, т. 112-113(1880); Е. А. Малов, *О новокрещенских школах в XVIII веке*(18세기 피세례자학교에 관하여)(Казань, 1868).

면제해주며, 3년간 세금을 면제해준다는 조항이었다. 1853년 오렌브르그 주교가 설명했듯이, 이러한 조항은 이교도들이 물질적인 격려를 받음으로써 구원하는 정교회 신앙을 편안하게 받아들일 수 있도록 자극하기 위하여 만들어졌다.[650] 그러나 교구 사제들은 물질적인 혜택을 미끼로 영세 주는 일을 꺼려하였지만 어떤 경우에는 아직 아무것도 모르는 이교도들을 기독교 신앙으로 끌어들이고, 기독교를 접하게 하는 하나의 매체로서 물질적인 혜택이 매력을 지닌다는 사실을 활용하기도 하였다. 157명에게 영세를 베푼 어느 사제는 이렇게 말하였다.

> 초기단계에서는 물질적인 혜택이나 특별한 보호(Особенное пкровительство)를 약속함으로 이교도들을 기독교 신앙으로 끌어들인 다음, 기독교 신앙의 내용에 대하여 설명하였다. 특별한 혜택을 받은 그들은 기독교 신앙의 내용에 대해서도 잘 받아들였다.[651]

간단히 말하면, 먼저 영세(침례)를 주고, 그 다음 기독교를 설명하라는 것이었다. 그러나 많은 경우 선교사들의 의도와는 달리 물질적인 지원이 선교의 본질과 의도를 변질시켰고, 어떤 경우에는 선교를 방해하기도 하였다. 약속한 지원과 혜택이 곧바로 주어지지 않을 때에는 불평이 많았다. 영세(침례) 받은 다음 몇 년이 지났는데도 왜 약속한 것을 주지 않느냐고 항의하는 경우도 있었다.[652] 이러한 지

---

650) РГИА Ф. 796, оп. 129, д. 1542, л. 172 б.

651) Werth, "Orthodox mission and imperial governance in the Volga-Kama region, 1825-1881", p.232.

652) РГИА Ф. 796, оп. 117, д. 1303. 추바쉬 부족과 모르드빈 부족 청원자들

연은 그 이유가 무엇이든지 간에 선교에 결정적으로 부정적인 영향을 끼쳤다. 새로운 개종자들은 선교사들이 자기들을 속였다고 생각했다. 영세(침례) 받지 않은 동네 친구들은 그들을 조롱하였다. 혜택의 지연은 시간이 지남에 따라서 새로운 개종자들과 이교도들의 선교활동에 나쁜 영향을 주었다. 어떤 선교사들은 이후로 혜택에 대하여 언급하는 것조차 두려워했다. 게다가 관리들의 의도가 무엇이든지간에, 일부 비기독교인들은 오로지 물질적인 혜택을 받기 위하여 영세(침례)를 받는 경우가 있었다. 어떤 사람들은 혜택을 더 얻으려는 의도에서 이름을 바꾸어 여러 번 영세를 받는 경우도 있었다. 이런 현상으로 인하여 영세를 베풀 때에 물질적인 혜택을 주는 일에 대하여 비판하는 목소리가 19세기에 강하게 일어났다. 그러나 선교사들, 교구 사제들, 그리고 관청 관리들은 물질적인 혜택은 선교사역에 있어서 필수적인 요소라고 보았고, 어떤 경우에는 더 많은 혜택을 제도화해야 한다고 주장했다.[653]

이와 같이 국가-정치적 선교 현장에서 이루어진 영세는 국가의 이

은 1855년에 국유지관리부 대신에게 "우리는 영세(침례)를 받았는데도 왜 군대 징집영장이 나오고 세금 고지서가 계속 날아오느냐?"고 항의하였다 РГИА Ф. 383, ОП. 18, Д. 23612. 청원자들의 요청은 1859년 대부분 승낙을 받았다. 그러나 청원 내용 중 3가지는 국방부 장관의 재심을 받아야 했는데, 결과 그들은 군역으로부터 면제되지 않았다. 이러한 항의와 혼란은 대부분의 경우 관료주의적인 경직성 때문이었다. 어떤 지방 관리는 어떤 이교도 여인이 영세(침례)를 받은 이후에 낳은 아들과 영세(침례) 받기 이전에 낳은 아들의 군역 문제 여부를 두고 고심하였다. 왜냐하면 군역 면제의 혜택은 오직 개종자의 가족으로부터 태어난 자녀에게만 부여된다는 법률 조항 때문이었다. РГИА Ф. 796, ОП. 117, Д. 1264.

653) РГИА Ф. 383, ОП. 12, Д. 11870.

익과 의도의 수단으로 여겨졌기 때문에 세례의 본래적인 의도와 의미를 훼손하며 수많은 부작용을 낳았다. 자발적이고도 영적인 회심에 관한 관심이 뒷전으로 밀려나고, 수용자들에게 물질적 혜택을 기대하게 만드는 통과의례로 간주되었다. 선교사들에게도 세례는 그리스도를 주로 고백하며 하나님의 자녀의 탄생으로서 여겨지기보다는 러시아국민을 만드는 과정으로 여겨졌으며, 세례를 베푸는 선교사는 그리스도의 대사로서의 자의식(自意識)보다는 국가공무원의 직무를 수행한다는 관료적 자의식을 강하게 지녔다. 이렇게 세례의 본질을 떠난 세례 행위는 명목상 기독교인들을 대량 양산하는 결과를 낳았다.

VII. 결 론

이 연구는 학문적 검증 없이 보편적으로 서술되고 있는 '러시아정교회 선교의 국가-정치적 성격'을 역사적으로 그리고 선교학적으로 규명하고 설명하기 위하여 시작되었다.

이러한 목적을 달성하기 위하여 정교회 선교와 관련된 러시아 국립고문서 자료들을 분석하였다. 그중에서도 1860년부터 1917년까지 러시아 극동 지역에서 한인 유민들을 대상으로 이루어진 러시아정교회 선교사역과 1897년부터 1925년까지 한반도에서 한국인들을 대상으로 이루어진 러시아정교회 선교사역과 관련된 자료들을 집중적으로 분석하였다.

분석 연구 결과, 지금까지 모호하게 언급되던 러시아정교회의 국가-정치적 선교의 성격과 양태를 구체적으로 기술할 수 있게 되었으며, 국가-정치적인 선교로 인하여 발생하는 보편적인 결과들을 전망할 수 있게 되었다. 이러한 연구 결과는 앞으로 국가-정치적 선교의 성격을 지닌 세계 속에 들어가서 선교하거나, 협력하거나, 전망하거나 제언할 일이 있을 때 유용한 지식이 될 것이다.

이 장(章)에서는 지금까지의 연구 결과를 요약한 다음 선교학적인 비판을 가하려고 한다. 그리고 필자가 책을 쓰면서 발견한 새로운 사실 두 가지를 기술하고, 러시아정교회 선교 책임자를 만난다면 드리고 싶은 제언을 기술함으로써 연구를 마무리하고자 한다.

A. 요 약

정교회와 국가와의 독특한 관계성은 '황제교황주의'라는 단어 속에 집약되어 있다. 황제교황주의는 콘스탄틴 황제의 칙령 이후 동로마제국 안에서 발생하여 유스티니아누스 황제 시대에 법제화된 이래 비잔틴제국의 보편적인 질서가 되었다. 비잔틴정교회로부터 황제 주도하에 그리스도교를 받아들인 러시아는 점진적인 역사 과정을 거쳐서 18세기 표트르 대제 시대에는 신성종무원이라고 하는 국가관청을 통하여 황제교황주의 이념을 제국의 견고한 질서로 법제화하였다. 정교회는 황제가 주도하는 국가교회가 되었다.

러시아정교회는 처음부터 황제 주도하에 수용되고 확대되고 발전하였다. 따라서 러시아정교회는 오랜 역사 속에서 국가-정치뿐 아니라, 국민의 교육과 생활에 긴밀한 관련성을 갖게 되었다. 특별히 표트르 대제 시대에 교회의 권위를 대표하는 총대주교제(Patriarchate)를 폐지하고 교회와 선교를 관장하는 국가관청인 신성종무원을 신설하여 교회의 모든 문제를 관활하게 함으로 러시아정교회는 국가교회적 성격을 더욱 강하게 지니게 되었다. 따라서 선교도 국가-정치적 성격을 뚜렷하게 보여주었다. 국가교회가 된 러시아정교회는 러시아제국 안에서 그 지배적 위치를 법에 의해 보호받았다. 필요한 재정의 상당 부분을 국고에 의해 지원받았다. 정치 및 종교의 적들과 경쟁자들로부터 법에 의해 보호받았다. 그리고 공립 교육기관에서 정교회의 교의(敎義)를 교수했으며, 종교적 선전을 독점적으로 수행하였고, 유일하게 선교할 수 있는 기관이었다. 또한 종교서적 발행에 있어 출판권을 소유할 뿐만 아니라, 검열권까지 행사하였다. 뿐만 아니라 신성종무원장이 대신(大臣)회의의 일원이며, 주교들은 교회의 이익을 지키기 위해 지방 젬스트보(의회)에 참가하였고, 정부 관료들은 교회의 이익을 지키도록 요청받았다. 이런 여러 길을 통해 국가와 교회는 밀접하게 연결되어 있었다.

러시아정교회의 국가-정치적 선교 방식은 19세기 후반기에 광범위하고 뚜렷하게 나타났다. 그 첫째 이유는 400여 년에 걸쳐서 동서남북으로 부단히 이루어진 러시아제국의 영토 확장이 1860~70년대에 최대에 이르렀기 때문이다. 두 번째는 니꼴라이 1세의 '관제국민주의(官制國民主義) 정책'으로 인하여 국가 차원에서 정교회 선교가 적극적으로 행하여졌기 때문이다. 세 번째는 정교회의 경건주의 운동이라 일컫는 헤즈키즘 덕분이었다. 이 경건주의 운동의 영향으로 수많은 청년들과 사제들이 선교에 헌신하였다. 네 번째는 러시아어 교육선교와 관련된 일민스키 시스템의 개발과 적용 덕분이었다.

19세기 후반기에 지구상에서 가장 넓은 제국을 이룬 러시아는 다양한 민족과 종교를 포함하고 있었다. 이 때문에 종교생활의 모습이 민족별로 뚜렷한 대조를 보이고, 복잡성이 점차로 증가되었다. 이 때문에 러시아 정부는 러시아화(Russification) 정책을 통해 다양한 민족 집합체를 함께 융합시키기 위한 굉장한 노력을 기울였다. 그 노력의 하나가 되도록 많은 인구를 정교회 안으로 끌어들이는 것이었다. 제국의 단합을 위하여 정부 관리들은 정교회 선교를 더욱 적극적으로 지원하였다. 이러한 요인들로 인하여 19세기에 왕성하게 이루어진 러시아정교회의 선교는 러시아제국의 목표인 '러시아화'를 위한 봉사적 성격을 지니고 이루어졌다. 러시아화의 궁극적인 목표는 이민족들의 언어, 문화, 신앙, 인종적인 충성심들을 점차적으로 약화시켜 소수민족들의 정체감을 없애고, 궁극적으로 러시아 민족으로 동화시키는 것이었다.

필자는 19세기 말에 강력하게 시행된 러시아정교회의 국가-정치적 선교의 구체적인 형태를 한인들을 대상으로 한 러시아정교회 선교 현장 분석을 통하여 확인할 수 있었다. 한인들을 대상으로 한 러시아정교회의 선교는 두 부분으로 나뉜다. 하나는 연해주, 아무르 주, 자바이칼 주를 중심으로 한 러시아 극동 지역의 한인들을 대상으로 한 선교이고, 다른 하나는 한반도에 거주하던 한인들을 대상으로 한 선교이다. 전자는 러시아 영토 안에 거주하던 소수민족으로서의 한인이며, 후자는 조선과 외교관계를 맺음으로 러시아 선교사들이 만나게 된 한국인들이다. 이 두 영역의 선교의 공통점은 모두 제국주의적 맥락에서 진행되었다는 사실이다.

러시아 극동 지역으로의 한인 유민들의 이주는 약 50여 년에 걸쳐 이루어졌다. 러시아정교회는 9개의 선교지부를 중심으로 한인들을 선교하였다. 필자는 50여 년에 걸쳐 이루어신 한인선교를 3난계로 나누어 살펴보았는데, 초기는 '지역 개발에 초점을 맞춘 선교 개척기(1860-1883)'였다. 두 번째 시기(1884-1909)는 명목상으로만 영세를 받는 한인들을 의식하여 선교의 초점을 '러시아정교회 신자 정체성 강화'에 두고 선교부 교회학교를 통한 교육선교를 체계적이고 조직적으로 강화하였다. 마지막 시기(1910-1917)는 '러시아제국의 국민 정체성을 강화'하는 데 초점을 맞춘 선교였다. 정교회 선교를 통한 '한인들의 러시아화

작업'은 특별히 마지막 제3기(1910-1917년)에 뚜렷이 나타났다. 연해주에서 최관흘 목사의 장로교 선교를 차단하고, 러시아어 학교 교육을 강화하고, 중앙정부로부터 더 많은 국고지원을 요청함으로 러시아화 작업과 정교회 선교를 동시에 강화하였다.

러시아제국의 극동 지역에 이주한 한인들을 대상으로 한 러시아정교회의 선교가 '러시아화'를 목표로 한 국가 – 정치적 선교였다면, 러시아 영토 밖, 즉 한반도에서 이루어진 러시아정교회의 선교는 제국주의적 팽창주의의 맥락 속에서 이루어졌다. 한국 선교가 러시아 외무성의 발의(發意)와 당시 황제의 후원을 입고 실권을 행사한 재무성의 적극적인 추진에 의해서 발의되고 시작되었다는 사실이 이를 증명한다. 그리고 개종자들을 더 많이 얻을 수 있는 함경도 대신에 개종자를 얻기 어려운 서울에 군이 선교본부를 설립한 것도 러시아정교회의 선교의 우선적인 관심이 국가 – 정치적인 데 있었기 때문이었다. 서울선교부가 조직되고 파송되는 과정 가운데서도 재무성과 외무성 그리고 신성종무원이 일일이 간섭하였다. 선교의 주체가 교회나 선교회나 선교사가 아니라, 외무부와 재무부대신이었다. 이렇게 한국에서 이루어진 러시아정교회 선교는 겉으로 보기에는 정교회 선교사들이 하는 것처럼 보였지만, 실제로는 국가 – 정치적인 프로젝트로 추진되었다. 러시아는 전형적인 제국주의였으며, 러시아정교회의 선교도 제국주의적 선교였으며, 제국주의적 팽창주의 정책의 일환으로 이루어졌다. 러시아정교회 선교는 제국의 팽창에 봉사하는 선교였다. 정교회 선교는 러시아의 위장된 제국주의의 이데올로기적 기초였다.

348

B. 비 판654)

　이러한 러시아정교회의 국가-정치적 선교를 통전적 선교655)의 관
점에서 비판해 보자. 일반적으로 통전적 선교란 "모든 교회가 온전한
복음을 온 세상에 있는 사람에게 전하는 것"을 말한다.656) 다시 말하
자면, 선교란 기독교회(개신교회), 가톨릭, 정교회, 오순절 교단 등 전
교회(the whole church)가 전도와 치유와 인간화와 해방과 사회변혁
이란 온전한 구원을 가져오는 온전한 복음(the whole gospel)을 전통
적으로 피선교지로 간주되던 제3세계뿐만 아니라 서구 유럽 세계를
다 포함하는 6대륙으로서의 온 세상의 인종과 피부와 계층과 빈부를

---

654) 비판이란 선교학적인 비판을 의미한다. 남아프리카 개혁교회 선교학자
　　보쉬에 따르면, 선교학적 비판이란 선교의 근거, 선교의 기본 개념, 선교
　　의 본질 등에 대하여 분석하고 비판하는 것을 말한다. David J. Bosch,
　　*Witness to the World: The Christian mission in theological perspec-
　　tive*(1980), 전재옥 번역, 『세계를 향한 증거: 선교의 신학적 이해』(서
　　울: 두란노, 1993), 35쪽 이하. 독일 로마가톨릭 선교학자 칼 뮐러는 『현
　　교선교신학』에서 선교 개념, 선교의 근거, 선교의 목표, 선교의 대행자
　　등에 대하여 분석하고 비판한다. 칼 뮐러, 『현대선교 신학』, 김영동 김은
　　수 바영환 옮김(서울: 한들출판사, 2002).

655) 김영동 교수는 '통전적 선교이해'를 이렇게 설명한다. 1960년대 기독교
　　복음과 구원과 선교에 관한 이해에 있어서 극단으로 나뉘어져 있던 에
　　큐메니칼 진영과 복음주의 진영의 견해가 1970년대 중반에 창조적으로
　　포괄적으로 결합된 선교이해를 통전적 선교이해라고 한다. 통전적 선
　　교이해가 무엇인지에 대하여 로저 바샴(Roger C. Basham)이 『선교신
　　학 1948-1975』라는 책에서 잘 소개하였는데, 그는 나이로비 총회의 선
　　교신학을 '통전적 선교'(Holistic Mission)란 제목으로 요약하였다. 김영
　　동, 『교회를 살리는 선교학』, 98-99쪽.

656) 위의 책.

망라하는 모든 사람(the whole people)에게 전하는 것이다.[657]

먼저 '선교의 기초'를 비판해 보자.[658] 러시아정교회의 선교는 제
국의 정치 이념이자 정책이었던 '러시아화'를 절대화하여 그 이념에
봉사하는 선교가 됨으로 선교의 근원이신 삼위일체 하나님의 사랑을
증거 하는 선교와는 거리가 멀어진 왜곡된 선교였다.

'선교의 개념'을 살펴볼 때,[659] 러시아정교회의 선교는 '지리적 영
토 중심의 선교 개념'을 따름으로 러시아제국 안에서의 선교 독점권
을 내세우며, '만민을 위한 복음'의 본래적 속성을 왜곡하여 '러시아
민족만을 위한 복음'으로 변질시켰고, 만민을 위한 선교사역을 자국
민의 유익을 위한 사역으로 변질시켰다.

---

657) 통전적 선교 신학에 관한 보다 자세한 토론은 다음 자료를 참고하라.
Darrell L. Guder, "Towards a Holistic Theology of Mission: World,
Community, Neighbor"(강연1), 이광순, "마태복음 4장 23절에 나타난
예수님의 통전적 선교와 그 계승", 『제3회 춘계(春溪)신학강좌』(장로
회신학대학교 대학원, 2004/11/17, 미간행 논문), 한국일, "통전적 선교
신학: 복음주의 선교와 에큐메니칼 선교의 대화적 관점", 『제3회 춘계
(春溪)신학강좌』(장로회신학대학교 대학원, 2004/11/09, 미간행 논문).
658) David J. Bosch, 『세계를 향한 증거: 선교의 신학적 이해』 35쪽 이하.
659) 보쉬에 따르면 역사적으로 선교가 지리적 요소와 긴밀하게 연결된 것은
근대 유럽의 세계 항로 발견의 출발과 일치한다. '이방인들'은 건너 먼
나라에 살고 있었고, '선교'는 그들에게 가는 것으로 이해했다. 따라서
선교사의 나라와 선교지의 거리가 멀면 멀수록 그가 선교사라는 사실이
더욱 뚜렷하게 드러나는 것으로 이해했다. 그리고 지리적 요소에 선교
사 문화의 우월감, 힘, 지식의 요소가 가미되어 선교는 가진 자가 가지
지 못한 자에게 베푸는 동정적 개념으로 왜곡되었다. 근대 선교는 선교
사가 거주하는 문화 영역을 버리고 지리적 경계선을 넘어 열등한 문화
속으로 들어가 저들이 소유하지 못한 것을 베풀어 주는 것으로 이해되
었다. 따라서 선교를 지리적 요소와 관련지어서 이해한 것은 19세기 서
구식민주의 시대의 보편적인 현상이었다. 위의 책, 63-64쪽.

'선교의 대행자(the agent of mission)'를 살펴보면, 러시아정교회의 선교는 국가가 선교의 주된 대행자가 됨으로 선교가 복음의 속성을 따라서 이루어지지 못하고, 국가의 이익과 황제의 정치적 견해에 따라서 이루어지는 결과를 낳았다.[660] 가끔 교회의 이익을 위하여 국가 제도와 기관을 이용하는 경우도 있었지만, 그러한 시도는 항상 국익에 위배되지 않는 범위 안에서 허용되었다. 국가-정치적 선교는 어떤 국왕이 왕위에 오르느냐에 따라서 선교가 부흥하기도 하고, 질식 상태에 빠지기도 하였다. 그리고 국가의 이해관계(利害關係)에 따라서 국가 내에 다른 소수파 종교를 억압한다거나, 국가가 인정한 종교나 교파가 아니면 불이익을 당하는 것을 보았다. 나중에는 국왕이 교회의 보호자 역할을 자처하며 고위 선교사 인선 문제, 교회재산 관리에도 개입하였다.

국가-정치적 선교의 이러한 속성으로 인하여 러시아정교회의 '선교의 방법'은[661] 사랑과 섬김과 자기희생을 근본으로 하는 예수 그

---

660) 바르트는 본질상 국가는 복음선교의 사명을 감당할 수 없다고 본다. 그 주된 이유는 교회의 존재 의미와 과제가 국가의 존재의미와 과제와 다르기 때문이다. 예수 그리스도의 통치와 하나님 나라의 소망을 선포하는 과제와 사명을 지닌 공동체는 국가가 아니라 교회이다. 국가는 복음선교에 관한 지식도 사랑도 없다. 국가는 하나님의 권위와 은혜에 호소할 만한 위치에 있지도 않다. 국가는 기도하지 않으며, 국가를 위하여 기도하는 다른 사람들(기독교 공동체)에 의존한다. 그리고 교회의 경계선과 국가의 경계선이 같지 않기 때문이다(위의 책, 236쪽). 교회는 그 기원에 있어서 보편적이므로, 교회는 정치적 영역에 있어서의 모든 추상적인 장소적, 지역적, 국가적, 이익들에 저항한다. 교회는 단지 편협한 정치선에 결코 지지를 보내서는 안 된다. 칼 바르트, 『공동체, 국가와 교회』, 안영혁 옮김(서울: 엠마오, 1992), 210쪽, 236쪽

661) 선교방법에 대한 평가는 기독교의 본질과 선교의 근원에 대한 이해와 밀접한 관련성이 있다. 선교방법과 선교적 행동 또는 실행의 방식은 본질적으로 선교에 대한 신학적 기본이해와 복음화에 대한 신학적 전 이

리스도의 방법보다는 국가의 일반적인 방식(통제와 회유 등)을 따라 이루어졌다.

마지막으로 '에큐메니컬 선교 관점'에서[662] 비판해 볼 때, 러시아 정교회의 선교는 정교회가 유일한 참된 교회라는 자의식과 우월감으로 인하여 상호 배움을 강조하는 에큐메니컬적인 선교 개념과는 거리가 먼 일방적 선교 형태를 보여주었다.

C. 새로운 발견과 제언

이 연구를 쓰면서 필자는 두 가지 사실을 새롭게 발견하였다.

첫째는 최근에 한글과 영어로 소개되고 있는 정교회의 선교에 관한 글들이 역사적인 정교회의 선교와는 상당히 다르다는 사실이었다. 이론적인 측면에서 정교회 선교는 더할 나위 없이 아름답고 고상하지만

해에 의해 규정되며, 신학적으로 이해되기 때문이다. *Dictionary of Mission: Theology, History, Perspectives,* p.316.

662) 에큐메니컬 관점에서 선교를 볼 때는 주로 다음 다섯 가지 테제에 관심을 가진다. ① 선교와 상황성과의 관계 규명, ② 선교에 있어서 파송의 의미를 새롭게 파악하여 선교사 중심의 선교 모형에서 상호 파송과 상호 배움의 모형을 연구함, ③ 교회일치와 연합을 추구하는 에큐메니컬 관점에서 교파주의와 개교회주의에 의한 경쟁적 선교를 극복할 방안에 대한 논의, ④ 선교의 궁극적 목표를 개인의 회심과 영혼 구원, 교회 개척과 확장의 차원을 넘어서서 하나님의 화해사건을 세계 속에서 구현하는 방안을 논구하는 일, ⑤ 세계 분쟁과 갈등 충돌의 현상 속에서 인류의 평화로운 공존을 위해 선교가 어떤 공헌을 할 수 있는가를 모색하는 일이다. 한국일, 『세계를 품는 선교』(서울: 장로회신학대학교출판부, 2004), 130-31쪽.

649) 역사적으로 정교회 선교는 국가정치와 긴밀한 관계성으로 인하여 그 순수성을 많이 상실한 선교였다. 흔히 가톨릭 선교는 스페인 포르투칼의 식민지배세력과 결탁하고, 기독교선교는 영국과 미국의 제국주의와 결탁하여 선교가 이루어진 것으로 비판해 왔으나, 분석해 본 결과 러시아정교회의 선교도 중세 로마가톨릭교회의 선교, 근대 기독교회의 선교 못지않게 제국주의적이었으며, 오히려 다른 교파의 선교보다 국가-정치와의 관련성이 더욱 강하였으며, 가장 오랫동안 국가 의존적인 성향을 벗어버리지 못하였다는 사실을 발견하게 된다.

둘째는 국가-정치적인 선교의 조직성, 체계성, 연대성과 같은 장점들을 적극 개발할 필요성을 발견하였다. 이러한 사실은 최근 100년 동안(1900-2000) 이루어진 기독교의 선교와 이슬람의 선교를 비교해 볼 때,650) 개별적이고 교파 중심적인 선교보다는 세계적인 연대성과 조직성을 지닌 국가-정치적 선교의 전략이 요구되고 있다.

지난 100년 동안 가장 뚜렷하게 드러난 선교의 문제점이 비조직성

---

649) Anastasios Yanncoulatos, "Orthodox Mission-Past, Present, Future", in *Your Will Be Done, Orthodoxy in Mission*, G. Lemopoulos, ed(Geneva: WCC, 1989) pp.60-75. Luke A Veronis, "Traditional methods for mission and Evangelism", *Greek Orthodox Theological Review*, Vol.42, Issue 3/4(Brookline: Fall 1997) pp.515-30., Ioann, "Ecclesiological and Canonical Foundations of Orthodox mission", *International Review of Mission*, Vol.90, Issue 358(Geneva; Jul 2001), pp.270-79., Ion Bria, ed., *Go Forth in Peace: Orthodox Perspectives on Mission*(Geneva: WCC Pub. 1987)

650) 세계 인구통계

	1900	1970	2000 중반	경향 (% p.a)	2002 중반	2025
총인구	1,619,626,000	3,696,148,000	6,055,049,000	1.22	6,203,789,000	7,823,703,000

International Bulletin of Missionary Research, vol.26, No.1, Jan., 2003, pp.22-23.

과 비연계성이었다. 선교의 지나친 경쟁(로마가톨릭선교, 정교회 선교는 경쟁과 중복이 없다), 중복 투자, 선교의 연속성과 지속성의 결여, 국가-정치적인 단체들(이슬람, 공산주의, 국교적 종교들, 국제조직을 갖춘 이단들, 무신론, 과학지상주의, 이성주의, 반(反)계시주의, 인간 위주의 인문주의 등으로 대변되는 세속주의 사상 등)의 공격으로부터 적절하게 대처하지 못하는 등 선교의 비조직성과 비연계성으로 인하여 점점 디지털화되어 가며, 도시화되어 가며, 지구촌화되어 가는 세계상황에 대응하기에는 미흡한 모습들이 나타나고 있다. 21세기에는 보다 거시적인 시각을 가지고 국가-정치적인 선교를 재고찰함으로 세계선교에 필요한 지혜를 많이 얻을 수 있을 것으로 기대된다. 국가-정치적인 선교의 부정적인 측면들을 고쳐나가는 동시에 국가-정치적인 선교의 조직성, 체계성, 연대성과 같은 장점들을 승화시켜 나간다면 세계선교에 많은 유익을 얻을 것이다.

제언: 천 년이 넘는 유구한 역사를 지닌 러시아정교회가 최근 70여 년 동안 공산주의 굴레 아래서 바벨론 포로와 같은 생활을 마치고 교회 부활과 교회 갱신을 위하여 힘겨운 노력을 하고 있다. 하나님이 느헤미야 에스라 스룹바벨과 같은 지도자들을 보내어 러시아정교회를 정결하고 강건하게 만드시고 다시 일으켜 광활한 시베리아와 온 세계에 영광스러운 모습으로 우뚝 서기를 기원한다.

이미 살펴보았듯이 러시아정교회는 일찍이 14세기 몽골의 통치하에서도 우랄 산맥 주리안족을 선교할 정도로 뜨거운 선교 열정을 지닌 교회였다. 그리고 광대한 시베리아, 캄차트카, 베링해, 알래스카 등 광대한 지역에 이르기까지 수많은 소수민족들에게 복음을 전하

354

고, 현지 언어로 성경과 미사경본들을 번역하고, 학교와 교회를 세워서 하나님의 빛을 전하는 엄청난 수고를 하였다.

그러나 러시아제국 시대 교회의 선교가 국가 - 정치적 선교로 전락하면서 제국주의적 이데올로기에 봉사하는 사역이 되었고, 교회 대신 국가가 선교의 주된 대행자 노릇을 하면서 선교의 본질이 왜곡되고 말았다. 이로 인하여 자국민을 포함한 세상 모든 민족을 구원하며 자유하게 해야 할 복음의 능력은 사라지고 국가와 민족의 굴레 안에 갇혀 버려 바벨론 포로와 같은 러시아정교회가 되고 말았다.

이제 다시 자유를 얻어 회복을 위한 몸부림을 하고 있는 러시아정교회를 위하여 나음과 같은 세언을 한다.

첫째, 특수성을 지닌 러시아 민족 문화와 보편성을 지닌 기독교 복음의 차이점을 인식하고, 선교를 러시아 민족 문화 이식(移植)과 동일시해서는 안 될 것이다.

둘째, 국가와 교회와 관계를 재정립해야 할 것이다. 국가와 교회의 고유 사명이 다르다. 국가가 결코 교회의 사명을 대신할 수 없다. 교회의 고유한 사명의 중요성을 깨닫고 선교를 교회 주도적으로 할 수 있어야 할 것이다.

셋째, 국가 의존적인 선교, 황세교황주의적 선교방식을 그리워하는 오류를 반복해서는 안 될 것이다. 국고를 의존하는 대신 성도들의 자발적인 헌신에 의존하는 교회활동, 선교활동을 계획하고 재정적으로 자립하는 노력을 적극적으로 해나가야 할 것이다. 재정적으로 교회가 국고를 의지하게 되면 국가의 간섭으로부터 자유로울 수 없기 때문이다.

넷째, 성경 말씀의 권위를 회복하고 전통보다 말씀을 우위에 두는 신학을 세워나가야 할 것이다. 앞에서 언급한 세 가지의 목표를 달성하는 신학적 기초는 성경으로 돌아오는 것이다. 전승의 권위보다 성경 말씀의 권위와 영적인 권세를 확립할 때, 교회의 영적인 권위와 재정적인 자립이 이루어질 것이다. 알타이의 사도 마카리 글루하레프와 알래스카의 사도 인노켄티 베니아미노프가 이미 선교 현장에서 성경의 중요성과 능력을 강조한 바 있었다. 러시아정교회가 이들의 가르침을 계승 발전시켜야 할 것이다.

다섯째, 선교의 기본 개념을 재확립해야 할 것이다. '러시아 땅은 정교회 땅이다'는 지리적 요소에 매인 독점적 선교 개념을 버리고 겸손한 마음으로 상호 배움과 상호 파송의 '6대륙 선교 개념'을 수용하여 세계 기독교회들과 연대성을 가지고 서로 협력하여 러시아 국민을 그리스도의 제자로 만드는 일에 초점을 맞춘 선교사역을 전개해 나가야 할 것이다. 러시아정교회는 삼위일체론에 근거한 협의회적 사귐의 전통을 '싸보르나스찌(Соборность)' 개념으로 계승 발전시켰다.[651] 이 개념을 정교회 세계 안에만 적용하지 말고, '6대륙 선교 개념'과 '세계선교를 위한 전 세계 교회의 협력의 기초 개념'으로 계속 발전시켜 세계선교에 크게 기여하는 교회가 되어야 할 것이다.

---

651) 최근에 와서 이러한 동방정교회의 '협의회적 친교와 사귐'의 전통과 경험을 현대 에큐메니컬적 시각에서 현대적으로 재해석하고, 영세(침례)와 성찬식을 협의회적 사귐의 기초로 삼으며, 일치의 모델로서 협의회적 사귐을 제시하는 동시에 세계교회일치 운동의 방향이 에큐메니컬적 사귐에서 협의회적 사귐으로(from Ecumenical Fellowship to Conciliar Fellowship) 되어야 한다는 사실을 강조한 자료로서 다음의 책을 참고할 수 있다. Aram Keshishian, *Concilliar Fell-owship: a Common Goal*(Geneva: WCC Publications, 1992).

부 록

부록1. 신성종무원 국회 보고서

선교활동 사업보고

정교신앙국

신성종무원 산하 경제국(회계국)

2과 2계

성-페테르부르그

1914년 1월 4일

NO.204.

РГИАДВ, Фонд.702, Опись.3, Дело.443, Л.21-26.

-블라디보스톡 주교구 산하 한인들의 정교회 개종에 따른 선교부 조직과 관련한 국고지원에 관해서-
-국가두마에 대한 보고서-

(Л.21)서울 주재 러시아 총영사인 4등 문관 소모프(А. С. Сомов)는 1910년 10월 8일자 급송전문에서, 최근 한국에 대한 일종의 십자

군 원정식으로 외국인 선교사들의 한국 선교활동이 강화되었으며,
선교사들 중 일부가 블라디보스톡 주교구의 영역으로 활동무대를 옮
기고자 하고 있으며, 이들 선교사들은 러시아와 한국인들과의 상호
관계에서 형성된 냉각관계를 이용하고자 계획하고 있다고 전했다.
소모프는, 이런 상황은 정교도 한인들이 러시아 주민들과 빠르게 결
합되기 때문에, 블라디보스톡 주교구 산하에 거주하는 한인들 사이
에서 정교회의 선교활동을 강화시킬 필요성을 야기하고 있다. 하지
만 개신교로 개종한 한인들은 극동 지역에서 영원히 불건전한 요소
들로 남아 있을 것이라고 언급하고 있다. 4등 문관 소모프의 급송전
문에는 1910년 10월 27일 황제 친필로 다음과 같이 적혀 있었다:
〈그렇다. 신성종무원장과 교섭하라〉. 상술된 급송전문은 외무대신에
의해서 1910년 11월 11일자 서신으로 신성종무원장에게 전달되었다.

블라디보스톡 주교구의 주교는 그해 12월 31일자(No.4106) 본 건
과 관련한 설명문서에서, 조직적인 미국 장로교파 선교단이 한인들
사이에서 규정에 맞게 성공적으로 선교활동을 하고 있음을 고려해볼
때, 블라디보스톡 주교구 영내에 거주하는 한인들 사이에서 정교회
선교활동을 강화할 필요성이 있음을 또한 인정했다. 장로교파 선교
단의 활동무대는 블라디보스톡이었지만, 니콜스크 - 우수리스크, 하바
로프스크, 하얼빈에도 장로교파로 개종한 한인들이 많이 있었다. 블
라디보스톡 주교구의 한인들 사이에서 정교회 선교부는 9개 선교지
부(миссионерский стан)로 구성되어 있는데, 이 선교지부들은 특히
한인들이 정착해 있는 포시에트 지구와 수이푼 지구 등 절반 정도의
한인들을 담당하고 있으며, 많은 한인들이 거의 주교구의 모든 교구
에 거주하고 있다. 한인들 사이에서 성공적인 정교회 선교를 위해서

블라디보스톡 주교구의 예프세비(Евсевий) 주교는 다음의 사항들이 필요함을 인정했다: 1) 서울선교부의 활동을 블라디보스톡 주교구 내의 한인선교부의 활동과 통합시키고, 통합선교부의 책임자로는 주교를 본 주교구의 보좌주교(викарий) 자격으로 임명한다. 2) i-4개의 선교지부를 신설하는데, 2개는 수찬(수청)강 유역에, 1개는 (л.21 об.)아지미 선교지부 지구에, 1개는 얀치헤 선교지부 지구에 신설한다. ii-블라디보스톡에 특별선교직책을 신설한다. iii-각각의 선교지부에 1개씩의 교리문답 교사(катехизатор) 직책을 두고, 블라디보스톡에는 2-3명의 교리문답 교사들을 두어서, 결과적으로 기존의 9개 선부지부와 신설될 4개의 선교지부를 포함 총 16명의 교리문답 교사 직책을 신설한다.

1909년에 있었던 이르쿠츠크 선교회의는 블라디보스톡 주교구의 한인들 사이에서의 정교회 선교활동의 강화에 관심을 두었는데, 회의의 결정들은 모든 부문에서 블라디보스톡 주교구 주교의 상술된 제의들과 일치했다.

신성종무원 산하에서 국내외 선교 문제를 담당하는 특별협의회가 만들어졌는데, 이미 언급된 블라디보스톡 주교구 주교의 제안들과 이르구츠크 신교회의의 결정들이 이 특별협의회의 심의에 넘겨졌으며, 이에 특별협의회는 블라디보스톡 주교와 이르쿠츠크 선교회의에 의해서 언급된 한인들 사이에서의 선교활동 강화를 위한 조치들이 필수적이고, 타당함을 인정했다. 특별협의회는 블라디보스톡 주교구의 보좌주교에 대한 봉급으로 5,000루블(4,000루블-봉급, 1,000루블-활동비)을 정했으며, 블라디보스톡 선교사에게는 2,400루블, 새로 조직된 선교지부 사제에게는 1,200루블씩, 시낭송자(псаломщик)에게는 400루블씩, 교리문답 교사들에게는 600루블씩과 활동비로 1년에 500루블의 봉급을 지급하기로 결정을 내렸다.

신성종무원은 본 사안을 심의하고 언급된 제안들을 전적으로 승인 하면서, 선교사업을 주관하는 데 매해 23,900루블씩의 비용이 소요된 다는 점에 주목했다. 즉 전술(前述)된 비용은 그 중요성으로 볼 때 국고로도, 특별자금으로도 충당될 수가 없으며, 극히 제한적인 자금 력을 고려할 때, 현재 신성종무원의 재량으로도 충당될 수가 없다는 것이다. 신성종무원은 이러한 상황을 고려하며, 또 블라디보스톡 주 교구 산하에 한인선교부를 조직하는 데 법적인 절차에서 국고자금을 청원하는 것이 필요함을 인정하면서, 1911년 9월 27일 - 10월 6일자 No.7238 결정으로, 주교구 산하에 보좌주교직(кафедра викарного епископа) 조직이 필요하며(보좌주교직 유지에 따른 지역 차원에서의 자금규모를 명시해서), 이와 아울러 계획되고 있는 4개의 한인선교 지부와 16개의 교리문답 교사 직책들 중 각각의 직책에 대해 블라디 보스톡에 한인선교사라는 특별직책의 조직의 필요성과 관련해서, 법 률안 작성에 필요한 상황적으로 동기 부여가 되는 원인들을 파악해 제출할 것을 블라디보스톡 주교구 지도부에 의뢰했다.

상술된 신성종무원의 결정사항들을 이행한 블라디보스톡 주교는 1911년 11월 15일자 No.3258 신성종무원에 보내는 보고서에서, 1911 년도 연해주 행정 통계위원회 자료를 토대로, (л.22)연해주에 거주 하는 한인들은 총 58,635명(남자 - 33,745명, 여자 - 24,890명)으로, 이 중 러시아 시민권자(귀화자)가 17,188명(남자 - 여자 - 7,585명), 비시 민권자(비귀화자)가 41,447명(남자 - 24,142명, 여자 - 17,305명)으로 보고했다. 하지만 이 통계자료는 현실과는 거리가 멀다. 1911년 연해주에 거주하는 한인들의 노동 산업 현장 조사를 위해 프리아무르 군 사령관지사에 의해 관리가 파견되었는데, 이 관리는 아디미(Адими) 와 얀치헤(Янчихэ) 볼로스치(волость)에서만 13,383명의 한인들이 거주하고 있음을 파악했으며, 연해주에 거주하는 전체 한인들의 수 와 관련해서는 그 수가 100,000명에 이른다고 보고했다. 연해주 행정 통계위원회와 파견관리 양자 간의 차이는 다음과 같이 설명될 수 있 다. 전자는 〈등록 한인들〉, 즉 러시아 당국으로부터 연해주 거주증을 부여받은 한인들만을 계산에 넣은 것이며, 후자는 연해주 거주 전체 한인들, 즉 등록 및 비등록 한인들 전체를 포함시켜 산출한 것이다. 파견관리에 의해 수집된 자료에 따르면, 거주증의 높은 가격으로 인 해서(1년짜리 거주증-12루블) 한인들은 등록을 회피했으며, 많은 빈곤한 한인들은 고가의 거주증을 구입할 수가 없었다.

많은 수의 한인-외국인들이 특히 최근에는 조선에서의 열악한 정 치적 상황으로, 이후에는 주권상실로 연해주에 이주 정착했다. 연해 주에서 한인들은 러시아 농민들의 토지를 임대하며 주로 농사에 종 사하고 있다. 일부는 금광이나 그 밖의 광산 등에서 일하고 있으며, 최근에는 한인들에게 주로 국유지 농사일에도 종사할 있도록 허용되 었다. 연해수 한인늘의 상왕은 최근까시노 매우 힘는 상황이다. 연해 주 당국은 연해주에 러시아인 이주자들에게는 남겨줄 땅이 남아 있 지 않을 정도로 연해주 전체를 가득 메울 수 있는 바람직하지 않은 요소로서 한인들을 바라보았다. 또한 이웃 나라들과의 전쟁 발발 시 에 있게 될 상황을 우려했는데, 한인들은 전쟁 시에 러시아인들에게 적대적인 관계를 취할 요소로서 의심을 받았다. 그 결과 농민들의 토지를 임대하는 것을 방해하거나, 국책 사업뿐만 아니라, 심지어 민간기업이 운영하는 광산 노동에까지도 한인들에게 허용하지 않고자 하며, 매번 한인들을 압박했다. 즉 러시아 당국은 이를 통해서 조선에서 한인들의 유입을 저지시키고자 했다. 하지만 최근 당국의 한인들에 대한 태도는 다소 변화를 맞이했는데, 이는 한인민족이 농업을 매우 사랑하고 연해주 발전에 유용함이 인정된 때문이다. 나아가 심지어는 적어도 전체가 아닌 일부의 한인들, 즉 경찰에 알려져 있으며, 경찰에 의해 파악된 목록에 등록되어 있고, (л.22 о б.)러시아 땅에서 오랫동안 거주해온 한인들의 러시아 국적 편입 문제가 제기되기도 했다.

종교와 관련해서 한인들은 이교도 - 불교도들이다. 러시아 국적을 취득한 귀화자 한인들을 상대로 9개의 선교지부가 존재하고 있는데, 이 중 6개 선교지부는 포시에트 지구(조선 및 중국과 인접한 국경 지역에 위치한)에, 3개 선교지부는 수이푼 지구(니콜스크 - 우수리스크와 가까운 곳에 위치한)에 위치하고 있다.

이 선교지부들은 기독교의 빛으로 러시아 국적 한인들을 교육시킬 목적으로 설립되었으며, 상황에 따라 최근 러시아 국적 한인들 사이에 이주 정착해온 조선 국적 한인들도 기독교 신앙으로 교화시켜야 했다. 이러한 상황으로 인해서 아디미와 얀치혜 등의 일부 선교지부들과 12,000명 이상의 한인들이 거주하는 지역들에서 선교사들의 활동은 크게 증대가 되었으며, 한 명의 선교사로는 힘에 부치는 상황이 되었다.

블라디보스톡 정교회 선교부의 한인들 사이에서의 현재 활동 상황은 언급된 선교부와 관련되고, 1910년 7-8월에 이르쿠츠크 선교회의에서 논의에 부쳐졌던 문제들과 관련한 물질준비위원회의 잡지에 다

음과 같이 나타나 있다:

〈준비위원회 위원들의 성명을 통해서, 현 정교회 선교부 조직이 선교활동에 악영향을 주는 많은 심각한 부족함들로 인해서 블라디보스톡 주교구 산하의 이민족들 사이에서 고전을 하고 있음을 알게 되었다. 블라디보스톡 주교구의 선교사들은 유일하게도 완전히 우연한 계기로(자신의 의지와 관계없이) 선교업무에 입문한 사람들이다. 즉 선교사들의 대부분이 선교활동에 대한 소명의식을 느꼈다거나, 혹은 이에 준비되어 있어서가 아니라, 다만 교회의 자체규율과 고의 성직자에 대한 복종의 결과로 선교사가 되었다. 이 경우에 있어서 블라디보스톡 주교의 상황도 비참함을 인정하지 않을 수 없다. 주교구에는 수천의 이민족 사람들이 거주하고 있다. 주교의 양심은 이 이민족들 사이에서 하나님의 말씀을 전하도록 자극하고 있지만, 그러한 진정한 희망을 안고 주교의 의무를 이행하기에 현실적인 조건으로는 불가능했다. 즉 주교구에는 특별한 선교학교들은 말할 것도 없이 단 한 개의 신학교도 없었다. 또 대부분의 사제들은 다른 주교구에서 온 사람들이고, 혹 지역 출신의 사제들이라 할지라도 현지 이민족들의 언어도, 관습도, 신앙도 습관도 전혀 모르는 사람들이었다. 이민족들을 알고 있는 적임자들을 찾아내는 일 또한 불가능했는데, 이는 주교구 내에는 그런 인물들이 없기 때문이었다. 유일한 교육기관으로 동양 민족들의 언어를 가르치는 동방대학교(Восточный Институт)가 있었지만, 너무 전문적으로 자신들 자체의 목적, 즉 완전히 비선교적인 목적을 추구하는 기관이었다. 본 대학이 기능해 온 10년 동안 단 한 명의 선교사-전(前) 정교회 서울선교부 책임자인 수도

사제(архимандрит, 수도원장) 파벨 이바노프스키(Павел Ивановски
й)-가 배출되었을 뿐이다. (л.22а)이렇게 이민족 주민들이 소속되어
있는 교구들(приходы)에 소명 의식 없는 지원자-사제들을 임명해
야 하는 필요성이 일게 되고, 따라서 누군가로 빈자리를 대체해야
하며, 누군가가 하나님의 말씀을 전하지는 않더라도, 세례 받은 이민
족 주민들에게 성례전을 집행하는 일이라도 할 필요가 있다. 완전히
낯선 상황에 발을 들여놓게 되고, 그리고 낯선 환경 가운데에서 전
혀 활동할 준비가 되어 있지 않은 선교사들은 무엇을 해야 하고, 어
떻게 선교활동을 착수해야 할지를 모른 채, 당황하게 되고 매번 실
수를 하게 됨은 분명하다. 따라서 이를 인식하고 선교사들은 가능한
선교부에서 떠나고자 하거나, 실망에 빠지고, 자신의 사명에 무관심
한 태도를 취하기 시작하고 있다. 주교는 이러한 상황을 목도하며
근심하고 걱정하고 있지만, 상황을 돕거나 개선시킬 수 있는 가능성
은 상실한 상태다. 사실 그렇게라도 임명된 선교사들이 선교지부에
오랫동안 남아 있으며, 이민족들의 언어와 관습을 배웠더라면, 선교
활동의 상황은 그래도 견뎌낼 수 있었을 것이고, 이를 통해서 권리
능력이 있는 선교사들이 되었을 것이다. 하지만 유감스럽게도 그러
한 모습은 눈에 띄지 않는다. 문제는 모든 선교사들이 자신의 업무
에 관해 생각하고 있는 것이 아니라, 어떻게든지 빨리 선교부를 떠
나려고 생각하고 있을 정도로 선교사들의 물질적인 조건이 열악하다
는 데 있다. 현재 선교사는 대부분의 경우에 교구사제(приходский с
вященник)가 받는 만큼(1년-500루블)의 봉급을 받고 있다. 그렇지
만 교구사제가 성례집행 등으로 교구민들로부터 일정한 수입을 기대
해볼 수 있는 반면에, 선교사는 이민족들이 성례식에 대해 아무런

대가를 지불하지 않기 때문에, 그러한 수입을 기대할 수 없다. 따라서 선교사들이 늘 러시아인들이 소속되어 있는 교구로 옮겨가고자 추구하고 있는 것은 당연한 일이며, 특히나 가정이 있는 사람이 500루블을 가지고 살아가기란 거의 불가능하기 때문이다. 사실 정교회 선교협회(Православное Миссионерское Общество)가 블라디보스톡 주교구 선교부에 일정액의 보조금을 지급해주고 있지만, 그 액수가 매우 적으며, 게다가 해마다 삭감되어 현재는 1년에 1인당 70-150루블 정도밖에 안되며, 바로 이 돈으로 선교사들과 보조금 등 여러 용도로 지출되어야 했다. 이러한 상황 속에서 선교사들에게 이민족 언어를 배우고 싶은 희망이 없는 것은 당연하며, 게다가 이민족 언어는 어렵고 배우기가 쉽지 않았다. 그럼에도 하나님께 감사드리고 싶은 것은 그러한 선교 구성요원들하에서도 선교부는 여전히 무언가를 이루어내고 있으며, 이는 블라디보스톡 정교회 선교협회 위원회의 보고서에 나타난 이민족 세례 수를 통해서 알 수가 있다〉.

상기된 준비위원회 잡지의 발췌문은 블라디보스톡 주교구 한인들 사이에서 정교회 선교의 상황을 확실하게 보여주고 있다. 현재 이러한 상황은 연해주 내에서 미국에서 선너온 장로교파의 선교활동이 강화되면서 더 복잡해지고 있다. 이러한 장로교단 선교활동의 위험성은 서울 주재 러시아 총영사가 외무대신에게 사전에 통보를 하고, (л.22 а о6.)외무대신은 황제에게 보고할 정도로 컸다.

이러한 장로교단의 위험성을 충분히 이해하기 위해서는 다음의 사항들을 고려해 볼 필요가 있다.

100,000명 정도의 한인들이 러시아에 이주하도록 자극제로 작용했

던 정치적인 상황들로 인해서 이주 한인들이 러시아인들과 융화될 수 있는 매우 좋은 여건들이 조성되었다. 하지만 한인과 러시아인의 융화되는 과정에서 미국인 선교사들에 의해서 선교가 이루어지는 장로교단이라는 방해물이 등장하게 되었다. 1905년 이전까지 블라디보스톡 주교구 내의 한인들 사이에서 장로교단의 모습은 관찰되지 않았었다. 1905년 이후에 조선에서 임시로 블라디보스톡에 들어온 조선인 장로교파들이 등장하기 시작했다. 1909년 미국인-선교사가 자신의 아내와 함께 블라디보스톡에 도착해서 신한촌(корейская слобо지ка)에 자리를 잡았다. 선교사 자신은 한인-남성들을 상대로, 그의 아내는 한인-여성들을 상대로 선교를 했다. 선교는 조선어로 이루어졌으며, 한인들에 대해 많은 것을 알고 있었다. 그 결과 블라디보스톡에는 수백 명의 장로교단 추종자들로 이루어진 장로교단 공동체가 형성되었다. 미국인-선교사는 블라디보스톡을 떠나며 토박이 한인들 중에서 미국에서 사역을 하기 위해 양성교육을 받은 장로교인과 일부의 도우미들을 새로 조직된 장로교단 공동체를 책임질 인물로 남겨두었다. 이 남겨진 장로교파 책임자는 자신의 도우미 신도들과 함께 선교활동을 단지 블라디보스톡에만 한정 짓지 않고 한인들의 밀집 지역-니콜스크-우수리스크, 하얼빈, 이만 등등-을 방문하며, 교구 전체를 돌아다녔다. 그 후 교구 여러 지역에서는 성서물 책자들뿐만 아니라, 한인들을 위한 배포용 소책자들을 충분하게 소지한 서적 행상인(서적 배달원)들이 등장했다. 장로교단의 이와 같은 열정적인 선교활동의 결과 1911년 초에는 상기된 도시들에서 장로교단 공동체들이 조직되었다. 그해 초 장로교단 신도들의 수 또한 수집된 정보에 따르면, 블라디보스톡에 300명, 니콜스크-우수리스크에

100명, 하얼빈에 200명, 농촌주민들 가운데에 200명으로, 총 800명에 이르렀다. 한인들에 대한 장로교단의 선교활동의 성공은, 장로교단 선교사들의 엄한 조직력과 준비성은 제외하더라도, 장로교단의 선교 활동이 러시아 당국이 한인들에 대해 특히나 엄한 태도를 취하던 바로 그 시기와 때마침 일치했으며, 그 결과 한인들 사이에서 불만이 생겨나고, 이를 장로교단 선교사들이 이용했다는 점에서 찾아볼 수 있다. 나아가 현재 장로교파 한인들이 러시아 분파교도-침례교도들과 연합하고 있으며, 침례교도들은 장로교파에 각종 지원과 도움을 주고 있다는 점 또한 들 수 있다.

이와 같이 러시아의 한인들 사이에서는 최근 러시아 쪽이 아닌, 대양 넘어 미국 쪽으로 영적으로 끌리고 있는 공동체가 점점 더 성장하고 강화되기 시작했다. (л.23)문제는 장로교단의 선교활동이 이교도-한인들에게만 한정되는 것이 아니고, 정교회를 받아들인 한인들에게도 영향을 미치고 있다는 점이다. 나아가 만일 이러한 상황에 러시아 분파교들 스스로가 미국 선교사들의 영향하에 들어가며 미국 장로교파들과의 교류와 연합을 추구하고 있는 상황을 더하고, 그리고 한인들과 결합한 러시아 분파교들을 통해서 러시아정교회 주민들을 유혹하고 있는 짐을 생각해 본다면, 이는 정교회의 이익 차원에서만이 아니라, 러시아 정부의 극동에서의 정치적 이익 차원에서도 즉각적인 투쟁의 필요성은 분명하게 되는 것이다.

현재 블라디보스톡 주교구 지도부가 지니고 있는 장로교단 선교활동과의 투쟁 수단과 일반적으로 선교적인 힘에 대해서는 이미 위에서 언급되었다. 100,000명의 한인들에 대해 9명의 선교사들은 결코 충분하지가 못한데, 이는 이들 선교사들이 전적으로 선교사역을 위해 양성된 사람들일지라도 그렇다. 하물며 실제적인 선교사들의 수가 부족한 상황에서 이들 선교사들은 이교도들에게 정교를 전하는 것뿐만 아니라, 정교도들을 장로교단으로의 유혹으로부터 보호하고, 장로교단과 투쟁을 해야 한다는 것이다.

현재의 선교사 인원수로는 성공적으로 선교사역을 이행하기가 불가능한데, 이는 언급되었듯이 선교지부들이 단지 포시에트 지구와 수이푼 지구에만, 즉 러시아 국적을 받은 한인들과 이 한인들 사이에 정착해온 조선 국적의 한인들 사이에 위치하고 있다는 점에서도 찾아볼 수 있다. 이 두 개의 지역에는 전체 한인의 1/3만이 거주하고 있으며, 나머지 한인들은 교구 전체에 어떤 곳에는 다소 많은 수가, 어떤 곳에는 적은 수의 한인들이 흩어져 거주하고 있다. 선교사들은 자신들이 선교지부에서 사역하며 담당 선교지부 밖에 거주하는 한인들에 대해서는 영향을 미치지 못하고 있으며, 이렇게 담당 선교지부 밖의 한인들은 정교회 선교부 측의 영향력 밖에 남아 있는 경우가 많다. 그 결과 장로교단 선교사들에게는 자신들의 거짓 가르침을 전할 수 있는 충분한 공간이 열리게 되는 셈이다. 한편 교구사제들은 교구에 정착한 한인들에게 기독교를 전할 수 있는 상황에 있지 못한데, 이는 교구사제들이 교구 사역에 따른 직접적인 업무들로 바쁘기 때문이기도 하고, 한인들의 언어를 전혀 모르기 때문이기도 하다. 이외에도 교구사제들에게 한인들에 대한 특별한 사역을 요구할 수가 없었던 것은, 한인들이 러시아 당국의 한인들에 대한 부정적인 태도로 인해서 최근까지도 늘 추방의 위협 속에 있는 임시적인 주민들로 여겨졌기 때문이었다.

포시에트 지구와 수이푼 지구 이외에도 많은 수의 한인들이 교구

370

내의 다음과 같은 지역들에 정착을 했다: 17,000명 이상이 수찬강(수청강) 유역에, (л.23 об.)10,000명 이상이 블라디보스톡에, 3,000명가량이 니콜스크-우수리스크에, 수천 명이 하얼빈에 정착을 했다. 즉 많지 않은 수의 한인들이 주교 내 각각의 교구에서 거주하고 있다.

이처럼 현존하는 선교사들의 인원수로 100,000명의 한인들을 상대로 할 때, 이들 선교사들이 완전한 법적 권리능력이 있는 사람들이었을지라도 그 수가 충분치 못하며, 나아가 교구 내에 정착한 대부분의 한인들이 기능하고 있는 선교지부 밖이나 혹은 멀리 떨어져서 거주하고 있기 때문에 선교사의 인원수는 충분치가 못하다. 상황 자체가 선교사들과 선교지부의 수를 증대시킬 필요가 있음을 말해주고 있다.

수찬강(수청강) 유역에도 적어도 2개의 선교지부가 필요하며, 블라디보스톡에도 1개의 선교지부가 필요하고, 아디미와 얀치혜 선교지부들은 각각 2개로 분리시킬 필요가 있다. 아디미와 얀치혜 선교지부들을 분리시키는 일은 반드시 필요한데, 언급된 각각의 선교지부에는 6,000명 이상씩의 한인들이 거주하고 있으며, 6개씩의 학교들이 기능을 하고 있기 때문이다: 아디미 선교지부에는 1개의 2학급제 교회-교구학교(двухкласная церковно-приходская школа)와 5개의 1학급제 교회-교구학교가 있었으며, 얀지혜 선교지부에는 2개의 2학급제 부처학교(двухкласная министерская школа)와 4개의 1학급제 교회-교구학교들이 있었다. 따라서 아디미와 얀치혜의 선교사들은 부여된 의무들을 감당할 힘이 없었음을 알 수 있다. 이와 같이 5개의 새로운 선교지부가 필요하다. 각각의 선교지부에는 선교사-사제와 시낭송자, 교리문답 교사가 필요하며, 블라디보스톡에는 선교사-사제 이외에도 3명의 교리문답 교사가 필요하고, 이 중 1명은

시낭송자로도 가능하다. 기능하고 있는 9개의 선교지부에는 1명씩의
교리문답 교사들이 필요하다. 결과적으로 사제들과 시낭송자들이 배
속된 4개의 새로운 선교지부가 필요하고, 블라디보스톡에는 1명의
선교사와 16명의 교리문답 교사들이 필요하다.

　특히 블라디보스톡의 한인들을 위한 선교사의 직책을 조직하는 것
과 관련해서, 블라디보스톡과 그 주변 지역에 100,000명 정도의 한인
들이 거주하고 있음을 지적할 필요가 있다. 특수한 한인촌이 조성이
되었는데, 한인촌의 주민들은 주로 조선 국적의 한인들로서, 일부는
돈벌이를 위해서, 일부는 일본 당국의 박해 결과로, 혹은 자주권을
상실한 조국에 대한 심한 모독감을 이기지 못하고 도망쳐 나온 망명
이주자들이다. 한인촌에 정착한 이주자들 가운데에는 조선에서의 일
본 지배 체제에 대항하거나, 조선인의 억압자들에 대항하듯 일본인
들에 대항해 극단적으로 적의를 품은 지식인들도 적지 않게 있었다.
블라디보스톡의 한인촌은 러시아에 거주하는 한인들뿐만 아니라, 조
선 본토의 한인들에게 있어서도 정신적인 삶의 중심이다. 조선에서
조선인들이 왕래하며 고국의 소식을 전해주기도 했으며, (л.24) 러시
아에 거주하며 블라디보스톡에 용무가 있는 한인들도 왕래하면서,
고국의 소식을 접하고는 자신들의 거주지에 돌아가 알리곤 한다. 한
인촌의 이러한 상황은 미국 장로교파 선교부에 의해 확실하게 알 수
가 있는데, 미국 장로교파가 한인촌 내에 자신들 최초의 공동체를
조직했기 때문이다. 결과적으로 러시아 내 거주 한인들은 장로교파
공동체에 대해서 곧 알게 되었으며, 모국어로 행해지는 설교와 예배
를 듣고 참석하기 위해서 일부러 한인촌을 왕래한다. 이렇게 한인촌
이 갖는 의미 자체가 정교를 선교를 위해 한인촌 내에 선교지부의

조직이 필요하며, 조선어로 설교와 예배를 수행할 수 있는 선교사-사제직이 필요함을 말해주고 있다. 나아가 이 선교사는 장로교단 선교부에 맞서서 1주일에 2차례 이상 이교도-한인들과 장로교파 한인들도 참여할 수 있도록 하고서, 정교도 한인들을 위한 모임을 여는 것이 필요하며, 이 모임에서 체계적으로 교리문답 교육을 시켜야 한다. 그리고 이러한 교리문답 교육은 간단한 일이 아니기 때문에, 선교사에게는 교리문답 교사 같은 도우미들이 필요하다. 블라디보스톡 선교사에게는 3명 이상의 교리문답 교사가 필요한데, 이들 교리문답 교사들은 블라디보스톡 내에서뿐만 아니라, 주교구 내의 다른 지역으로 사역출장을 보내는 데에도 필요하다. 앞에서 언급한대로 한인들은 주교구의 교구마다 분산되어 교구마다 크고 작은 집단을 이루어 거주하고 있다. 이제는 교구 사제들도 한인들 자신들도 기독교 신앙의 가르침을 줄 교리문답 교사를 파견해 줄 것을 자주 요청하고 있다. 하지만 현재의 상황에서 모든 곳에 그러한 요청들을 이행할 여력이 없는데, 이는 블라디보스톡에 현재 단 1명의 교리문답 교사만이 있으며, 게다가 그 교리문답 교사도 상근 사역자가 아니다. 즉 교리문답 교사 체제를 유지하는 데 드는 자금이 없기 때문이다. 따라서 3명의 교리문답 교사가 활동하게 되는 경우에는 그러한 요청들이 특별한 어려움 없이 이루어지게 될 것이다. 상근 교리문답 교사들의 활동은 선교사-사제들에 의해 감독되어야 한다. 이러한 원인들을 볼 때, 블라디보스톡에서의 고물가(高物價) 생활은 별도로 하고라도, 블라디보스톡 선교사에게는 1년에 2,400루블 이상이 배정되어야 하며, 교리문답 교사들에게는 봉급 이외에 1년에 500루블 이상의 방문사역 비용이 배정되어야 한다.

모든 선교지부들에 교리문답 교사 직책을 조직하는 문제와 관련해
서, 경험으로 볼 때, 교리문답 교사들은 한인들이어야 하며, 그런 인
물을 찾는 데 이제는 그다지 어렵지 않다. 사제들에 의해 운용되는
그러한 교리문답 교사들은 정교회에 많은 이익을 가져다줄 것이다.
즉 그러한 교리문답 교사들은 한인들과 가까이 있으며 한인들의 관
습과 신앙을 알고, 한인들에게 직접적으로 영향을 미칠 수 있다는
것이다. 또 이들 교리문답 교사들은 한인들 사이에서 장로교파 선교
사들의 등장(역자 - 활동)을 주시하고, 그들의 설교에 맞대응을 하며,
그들의 설교에 대해 선교사들에게(역자 - 정교회 측) 알려줄 것이다.

(л.24 о б.)이상과 같이 언급된 것을 통해서 볼 때, 블라디보스톡
주교구에는 100,000명의 한인들을 관리하는데, 기능하고 있는 9개의
선교지부 이외에, 선교사 - 사제들과 시낭송자들이 배속된 4개 이상
의 새로운 선교지부가 필요하다: 수찬(수창)강 유역의 지역에는 2개
의 선교지부, 포시에트 지구에 2개의 선교지부가 필요하며, 블라디보
스톡에도 특별한 선교사가 필요하다. 뿐만 아니라 현재 기능하고 있
거나, 조직이 예상되고 있는 선교지부에는 1명씩, 그리고 블라디보스
톡에는 3명의 교리문답 교사가 배정되어야 하며, 따라서 총 16명의
교리문답 교사가 필요하다.

블라디보스톡 주교구 선교부 내에서 정교회 선교부의 업무는 이교
도들에게 정교회 신앙을 전하는 일뿐만 아니라, 동시에 강하고 엄하
게 조직된 장로교파의 선교활동과도 투쟁을 하는 데 있다. 이 업무는
복잡하고 어려우며, 주교가 이러한 일들을 관할한다는 것은 매우 어
렵다. 하물며 이러한 일들 외에도 주교구를 이끌어가는 일은 해마다
복잡해져 가고 있다. 사실 주교구 내에 교구들의 수가 아직은 많지

않지만(150교구), 해마다 증가하고 있으며, 주목할 것은 캄차트카 주
교구를 포함하지 않더라도, 블라디보스톡 주교구가 방대한 지역들을
관할하고 있다는 점이다: 주교구의 최가장자리 간의 거리는 수백이
아닌 수천 베르스타에 이르고 있다. 캄차트카를 포함하지 않고, 블라
디보스톡 주교구에 샨타르 섬들(Шантарские острова), 우드 관구 일
부 지역, 사할린 러시아령 지역, 우수리 지역의 많은 지역들이 관할
지로 소속되어 있다. 또 블라디보스톡에서 만주역과 하바로프스크까
지의 철도부지 내에 있는 교회들이 블라디보스톡 주교의 관할하에
있다. 또 한 가지 고려할 점은, 이 주교구는 조직되는 시기 중에 있
어서, 새 이주자들 사이에서 교구조직과 사원(храм) 선립, 그리고 이
주자들의 영적인 빈곤함을 만족시켜 주는 데 특별한 주의를 요하고
있다는 것이다. 즉 주교는 새로운 교구들을 방문해야 할 뿐만 아니라,
어떻게 어디에 교구를 조직하고, 어떻게 사원 건축을 착수해야 하며,
어디서 건립자금을 융통해 내야 하는지를 지적해주어야 한다. 나아가
조직되는 교구 내의 마을들 중 어느 마을에 사원을 건립해야 하는지
에 관한 논쟁과 불화들을 주교가 직접 현장에서 해결해야만 하는 경
우들이 심심찮게 발생한다. 심지어는 사원 건립이 이미 예정된 마을
에서도 마을 수민늘 간에 선립 상소를 놓고 불화가 발생해서 사원이
건립되지 못함으로써, 종종 현장에서 주교의 권위로만 문제가 해결되
는 경우들도 있다. 이외에도 새로운 교구들과 마을들을 돌아보는 일
또한 많은 어려움이 동반되었다: 즉 통행이 불가능한 길들을 통과해
야 했으며, 흔하게는 전혀 길이 없는 가운데 냇가나 강, 늪지대를 건
너야 했다. 해로를 통한 순행 또한 드물지 않으며, 이 또한 결코 쉬
운 일이 아니다. 또 한 가지 주목할 것은 주교구 내에 부대들이 상당

히 많이 주둔해 있으며, 이들의 영적-종교적 필요성을 만족시켜 주는 문제에도 관심을 기울여야 한다는 점이다. 만일 그처럼 다양하고 (л.25)복잡하며 어려운 활동 속에서 주교에게 한인선교부의 복잡한 업무들의 직접적인 관할과 지휘를 부과한다면, 주교로서는 자신들의 의무들을 감당할 수 없게 될 것이다. 따라서 블라디보스톡에서 체재하며 이곳 중심(수도-역자)에서 선교사들의 활동을 지휘할 수 있는 주교-보좌주교(Епископ-викарий)에 의해서 한인선교부를 이끌어가는 것이 반드시 필요하며, 더구나 장로교파 선교부도 바로 이곳에서부터 자신들의 활동을 사방으로 확대해 나가고 있다.

블라디보스톡에 보좌주교직(викариатство)을 조직해야 하는 당위성은 다음의 설명으로도 정당화될 수 있다. 신성종무원은 서울선교부를 블라디보스톡 주교의 지휘하에 예속시키는 것이 바람직했었다. 서울선교부의 이러한 예속은 전적으로 당연한데, 왜냐하면 서울선교부에서도 블라디보스톡 선교부에서도 같은 언어와 같은 신앙을 갖고 있는 한인이라는 같은 대상을 상대하기 때문이다. 하지만 현재의 상황하에서 블라디보스톡 주교가 서울선교부의 업무를 지휘한다는 것은 매우 어려운 일이며, 따라서 이미 예전에도 블라디보스톡 및 서울선교부를 보좌주교에게 예속시킨 채, 블라디보스톡에 보좌주교직 조직에 관한 문제가 대두되었던 것이다.

블라디보스톡 주교에 따르면, 보좌주교직 체제 내에 보좌주교와 4명의 사제-선교사, 시낭송자들을 유지하고, 블라디보스톡에 특별한 선교사와 16명의 교리문답 교사들을 유지하는 데에 다음의 비용이 소요된다.

보좌주교 봉급으로 4,000루블과 선교부 순행에 따른 방문사역 비용으로 1,000루블 이상이 필요하다. 하지만 보좌주교 봉급으로 어떠한 지역자금도 없는 상태이며, 기대되는 바도 없다. 단지 아파트만을 구할 수 있는 블라디보스톡에 위치하고 있는 서울 교회?(Сеульское подворье)를 제공하는 것만 가능하다. 블라디보스톡 선교사의 봉급은 앞에 언급된 원인들을 고려할 때 2,400루블로 배정하는 것이 필요하다. 이 선교사는 선교부의 중앙과 보좌주교가 있는 한 도시에서 상황에 따라 선교부 책임자인 보좌주교의 가장 가까운 도우미 역할을 하거나, 주교 여러 지여에 있는 한인들에 대한 방문이 있을 시에는 보좌주교의 위임을 이행하게 될 것이다.

새로운 선교시부의 모든 선교사들에게는 1,200루블씩, 시낭송자들에게는 400루블씩의 봉급이 필요한데, 이는 선교사들과 시낭송자들이 물질적으로 어려운 한인들 사이에서 어려운 상황 속에서 사역을 감당하고 매우 광범위한 선교지부마다 방문사역을 감당해야 하기 때문이다.

다소 좋은 교육을 받은 한인들이 요구되며, 쉽지 않은 교리문답 교사 직책 업무를 책임져야 하는 한인 교리문답 교사들에게는 1년에 1인당 600루블씩이 배정되어야 한다. 이외에도 블라디보스톡 3명의 교리문답 교사들에게노 방문사역 비용으로 500루블이 필요하다. 이렇게 해서 총 23,900루블이 필요하다.

(л.25о6.)추가로 블라디보스톡 주교는 1912년 4월 11일자 No.1152 신성종무원에 대한 보고서에서, 러시아 내에 거주하는 100,000여 명의 한인들이 정교회를 받아들이고 러시아인들과 융화하기를 집단으로 추구하고 있다며, 한인선교부가 겪고 있는 특별한 역사적인 상황

을 제시하며, 그리고 최근 조선에서 강화된 장로교파 선교사들의 활동
을 지적하며, 또한 한인선교부에 대한 자금을 방출하는 문제의 입법적
인 절차를 통한 허락이 조만간에는 나오지 않을 것을 고려하며, 러시
아 내 한인들뿐만 아니라, 타국 내 한인들에게도 삶의 정신적 중심이
되고 있는 블라디보스톡에 주교급으로 하는 선교부 책임자의 직책을
즉시 조직하는 것이 필요함을 인정하고, 아울러 주교구 내의 선교업무
와 블라디보스톡에 선교단(миссионерский причт)의 신설을 보좌주교
의 지휘하에 위임시키고, 신성종무원의 특별자금에서 이에 필요한 자
금 방출의 필요성을 제기했다. 이에 관한 신성종무원의 보고서에 따라
서 1912년 6월 14일에 보좌주교에게는 '니콜스코 - 우수리스키(Николь
ско-Уссурийский)' 보좌주교라는 명칭이 부여되고, 이를 위해서 국고
에서 자금이 방출되기 전까지 신성종무원 자금으로 이 보좌주교직을
유지한다는 내용과 함께, 블라디보스톡 주교구에 보좌주교직의 조직에
대한 황제의 허락이 나왔다. 새로 조직된 보좌주교직에는 조선의 서울
선교부 책임자인 파벨 수도사제(Павел, архимандрит)(Павел Иванов
ский , 혹은 수도원장 - 역자)가 임명되었으며, 서울선교부 책임자에는
차리츠인 성령 수도원(Царицынский Свято-Духова монастырь)의 수
도원장 프리나(파)르흐(архимандрит, Прин(п)арх)가 임명되었다. 이
때 신성종무원에 의해서 블라디보스톡에 특별 선교단(особый миссио
нерский причт)이 조직되었다. 이상의 조치들을 실행하는 데 필요한
비용으로는 니콜스코 - 우수리스키 보좌주교의 봉급으로 4,000루블, 선
교단(миссионерский причт) 봉급으로 1,600루블(사제 - 1,200루블, 시
낭송자 - 600루블)을 포함, 총 5,600루블이, 국고로부터의 할당 요청 이
전까지는, 신성종무원의 특별자금으로 채택되었다.

법 규

결 론

이상의 상술된 내용을 근거로 신성종무원장은 다음의 사항들을 계획하고 있다:

블라디보스톡 주교구 내 한인들을 정교도로 개종시키기 위한 선교부 조직에 1914년부터 시작해서, (л.26)블라디보스톡 주교구의 보좌주교이자 한인선교부 책임자의 봉급으로 5,000루블, 블라디보스톡 선교사에게 2,400루블, 새로 조직되는 선교지부의 4명의 사제에게 1,200루블씩, 4명의 시낭송자에게 400루블씩, 16명의 교리문답 교사들에게 600루블씩, 블라디보스톡 3명의 교리문답 교사들의 방문사역 비용으로 500루블씩을 포함, 1년에 총 23,900루블을 국고지원 한다.

신성종무원장은 상술된 예정안에 관해서 국가두마의 재량에 맡기게 됨을 영광으로 생각하는 바이다.

신성종무원장

스타트스-세크레타리 브. 사블레르

골로브닌 이바노비치

부록 2. 소모프(A. C. Сомов)의 보고서

Архив внешней политики Российской империи,
фонд Японский стол, Оп. 493, д. 38, л. 37-40.

4등 문관 소모프(A. C. Сомов)의 외교보고서
1910년 10월 8일, 서울, №60

일본의 수중으로 조선에 대한 통치권의 이양은 현지 선교사들의 상황과 활동에 악영향을 미쳤다. 비록 아직까지 일본인들이 아무런 혐오감도 드러내지 않고, 반대로 오히려 외국인 선교사들 앞에서 아첨을 떨고, 선교사들에게 무식한 조선인 대중을 위한 교육활동을 권하고 있지만, 그럼에도 선교사들은 자신들의 활동이 일본인들의 마음에 들지 않으며, 일본인들이 아무리 부드럽게 잠자리를 깔아주어도, 얼마 안 있어 거친 잠자리가 될 것이다(선교사들을 골탕 먹일 것이다).

얼마 전에 일본 언론은 선교사들, 특히 선교사들의 민중 교육활동에 대한 엄한 통제를 확립시킬 것을 요구하고 나섰다.

한편으로 일본인들이 지역의 종교적인 무속단체와 불교전도자들에게 취하고 있는 공개적인 비호와 물질적 지원, 구성원으로 들어가서 민족적인 조선의 종교단체들을 부흥시키도록 해산된 정치단체의 회원들을 상대로 하고 있는 일본당국의 집요한 충고들은, 테라우치 남작이 선교사들의 영향을 견제하기 위한 대항점을 만들고자 노력하고 있다는 것을 분명하게 보여주고 있는 것이다.

조선인들은 순간의 상황을 아주 잘 포착했으며, 예전에 선교사들의 보호와 비호를 추구했던 수천의 한인들은, 이제는 바로 그와 같은 동일한 목적으로 일본인들이 마음에 들도록, 빠르게 기독교로부터 떨어져 나가며, 예전의 자신들의 종교로 돌아가고 있다.

이 모든 상황은 조선의 곳곳에 퍼져 있는 프로테스탄트 및 특히 미국인 선교사들에게만 해당되는 것이며, 가톨릭 신교사들은 완전히 독자적으로 활동하고 있으며, 이들의 활동은 더 견고하고 진지한 상황에 있다. 따라서 벌어지고 있는 상황의 변화들은 이들의 활동에 덜 영향을 미쳤으며, 신도들의 이탈을 초래하지도 않았다.

그렇지만 이러한 일련의 상황 속에서도 미국인 선교사들은 의기소침하지 않았으며, 신비주의적인 광신에 사로잡혔다. 전국적으로 집회가 열렸으며, 거액의 기부금이 모금되었다. 이와 동시에 거액의 자금이 미국으로부터 건너왔다. 이후 서울에서 열린 대집회에서 올 한 해에 조신에서 신도들의 수를 백만 명까지 끌어올리도록 최신을 나할 것을 결의했다. 특별위원회(Особый Комитет - 조선 주재 미국선교부 산하에 있는 - 역자)는 이 문제의 실행방안을 검토 중에 있으며, 현재 작성된 프로그램에 따라서 조선에 대한 십자군 원정(крестовый поход) 계획을 밝혀 놓은 상태다.

선교사들의 특별 회람 중에서 제시되고 있는 보고서들을 통해서 알 수 있는 것은, 이들 선교사들 모두가 특별하게 환상적인 열성에 사로잡혔으며, 복음원정(Евангелический поход) 혹은 서울원정으로 명명되고 있는 원정에 애를 쓰고 있으며, 이 원정은 10월 30일에 있을 것이다.

현재 서울은 조선 각지에서 모여든 선교사들로 가득 차 있다. 서울 곳곳의 눈에 띄는 장소들에서는 검붉은 물감으로 인쇄되어, 성서물들이 첨부된 큰 사이즈의 광고물들이 등장했다. 그러한 광고물들은 서울과 지방에 250,000장 이상이 붙여졌으며, 동시에 종교적인 내용의 팸플릿 100만 장이 인쇄되었다. 나아가 일본인 기독교인들도 이 원정에 참가하도록 초대를 받고 있다. 일본인 프로테스탄트 선교사들은 이 원정을 돕도록 자신의 요원들을 파견하기도 했다. 구세군 또한 자신들의 군대를 동원했으며, 그 부대들이 온 도시를 찬송과 찬양하며 돌아다녔다. 특별 부대가 조선 영화관 극장 앞에 서 있으며, 북과 나팔소리로서 악한 소리인 조선인 음악가들의 피리소리를 삼켜버리고자 애를 쓰고 있다. 도시는 일종의 군사도시의 모습을 하고 있다.

오늘 미국인 주요 선교사 중의 한 명인 가엘(Гаель)이 블라디보스톡으로 파견되는 조선인 목사와 함께 우리(러시아) 선교부 책임자와 본인을 방문했다.

조선 국내에서도 그렇게 일이 많은 이때에 왜 하필이면 지금 블라디보스톡으로 조선인 목사를 파견하느냐는 파벨 대사제(수도원장, архимандрит Павел)의 질문에, 파벨은 조선인 목사의 자리는 블라디보스톡에 있으며, 이는 블라디보스톡에 매우 많은 이교도들이 있고, 이들의 개종에 대해서는 아무도 걱정해주지 않고 있기 때문이라고 차분한 어조로 답을 했다. 파벨과의 대화를 통해서 본인은, 이곳의 선교사들은 (조선 내의 - 역자)정교도 조선인들을 프로테스탄트로 끌어들이고, 가능한 한 새로운 신도들도 확보해 두기 위해서, 일본인들을 비호해주고 있는 러시아 당국에 대한 블라디보스톡 한인들의 불만을 이용하고자 하고 있다는 인상을 받았다.

조선인 목사 최관흘(Корейский пастор Цой -кан-Фуль)은 이미 지난해에 블라디보스톡에 다녀온 적이 있으며, 매우 성공적으로 활동했었다. 진지하게 준비를 했으며, 여느 조선인들처럼, 타고난 달변가였던 최관흘 목사는 짧은 기간 동안에 400명의 한인들을 기독교로 개종시켰다.

최관흘 목사에게는 불행하게도 이 무렵 블라디보스톡에는 우리의 영사 요원(Консульский Агент)(비류코프 - 역자)가 있었다. 비류코프 2등 대위(Штабс-капитан Бирюков)는 전쟁 전에 이미 오랫동안 한인 외국어 학교의 러시아어 교사로 활동했었고(일본인들이 러시아어 수업을 중단시켰음), 한인들 사이에서는 큰 신뢰와 존경을 받고 있었다. 개종되고 있던 한인들이 비류코프의 도착 소식을 알고 자신들의 결심(기독교를 받아들이는 결심 - 역자)을 알리기 위해서 비류코프에게 왔다. 비류코프는 한인들이 기독교를 받아들이게 되는 것에 대해서 진심으로 축하를 해주면서, 한편으로는 이미 러시아 시민이거나, 러시아 국적을 받고자 하거나, 러시아에 영원히 서주하고자 하는 한인들이, 왜 정교 신앙이 아닌, 이방인의 프로테스탄트 종교를 선택했는지에 놀라움을 표시했다.

짧은 협의를 가진 후 한인들은 자신들의 결정을 바꾸고 정교를 받아들였다. 예프세비 주교(Епископ Евсевий)와 성직자들도 열의를 갖고 여기에 참여를 했다. 이들 첫 번째 한인 무리들 이후에, 여성들과 아이들로 이루어진 두 번째 한인 무리들에 대해서도 세례식이 행해졌다.

조선인 프로테스탄트 목사는 서울로 돌아갔다. 현재 미국인 선교사들은 블라디보스톡의 러시아인들과 한인들 사이의 냉각관계를 자신들의 노력을 부흥시키고, 잃은 것을 채울 수 있는 호기로 여기고 있다.

이와 관련해서 본인은 있게 될 조선인 목사의 블라디보스톡 도착과 도착 목적에 대해서 블라디보스톡 주교에게 시기적절하게 알리도록, 조선선교부 책임자에게 요청을 했다. 2년 동안의 서울 체류 동안에 이곳 러시아정교회 선교사들의 활동에 대해서 본인이 받은 인상에 대해서 몇 마디 언급하지 않을 수 없다.

정교회 선교부는 1명의 대사제(수도원장, архимандрит)와 2명의 수도사, 1명의 수도보제(иеродиакон)로 구성되어 있다. 수도사 중 1명은 블라디보스톡에 파견되어서 그곳에 있는 한인들의 특별 교회-학교의 책임자로 있으며, 그런데 이상하게도 한인 학생들은 없다.

선교부 요원들은 자신들의 업무에 깊이 열중하고 있으며, 열성적으로 조선어를 배우고 있으며, 깊은 존경을 받고 있다. 하지만 유감스럽게도 이들의 활동은 결실이 적다. 물론 이는 이들 요원들에게 달려 있는 것이 아니라, 전반적인 상황에 달려 있다. 우리 정교회 선교부는 가톨릭 선교부나 방대한 물질적인 자금을 보유하고 있는 프로테스탄트 선교사들과의 경쟁이 불가능하다. 기독교를 받아들이고자 하는 조선인은 무더운 방 안에 자리 잡고 있는 교회와 러시아어와 조선어가 혼합된 예배가 진행되며, 설교자들도 없는 정교회 선교부에 오지를 않는다. 반면에 호화로운 성전과 멋진 찬송가, 조선어 예배, 분명하게 이해가 가는 조선어를 구사하는 재능 있는 설교자들, 학교와 도서관, 병원과 의사, 간호원들, 외래환자 진료소, 양로원, 고아원, 공공 클럽 등을 접할 수 있는 가톨릭이나 프로테스탄트 선교부로 간다.

바로 러시아에는 전도자(설교자 - 역자)들을 기다리는 수백만의 이방인들이 있기 때문에, 이 부분에 있어서 경쟁을 한다는 우리에게 불가능하다.

조선어를 모른다는 것 또한 정교회 선교사들의 활동의 주요한 장애이다. 조선어 학습은 중국어와 일본어와 같은 복잡한 언어들의 학습보다도 훨씬 어렵다. 외국인 선교사들은 장기 일정으로 파견되어 오며, 3-4년 동안은 현지 언어학습에 시간을 보내고, 이후에는 자신들의 지식을 이용하며, 그중 많은 이들이 생애 마지막까지 조선에 남아 있는다. 가톨릭 선교사들과 수녀들도 소명에 따라 파견되며, 서의 봉급을 받지 않는다. 즉 프로테스탄트 선교사들은 승진과 점진적인 봉급 인상을 통해서 유지가 된다.

반면 정교회 선교사들은 늘 바뀐다. 조선어의 어려움을 극복할 만하면, 전임되고, 결국 어렵게 습득한 지식을 이용할 기회를 갖지 못하고 있다.

지난해 본인의 요청으로 정교회 선교부 요원들 중에서 유일하게 조선어를 자유롭게 구사하는 수도사 니콜라이가 페테르부르그에서 서울로 잠시 파견되어 왔다. 현재 그는 수도로 귀환했으며, 아마도 다른 임명을 받을 것이다. 니콜라이의 지식을 이용하고, 그에게 블라디보스톡의 한인들을 위임시키는 것보다 더 적절한 조치는 없을 것이다. 조선어를 아는 전도자(설교자 - 역자)를 배출해 내는 데 적어도 4-5년이 걸리지 않는가.

결단코 확신하건대, 정교회 선교사들의 높은 수준의 성공적인 선발이 이루어지고, 조선에서 정교회 선교사들의 업무에 대한 노력하고 열성적인 태도에도 불구하고, 이들의 활동 결과는-조선인들의 정교 개종의 단독사례들로서-외국인 선교사들의 활동과 비교해서 조족지혈에 불과하다.

힘(주어진 조건-역자)이 매우 동등하지 못하다.

그러나 만약 이러한 힘의 절반만이라도 블라디보스톡으로 투입한다면, 많은 것을 행하는 데 충분할 것이다. 대부분의 한인들이 이미 러시아어를 구사하고 있다는 그러한 환경은 더 많은 결실을 맺게 하는 밭이 될 수 있을 것이다.

조선에서 조선인들을 정교로 개종시키는 것은 힘에 부치는 일이지만, 그러나 러시아 한인들의 내부 문제에 대해 교묘하게 수완이 좋은 미국인 선교사들의 불온한 기도와 개입으로부터 적어도 러시아의 한인들을 보호하는 데는 지금의 잉여자금으로 충분할 것이라 본다. 정교도 한인들은 빠르게 러시아인들과 합치되고 있으며(동화되고 있으며-역자), 한인 프로테스탄트들은 극동 지역에서 불온한 요소들로 남아 있게 될 것이다.

깊은 존경의 마음으로……

부록 3. 선교대학규칙

블라디보스톡 3년제 선교사 양성고급과정(선교대학) 규칙

РГИАДВ, Фонд.702, Опись.3, Дело.443, Л.13-17.

(л.13)1. 블라디보스톡 선교사 양성고급과정(이하 선교대학 - 역자)
은 해외에서, 즉 한국과 중국, 일본, 극동 지역에서 이민족을 상대로
선교활동을 하는 요원들을 대상으로 실제적이며 이론적인 교육을 목
적으로 설립된다.

2. 블라디보스톡 선교대학의 전 과정을 필한 자는 전문 교육기관
을 이수한 것에 상응하는 권리를 누릴 수 있으며, 단 이는 졸업생들
이 선교부에서 사역을 하거나 국가 종교 관청(종무국?, Духовное Ве
домство)에서 근무를 하게 되는 경우에 한해서이며, 그렇지 않은 경
우에는 권리를 유지할 수가 없다.

3. 선교대학 과정에는 국가 종교관청의 중등학교를 마친 30세 이
하의, 특히 수도사 생활을 하거나 수도사직에 마음을 두고 있는 사

람들이 입학을 한다. 제시된 요건에 합당한 홀아비 성직자들은 가정의 의무로부터 자유로워야 한다. 세속의 중등 및 고등 교육기관의 교육과정을 마친 사람들 중에서 법적권리가 있는 후보자(지원자)들은 지원 당시에 공석이 있는 경우에만 입학이 가능하다.

4. 입학지원 수강생들은 성적증명서나 근무증명서를 첨부한 무시험 서류전형과 (л.13 о6.) 혹은 특별 설문자료를 근거로 선발된다.

5. 모든 수강생들은 동방대학교(Восточный Институт)(극동국립대학교 전신–역자)의 청강생들로 등록되며, 동방대학교 아침 강의를 통해서 전문적인 하나의 언어들을 배운다: 선택 혹은 지정언어로 중국어, 조선어(한국어), 몽골어, 일본어뿐만 아니라 모든 수강생들은 영어와 극동 지역 나라들의 역사, 지리, 인종지학을 배운다. 결과적으로 수강생들은 자신들의 전공에 따라 4개의 분과(학과)–중국어과, 한국어과, 몽골어과, 일본어과로 나누며, 졸업 직후에는 해외 선교부들이나 이르쿠츠크, 자바이칼, 블라고베쉔스크 선교부에서, 중국인과 한인들은 블라디보스톡 선교부에서 사역을 해야 한다.

6. 축일(휴일) 전의 날들을 제외하고는 매일 과목들에 따라 본 건물에서 오후 4시부터 5시까지 2개의 야간 강좌가 행해진다: 과목 '극동 지역의 종교'–이교적인 거짓 가르침을 기술하고 파헤치며, 불교, 라마교, 도교, 유교, 신도(神道), 샤머니즘을 내용으로, 1주일에 4번 배우며, 과목 '선교'–그리스도 교회에서 특수한 사역 형태로서 선교, 하나님의 말씀에 근거한 선교의 높이(?), 책임감, 성공 요건들.

러시아 교회의 훌륭한 선교사들, 사도에 준하는 남녀 신도들, 인물들의 자서전과 유훈, 설교의 성격, 짧은 전기가 포함된 비정교회의 훌륭한 선교사들을 내용으로, 1주일에 4번 배우고, 극동 지역에서 활동하는 감리교도, 장로교도, 침례교도, 영국국교도, 안식교도 등등과 관련해서, 과목 '폭로신학(?)의 내용들을 추가한 베드로전서'를 내용으로 1주일에 2번.

(주)

첫해는 언급된 과목들에 따라 (л.14)1학년은 5개의 강의가 행해지며, 두 번째 해는 1, 2학년을 상대로 10개의 강의가 행해지고, 이때 첫 2년 동안은 야간 강좌에서 전체 과목의 강좌가 이루어져야 한다. 3년제 선교대학생들(воспитанник 3 курса Миссионерский Институт)과 관련해서, 3년제 선교대학생들은 야간 강좌의 수강을 면제받으며, 대신 4개의 전문 학과 - 중국어과, 한국어과, 일본어과, 몽골어과 - 에 따라 주어진 주제로, 혹은 공통적인 선교 관련 주제로 졸업논문을 쓴다. 졸업논문의 점수는 졸업장에 명시가 된다. 3년제 선교대학생들은 또한 블라디보스톡의 여러 지역에서 대학지도부의 지시에 따라 야간 학술세미나를 갖는다. '선교' 과목 파징이 완전히 구성되기 전까지는 베드로전서와 폭로신학(?) 과목의 강의가 1주일에 3회씩, 총 6회 행해진다.

7. 3년제 선교대학 당국의 주요 관심은 수강생들의 삶 속에서 양육적인 측면에 맞추어져야 한다. 기독교적인 사랑과 삶 속에서 복의 사자로서의 자기 헌신 없이는 훌륭한 소질, 학식, 기교는 아무것도

아니며, 사도 말씀에 따르면, '울리는 징이요, 쨍그렁거리는 심벌즈임'을 '끊임없이' 수강생들에게 불어넣어 주어야 한다. 그러한 선교사는 집을 짓되, 모래 위에, 혹은 불을 견디지 못하는 가연성 물질로 집을 짓게 될 것이다. 수강생들의 삶은 엄한 교회적인 삶이어야 하며, 이들의 하루 일과는 다음과 같다. 아침 6시 기상, 6시 30분 아침 예배, 대예배시간 성경봉독과 찬양 설교에 매일 참여, 오전 8시 차 마시기, 오전 9시경 전원 동방대학교로 아침 강의 수강을 위해 출발, 오후 2시 점심, 오후 3시 차 마시기, 오후 4시부터 5시까지 야간 강의, 오후 5시 30분부터 저녁 예배, (л.14 о б.)오후 8시 석식, 성직 직책을 갖지 않은 수강생들은 법의(подрясник, 法衣)를 입고 다녀야 하며, 전원 음주와 흡연이 금지된다.

8. 매해 10명의 신입생을 선발하며, 3년제 선교대학 과정은 항상 총 30명으로 이루어진다.

9. 선교대학은 한인선교부 교회-학교 건물 내에 위치하며, 한인선교부는 건물을 무상 제공하고, 이는 과정이 필요한 사람들에게 기회가 확대되고 적응하도록 하기 위해서이다. 한인선교부 교회-학교 건물은 러시아의 전쟁 희생자들에게는 기념비적인 의미를 갖고 있으며, 서울선교부에 의해 자발적인 기부금으로 건립되었기 때문에, 사원 입구 위에 있는 문구-1904-5년 러시아 전몰 희생자들을 기리며-처럼, 그러한 의미가 항상 유지될 수 있도록 해야 한다.

10. 모든 수강생들은 8개로 이루어진 각각의 기숙사 방에서 한 방

에 3-4명씩 거주하며 공동의 식당(제1 강의실)과 도서관(제2 강의실), 휴게실을 이용하게 된다. 수강생들 중에서 1명은 부엌과 식당일 도우미로서 학교 당국을 돕도록 선출되며, 또 1명은 기숙사의 청결과 질서를 책임지는 책임자로서 선출된다. 수강생들은 완전한 기숙교육을 제공받는다.

11. 강좌는 한인선교부 책임자 혹은 부책임자(помощник начальника)의 통제하에 있다. 강좌 책임자(заведывающий Курсами)는 다음의 인물들을 운영위원들로 둔다: 1) 세크리터리(секретарь, 세크리터리는 구역교구장(благочинный) 임), 2) 두호브닉(духовник) - 이들 2인은 매일 행해지는 예배에서 교대로 사역을 한다. 3) 보세(дьякон), 4) 에코놈?(эконом), 5) регент-псаломщик(=письмоводитель, 서기).

12. 강좌 책임자(заведывающий Курсами)와 그의 운영위원들인 세크리터리와 두호브닉의 직책은 대학교육을 이수한 자로 수도생활을 하고 있으며, (л.15)야간 강의를 할 수 있는 인물들이 임명된다. 언급된 3인 - 강좌 책임자, 세크리터리, 두호브닉 - 은 '강좌협의회(СОВЕТ КУРСОВ)'를 구성하며, 강좌협의회는 강좌운영에 따른 제반 문제들을 해결하고, 주교의 결제를 위해 결제사항들을 보내는 업무를 담당한다.

(주)

선교대학 야간강의의 강사진들(преподаватель)로서 강좌 책임자, 세크리터리, 참회성직자의 직책은 주교의 추천과 신성종무원의 지시로 대학교육을 이수하고 수도생활을 하고 있는 인물이 임명된다. 본

인물들은 상응하는 권리를 누리는데, 강좌 책임자는 총장(ректор)으로서, 나머지 2인은 신학교(Духовная Семинария)의 강사진들로서 권리를 누리게 된다.

13. 강좌 책임자(заведывающий Курсами)는 대학의 교무처(канцелярия)를 통해서 서신교환을 하고, 청원서를 받아들이고, 이에 답을 하며, 선교부 책임자들이나 그 외 고위급 인사들과 논의를 하며, 강좌 관리와 운영에 관한 연보고서를 작성하고, 일정한 시기에 '강좌협의회(Совет Курсов)'를 소집한다. 본 강좌협의회는 성적처리 규정에 의해 주교구 고위성직자(주교 - 역자)의 승인을 받아, 수강생들을 다음 과정으로 진급시키고, 졸업장을 부여하며, 성적이 나쁘거나 행실이 방정하지 못한 수강생들뿐만 아니라, 학업 진척과정 중에 비교회적인 정신의 소유자이거나, 본 강좌가 준비하고 있는 그러한 사역에 아예 마음을 갖고 있지 않은 사람, 혹은 '심할 정도로' 그리스도 가르침의 충실한 사역을 수행할 능력이 없는 사람들을 퇴학시킨다.

14. 모든 수강생들은 매해 봄마다 동방대학에서 시험이 끝난 직후에 강좌협의회에 의해 주교구 고위성직자(주교 - 역자)의 승인을 받아서 해외나 이민족 선교부로 현지의 관습과 민족, 언어 등의 공부를 위한 하계실습 파견이 되며, (п.15 о 6.)이 실습활동에서 나중에 있을 사역을 준비한다. 수강생들은 실습기간 중에 현지 선교부 책임자의 지시를 따르며, 현지 선교부 책임자들은 수강생들에게 파견의 목적에 부합되는 업무적인 위임이나 학술적인 업무를 주고, 숙소와 식사를 제공해 준다.

수강생들은 학기 초인 9월 1일 무렵에 복귀를 하며, 이때 수강생들은 자신들의 여름 실습과 자신들의 행실 및 부여받았던 업무에 대한 수행결과에 대한 현지 선교부 책임자의 평가에 대해 강좌 책임자에게 서면보고서를 제출해야 한다.

15. 수강생들은 선교대학을 졸업한 직후에 강좌협의회로부터 특별 졸업장을 받으며, 이 졸업장에는 졸업생의 성공과 행실에 대한 언급과 이 졸업장은 국가 종교 관청(종무국?, Духовное Ведомство)에서 근무를 하게 되는 경우에 한해서 의미를 갖는다고 언급되어 있다.

16. 상기의 졸업장을 보유한 졸업생들은 해당 지도부의 결정에 따라서, 공석이 있다면, 해외 및 극동 선교부로 선교양성기관, 교회 - 교사 세미너리, 신학세미너리와 신학교 등의 교사자격으로 배치가 되며, 그곳에서 이민족 언어와 영어, 극동 지역의 종교와 역사, 지리 분야를 가르친다. 하지만 선교대학 졸업생들 중의 누군가가 적절한 근무지를 찾지 못하고 있는 경우에는, 강좌(학교 - 역자) 당국은 졸업생의 근무지를 찾아주거나 만들어줄 의무는 없으며, 이러한 경우에 당국의 역할은 해당 지도부에 추천서와 서면자료들을 단지 교부하는 것으로 제한된다. 게다가 졸업생들을 위한 넓은 활동무대가 (л.16)극동 지역에서 목회사역을 제시해주고 있다. 극동 지역에서의 사역은 주로 선교적인 성격을 띠고 있으며, 이곳에서 졸업생들은 자신들의 전문적인 예비지식으로 볼 때, 구역교구장(благочинный), 선교부의 책임자, 주교구 선교사 등등의 지도부급 직책도 맡을 수 있는 훌륭한 인물들이다.

17. 선교대학을 운영하는 데 소요되는 비용은 다음과 같다:

1) 강좌 책임자(заведывающий Курсами)에게는 선교부 책임자에 대한 봉급에 추가로 강좌 책임자에 대한 봉급으로 1,000루블이 지출 된다.

(주)

강좌 책임자는 도우미(помощник)가 있는 통합된 서울선교부와 블 라디보스톡 선교부를 관할하고 있으며, 선교 보고서를 작성하며, 한 가 한 시간에는 관할 선교지부(стан)들을 돌아본다.

2) 선교대학의 세크리터리(секретарь)는 강좌 구역교구장(благочи нный курсов)이며, 전문교육을 받은 수도생활을 하고 있는 인물로 서, 숙소와 식사 외에 1,200을 받는다.

3) 두호브닉(духовник)은 전문교육을 받은 수도생활을 하고 있는 인물로서, 숙소와 식사 외에 1,200을 받는다.

이상의 3명은 야간강의를 하며, 1주일에 총 10개 강의를 하며, 강 의당 5루블씩 1개월에 200루블을 받는다.

4) 외부 강사들은 2,400루블을 받는다.

(주)

만일 야간강의를 할 수 있는 법적권리가 있는 인물들이 세크리터리

(секретарь)와 두호브닉(духовник) 직책에서 찾을 수 없다면, 야간강의를 위해서 외부에서, 즉 동방대학이나 지역 성직자들 중에서 초빙을 해오며, 이런 경우에 세크리터리와 두호브닉은 860루블씩만 받으며, 나머지 금액은 도서관과 강의의 질향상 비용으로 쓰이게 된다.

5) Иеродиакон-эконом 은 식사와 숙소 외에 600루블을 받는다.

6) Псаломщик-регент는 письмоводитель 이며, (л.16 о б.)식사와 숙소 외에 600루블을 받는다.

7) 수강생 1인에 대한 비용으로, 매해 식비로 200루블, 의복과 교재 구입비용으로 50루블, 동방대학 강의 청강 비용으로 60루블, 하계 국내외 선교부 왕복 파견실습비용으로 150루블이 소요되어, 수강생 1인당 1년에 총 460루블, 전체 인원 30명에 13,800루블이 소요된다.

(주)

매해 파견비용은 주교구 고위성직자(주교 - 역자)의 승인을 받아 강좌 책임자, эконом, 2명의 선발된 수강생에 의해서 배정이 되며, 이때 파견지의 거리, 이동 방법이 고려된다. 파견비용에서 남는 돈은 도서관을 보충하는 데 사용된다.

8) 건물 난방비용 - 2,000루블(중앙난방식으로), 9) 조리사 - 360루블, 10) 빵 굽는 조리사 조수 - 300루블, 11) 난방 화부 - 300루블, 12) 기숙사 근무자 - 300루블, 13) 건물 관리자(дворник - 물 지기(водонос), 욕

실일꾼(банщик)) - 300루블, 14) 도서관 보충비 - 150루블, 15) 대학 교무실 지출비용 - 100루블, 16) 의사와 약품 - 400루블, 17) 건물 위생관리비 - 150루블, 18) 수리 및 기타 비용 - 640루블이 소요된다.

학교 당국을 포함한 선교대학 운영비와 외부 강사비, 수강생 전원 기숙사 생활비와 여름철 파견실습비용을 포함해서 매해 총 25,800루블이 소요된다.

(주)

강좌 개설 첫해에 (п.17)10명의 수강생을 보유한 상황에서는 9,200루블 더 적은, 즉 16,600루블의 비용이 들고, 두 번째 해에는 4,600루블이 적은, 즉 21,200루블의 비용이 소요되며, 첫해 강의비용으로 1,200루블이 절감되어, 첫 2년 동안 총 15,000루블이 절감된다. 나아가 이 절감비용은 교회 - 학교 건물을 확대시키는 비용으로 사용될 수 있게 된다.

18. 본 규칙의 삭제와 제외는 강좌협의회의 결정에 따라 지역 주교의 승인을 받아 이루어지며, 더 중요한 경우에는 지역 주교가 신성종무원에 삭제 및 제외 안을 제출함으로써 이루어진다.

부록 4. 대한인정교보 자료

① 창간호에 백원보가 쓴 '축사'

정교보의 소식이여, 반갑고 반갑도다. 정교보의 발간이여, 기쁘고도 기쁘도다. 정교보의 발행이여, 영화롭도다. 정교보를 발행하시는 이여, 감사하고 감사하도다. 정교보야, 정교보야, 네 이름이 정교(正敎)이니, 정(正)이란 밝고도 모나고, 모나고도 평탄하며, 평탄하고도 이명하고, 이명하고도 바르게 행하는 바를 정(正)이라 한다. 교(敎)란 진리를 순종하고 인도를 극진히 하여 가르침이 되는 가르칠 교(敎)라. 네 이름과 가치가 마치 노(老)선생이 될 줄은 내가 알고 믿어, 내가 빌고 하례한다마는 어찌 이와 같이 더디 나왔는고? 우리 동포가 러시아 극동 지역에 건너온 지가 40-50년이 아니며, 정교회 신자가 여러 만 명이 아닌가? 그러나 일찍이 러시아령 동포의 종교적 신문잡지가 세상에 나와서 정교회의 밝은 빛을 넓게 전파하지 못하였음으로 지금까지 흑암에 빠져 깊은 잠을 자며 마귀의 종이 된 자처럼 살더니, 이제는 너의 가르침을 받는 곳마다 어리석은 자가 지혜로워지며, 악한 자가 선하여지며, 어두운 자가 밝아지며, 약한 자가 강하여지며, 굽은 자가 곧아지며, 하나님의 복음을 모르는 자가 그리스도의 거룩한 공(功)을 알게 되며, 동포를 사랑하게 되며, 짐승 같은 생활을 하며 학대받는 자, 사람이 마땅히 행할 바를 깨닫게 하는구나! 이 어찌 우리 동포의 영화로운 정교보가 아니며, 찬송할 정교보가 아니리요? 이같이 귀하고 아름다운 정교보가 오늘날 원동(러시아 연해주 지역) 한인사회에 생김은 진실로 대한 7년에 단비를 만남이요, 9년 만에 보는 햇빛과 같아라. 이와 같이 긴요한 물건을 이와 같이 긴요한 때에 베풀게 함은 하나님의 도우심이며, 하나님은 간절히 구하는 자에게 주시며, 자라는 자를 북돋우어 주시는 분이심으로 정교보를 발간하는 책임을 맡은 자들에게 감사를 드리며, 정교보가 날로 확장되기를 바라나이다.[1]

② 황공도가 쓴 축사

하나님의 넓으신 은혜를 더욱 깨닫겠도다. 수십 년 전 흉년에 굶주려 죽을 한국동포로 하여금 강동에 길을 열어 주사, 러시아 정부에 맡겨 생명을 보존할 뿐만 아니라, 40년 전으로부터 기자기손(단군의 후손들)이 문명의 풍조와 교육의 정신을 힘입어, 영웅과 호걸을 배출하게 하시고, 오늘날 육신의 평안함을 인하여 혹은 음탕하고 사치하다가 지옥의 화를 받을까 염려하사, 죄를 속(贖)하고 영혼을 구하는 예수의 참 도리로 천당의 복을 누리게 하시려고 러시아정교회로 하여금 가르치게 하시고, 믿는 자를 날로 많게 하려고 정교보

---

1) 백원보 「정교보를 축하함」(필자 사역) 『대한인정교보』 창간호(1912), 11-12 쪽, 『권업신문 대한인 정교보 청구신문 한인신문』 제2권, 자료총서 16, 한림대학교 아시아문화연구소, 2002.

를 주시니, 러시아정교회의 도움과 치타시(市) 형제들의 열심으로 이 정교보가 생겼다 하지만, 실은 하나님이 감동하여 주신 결과로다. 오호, 동포여, 받을지어다. 이 정교보를 열심히 받을지어다. 이 정교보의 가르침을 지킬지어다. 이 정교보의 가르침을, 이 정교보가 가르치는 정교의 참진리를 발견하여, 우리 동포로 하여금 능히 캄캄함을 변하여 밝게 되며, 악함을 변하여 선하게 되며, 부패함을 변하여 신선하게 되며, 더러움을 변하여 깨끗케 하며, 망함을 변하여 부흥케 하며, 이산(離散)함을 변하여 단합하게 하며, 죽음을 변하여 살게 하며, 지옥을 변하여 천당이 되게 하나니, 우리 동포의 행복을 위하여 이 정교보 만세를 하나님께 축사하노라.[2]

③ 신문 준수사항

치따 정교회의 부주교 에프렘은 한인들의 정교보의 간행을 허락하는 조건으로 다음 사항을 준수하도록 하였다.[3]

1. 거룩한 하나님의 정교회가 중세기부터 신령하게 발달된 사실을 게재할 것
2. 기도문과 찬송 시와 모든 명절에 행하는 예절을 번역하여 게재할 것
3. 신앙과 도덕의 필요한 이유를 강론할 것

---

2) 황공도 「정교보를 축하함」(필자 사역) 『대한인정교보』 창간호(1912), 13쪽
3) 정교보 2호(p.32)와 3호(p.33)에는 한글로 〈본보간행의 인허를 얻은 개의가 여좌함〉이라고 되어 있고, 4호, 5호, 7호, 9호, 10호, 11호 등에는 러시아어로 발행계획이라는 제목하에 10개항을 번역 게재하고 있다.

4. 러시아 및 한국의 정교회 역사와 현상을 게재할 것

5. 일반 한인을 인도하여 환난을 건네며, 핍박을 헤치고 용맹 있게 정교회에 돌아오게 할 것

6. 한국 내에 정교회의 확장된 사실과 장차 확장할 방침을 게재할 것

7. 정교회의 아름다운 문학을 게재할 것

8. 젊은 문제로[4] 한인에게 재미있게 한국의 정치와 경제의 현상을 게재할 것

9. 세계의 要聞을 게재할 것

10. 광고를 게재할 것(맞춤법 - 인용자)

④ 창간 취지서

러시아정교회 치따 교구의 발행허가를 얻은 후 吾山 이강(李剛, 1878-1964) 등은 1912년 1월 2일 (구주 강생 1911년 12월 20일) 석판으로 창간호를 간행하였는데 제목은 한글로 『대한인정교보』라고 하였다. 정교보의 창간취지는 창간호에 실린 「취지서」에 잘 나타나 있다.

> 본보의 목적은 일절 정치와 간섭이 없고 오직 신도의 성덕과 지식을 배양하며 믿지 않는 자에게 하나님의 진리를 전파하기로 정하여 복음의 진리와 교회의 문학과 기타 인생의 필요한 각 학술과 교회의 통신과 세계의 요문과 동포의 선악을 게재하며 일반 동포의 도덕과 지식을 배양할 지며…….

---

4) 정교보에는 한글로는 '젊은 문제'로 나와 있어 해독에 어려움이 있으나, 러시아어로 된 '준수사항' 기록에는 이 부분이 '雜錄'으로 표시되어 있음.

⑤ 아령 한인 정교회의 근상

이 신문은 재러 한인들의 정교신앙 현황에 대하여 중요한 정보를 제공한다. 창간호에 실린 「아령한인 정교회의 근상」에 따르면, 1910년 당시 러시아정교가 한인들에 전파된 이래 한인의 신도가 수만 명이며, 한인 전용 교회만도 9곳이나 된다고 밝히고 있다. 아울러 정교를 믿음으로써 한국인들은 구습을 벗고 문명한 사람이 되어 가고 있음을 지적하고 있다.

우수리 지방에 있는 주교(主敎)와 해삼위 뽀그롭스고이 첼고빅 예배당을 주관하는 대신부 포프와 실니 씨는 하나님의 충성된 일꾼이오, 한인들의 사랑을 받는 신부라. 수십 년 전부터 한인에게 전도하여 세례를 받은 자가 수만 명이요, 한인들을 위하여 설립한 예배당이 9곳이라. 교회당마다 신부를 파송하여 하나님의 진리를 가르치게 하며, 교사를 택하여 인성에 필요한 학문을 가르치게 함으로, 오늘날 우리 동포들이 이단을 버리며 구습을 벗고, 문명의 세계로 나아온 자가 많은지라. 1910년에(한일병탄) 일어난 우리의 불쌍하고 가련한 종족이 돌아가 의탁할 곳이 없어 마치 목자 잃은 양과 같이 된지라. 선각자 최봉준, 고상준 씨 등이 민망히 여겨 이를 근심하여 하나님 앞으로 인도하기를 생각하고, 해삼위에 있는 대신부 포포프 씨와 더불어 의논하고 해항에 거류하는 뜻있는 교우들을 모아서 한인전도회를 조직하니, 이 모임의 목적은 우리 동포에게 전도하는 모든 방침을 연구하는 것으로 하였더라.

전도회에서 전도활동에 대하여 연구한 결과, 러시아어를 잘하는 사람 1인과 본국 언어를 잘하는 1인을 택하기로 하였는데, 러시아인 오바실리, 한국인 황공도가 선택되었더라. 오씨는 본래 러시아 사범

중학교를 마쳤다. 그는 러시아어에 익숙할 뿐만 아니라, 상당한 학식을 가진 자였다. 황씨도 어렸을 때부터 장로교를 믿었음으로 성경의 진리를 많이 공부하였으며, 겸하여 미국에 유학하여 교회의 정치에 연단이 있던 자였다. 이 두 사람이 전도사가 된 이후로 해삼위에 본 교회를 세우고, 각처로 돌아다니며, 전도하니, 사람이 많으시고 은혜가 많으신 하나님께서 돌아갈 길이 아득하여 방황하는 우리 동포를 구원하시고자 하여 전도하는 자들의 능력이 되시며, 지혜가 되시어 강팍한 마음을 변하게 하시고, 우둔한 마음을 열어 주사 그들이 가는 곳마다 불일 듯 믿는 자들이 생겨나고 일년이 못되어 세례를 받는 자가 해삼위에 300명이라. 하나님의 능력이 한인이 있는 곳마다 미침으로 블라고베센스코에도 수십 명이 세례를 받았으며, 그곳에서는 김봉초 씨로 하여금 전도하는 일을 맡겼으며, 본디방에서도 일시에 100여 명이 세례를 받았으며, 전도사를 택하여 전도하게 하였더라.

이러한 일들을 보건대, 1910년은 우리 러시아령 동포들의 중생의 해요, 구원을 얻은 해라. 우리 교회에서 기념할 만한 해더라. 금전과 인연이 적은 우리 동포로 창졸(倉卒)간에 예배당을 건축할 형편이 안 됨으로 셋집을 얻었으며, 개인집을 빌려 주일 오후와 삼일 저녁, 6일 저녁에 모여 하나님의 은혜와 예수 그리스도의 공로를 강론하며 성경의 진리를 토론하고, 교우를 신령하게 인도함으로 진실하고 강건한 군인이 날마다 증가하고, 또 모이는 곳마다 진실하게 믿는 자를 택하여 예배와 성경 강론을 주장하게 하며, 새로 믿는 자의 앞길을 인도하게 하였더라. 수청 진영동에 박근찬, 수청 신영동에 박영갑, 수청 청지동에 김창무, 수청 우지미에 최영긔, 소항령에 최영관 등을 세웠더라. 이상 여러 가지 의결과 실행된 증거들을 볼진대, 러시아령 한인의 정교회의 튼튼하기가 마치 반석 위에 세워진 집 같았다. 맹진할 형세는 시베리아로 달려가는 철로와 같았다. 1911년에 이르러 해삼위에서 세례를 받은 자가 250여 명이요, 또 도비허 등지에서 하나님 앞에 회개한 표적으로 일시에 단발하고, 세례를 받은 자가 360명이 달하였다.

마태복음 4장 16절에 어두운 데 처한 백성들이 이미 큰 빛을 보았으며, 죽을 그늘에 사는 자들에게 빛이 비추인다는 말씀과 같이, 도비허와 같이 치우친 곳에 사는 동포들도 빛을 보고 나아오는 자가 많으니, 관연 하나님의 빛이 비추이지 아니한 곳이 하나도 없다는 사실을 찬송하겠더라. 러시아 교우들과 한국 교우들이 합동하여 힘을 다하며 마음을 다하며 정성을 다함으로 해삼위 신한촌에 수천원의 경비를 들여 한인의 교회당을 굉장하게 건설함으로 우리 동포의 만복을 받을 근원이 되었더라. 이상에 기록한 사실들이 비록 초초하여(시작에 불과하여) 야심가의 취미에 맞지 아니하며, 부강한 사람의 눈에 차지 못하나, 본 기자는 이에 대하여 일어나서 춤추고 싶은 마음을 이기지 못하겠노라. 입을 열어 찬송하고 싶은 마음을 이기지 못하겠노라.5)

⑥ 교회통신

정교회의 부흥과 적극적인 선교활동의 결과로 극동 지역 한인들은 스스로 정교회 선교회를 조직하기도 하고, 세례 받기를 원하는 이들이 증가하였으며, 정교회성직자가 되는 경우도 적지 않게 생겼다. 1912년 12월 1일자 〈교회통신〉란을 보면, 이러한 사실을 보다 생생하게 상상할 수 있다.

---

5) '아령 한인 정교회의 근상(러시아 극동 지역 한인들의 정교회 최근 상황)'(필자 사역) 『대한인정교보』 창간호(1912), 18-21쪽.

"샹유진 지방에 유하는 동포들이 정교의 밝은 이치를 깨닫고, 일제
히 세례 받기를 청원한다더라", …… 중략 …… "세례 받는 사람이
날로 많아. 본 성에 거루하는 동포 십여 인이 한 달 전에 정교를 믿
고 일제히 세례를 받았다 하더라", ……중략…… "한인을 사랑하며
정교를 진실히 믿는 관찰사 김장활 씨가 세례를 받는 때에 본항 군
정 관찰사가 교체되었다더라", ……중략……"정교회에서 전도: 수
년 전 장로교회 목사로서 사역하던 최관흘 씨는 정교회로 돌아와 전
도 일을 한다더라", …… 중략 …… "하나님의 일꾼이 많이 생겨: 사
말리에 거하는 김콘스탄스 씨는 모스크바에서 신학을 필하고, 신부가
되었다더라", ……중략…… "이르쿠츠에 복음소식: 이르쿠츠에 거하
는 동포들이 한 달 전에 하느님 앞으로 돌아와 일제히 세례를 받았
다더라".[6)]

⑦ 정교회 세례 받은 자에게 고함

그러나 신문의 다른 면을 보면. 한인들 사이에 정교회 신도가 양
적으로는 크게 부흥하였으나. 질적으로는 아직 성숙하지 못하였음을
말하고 있다. 「정교회 세례 받은 자에게 고함」이라는 논설을 읽어보
면. 당시 명목상 정교회 신도가 다수였음을 짐작케 한다.

본인이 어떤 동포를 대하여 성경을 읽으면서 하나님의 참 이치와
예수 그리스도의 오묘한 말씀을 설명하고 믿기를 권면하니. 그 동포
가 말하기를. 그대가 말씀하는 천주에 대해서는 믿기는 고사하고 듣
기도 싫으니 어서 걷어치우라 하거늘. 나는 그에게 다시 묻기를. 그
대가 러시아 절당(교회)에서 세례를 받지 아니하였는가?

---

6) 『대한인정교보』, 제1권 7호 22-23쪽.

그 동포가 대답하기를, 나는 세례가 무엇인지 알지 못하거니와, 이왕 러시아 절당에서 그리스도의 세례를 받고 이콘을 받았노라. 나는 묻기를 그러면 그 이콘을 무슨 소용을 받았는가? 그 동포가 대답하기를, 다른 이유로 받았소. 세 가지 이유로 받았으니, 그 첫째 이유는 빙표 대신 십자가 목걸이를 가지고[7] 각처에 다니기에 편리함을 위함이었고, 둘째는 러시아 양부(세례 후 정해주는 대부)로부터 도움을 받기 위함이었고, 셋째 십자가 목걸이가 있는 사람은 다른 사람보다 후하게 대접하니, 그 대접을 받기 위함이었소.

나는 다 들은 후에 한번 탄식하고, 한국 동포여, 그렇지 아니하니, 나의 말을 자세히 들으라. '크리세니예'라 함은[8] 우리 국어로 세례(洗禮)라는 말이니, 세례의 뜻은 내가 전에 지은 죄악을 다 뉘우쳐 고치고, 하나님 앞으로 돌아오기를 맹세하고, 신부가 성부 성자 성신의 이름으로 세례를 행하나니, 비유컨대 성신의 은혜로 죄악의 마음을 씻음이요, 믿음으로 그 세례를 받은 자는 하나님 앞에서 더욱이 빙표를 가지고 행동을 분명히 할 것이요, 남의 도움을 원치 말고, 더욱 자유스러울 것이요, 남의 대접을 구치 말고 더욱 남을 대접할 것이라.

이제 그대의 말은 하나님과 예수 그리스도를 속이고, 스스로 죄악 가운데 빠져 멸망을 취함이라. 이후로는 그러한 말을 옮기지 말고, 성경공부를 부지런히 하라 하니, 그 동포가 부끄러워하고, 감동을 이기지 못하여 묵묵히 물러가더라.

"슬프다. 우리 한인이 강동에 이주한 지 40여 년에 정교회의 세례를 받은 자 남녀 수만 명이 넘거늘, 오늘날까지 하나님의 사랑하심과 예수 그리스도의 공로를 깨달아, 큰 사업을 성취한 자, 한 사람

---

7) '미드리ㅅ지'가 무엇일까? 아마도 십자가가 아니었을까? 십자가를 통행증 대신에 가지고 다닌 것으로 추측된다.

8) 러시아어 '크레스찌찌(крестить - 세례를 주다)'에서 파생된 명사.

도 없도다. 위에서 언급한 동포와 다르지 아니한 동포가 하나도 없
으니, 우리 정교회의 전도효과와 방식이 어찌 한심하지 않으리요?

본인이 두만강 이북으로부터 흑룡강 이남까지 한인의 촌락을 조
사해본 결과, 정교회 교회당이 수십 곳에 있고, 정교회 총회에서 거
금의 재정을 아끼지 아니하고, 수십 명의 신부를 파견하여 한인들에
게 정교회의 진리를 전하게 하였는데, 주일마다 예배당에서 향불을
피우며, 성가대가 노래하며, 정성으로 와서 예배하기를 재촉하였지
만, 소위 세례 받은 남녀들이 예배당을 향하여 머리도 돌리지 아니
하고, 발도 들이지 아니하고, 혹 누가 전도의 말을 하면, 언필칭 천
주쟁이라 비평하고, 해마다 2월 한식과 8월 추석에 소를 죽이며, 돼
지를 잡아 상공당, 국수당에 다투어 절하며 혼인잔치와 제삿날에 술
마시고 놀기만 좋아하니, 이것이 어찌 정교회의 세례 받은 사람이라
하리요?

세례 받은 동포여, 교인으로써 행하며 힘쓸 일을 몇 가지를 들어
권고하노니, 첫째, 교인은 성경을 부지런히 공부하여 하나님의 이치
를 여러 사람에게 전파하는 것이요, 둘째, 주색잡기를 일체 금하고,
행위를 단정히 하여 다른 사람들에게 모범이 될 것이요, 셋째, 나라
를 사랑하고 동포를 사랑하여 사회에 힘쓸 것이며, 넷째, 주일마다
교회에 나가 좋은 복음을 들을 것이요, 다섯째, 자기의 사업을 부지
런히 하여 타인의 뇌물을 구하지 말지어다. 이상 몇 가지는 교인으
로서 반드시 지켜야 할 것이니, 강동 교인아!9) 스스로 생각하라!
러시아인들에게 부끄럽지 아니하며, 하나님이 무섭지 아니한가? 국
내 있는 동포와 외국에 나와 있는 우리 동포들이 다 머리를 들며,
발을 들고 강동을 향하여 이주하기를 원하는 것은 다른 사회에는
있지 아니하고, 다만 우리 정교회 단체에 있으니, 우리 정교인의 책
임이 크고 중한지라. 그러므로 오늘부터는 말을 하든지, 어디로 가

---

9) 두만강을 기준으로 남쪽에서 북쪽으로 보면, 연해주는 강(江)동(東)이다.

든지, 밥을 먹든지, 일을 하든지, 자든지, 깨든지, 교인의 행위를 잃지 말기를 바라오며, 또 서로 세례 받기를 원하는 동포는 자주 예배당에 가서 많이 듣고 보아, 예수 그리스도께서 나를 위하여 십자가에 보혈 흘리심을 깨달아 안 연후에 세례를 받을 것이라.

⑧ 정교론

한인들은 정교회를 믿을 때, 어떤 기대를 가지고 있었을까? 창간호에 실린 「정교론」을 보면, 문명한 인간, 문명한 집안, 문명한 국가를 이루기 위해서는 정교를 신앙해야 한다고 하고, 또한 창간호의 논설 「우리한국 사람은 급히 정교회에 도라올지어다」에서 우리 동포는 남녀노소를 막론하고 급히 정교를 신앙할 것을 강조하였다.

좋은 실과를 거두고 싶으면, 먼저 그 실과나무의 뿌리를 잘 북돋우어야 하고, 더러워진 물결을 끊고자 하면, 먼저 그 물결 상류의 근원을 잘 청결하게 할지니, 뿌리가 썩은 나무에서 좋은 실과를 거둘 수 없으며, 근원이 청결한 상류에서 흐린 물결이 나오지 아니하나니, 모든 우리 동포로 하여금 정대(正大)한 사람이 되게 하며, 광명한 사람이 되게 하며, 공직(公直)한 사람이 되게 하며, 인자한 사람이 되게 하며, 문명한 사람이 되게 하며, 부강한 사람이 되게 하며, 군자 되게 하며, 영웅이 되게 하며, 의사(義士)가 되게 하며, 충신이 되게 하려면, 그 도(道)가 어디 있겠는가? 나무의 뿌리를 북돋우는 것처럼 먼저 그 사람의 마음을 배양함이 가하며, 악한 사람이 없게 하며, 더러운 사람이 없게 하며, 약한 사람이 없게 하며, 시기하는 사람이 없게 하며, 방해하는 사람이 없게 하며, 교만한 사람이 없게 하며, 타락한 사람이 없게 하며, 편벽한 사람이 없게 하며, 거

짓된 사람이 없게 하며, 싸우는 사람이 없게 하며, 잡기하는 사람이
없게 하려면, 그 도가 어디 있느뇨? 그 물의 근원을 청결케 하는 것
과 같이, 먼저 그 사람의 마음을 개량함이 가하니, 그 마음을 배양
하며, 그 마음을 개량하는 도(道)가 또 어디 있느뇨? 지공무사하신
하나님을 경배하며, 대자대비하신 예수 그리스도를 믿는 우리 정교
에 있노라. 우리 예수 그리스도는 하나님의 보내심을 입으사, 1911
년 전, 아시아 서방 유대국에 탄생하사, 세상만국 만민의 죄를 대신
하여 십자가의 곤란을 당하신 후에, 그 사도들이 자기의 몸과 생명
을 희생하여 구라파 열국에 선교하여 하나님의 참이치를 전파함으
로써, 서구 열국은 이전에 숭배하던 사신 우상을 다 버리고, 하나님
에게로 돌아와 예수 그리스도를 신앙하고 찬송하니, 이로써 오늘 20
세기에 이르러, 국가의 문명과 부강이 세계의 제일이며, 개인의 태
평 복락이 세계 제일이로다. 우리 예수 그리스도는 의원(醫員)이라.
마음에 병든 자를 고치신다. 예수 그리스도는 촛불이라. 마음이 어
두운 자를 밝히시며, 예수 그리스도는 소금이라. 마음에 썩은 것을
살게 하시며, 예수 그리스도는 부형이라. 마음이 슬픈 자를 위로하
니, 슬프다. 우리 한국 동포여! 내 나라가 망하였으니, 어디를 의지
할 터이며, 집이 없어졌는데, 어디로 돌아갈 것인가? 이같이 참혹한
지경에 빠져 있는 우리를 대국 러시아정교회에서 사랑하는 마음과
도와주는 의리로서 우리 한인의 거류하는 곳마다 예배당을 세우며,
전도사를 두어 하나님의 참 진리를 가르치는도다. 강동에 사는 동포
들이여, 어서 급히 하나님 앞으로 돌아올지어다. 돌아올지어다.
　하나님께서 우리 영혼의 나라를 준비하시며, 우리 영혼의 양식을
준비하시며, 우리 영혼의 복을 준비하시고, 날마다 부르시고, 고대하
시나니, 아편년이나 빨며, 술이나 마시며, 잡기나 하면서 70-80을 보
내다가 지옥불에 빠지기를 원하는가? 옛날에 지은 죄를 뉘우치고
고쳐서 정교회에 돌아와 좋은 일과 큰일을 하다가 영원 천당의 복
락을 누리기를 원하노라. 마음이 아무리 어두워도 가히 깨달을 만

한 시대이며, 마음이 아무리 악하여도 고칠 만한 시대라. 우리 동포
의 진정한 희망은 정교(正敎)에 있도다. 결단하라. 강동 동포들의
삶의 정황을 살펴보건대, 교육계나 사회계나 상업계나 농업계나 노
동계나 완전한 단체가 있어 진취성을 보이는 경우가 없고, 아침에
모였다가 저녁에 헤어지며, 어제 시작하다가 오늘 그만두고, 한 가
지도 성취함이 없고, 동서로 충돌하여 십리 안개가 온 사방에 가득
하니, 이는 다름 아니라, 일찍 예수 그리스도의 복음으로 좋은 마음
을 배양치 아니하고, 다만 일시적인 객기로 무슨 일을 경영하니, 뿌
리 썩은 나무에서 어찌 좋은 실과를 거두며 예수 그리스도의 잠언
으로 밝은 마음을 개량치 아니하고, 궤술로 무슨 업적을 얻으리요.
우리 동포는 남녀노소 물론하고 급히 정교회에 돌아오기를 하나님
께 기도하노라[10].

⑨ 아령에 있는 한인은 정교로 통일함이 필요함

그리고 5호 논설 「아령에 있는 한인은 정교로 통일함이 필요함」[11]
에서 읽어 볼 수 있듯이 러시아 지역에 살고 있는 한국인들은 정교
로 통일할 것을 주창하였다.

400년 이전 상고(上古) 시대에는 종교와 정치가 분리치 아니하고,
정치가 종교 안에 속하여 종교의 단합으로 유지되며, 민족이 통일되
었으므로, 상고 유대사람들은 종교로 건국하고 종교로 치리하매 예
배가 곧 국민의 의결이며, 계명은 곧 국가의 법률이라. 이같이 수천

---

10) 「논설: 우리 한국 사람은 급히 정교에 도라올지어다」(필자 사역), 『대
한인정교보』 창간호(1912), 14-15쪽

11) 『대한인정교보』 5호(1912년 12월 1일) 논설, 3-8쪽.

년을 전수하였고, 또 나라가 망한 지 2천 년이 넘었으나, 종교의 관념은 유대사람의 두루 가운데 오히려 존재하고 유대사람의 종족을 통일함으로 영토 없이 무형한 국가적 정신단결이 있으며, 중고(中古) 구라파의 기독교를 신앙하는 열국은 장후공백을 무론하고 다 교황 법전 아래 복종하며, 종교에 대한 감정이 통일한 고로, 터키 회교인인이 기독교인 학대함을 보고서 십자군을 일으켜 예루살렘을 회복하였으니, 상고 중고에 종교의 통일력이 이같이 강대하였고, 400년 이후 근고 시대에는 종교와 정치가 분리하여 종교의 통일력이 전보다 감소하였다 하지만, 오히려 이 세계 국가 사회에 간접 영향이 대단하나니, 발칸반도의 루마니아 세르비아 등 제국이 독립할 때에 러시아 정부와 국민은 종교의 감정을 인하여 국제적으로 나타나게 찬성하며 민족적으로 은밀히 구원하였으며, 아프리카의 여러 나라 기독교를 숭배한 결과로 구미열강의 승인을 얻어 독립왕국이 되었도다. ……

이제 원동 한인의 현상을 관찰할진대, 소위 애국지사들이 혹 비전과 취향이 서로 같지 아니하여 혹 좌편으로 가고, 혹 우편으로 가며, 혹 동으로 행하고, 서로 향하며, 또 신파 구파 당이 있어, 춘추전국과 초한시대와 같이 각각 한 모퉁이를 점령하며 또한 지침을 세워 서로서로 충돌하고 서로 잔해함으로 김가(金家)의 교육과 이가(李家)의 교육 제도가 서로 다르며, 이곳 사회와 저곳 사회가 규칙이 서로 어기며, 동편의 상점과 서편의 상점이 서로 대립하고, 이놈 편과 저놈 편이 서로 의심하여, 단결하는 힘과 통일하는 방법이 서로 충돌하니 우리국가의 진로와 민족의 장래를 위하여 장차 어찌할까, 어찌할까? 생각이 이에 미치매, 슬퍼 곡하고 눈물이 흐름으로 금할 수 없도다.

동포여 동서 원근에 격리하는 마음과 충돌하는 무리를 무엇으로 통일할까? 무엇으로 통일할까? 아령 한인의 과거 현재 미래를 참작하여 중야에 자지 못하고, 한 가지 통일할 방칙을 연구하였으니, 첫째가 정교요, 둘째가 정교요, 셋째가 정교라. ……

우리 가운데 혹 어떤 학식이 있고 식견이 있는 지사들이 말하기를 교(教)는 무식한 중류 이하 인류의 신앙할 바요, 중류 이상 사회의 숭배할 바 아니라 말하니, 이것이 무슨 말인가? 우리 망국 민족을 두 번 망케 함이로다. 오늘의 우리가 신앙하는 정교가 통일 단결하는데, 크게 관계됨을 몇 가지 들어 설명하노라.

동서고금 5천 년 역사를 열람하매, 허다한 국가가 흥하고 망하였으며, 허다한 영웅이 나고 죽었으며, 허다한 사회가 성하고 망하며 허다한 물질이 있고 없으며, 허다한 산천이 변하고, 옮겼으되, 오직 우리의 정교의 도덕은 천지개벽한 이후로, 나감은 있고 물러감은 없으며, 흥함은 있고 쇠함은 없나니, 그 근원이 하나님께로부터 나온 진리요, 덕이 나타나는 것은 하나님의 진리가 사람의 마음에 충만하여 실행하는 것이라. 어느 시대와 어느 사업을 무론하고 정교로 기초를 삼으면 비유하건대 반석에 집을 건축함과 같아야, 영구할 것이며, 만일 도덕에 위반하여 권변과 수단으로 기초를 정하면, 비유하건대, 모래 위에 집을 건축함과 같아서 곧 무너질지라. 본국에 여러 해 거하던 미국인 홀법 박사가 본고에서 말하기를, 오늘 일인의 문명을 보건대, 구미 열국과 같이 도덕으로 쫓아 나온 것이 아니요, 돌연히 일시형식으로 일어난 것이니, 비유하건대 꽃가지를 꺾어다가 물병에 꽂음과 같으니, 잠간 보기에 화려한 듯하나, 어찌 능히 오래리요? 이 말은 홀법 박사한 사람의 말뿐 아니요, 세계 사람이 다 공인하는 바이어니와, 오늘 우리는 무슨 일을 시작할 때, 먼저 정교회의 노력으로 그 근원을 삼으면, 오늘은 아무리 비참하나, 복락이 점점 발생하여 어느 날이든지, 우리의 목적을 성취할 것이요.

두 번째는 사랑이니, 원래 우리나라는 정부가 백성을 사랑하지 아니하며, 백성이 정부를 사랑하지 아니함으로 서로 학살하며, 서로 공격하다가, 필경엔 정부와 백성이 다 멸망을 당하였으며, 오늘 러시아령 각처에 있는 동포에게 말하여도, 금광에 있는 이는 대처에?

있는 이를 사랑하지 아니하고, 대처에 있는 이는 금광에 있는 이를 사랑치 아니한 결과로 원수에게는 분노할 줄 모르면서 같은 동포에게는 털끝만 한 일에도 공연히 크게 분을 발하여 두어 마디에 주먹을 들며, 칼을 빼어 서로 향하나니, 이제 우리 동족 간의 습관된 당파심과 질투심을 융화하여 한 목적으로 통일코져 할진대, 만물을 거룩하게 하는 하나님의 사랑과 세상을 위하여 몸을 십자가에 바친 예수 그리스도의 사랑이 아니면, 도저히 능할 길이 없을 것이라. 이러므로 속히 정교를 확장하여 일반 동포가 다 정교의 진리를 통달하는 때에는 자연이 나라를 사랑하며 원수를 사랑하여 당파와 정투가 없을 것이요,

셋째는 교육이라. 오늘 러시아령 한인의 교육계를 관찰하건대, 상당한 지원이 없음으로 지방 관청의 공인을 얻지 못하여 여간 설립한 학교는 폐지를 당하였으며, 혹 인허가를 얻은 학교는 관리자의 방법이 선량치 못하여, 다만 청년교육에 해(害)만 주나니, 이제 우리의 교육을 상당케 하자면, 우리 한인의 체류하는 곳마다 형세를 따라 주학(晝學) 혹은 야학(夜學)을 개설하고 그곳 교회 대주교에게 인허가를 얻으며(주교는 자본금과 교과에 간섭이 없이 인허함), 교과서는 러시아어로 가르치고, 기여는(남는 시간에는) 국문국어를 마음대로 가르치고, 또는 이 땅에서는 본국 교과서로는 큰 학문을 성취하기 어려우니, 국어와 국문을 약간 해독한 후에는, 러시아 큰 학교에 들어가, 상당한 학문을 배움이 가능하니, 이같이 하자면 우리는 적수공권(赤手空拳)이라. 상당한 학비를 구릴 수 없는 경우에는 타인의 다소간 의뢰를 기다리지 아니치 못하리로다.

현금 본디방(치타) 학계로 말할진대, 이곳 정교회 주교와 교섭하여 금추 개학 시에는 십여 명 청년학생이 해주교가 관리하는 시샘학교에 입학하게 되었으니, 이것이 다 정교를 말미암아 나온 효과라. 어느 곳이든지 이같이 하면, 교육이 방해받음이 없이 크게 발달할 것이요,

네 번째는 외교라. 원래 러시아는 우리나라와 정치사 관계가 중대

하여 국교가 더욱 친밀하던 바라. 수년 이내로 국제상 교섭은 많지 아니하였다 할지라도, 장래에 다시 우리와 밀접한 관계가 있을지니, 불가분리 교제하는 것이 필요하며, 또 아라사 영지에 체류하는 우리 동포가 십수만 명이라. 교육과 단결을 주장하는 동시에 더욱이 이 나라 신민과 교제를 친밀히 하여 서로 신용을 발표하며, 정의를 소통함이 급선무이거늘. 이제 우리 가운데 일찍이 중요한 지위와 세력을 밟아와 외인의 믿을 만한 정교는 이 나라 국교인고로, 상하 일반이 크게 신앙하는 바니, 우리가 다 신심으로 정교에 들어와 한 교회당에서 배우며, 한 하나님을 믿으면, 자연히 환영하는 마음이 생길 것이며, 또 교인은 사람 사랑하기를 제 몸같이 섬길 것이며, 또 교인은 사람 사랑하기를 제 몸같이 함으로 자연히 친분이 생길 것이니, 이같이 되면, 원만한 외교를 얻을 것이요.

이상의 말한 바와 같이 정교의 진리로 도덕과 사랑을 배양하며, 정교의 복음으로 교육과 외교를 확장하여 원동 한인의 사회를 통일코자 하면, 먼저 정교를 전파하며 관리하는 데 방법이 행정구역을 따라 있음을 아는 것이 필요하도다. 러시아정교회의 관리조직은 정치의 구역을 따라 각 주에 주교가 있고, 각 군의 교회를 관리하며, 그 위에 대주교 셋이 있어 전국 교회를 삼분하며, 그 위에는 황제가 교회의 인도자가 되어 국교로 조직하였더라.

이와 같이 한인들이 정교를 받아들일 때에는 단순히 하나의 종교를 받아들이는 이상의 의미를 부여하고 있었다. 한인들은 러시아정교회가 단순한 종교가 아니라, 러시아 황제나 국가정치조직과 긴밀하게 연계되어 있음을 알고, 정교를 받아들임으로 국민을 계몽하고 국제사회의 일원이 되며, 부국강병의 보탬이 될 것이라는 국가정치적인 기대를 가지고 정교를 받아들였던 것이다.

부록 5. 신성종무원장 사블레르의 편지

-신성종무원장 사블레르(B. Саблер)가 외무성 임시 책임자에게-

Архив внешней политики Российской империи, оп.43, д.3, л. 54-59

서울 주재 러시아 총영사 4등 문관 소모프(А. С. Сомов)는 1910년 10월 8일자 외교보고서에서, 최근 조선에 대한 일종의 십자군 원정을 선언한 조선에서 활동하는 외국인 선교사들의 강화된 활동과 러시아와 한인들 간의 냉각된 상호관계를 이용해서, 블라디보스톡 주교구로도 활동 영역을 옮기려고 하고 있는 일부 선교사들의 움직임에 대해서 알리며, 조선선교부(서울선교부)는 현재 업무에 충실한 요원들을 제공받았음에도 불구하고, 풍부한 자금을 보유하고 있는 가톨릭이나 프로테스탄트 선교사들과의 경쟁이 불가능하다는 점에 주목했다. 즉 기독교를 받아들이고자 하는 조선인은 무더운 방 안에 자리 잡고 있는 교회와 찬송소리도 좋지 못하고, 러시아어와 조선어가 혼합된 예배가 진행되며, 설교자들도 없는 정교회 선교부에 오지를 않는다. 반면에 호화로운 성전과 멋진 찬송가, 조선어 예배, 분명하게 이해가 가는 조선어를 구사하는 재능 있는 설교자들, 학교와 도서관, 병원과 의사, 간호원들, 외래환자 진료소, 양로원, 고아원, 공공 클럽 등을 접할 수 있는 가톨릭이나 프로테스탄트 선교부로 간다. 이를 고려해볼 때, 4등 문관 소모프의 확신에 따르면, 정교회 조선선교부의 활동 결과는—조선인들의 정교 개종의 단독사례들로서—외국인 선교사들의 활동과 비교해서 조족지혈에 불과하다. 그러나 4등 문관 소모프의 의견처럼, 만약 이러한 투입되는 힘의 절반만이라도 블라디보스톡으로 투입한다면, 많은 것을 행하는 데 충분할 것이다. 대부분의 한인들이 이미 러시아어를 구사하고 있다는 그러한 환경은 더 많은 결실을 맺게 하는 밭이 될 수도 있을 것이다. 조선에서 조선인들을 정교로 개종시키는 것은 힘에 부치는 일이지만, 4등 문관 소모프의 의견처럼, 그러나 러시아 한인들의 내부 문제에 대해 교묘하게 수완이 좋은 미국인 선교사들의 불온한 기도와 개입으로부터 적어도 러시아의 한인들을 보호하는 데는 지금의 잉여자금으로 충분할 것이라 본다. 정교도 한인들은 빠르게 러시아인들과 합치되고 있으며(동화되고 있으며—역자), 한인 프로테스탄트들은 극동 지역에서 불온한 요소들로 남아 있게 될 것이다.

4등 문관 소모프의 외교보고서 원본에는 1910년 10월 27일 황제의 친필로 다음과 같이 적혀 있다: "옳은 의견이다. 신성종무원장과 협의하라."

기술된 내용에 대해서 전하고, 4등 문관 소모프의 외교보고서의 복사본을 전(前) 신성종무원장에게 발송한 후, 외무대신은 1910년 11월 11일자 서신을 통해서 다음 사항에 대해서 알릴 것을 요청했다.

블라디보스톡 주교는 블라디보스톡에서뿐만 아니라 블라디보스톡

주교구 전체 관할 지역에서 거주하고 있는 한인들 사이에서 최근 강화
된 외국인 선교사들의 활동에 대한 총영사의 통보를 확인하며, 본 문제
와 관련한 그해 12월 31일자 No.4106 성명서에서, 체계적으로 조직되고
강화된 장로교 선교부의 활동은 지금이 아닌, 이미 1년여 전에 시작되
었고, 이는 러시아 정부 측이 조선 국적의 한인들의 관 청부를 하거나
민간 및 관 사업을 수행할 수 있는 권리를 박탈하거나, 토지를 임차할
수 있는 권리를 박탈하는 등 조선 국적의 한인들에 대한 탄압을 강화하
기 시작한 때와 일치했다고 밝히고 있다. 블라디보스톡과 블라디보스톡
주교구 관할 내에는 현재 아직은 미국 장로교단 선교사들이 선교활동
을 하고 있으며, 이들의 활동 중심지는 블라디보스톡이다. 이곳에는 이
미 남여 신도 300명 정도의 장로교단 신앙공동체가 형성되어 있으며,
공동체 내에는 장로교단 기도소가 건축되어 있고, 조선인 목사가 있으
며, 남성들을 위한 특별 전도사들과 여성을 위한 여성 전도사가 있다.
조선인－목사는 장로교 신앙을 전하기 위하여 이따금씩 블라디보스톡
에서 한인들이 거주하고 있는 지역들로 왕래를 하며, 때로는 전도사들
을 보내기도 한다. 니콜스크－우수리스크, 하바로프스크, 하얼빈에는
장로교로 개종된 많은 수(도시마다 100명 이상의)의 한인－이교도들이
있다. 50,000명 이상의 한인들이 거주하고 있는 블라디보스톡 주교구 내
의 한인들 사이에서 활동하는 정교회 선교부의 상황은 다음과 같다: 한
인들에 대한 정교회 전도를 위해 9개의 선교지부(миссионерский стан)
가 존재하고 있는데, 이 선교지부들은 한인들의 절반 정도만을, 즉 특히
나 주로 한인들이 거주하고 있는 포시에트와 수이푼 주변 지구의 한인
들을 대상으로 사역을 하고 있을 뿐이며, 많은 한인들이 주교구 전역의
거의 모든 교구(приход)에 거주하고 있다. 17,000명 정도의 한인들이

416

토지를 임대하여 단 1개의 선교지부도 없는 수찬강 유역에 거주하고 있다. 한인들이 거주하고 있는 다른 교구들에서도 교구사제(приходский священник)들은 조선어를 모르고, 또 교구 사역에 따른 직접적인 업무들로 바쁘기 때문에, 기독교 신앙을 전할 가능성을 상실한 상태이다. 하얼빈과 니콜스크-우수리스크 지역에는 수 천 명씩 한인들이 거주하고 있다. 한인들 사이에서 성공적인 정교회 선교를 위해서 블라디보스톡 주교구의 예프세비(Евсевий) 주교는 다음의 사항들이 필요함을 인정했다: 1) 서울선교부의 활동을 블라디보스톡 주교구 내의 한인선교부의 활동과 통합시키고, 통합선교부의 책임자로는 본 주교구의 보좌주교(викарий) 자격으로 주교를 임명하며, 보좌주교에게는 4,000루블의 봉급과 1,000루블의 선교 출장비를 지급한다. 2) - ① 4개의 선교지부를 신설하는데, 2개는 수찬(수청)강 유역에, 1개는 현재 기능하고 있는 아디미 선교지부 지구 내에, 또 1개는 얀치헤 선교지부 지구 내에 신설한다. ② 블라디보스톡에 특별 선교직을 신설한다. ③ 각각의 선교지부 내에 1개씩의 교리문답 교사(катехизатор) 직을 두고, 블라디보스톡에는 2명 이상의 교리문답 교사들을 두어서, 결과적으로 기존의 9개 선부지부와 신설될 4개의 선교지부를 포함, 총 16명의 교리문답 교사직을 신설한다. 조선선교부와 관련해서 예프세비 주교는 조선선교부를 폐쇄해서는 안 될 뿐만 아니라, 만일 자금을 확보하게 된다면, 오히려 강화시켜야 한다고 생각하고 있다. 그리고 조선선교부를 블라디보스톡 보좌주교- 조선선교부 책임자-의 관할하에 두어야 한다고 보았다. 조선선교부는 선교부 책임자와 수도보제(иеродиакон)로 구성되어 있어서, 4등 문관 소모프가 제의하고 있는 것과는 달리, 왜 조선선교부 구성원의 일부라도 블라디보스톡 선교부의 활동에 투입되어서는 안 되는지 이유가 여기에

있다. 이와 아울러 예프세비 주교는 한인들의 러시아 국적 편입을 완화
시켜 줄 필요성이 있으며, 만일 전체의 한인이 불가능하다면, 적어도 러
시아인들과 오랫동안 거주해 왔으며, 러시아 정부가 알고 있는 한인들
에 대해서만이라도 국적편입을 허용해야 한다고 보며, 러시아에 거주하
는 한인들의 부담을 가볍게 해주어야 한다는 견해를 피력하고 있다. 전
(前) 신성종무원장 루카노프(С.М.Лукьянов)는, 블라디보스톡 주교가
언급한 한인의 국적편입에 관한 정보와 관련해서, 자신이 내각협의회
(Совет Министров) 의장과 적당한 협의를 가졌다는 점을 첨부하여, 블
라디보스톡 주교의 이와 같은 견해를 신성종무원에 제의했다.

한인들 사이에서 정교회의 선교활동의 강화를 위해 필요한 조치들
과 관련한 블라디보스톡 주교의 이상에서 언급된 견해들은 1910년 개
최된 이르쿠츠크 선교회의의 결정들과 일치하고 있다. 예프세비 주교
에 의해 언급된 조치들 이외에, 본 선교회의는 10,000루블에서 25,000
루블로 조선선교부의 자금력 강화를 청원하고 있는데, 추가 자금
15,000루블의 용도를 보면, 다음과 같다: 1) 조선에서 2개의 선교지부
－서부와 북부－를 운영하는 데 각각 3,000루블씩, 총 6,000루블, 2) 현
재 대사제(수도원장, архимандрит), 수도보제, 시낭송자(псаломщик)
만이 있는 서울의 선교부에, 선교부 책임자의 부재 시에 선교여행(방
문)과 예배, 그리고 선교부 책임자의 조력자 직을 수행하는 데 필요한
또 1명의 수도보제를 임명하는 데 3,000루블, 3) 선교부 책임자의 봉급
을 증가시키는데 ㄱ) 추가로－1,000루블, ㄴ) 학교 수의 증가를 고려해
서(4개가 존재함), 확대되는 학교 운영비와 교리문답학교 개설비－
3,000루블, 4) 건물 수리, 조선어 성서번역물 출간, 번역가 봉급－1,000
루블. 신성종무원 산하에 설립된 대내외 선교 문제 관련 특별협의회에

의해서, 블라디보스톡 주교의 견해와 이르쿠츠크 선교회의 결정사항이 심의가 되었으며, 그 결과 특별협의회는 주교와 선교회의에 의해서 언급된 블라디보스톡 주교구와 조선 본토의 한인들 사이에서의 선교활동 강화 조치들을 필요하고, 적합한 조치들이라 인정했다. 하지만 특별협의회는 블라디보스톡 선교사와 선교지부 내의 사역자들, 교리문답 교사들을 위한 운영비의 규모에 대해서는 동의를 하지 않았다. 특별협의회는 언급된 직책에서 보다 더 잘 양성이 된 인물들을 보유하는 것을 고려하며, 선교사들에게는 1년 봉급으로 2,400루블, 선교지부들 내의 사제들에게는 각각 1,200루블씩, 시낭송자들에게는 400루블씩, 교리문답 교사들에게는 1년에 600루블씩, 그리고 교리문답 교사들에게 선교방문 출장비로 500루블을 지급할 필요가 있다고 보았다.

본 문제를 심의하며 신성종무원은 신성종무원이 결정해야 하는 첫 번째 문제는 한반도에서 활동하고 있는 조선선교부 문제라는 점을 알았다. 4등 문관 소모프는 조선선교부의 미래를 아마도 폐쇄해야 할지도 모른다는 대단히 암울하게 보고 있다. 그가 직접적으로 이를 언급하고 있지는 않지만, 그러나 조선선교부의 힘의 절반을 블라디보스톡 선교를 위해서 할당하려고 그가 생각하고 있다는 점을 고려해볼 때, 한편으로 예프세비 블라디보스톡 주교의 말에 따르면, 조선선교부는 단지 2명 - 대사제(수도원장, архимандрит), 수도보제 - 으로 이루어져 있는데, 만일 조선선교부의 힘의 절반을 블라디보스톡으로 투입하자는 4등 문관 소모프의 제안이 실행되는 경우에는, 서울에는 단지 1명만이 남게 된다. 하지만 우리 러시아정교회 조선선교부는 현재 서울에서 외국 선교부들과 경쟁을 할 수가 없으며, 미약한 진척을 보이고 있다. 즉 만일 서울에 1명만이 남게 되면, 이 조선선교부의 의미는 완전히 없게 되는 것이다. 예프세비 주교는 총영사의 의견에는 동의하지 않는다. 예프세비 주교는 조선선교부의 문을 닫아서는 안 될 뿐만 아니라, 적절한 자금을 확보하기만 한다면 오히려 강화시켜야 한다고 생각하고 있다. 이르쿠츠크 회의 또한 조선선교부의 필요성을 인정하고 있으며, 나아가 선교부의 활동을 확대하기 위해서 조선선교부 유지를 위해 방출되는 10,000루블에 1년에 15,000루블씩을 더 추가할 것을 요청하고 있다. 나아가 신성종무원 측에서도 또한 전적으로 이러한 평가에 동조하고 있다. 선교부의 문을 닫는다는 것은 선행을 산 채로 매장시키는 것이고, 정교의 깃발을 치욕스럽게 내리는 것이며, 결국 자신의 무력함을 인정하는 것을 의미하는 것이다. 또한 반대로 비정교회 선교사들을 기쁘게 하는 일이며, 나아가 정교도인들을 가슴 아픈 인상을 심어주는 것이다. 정교회가 존재한 이래로 종교적인 교육활동을 시작하고, 이후 물러나서 운명의 횡포에 내던진 적은 아직까지 없었다. 이 경우에 있어서도 정교회의 품위는 조선선교부의 폐쇄를 허용하지 않고 있다. 게다가 조선에서 선교활동을 위한 조건은 아주 좋으며, 조선에서 기독교에 대한 각성은 예사롭지가 않다. 조선인들은 천성적으로 종교성이 높은 민족이며, 정치적인 생활의 조건들로 인해서 정교회에 대해 호의를 갖고 있다. 따라서 일본인들이 아무리 조선인들의 호의를 사려고 노력해도, 조선을 위해 수백만의 돈을 낭비해도, 조선인들은 여전히 우리에게 호의를 가질 것이며, 조선에서 러시아로 망명하려 노력하고 있다. 지금까지 우리 러시아 조선선교부가 개종자 수에 있어서 미약한 진척을 보였다면, 이는 선교부가 확고하게 자리를 잡지 못했기 때문으로 설명될 수 있다. 만일 선교부가 1인이나 2인을 제공받았다면 무슨 선교부라 할 수 있겠는가? 또한 선교부에 교회도 없고, 조선어로 된 예배서도 없고, 조선어로 된 종교-윤리적인 출간물도 없다면, 어떻게 많은 개종자 수를 기대할 수가 있겠는가? 서울선교부의 성공을 보장하기 위해서는 조선에 선교활동 인력을 증가시켜야 하며, 나아가 이들의 물질적인 처우를 개선시켜야 하며, 이들에게 조선인의 종교적 교육을 위한 모든 필요한 자금을 지원해 주어야 하고, 선교부의 체제를 정비해야 한다. 그리고 이를 위해서 이르쿠츠크 선교회의와 선교협의회가 생각하고 있는 것처럼, 서울선교부 유지를 위해 1년에 15,000루블씩을 추가 방출해줄 것을 청원해야 한다.

하지만 신성종무원은 사전에 이 문제에 관한 청원을 제기하는 것은, 본 문제와 관련 외무성의 평가(의견-역자)를 듣는 것이 필요함을 인정하며, 신성종무원은 금년 4월 20일-5월 26일자 №3489 결정에 따라, 조선선교부와 관련 위에서 언급된 신성종무원의 생각들을, 본 문제와 관련한 외무성의 평가를 신성종무원에 알려 달라는 요청과 더불어, 외무성에 알릴 것을 본인에게 위임했다. 블라디보스톡 주교구의 한인들 사이에서의 선교활동에 관한 특별선교협의회의 생각들과 관련해서, 신성종무원은 원칙적으로 언급된 생각들(제안들)을 승인한 후, 이 생각들의 경제적 측면을 논의해 보도록 신성종무원 산하 경제관리국(хозяйственное управление)에 위임했다. 이와 같은 사항들을 귀하게 알리게 됨을 영광으로 생각하며, 조선선교부에 관해 위에서 언급된 신성종무원의 생각과 관련 외무성의 평가(의견)를 알려줄 것을 진심으로 요청하는 바입니다.

신성종무원장 사블레르

부록 6. 러시아제국과 정교회의 주요 연대표(1)

860-1240 키예프 공국 시대

980-1015　블라지미르 대공 재위

988　블라지미르와 키예프 공국이 동방정교회로 개종

1054　동방정교회와 로마카톨릭교회가 분열

1223-1326 몽골제국의 식민지배 시대

1223　몽골군대가 칼카(Kalka)강에 최초로 나타남

1237-1240　몽골의 침략, 항복, 조공협약을 맺음

1299　수좌대주교 막심(Maksim)이 키예프에서 블라지미르로 근무지를 옮겨감

1326-1700 모스크바 공국 시대

1326　수좌대주교 표트르가 블라지미르에서 모스크바로 근무지를 옮김

1327　모스크바공국이 트베르 공국을 이길 수 있도록 몽골군대가 지원함

1337　세르기우스 삼위일체 수도원을 세움

1359-89	드미트리 돈스코이가 모스크바 공국의 대공(grand prince)으로 재위
1425-62	바실리 2세가 모스크바 공국의 대공으로 재위
1437-39	플로렌스 공의회 – 동방정교회와 로마카톨릭을 다시 합치려고 시도한 회의. 그러나 러시아는 그러한 시도를 수용하지 않았으며, 그 회에 참석했던 수좌대주교 이사도르(Isador)를 폐위함
1448	콘스탄티노플 총대주교의 허락 없이 수좌대주교로 리아쟌의 주교 요나를 뽑음.
1453	콘스탄티노플의 함락
1462-1505	이반 3세가 모스크바공국의 대공으로 재위
1492	시대의 종말로 예견함. 창조로부터 7천 년이 되는 해라고 계산함. 수좌대주교 겐나디가 새로운 부활절 달력을 만듦
1505-33	바실리 3세가 모스크바 공국의 대공으로 재위
1533-84	이반 4세 재위
1547	이반 4세가 러시아의 최초 황제로 등극
1551	스토글라프(Stoglav) 교회 공의회
1552	카잔을 정복함
1556	아스트라한을 정복함
1564	모스크바에서 최초의 책을 출판
1581-82	서부 시베리아에서 최초의 정복 활동
1584-98	황제 표도르 이바노비치 재위
1589	모스크바 총대주교좌 창립

1598-1605   황제 보리스 곤두노프(Boris Gondunov) 재위

1605-13   국가 사회 불안 시기(황제 계승 문제, 거짓 드미
트리, 외부 침략, 사회 불안 등)

1613   미하일 알렉세이비치가 로마노프 왕조의 최초 황
제로 등극, 재위(1613-45)

1645-76   황제 알렉세이 미하일로비치 재위

1652   니콘이 총대주교가 됨

1653-54   교회 개혁, 교회 예전과 미사형식의 표준화

1666-67   교회 공의회가 니콘을 정죄함, 구파 정교회가 분열

1676-82   황제 표도르 알렉세이비치 재위

1682   구파정교회의 지도자 아바쿰이 화형 당함

1682   소피아의 섭정 아레서 표트르가 이복형제 이반 5
세와 공동 황제가 됨

1689-1725   표트르 대제 재위

1700-1917 러시아제국 시대

1700   율리우스 달력을 채택함 총대주교 아드리안의 죽
음, 총대주교직을 공석으로 남겨둠.

1703   제국의 신수도 뻬쩨르부르그를 건설

1721   표트르 대제가 총대주교좌를 폐지함, 대신 신성종
무원을 신설, 교회 규정집을 만듦

1725-27   에카쩨리나 1세 재위

1727-30   표트르 2세 재위

1730-40   안나 재위

1740-41	이반 6세의 재위. 안나 레오폴도브나가 섭정
1741-62	엘리자베쓰 뻬트로브나 재위
1740년대. 50년대	
	동부 지역 민족들 사이에서 국가지원선교사역 (State-spon-sored missionary work)전개
1762-96	에카제리나 여제 재위
1770년대	평신도 영적 지도자들(장로-starsti)의 출현. 수많은 여자수도원 창립
1764	교회 통지와 교회 농노들의 세속화
1767	비기독교를 강제 개종시키는 것을 금지함
1773	종교 관용령
1796-1801	파벨 1세 재위
1801-25	알렉산드르 1세 재위
1812	나폴레옹이 러시아 침공. 패배
1825-55	니콜라이 1세 재위. 관제국민주의 정책
1828	비아트카, 카잔 그리고 심비르스크 지역에 선교부 설립
1832	내무부 산하에 외국 교파 관리청 신설
1855-81	알렉산드르 2세 재위
1861	농노 해방
1865-85	중앙아시아 정복과 병합
1867-69	교회 개혁
1881-94	알렉산드르 3세 재위
1885-1900	변방 지역에 러시아화 정책

1894-1917   니콜라이 2세 재위

1904-5   러 - 일 전쟁

1905   멘세비키 혁명, 종교 양심의 자유에 관한 칙령정
            치 개혁과 시민 권리에 관한 10월 선언문

1914-17   세계1차대전

1917   2월 혁명으로 황제 폐위, 총대주교좌 복원

1917-1991 소련 공산주의 시대

1917   10월 혁명, 볼셰비키 집권, 무신론 정책 채택, 교
            회재산 국유화.

1918-21   시민전쟁

1921-28   신경제 정책

1924   레닌의 죽음, 스탈린 집권

1925   총대주교 찌흔의 죽음

1927   수좌대주교 세르게이가 소련정부에 충성을 맹세

1929   집단농장 체제 강력 추진

1939   나치식 소련 공산당

1941-45   소련이 2차세계대전 참전

1943   세르게이가 총대주교가 됨

1945   세르게이의 죽음

1953   스탈린의 죽음

1961   인공위성 보스토크 1호 발사 성공

1975   야쿠닌 신부가 WCC 나이로비 대회에서 종교적
            박해 폭로

1988	러시아정교회 일천년 축제
1990	종교 자유에 관한 법령 공포
1991	소련 붕괴
1997	양심의 자유 및 종교 단체에 대한 러시아 연방법 공포

부록 6. 비잔틴제국 지도(1025년)

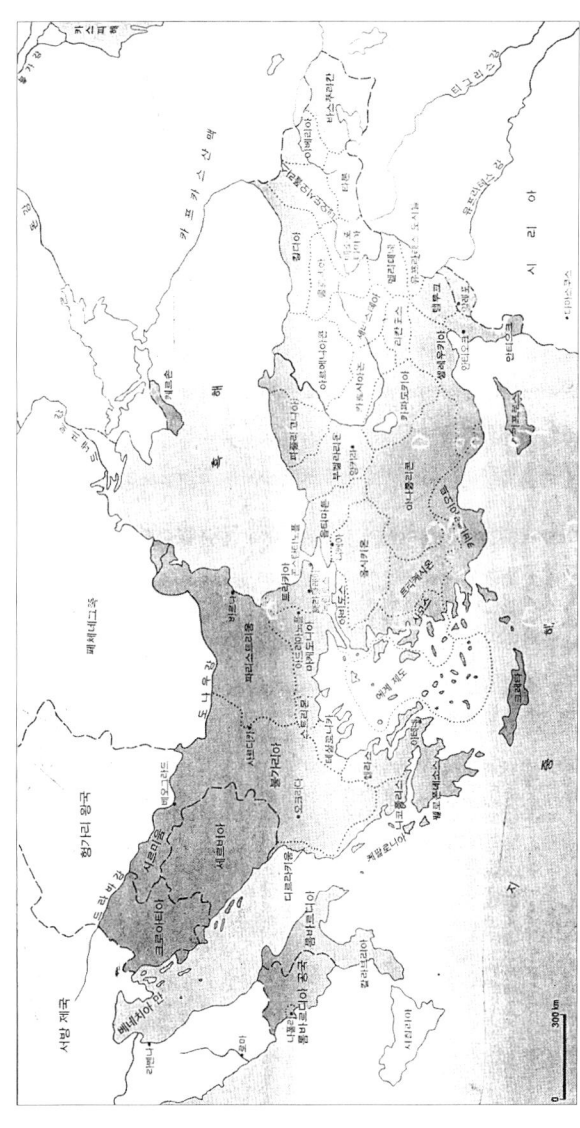

출처: 항목: "비잔틴 제국" 『브리태니커 세계대백과사전』 (한국브리태니커회사). 1992). 10권

부록 7. 러시아제국의 팽창지도(1)

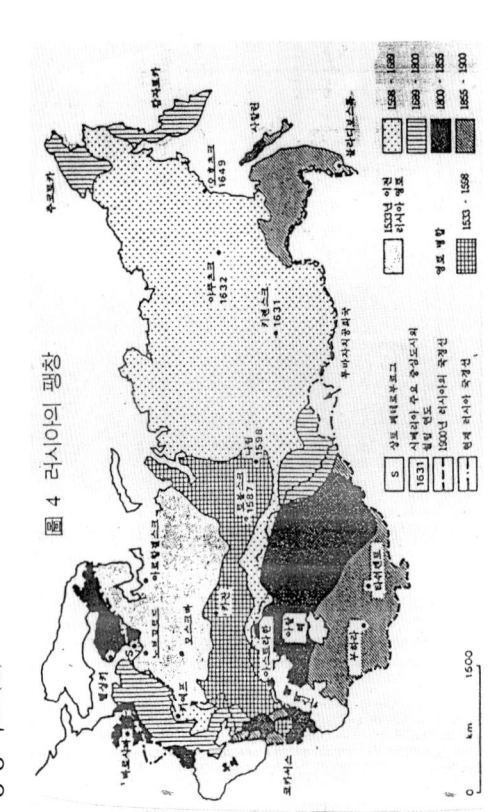

圖 4 러시아의 팽창

출처: Geoffrey Hosking, Russia: People and Empire (Cambridge, Mass.:
Harvard University Press, 1997)
V.A. 랴자노프스키, 『시베리아 유목부족의 관습법』, 오강원 역(서울:
서경문화사, 1993) 지도 4. 러시아의 팽창, p.286

부록 7. 러시아제국의 팽창지도(2)

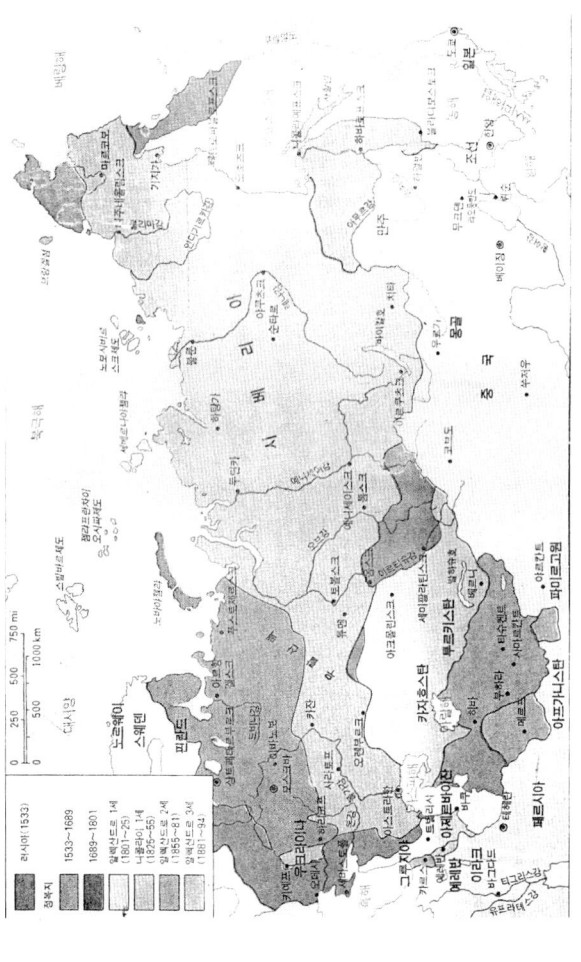

출처: 항목, "러시아." 『브리태니커 세계대백과사전』(한국브리태니커회사, 1992), 6권

부록 8. 러시아의 지역구분

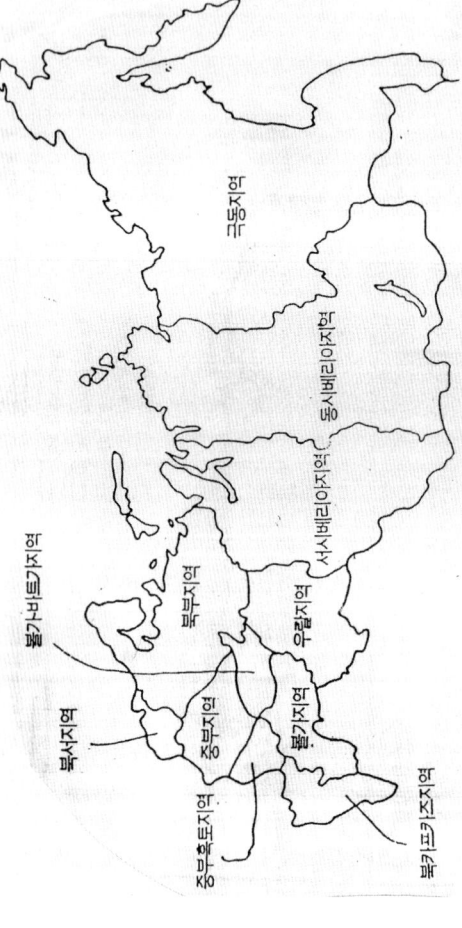

중부흑토지역
북서지역
볼가비트지역
중부지역
북부지역
볼가지역
서시베리아지역
우랄지역
극동지역
동시베리아지역
북카프카즈지역

출처: Geoffrey Hosking. Russia: People and Empire (Cambridge, Mass.: Harvard University Press, 1997)
V.A. 랴자노프스키. 『시베리아 유목부족의 관습법』, 오강원 역(서울: 서경문화사, 1993)
지도 2. 러시아의 팽창. p.284

부록 9. 러시아 연해주 지역 지도(1923년도)

출처: 러시아 연해주 국립문서 보관소

432

부록 9. 러시아 연해주 지역 지도(이상근 자료)(2)

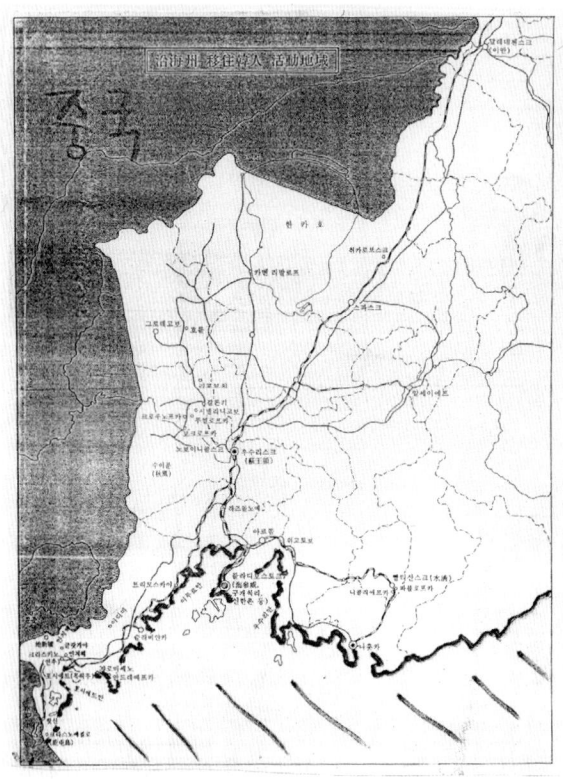

출처: 이상근, 『韓人露領移住史硏究』(탐구당, 1996) 앞 표지.

부록 10. 동아시아와 러시아제국

출처: Hugh Srton-Watson, *The Russian Empire 1801-1917*,
New York: Oxford University Press, 1967

동아시아와 러시아제국[12]

---

12) HUGH SETON-WATSON, *THE RUSSIAN EMPIRE*,(Oxford Univer-
sity Press, 1967), p.501.

• 저자 •

남정우   •약 력•

경남 진주고등학교를 졸업하고 장로회신학대학교 신학과를 졸업하였습니다.
장로회신학대학교 대학원에서 선교역사를 전공하여 신학박사 학위(Th. D.)를
취득하였습니다.

지금은 임마누엘교회 담임목회를 하면서
장로회신학대학교 겸임교수로 학생들을 가르치고 있습니다.

정교회 관련 연구 서적:

동방정교회: 에큐메니컬 시각에서 개혁교회와 동방정교회 비교연구(쿰란출판사, 1997)
동방정교회 이야기(쿰란출판사, 2003)
동방정교회 선교사들(한국학술정보(주), 2007)

jeungou@hanmail.net

동방정교회 선교역사 연구

• 초판 인쇄	2007년 8월 10일
• 초판 발행	2007년 8월 10일
• 지 은 이	남정우
• 펴 낸 이	채종준
• 펴 낸 곳	한국학술정보㈜
	경기도 파주시 교하읍 문발리 526-2
	파주출판문화정보산업단지
	전화 031) 908-3181(대표) · 팩스 031) 908-3189
	홈페이지 http://www.kstudy.com
	e-mail(출판사업부) publish@kstudy.com
• 등 록	제일산-115호(2000. 6. 19)
• 가 격	28,000원

ISBN   978-89-534-7077-4 93230 (Paper Book)
       978-89-534-7078-1 98230 (e-Book)